礼文化与公务礼仪

LIWENHUA YU GONGWU LIYI

韦宏海　葛明雄　著

甘肃人民出版社

图书在版编目(CIP)数据

礼文化与公务礼仪 / 韦宏海，葛明雄著. -- 兰州 ：
甘肃人民出版社，2016.12 (2022.1重印)
ISBN 978-7-226-05054-5

Ⅰ.①礼… Ⅱ.①韦… ②葛… Ⅲ.①礼仪—基本知
识 Ⅳ.①K891.26

中国版本图书馆 CIP 数据核字 (2016) 第297343号

责任编辑：牟克杰
封面设计：陈　珂

礼文化与公务礼仪

韦宏海　葛明雄　著

甘肃人民出版社出版发行

(730030 兰州市读者大道568号)

三河市嵩川印刷有限公司印刷

开本 710毫米×1000毫米 1/16 印张 23.75 插页 2 字数 379千
2016年12月第1版 2022年1月第2次印刷
印数：2001~3000

ISBN 978-7-226-05054-5 定价：68.00元

序

中共会宁县委党校常务副校长　彭政惠

　　文化是民族繁衍生息的根基和血脉，是人民的精神家园，中华传统礼文化作为中华民族的精神之根和文化之魂，历史源远流长、内容博大精深，包含了我国古代社会生活各个领域的制度规范以及与这些制度规范相适应的思想观念。礼既具有普遍大法和纲纪的性质，又具有人伦道德属性：既能整饬、安定社会秩序，又具有矫正人性的功能。《左传·隐公十一年》中说："礼，经国家,定社稷,序民人,利后嗣者也。"明确提出"礼"是用来治理国家、安定社会,使人民维持和睦关系,从而为后代子孙带来利益的根本大法。所以说"不学礼，无以立"（《论语·季氏》），"人无礼则不生，事无礼则不成，国无礼则不宁"（《荀子·修身》）。

　　可以毫不夸张地说，优秀传统礼文化在思想上有大智，在科学上有大真，在伦理上有大善，在艺术上有大美。在中华民族艰难而辉煌的发展历程中，传统礼文化薪火相传、历久弥新，始终为国人提供精神支撑和心灵慰藉。但是自五四运动以来,打倒孔家店的呼声一浪高过一浪，"礼教吃人"、礼教剥夺人的创新能力等命题层出不穷，这是中国面对西方的辉煌与自己的贫穷落后而作的反思。但由此特别是"文革"中而造成的对传统"礼"文化的完全否定又让我们感到痛心。二战以来,西方世界反而开始在中国传统文化寻找医治"生态危机"、"能源危机"、"种族冲突"等世界性顽症的良药。特别是随着中国改革开放的深入、国内贫富差距拉大、人们道德水平下降、信仰危机、发展失衡、物欲膨胀等社会问题凸现，又使人们开始怀念中国传统礼文化在"修身、齐家、治国、平天下"所产生的独特社会功效。

习近平说："坚持不忘初心、继续前进，就要坚持中国特色社会主义道路自信、理论自信、制度自信、文化自信"；"文化自信，是更基础、更广泛、更深厚的自信"；"不忘本来才能开辟未来，善于继承才能更好创新。"要坚持马克思主义的方法，采取马克思主义的态度，坚持古为今用、推陈出新，有鉴别地加以对待，有扬弃地予以继承，既不能片面地讲厚古薄今，也不能片面地讲厚今薄古。

"礼义廉耻，国之四维，四维不张，国乃灭亡"（《管子·牧民》），礼仪是人类文明和社会进步的重要标志。礼仪与发展同在，与进步共生。学习礼仪，实践礼仪，已成为全社会的一种共识。伴随着我国经济的快速发展和社会的全面进步，特别是党中央"四个全面"重大战略思想以及"创新、协调、绿色、开放、共享"五大发展理念的提出，文明礼仪建设愈益成为推动中国特色社会主义事业的重要内容。中国传统礼仪，在古代中国社会曾经产生过巨大的凝合力。对于今天的公务员来说，仍可谓"安上治民，莫善于礼"（《孝经》）。

准确把握优秀传统文化的时代价值和中国梦的丰富内涵，从优秀传统文化中汲取实现中国梦的精神力量，是我们当前面临的重大理论和实践课题。会宁县委党校二位骨干教师韦宏海、葛明雄的《传统礼文化与公务礼仪》一书实时地与大家见面了。韦宏海同志是会宁县委党校副校长，高级讲师，二十余年的党校教学、管理及科研工作，积累了丰富的教学、管理经验，科研工作硕果累累，在省内外刊物上发表论文十多篇；葛明雄同志是会宁县委党校唯一获得研究生学历的中青年教师，从事党校教学科研工作达十五年之久，多次在省内外刊物上发表论文，韦校长和葛老师不但勤奋好学，工作敬业，而且讲课内容引经据典，语言幽默诙谐，课堂气氛活跃，受到广大干部学员的一致好评。

　　该书运用马克思主义世界观和方法论，对中华传统礼文化进行细致梳理和深入挖掘，取其精华、去其糟粕，切实做到古为今用，促进传统礼文化与当代社会相适应、与现代文明相协调、与文化发展趋势相符合，通俗易懂地诠释传统礼文化，传播现代礼仪文化，宣传地方礼俗。

　　对于传统礼文化，该书从国家、家庭、个人三个层面，详细介绍了传统礼文化的内容，尤其用了较多的笔墨介绍了传统家礼，习近平说："家庭是社会的基本细胞，是人生的第一所学校。不论时代发生多大变化，不论生活格局发生多大变化，我们都要重视家庭建设，注重家庭、注重家教、注重家风。""家之兴替，在于礼义，不在于富贵贫贱"。家是最小国，国是千万家，家庭是国家发展、民族进步、社会和谐的基点，修身齐家是干事创业的基础，家庭是人生的起点和归宿，家庭风气正，事业才能枝叶茂盛。

　　该书不但介绍了传统礼文化"是什么"，更深入挖掘，探讨古人"为什么"这么做，让读者不仅知其然，还要知其所以然，同时考虑到基层干部群众文化素质有较大差异，该书还对一些古典文献做了详细的翻译注解，让外行读者不觉深，内行研究者不觉浅。

　　公务礼仪从字面上看是要求机关干部在工作场合要共同遵守的一些行为规范，实质上从自身来看，一个良好的公务礼仪的遵守者，它一定是公务员人格自律的显现，同时也一定反映了干部内在的道德与精神，"国无德不兴，"道德不仅是一种国家治理、社会秩序整合的工具，而且是国家兴旺、人民幸福的精神动力。传统礼文化蕴含着丰富厚重的积极进取、健康向善的传统美德。比如"己欲立而立人，己欲达而达人"、"己所不欲，勿施于人"的仁爱精神；"大道之行也，天下为公"的社会理想；就是中华优秀传统礼文化和传统美德的精髓。现代公务礼仪提倡的"礼者，自卑而敬人"的思想与传统礼文化的道德观是一脉相承而又与时俱进的，敬人是基础，敬业则是更明确的应用。公务员面对工作或者事业，首先需要有诚敬的心态。这种心态体现在工作之中，是专注和责任感，体现在工作之外，则是言谈举止。公务员既是政府的雇员，也是人民的"公仆"，"以百姓之心为心"是公务员的"天职"，该书不仅仅讲公务员工作中应该"怎么做"，更讲"为什么"要这么做。懂得今天流行的各种礼仪规范大多源自中国传统礼文化。同时该书不仅仅讲公务礼仪，更对基层公务员如何干好自己的本职工作，具有理论指导和实践应用的双重作用。

该书还简略地介绍了会宁的一些礼俗，是外地客人了解会宁风俗习惯的一扇窗口，也是会宁文化走向全省乃至全国的一张名片，让没有来过会宁的客人读了感叹："会宁真是民风淳朴哇"；让会宁老乡读了感慨："原来是这样"、"确实如此"。

该书是基层公务员和中小学教师学习传统礼文化，提高个人礼仪修养，了解会宁民间礼俗的必修内容。相信它会博得广大干部群众的喜欢。

当前，精准扶贫是全县干部群众工作的重中之重。习近平说："治贫先治愚，扶贫必扶智。"立下愚公志、打好攻坚战，只有把文化扶贫摆在重要位置上，从根本上提高人的素质，才能让全县人民同全国人民共享全面建成小康社会的成果。

作为韦宏海和葛明雄的同事，在他们的大作付梓之际，请我作序，不胜其力，亦从未为之，但难以婉拒，只能勉为其难，聊作数语，以遂其意。

2016 年 10 月于会宁县委党校

目录
CONTENTS

第二篇　公务礼仪

第三篇　会宁礼俗

第一篇

传统礼文化

第一章 概 述

陈亢问于伯鱼曰:"子亦有异闻乎?"对曰:"未也。尝独立,鲤趋而过庭。曰:'学诗乎?'对曰:'未也。''不学诗,无以言。'鲤退而学诗。他日,又独立,鲤趋而过庭。曰:'学礼乎?'对曰:'未也。''不学礼,无以立。'鲤退而学礼,闻斯二者。"陈亢退而喜曰:"问一得三。闻诗,闻礼,又闻君子之远其子也。"(《论语·季氏》)

"不闻过庭语"讲的是孔子和他儿子孔鲤的故事,说有一天孔子站在庭院里,他的儿子孔鲤"趋而过庭","趋"就是小步快走,是表示恭敬的动作,在上级面前、在长辈面前走路要"趋",低着头,很快很快地走过去叫"趋"。孔鲤看见父亲孔子站在庭院里面,于是低着头"趋",孔子说:"站住,学诗了吗?""没有"。"不学诗何以言(你不学诗你怎么会说话)?""是","退而学诗。"又一天,孔子又站在庭院里,孔鲤又"趋而过庭",孔子说:"站住,学礼了吗?""还没有"。"不学礼何以立,"(不学礼你怎么做人)"是","退而学礼。"

"礼"在中国传统社会占有极为重要的地位,关于礼形成了一整套详尽和完善的规范制度,《礼记·中庸》即云:"礼仪三百,威仪三千。"("礼"的总纲有三百条之多,细目有三千多条。形容礼仪的项目很多,内容非常全面和细致)。在中国古代对礼的认识和掌握是安身立命的根本所在,《礼记·礼器》曰:"忠信,礼之本也;义理,礼之文也。无本不立,无文不行。"(忠信,是礼仪的根本,义理,是礼仪的条文,没有根本就不能制定,没有条文就无法执行),由此可知,中国古人眼中,礼是为人处事的根本,也是人之所以为人的一个标准,所以"不学礼,无以立"。无怪乎有学者指出,就礼在中国传统文化中的影响而言,礼构成了中国传统文化的核心,正因为有了礼,中国传统文化才形成和谐、圆通的体系,政治、法律、经济、宗教、科技等等,甚至人们的日常生活都是这个体系的组成部分。礼浸透于中国古代社会的方方面面,是中国古代文明的标志。

一、咬文嚼字话"礼"

在古汉语中,礼写成"禮",汉许慎所作的《说文解字》对"礼"字的解释是:"禮,履也,所以事神致福也。从示从豊,豊亦声。"从许慎对"礼"字的解释来看,其中包含着这样几个关键字:"履","示"和"豊",而"礼"字的含义与这几个字的关系包含了以下几层意思:

1. 以"履"释礼

"礼"和"履"紧密相连,《说文解字》中对"履"的解释是:"足所依也。从尸从彳从夊,舟象履形。一曰尸聲。凡履之属"。履是足衣,"履"也就是"鞋"的意思,履的产生,是对跣(光脚)足行走的原始社会生活习性的一种进步。进入文明社会以后,履成为一项关及形象仪态的社交标志。周朝即有一种官称作"屦人",他的主要职责是掌管皇帝和皇后在什么场合穿什么鞋,以及在四时祭祀时众人应该穿什么鞋。用履来表示礼,传递出礼是礼仪,即行为准则的内在含义,就像人不能光脚走路而要穿上鞋子,表明人们做事要按照一定的规矩,而不同场合对于履(即鞋)的要求更能说明秩序和规范的重要性。再联系到人们穿上了鞋是为了更好地走路,即所谓"履"就是"践履"。"履"强调一种行为的实践,如同人们走路要按序一步一步地走,这是万古不变的,社会的运行也要有一定的秩序。因此,《礼记·祭义》谓之:"礼者,人之所履也。"段玉裁《说文解字注》中则言:"履,足所依也。"古人正是假借"履"这种含义,强调了"礼"所代表的是人们要遵从的最高级的社会秩序,是人和人之间关系的基本规范,正所谓"履",足所依也;"礼",人所依也。至少在理论上可以说礼制作为社会规范体制具有非常高的可行性。

2. 以"示"祭神

"示"字是象形字,"示"字有这样几种写法,(下图)

| 隶书 | 小篆 | 金文 | 甲骨文 | 骨刻文 | 骨刻原图 |

　　甲骨文的"示"形体很像是上古人祭祀用的石台：下面是石柱形，上面是供奉祭品的石台。可见"示"字的本意是祭台。在祭台上供奉祭品是为了使鬼神看见享用，所以后来"示"字又引申为"给人看"的意思。《说文解字》对"示"字的解释是："示，天垂象，见吉凶，所以示人也。从二。三垂，日月星也。观乎天文，以察时变。示，神事也。凡示之属皆从示。"所谓天垂象，见吉凶，所以示人也，即是指天显示出某种征象，向人垂示休咎祸福。古人认为天上的"日"、"月"、"星"都是有灵魂的，认为"日"、"月"、"星"可以通过不同的现象来告示人们是吉是凶。《左氏传·伯宗》即曰："天反时为灾，地反物为妖，民反德为乱，乱则妖灾生。"而"示"字从二（二是古文的"上"字），表示在上者天；三竖划，表示日月星。古人认为观察天象的变动，就可以推知时势的变化。"示"字因此表示的是神明暗中主宰一切的意思。这种认为神主宰一切的观念，促使古代的人进行祭祀，来表明人神对话的一种方式，亦通过这种观念来表现古人祭祀的活动以及古人祭祀的对象。由此可知，祭祀活动正是"示"部字中记载的核心信息。这种观念下的"礼"配合祭祀行为中逐渐丰富和完善起来的仪式制度，从而使礼具有高度的世俗性，独立于原始的神鬼崇拜，形成了人们在日常生活中需要遵循不悖的规范，从而具有道德、法律的类似功能。

3. 以"豊"从声

　　因"禮"从"豊"声，所以禮与豊的意义也相近。

　　所谓"豊"，据《说文解字》乃"行礼之器，从豆，象形。"郭沫若在《十批判书·孔墨的批判》中考证说："礼是后来的字，在金文里我们偶尔看见有用豊字的，从字的结构上来说，是在一个器皿里面盛两串玉具以奉侍于神。此外，甲骨文中有"壴"字（即古"鼓"字）写作，正似下面放置祭品的容器之形。"壴"（鼓）初为形似"豆"的饮食器而非乐器。事实上，远古时代饮器、礼器、乐器不分，"原始时期，制作技术落后，一器往往兼有多种用途，食器、量器及敲击之乐器同为一体"，将日常的饮食之器用为礼器、乐器是常有的事情。由此观之，"礼"之本义乃指祭神之器，而后引用为祭神的宗教仪式，再而后才泛指人类社会日常生活中的各种行为仪式。

二、礼的内涵

1. 礼仪形式

这是礼仪、礼乐、礼器之"礼"。我国古代有"五礼"(吉、凶、军、宾、嘉)、"六礼"(冠、婚、丧、祭、乡、相见)、"九礼"(冠、婚、朝、聘、丧、祭、宾主、乡饮酒、军旅)之说。这些礼仪涵盖了伦理、社交、外交活动等诸多方面,与当时人的生活密切相关。孔子是十分重视礼仪的,他同宰我关于"三年之丧"的争论,以及教育儿子学"礼"的言论,足以反映这一点。《论语·乡党》更是详细地记载了孔子从日常活动到朝会、出使时的种种守礼行为,充分反映了孔子及其弟子对礼仪形式的重视。物易时移,现代人的生活与古人已经相去甚远,古代礼仪形式的内容大部分已失去实用价值,但是伦理方面(婚、聘、丧、祭)有很多还是以民间风俗习惯的形式保留下来,而社交和外交礼仪,或是经过变革以新的面貌出现,或是为西式礼仪所取代。

2. 道德规范

这是礼义、礼教之"礼"。包括"慈、孝、忠、信"等道德要求在内的伦理道德体系,是统领各种德目的最高道德、最高伦理。道德作为一种巨大的精神力量,对个人来说可以陶冶情操,从而实现人格的升华。春秋后期齐大夫晏婴有大段论礼的名言,其中提到:"君令臣共,父慈子孝,兄爱弟敬,夫和妻柔,姑慈妇听,礼也。"他的意思是说,当君臣、父子、兄弟、夫妇等伦理关系达到全面和谐,就意味着"礼"的功效得到了充分的发挥,这是礼治的最高境界。晏婴将"礼"视为超越于各种道德名目之上的纲领性的范畴。伦理道德是具有指导性和约束力的行事准则、行为规范,所以春秋人又往往把"礼"理解为世人应当遵守的公理、正义和规则,礼的规范对于社会来说,可以缓和社会各阶级、阶层的矛盾;统治者守礼,就不会荒淫恣肆;老百姓守礼,则不会犯上作乱。遵循道德规范的过程,就是"克己复礼"的过程。"克己复礼"并不是程朱所认为的"存天理、灭人欲",而是克制自己的"低下"欲望,使言行合于道德规范,最后达到"内圣外王"的理想境界。

3. 政治制度

这是等级制度、国体政体之"礼"。"礼"是指政治等级、政治秩序及一系列相应的政令法规,"礼制"作为一种政治制度,有三个重要原则,即"尊尊"、"亲亲"和"男女有别"。所谓"尊尊",就是按照社会等级,要求低贱者尊崇尊贵者。"尊尊"最重要的是尊君,即所谓"事君尽礼"。但孔子并不像后儒那样要求盲从君主,他认为臣下的忠心是以君主的守"礼"为条件的。所谓"亲亲",包括父慈、子孝、兄友、弟恭等等。而要维护这种"尊尊"、"亲亲"的等级制度和宗法制度,就必然要求不同的人,在包括从车马服饰到钟鼎盂盘等的器物使用上,都要在大小、质地、形制、数量等各个方面加以区别。当人类进入宗法时代,血缘和婚姻的纽带更加得到重视,从而有更加严格的戒律和禁忌。男女有别成了重要的家庭伦理规范。"男女有别"的意义更表现在家庭伦理中"夫妇有别",各守其义,各尽其责。

4. 社会文明

这是文化成就,文明智慧之"礼"。王民先生认为:"古代对于好学求知的人,便说'好礼',古代对于求教于别人,便说'问礼',如孔子问礼于老聃,古代对于很有学问的人,便说'知礼'",这是把表示特定含义的"礼"泛化应用的表现。与此类似的,还有用"礼"来代表一个社会的文明程度。孔子常说的"夏礼"、"殷礼",就是指夏、商两代的文化成就和整体文明,而不仅止于礼仪、礼制的层面。

三、礼的历史作用

1. 进行有效的社会控制,维护了社会秩序

中国古代的礼不仅是一种社会制度,也是一种严格的道德行为规范,正如邹昌林所说,"中国的乡土社会就是一个礼治社会,在这种社会中,礼是社会公认合式的行为规范"(《中国礼文化》)。正因为礼是社会公认合式的判断是非曲直、规范人们行为的标准和依据,因而它成为实施社会控制、维护社会秩序的有效手段。"夫礼者,所以定亲疏,决嫌疑,别异同,明是非也。"(《礼记·曲礼上》,所谓礼,是用来判定亲疏关系,解决误会,区别同和不同,辨明是非的一套原则。)主张人们的行为能"立于礼"(《论语·泰伯》)和"约之以礼"(《论语·雍也》,通过礼的约束才能做到不违仁义)。统治阶级正是以这些礼治思想为理论依据,制定了不同社会阶层的人必须遵守的礼仪规范,通过人们自觉遵守和对不合礼的言行实施惩罚来进行社会控制,维护了社会秩序。

2. 起到"润滑剂"的作用,促进了社会和谐

在中国古代社会,尊卑、贵贱、长幼、亲疏是最重要的社会关系,然而建立在宗法等级制度之上的这种社会关系从一开始就决定了不和谐,统治阶级的特权导致的专制残暴是造成不和谐的首因,社会成员中的无礼、失礼言行也是导致不和谐的重要原因。在改善社会关系、促进社会和谐方面,礼治思想发挥了积极作用。

首先,礼治思想对抑制统治阶级的专制残暴起到了一定作用。孔子以"仁"为核心的礼思想主张"爱人",提倡"恭、宽、信、敏、惠",要求君子"约之以礼";孟子以"义"为核心的礼思想要求统治者"恭俭、礼下",提出把礼作为选人用人的标准;荀子主张以礼节人欲,提出把是否懂礼、守礼、践行礼作为人格判断的标准;董仲舒的"天人合一"观更把循礼说成是天的旨意。这些思想对抑制统治阶级的专制残暴、缓和社会矛盾有一定作用。

其次,礼尤其是"小礼"(指来往回拜之类的琐碎礼节)为社会成员确定了基本的言行规范,对于协调家庭关系、亲属关系、朋友关系、师生关系、人际交往关系等都有一定的积极作用。

最后,礼对社会成员进行分野(这里抛开其阶级实质),确定不同人等的权利、义务和行为规范,使每个人都能按自己的礼仪要求言其言、行其行、事其事,实现社会的有序与和谐。

礼仪就像一剂"润滑剂",缓解或减轻了摩擦,增加了社会和谐。尽管这只是维护统治阶级利益的一种策略和手段,但不论任何社会,没有社会的和谐就不会有社会的稳定、发展和进步。

3. 作为道德教化和品德修养的重要途径,有助于提高中华民族的素质

礼治思想家们都将礼作为向公民实施道德教化的重要内容和提高公民品德修养的重要途径。孔子认为,一个人"不学礼,无以立"(《论语·季氏》),主张通过礼来"治人之情",统治阶级在实施礼治时实践了这一思想,在奴隶社会的教育内容"六艺"中,《礼》居第一位;封建社会的教育内容之一《五经》中,《礼》也居重要位置。人们在接受礼的教育过程中也按礼的要求进行自我修养,逐渐形成了循礼守制的道德自觉。经过礼仪教化和礼仪修养,大大提高了中华民族的素质,并使中国成为礼仪之邦而闻名于世。

4. 与法律互相补充,提高了社会管理的有效性

礼治思想家们都注重以礼来补充法的不足,孔子认为,只有"道之以德,齐之以礼"百姓才能"有耻且格";(《论语·为政》,用道德引导百姓,用礼制去同化他们,百姓不仅会有羞耻之心,而且有归服之心)。荀子主张"明礼义以化之,起法正以治之,重刑罚以禁之,使天下皆出于治。"(《荀子》,对人民施以教化,使其明礼,用礼仪规范对其起到教化的作用。在礼仪教化的同时制定法律,对于违反礼仪教化的人予以制裁,用重刑法来禁止人们犯罪)。孟子、荀子甚至认为礼是治国之根本,是制定法的基础。

四、礼的起源

由于礼仪在社会生活中的重要地位,历来引起人们的重视、关于它的争议也从来没有停止过。其中涉及礼仪起源的,就有多种说法:

1. 起源于祭祀活动说

关于这一观点,前述许慎的《说文解字》从训诂学角度释"礼",已经有了印证。郭沫若也持这一观点:"大概礼之起起于祀神,故其字后来从示,其后扩展而为对人,更其后扩展而吉、凶、军、宾、嘉的各种仪制。这都是时代进展的成果。愈往后走,礼制便愈见浩繁,这是人文进化的必然趋势,不是一个人的力量可以呼唤得起来,也不是一个人的力量把它叱咤得回去的。"(《十批判书·孔墨的批判》)也就是说,礼仪起初只是人们祭祀鬼神的仪式行为,后来才逐渐扩展到了人与人之间交往的各种仪式行为。《礼记·祭统》也说:"凡治人之道,莫急于礼。礼有五经,莫重于祭。"在传统礼仪中,祭礼分量最重,涉及面最广,这也从一个侧面说明礼起源于祭祀。原始人类仅凭藉简单的石器从事生产,变幻莫测的自然力对他们构成了莫大威胁。他们渴望认识自然、征服自然,幻想有超自然体——神灵的存在,并且出现了神话、原始巫术和原始宗教。人们为了向神灵祈求保佑,就要祭祀。祭祀是早期人类普遍使用过的,而且一直沿袭到今天的一种行为方式。

《左传·成公十三年》云:"国之大事,在祀与戎。"《国语·周语上》云:"夫祀,国之大节也。"说明在先秦时代,祭祀是国家的头等大事,甚至摆在了国防的前面。历代史书的礼仪志不厌其烦地记述国家祀典的仪式规范,说明历代帝王把相当多的精力都放在祭祀上。即使在民间礼俗中也不例外。凡遇生产、生活中的重要时刻、人生历程中的每一个关口、节日等,都离不开祭祀。时至近现代,祭祀在民众生活中的地位已经不断下降,但是我们仍然可以在少数民族地区看到一些大规模的祭典。祭祀与先民的关系如此密切,说礼起源于祭祀,似乎是有一定的道理。不过,祭祀是不是礼的唯一起源,还是值得商榷的。祭礼作为一种前宗教现象,它在人类历史上出现得很早,但是毕竟不可以将它的出现无限制地向前推溯。因为祭祀的前提必须是人类的头脑里出现了神鬼一类超自然力量的观念,而这是需要有一定的生产力和人类智能为基础的。那么在此之前,早期人类已经学会劳动,并且需要饮食,需要繁衍后代,在诸如此类的世俗的人类社会生活中,是不是也可能产生礼呢?再退一步说,即使在祭祀、巫术、禁忌等一系列文化事项已经出现之后,人类的社会生活中仍然还有很大的一部分是世俗的,这就是人与自然、人与人的关系,在这一部分世俗生活中会不会产生礼仪呢?这是我们必须面对的现实。

2. 礼从民俗说

《慎子·佚文》云:"礼从俗。"《荀子·大略》云:"礼以顺人心为本……顺人心者,皆礼也。"说礼是从民俗中来的,是顺应着民众的意愿的,很有道理。谈到古代社会的生活习俗,人们常常用到"礼俗"一词。实际上,礼是礼,俗是俗,两者是有区别的。一般来说,礼通行于贵族之中,即"礼不下庶人";庶人则只有俗,即所谓"民俗"。但是,两者又有密切的渊源关系。这里,拟从"礼源于俗"作一简要梳理。什么是俗?《说文解字》云:"俗,习也",是指生活习惯。东汉郑玄对此作了进一步的解释:"俗谓土地所生习也。"(《周礼·地官·大司徒》郑玄注),"土地"是指人们的生存环境,包括地理、气候、人文等各种要素在内。人们在各自特定的环境中生活,久而久之,就形成了各自的习俗。《礼记·王制》对四方的风俗作了如下的描述:"东方曰夷,被发文身,有不火食者矣。南方曰蛮,雕题交趾,有不火食者矣。西方曰戎,被发表皮,有不粒食者矣。北方曰狄,衣羽毛穴居,有不粒食者矣。"东方、南方都是近海之地,为了避免蛟龙的伤害,人民有文身的习惯。题,指额头。雕题即用丹青雕画额头,也是文身的一种。他们生食蚌蛤,不避腥燥。西方不产丝麻,多食禽兽,故以兽皮为衣,又因天寒不产五谷,所以"不粒食"。北方多鸟,故人们以羽毛为衣,又因林木稀少,所以多穴居。环境的多样性造成了民俗的多样性。

从考古材料看,早在新石器时代,我国各地的民居、葬式、食物、器形、服饰等,都有明显的地域性。这一时期的风俗,具有浓厚的原始性。如在大汶口文化地区,流行拔除一对上颌侧门齿的风俗,而且头部后枕骨都经过人工畸形;女性口内多含小石球,致使臼齿严重磨损,腐蚀到齿冠、齿根,甚至将齿列挤向舌侧,使齿槽骨萎缩。这可能与某种原始信仰或审美情趣有关。这是很典型的远古风俗的例证。随着社会的进步,各地的风俗走入了不同的流向:有损于人类健康的蛮风野俗,被人们自觉地扬弃了;某些落伍的风俗则为新的风俗所替代,发展成为新时代的风俗;还有一部分风俗,则顽强地留存于社会中,继续发生影响。

人是从动物进化来的,因此,在人的身上不可避免地会残留着动物的习性。人类要进步,就必须自觉地剔除违背文明的动物习性,这就需要礼。《礼记·曲礼》云:"鹦鹉能言,不离飞鸟;猩猩能言,不离禽兽。今人而无礼,虽能言,不亦禽兽之心乎!……是故圣人作,为礼以教人,使人以有礼,知自别于禽兽"。从这一点出发,就要求人们将带有动物性的风俗向文明时代的礼靠拢。比如,人类初期的婚姻杂交乱媾,不问血缘,到西周时,尽管一夫一妻制已经确立,但对偶婚的残余依然存在,"在男女生活上、婚姻形态上更是自由、活泼与放任"(杨向奎:《宗周社会与礼乐文明》修订本,)为了移易这类陋俗,儒家制定了婚礼,规定了婚配的手续和仪式。并对双方的血缘关系作了严格的限定。《礼记·曲礼》云:"娶妻不娶同姓,故买妾不知其姓,则卜之"。中国人很早就认识到"男女同姓,其生不蕃"(《左传·僖公二十三年》)的道理,将"不娶同姓"作为礼规定下来。

礼要培养人的健康的情感,人有喜怒哀乐,礼的作用在于,使之"喜怒哀乐之未发谓之中,发而皆中节谓之和"(《礼记·中庸》,就是说对喜怒哀乐等情欲要有一个适中的度的控制,过度的喜不叫喜,过度的乐也不叫乐),即恰到好处,而不对别人造成伤害,于是便有相应的种种规定。如丧事,古人重丧,以丧为礼之大端。人丧其亲,痛不欲生,哀毁无容。作为邻里、朋友,不应视而不见,我行我素,而应依礼助丧,至少要有悲戚、恻隐之心。《礼记·曲礼》对此有很详细的规定,如:"邻有丧,舂不相;里有殡,不巷歌",古人舂米,喜欢唱送杵的号子,当邻里有殡丧之事时,应该默舂,并不在巷中歌唱,以示同哀之心。"望柩不歌",望见灵柩,哀伤顿生,自然不歌。"临丧不笑",临丧事,宜有哀色,笑则伤孝子之心。"适墓不登垄",进入墓区,切不可踩坟头,这样最无敬重之心。如此之类,不胜枚举。综上所述,儒家在如何建设周代社会的问题上,没有按照殷代的模式,再"克隆"出一个王朝,而是要创造出一个人本主义的社会。为了实现平稳过渡,他们一方面刻意保留各地的基本风俗,如房屋的形制、食物的种类、衣服的样式等;另一方面则通过推行各种形式的礼,来移风易俗,走近文明。从周代开始,礼乐文明就成为中华文明的主要特征,并绵延两千余年。

从俗到礼,是中国上古文明的一次重大飞跃,它奠定了中华文明的底蕴,并赋予它鲜明的特色。这是我们的祖先对世界文化所做出的重要贡献,值得我们思考和总结。

3. 起源于饮食男女说

"饮食男女"即人类的"两种生产"。恩格斯在《家庭、私有制和国家的起源》序言中指出:"生产本身又有两种,一方面是生活资料即食物、衣服、住房以及为此所必需的工具的生产;另一方面是人类自身的生产,即'种的繁衍'。""饮食",属于生活资料生产的范畴,是人类最基本的生活方式。《礼记·礼运》有云:"夫礼之初,始诸饮食。"(最初的祭礼,是从敬献饮食的形式开始的),古人推己及人,他们自己要吃,推想鬼神大概也要吃,因此,所有的祭祀仪式几乎都要为鬼神准备食物——供品,所以祭祀也离不开饮食。饮食是人类的一种行为方式,饮食方式也有形成、发展、衍变的过程,一经规范化,就可能产生相关的礼仪,这作为一种推理,是有其合理性的。然而传统礼仪中与饮食直接相关的内容毕竟不是最多,所以如果将饮食作为礼仪的主要起源来立论,不够稳妥。男女,即"男女有别"。儒家所倡导的礼,总是先从家庭开始,而后才扩大到社会。《礼记·昏义》云:"夫礼始于冠,本于昏。"(礼从冠礼开始,最根本的是婚礼)《礼记·内则》云:"礼,始于谨夫妇,为宫室,辨内外。"男女结合,有了夫妻关系,组成家庭,生儿育女,才出现父子、兄弟的关系。家庭稳固了,社会才能稳定。家庭里先形成一整套人际关系的行为规范,然后扩大到社会上,用家庭里这套准则去规范社会上的人际关系,这是儒家的一贯主张。《左传·文公二年》云:"孝,礼之始也。"《礼记·礼器》云:"礼也者,反本修古,不忘其初者也。"(礼的种种规定,有时候是表现了人的回归天性,有时候是表现了人的遵守传统,总而言之,就是不忘其根本)。在传统礼仪中,葬礼、祭祖和孝顺父母的礼仪规范占有重要位置。主张孝是礼仪之始的说法,究其实质,仍是主张婚姻家庭是礼仪之始。

在传统礼仪中,婚礼也占有重要地位。文化人类学家研究原始社会时往往抓住婚姻制度作为突破口,可见婚姻对社会发展的重要意义,将婚姻制度的建立和变革看成礼仪的渊源,不无道理。

4. 维护人伦秩序说

维持群体生活的自然人伦秩序是礼仪产生的最原始动力。人"力不若牛,走不若马,而牛马为用,何也?曰:人能羣(群),彼不能羣(群)也"。(《荀子·王制》,人的力量没有牛的大,人的赶路速度没有马快,牛和马为什么被(人)驱使?人有配合抱团的能力而它们没有)。在古代生产力发展水平极端低下的条件下,人类不得不"群",人"离居不相待则穷"。而人类之所以能"群",在于人有社会生产的分工和人与人之间的身份、地位的区别。有了生产的分工,就有了产品的交换,"故泽人足乎木,山人足乎;农夫不斵(zhuó,同"斫")削、不陶冶而足械用,工贾不耕田而足菽(shū。豆的总称)粟。"(《荀子·王制》,所以湖边打鱼的人会有足够的木材,山上伐木的人会有足够的鲜鱼;农民不砍削、不烧窑冶炼而有足够的器具,木匠、商人不种地而有足够的粮食)。因而就带来人与人之间的身份地位的区别。在这种"群"的社会性生活中,男女有别,老少有异,于是产生扶老携幼的欲望和需要。这既是一种天然的人伦秩序,又是一种被认定、被保证、被维护的需要。为实现这种需要,人们逐步积累和自然约定一系列"人伦秩序",这就是最初的礼。因此,古人制礼的目的,是为了维护这种人与人之间的分工和身份地位的区别,维护群体生活秩序和"人伦秩序"的需要。此说也应较为可信。

5. 为止欲治乱制礼说

古人认为人的欲望是人与生俱来的自然本能,是无止境的,人们在追寻和实现欲望的过程中,难免会发生人与人之间的矛盾和利益冲突,于是出现圣人制礼以止欲治乱。荀子说:"礼起于何也?曰:人生而有欲,欲而不得,则不能无求。求而无度量分界,则不能不争。争则乱,乱则穷。先王恶其乱也,故制礼义以分之,以养人之欲,给人之求。使欲必不穷于物,物必不屈于欲。两者相持而长,是礼之所起也。"(《荀子·礼论》礼是在什么情况下产生的呢?回答说:人生来就有欲望;如果想要什么而不能得到,就不能没有追求;如果一味追求而没有个标准限度,就不能不发生争夺;一发生争夺就会有祸乱,一有祸乱就会陷入困境.古代的圣王厌恶那祸乱,所以制定了礼义来确定人们的名分,以此来调养人们的欲望、满足人们的要求,使人们的欲望决不会由于物资的原因而不得满足,物资决不会因为人们的欲望而枯竭,使物资和欲望两者在互相制约中增长.这就是礼的起源)。荀子认为,礼是"先王"为了治乱而制定出来的。这种观点在先秦儒家中颇有势力。《管子·君臣下》云:"古者未有君臣上下之别,未有夫妇妃匹之合,兽处群居,以力相征。于是智者诈愚,强者凌弱,老幼孤独,不得其所。"(古时没有君臣上下之分,也没有夫妻配偶的婚姻,人们像野兽一样共处而群居,以强力互相争夺,于是智者诈骗愚者,强者欺凌弱者,老、幼、孤、独的人们都是不得其所的)他们都认为,正是为了治理这种"乱",才出现了所谓的"礼"。不过,这里也有以后人猜测前人的弊病。在阶级社会里,"乱"是相对于"治"而言的,比如说社会秩序本来大治有序,忽然之间乱了,于是有统治者出来治乱,使它恢复有序。这是人们在阶级社会里所形成的一种思维定式。用它来猜测原始社会,说那时乱作一团,于是出来个"先王"制作礼仪以治乱,把社会安排得井然有序。这种说法肯定就有些想当然了。原始社会原本无所谓"治",也就无所谓"乱"。在没有礼仪之前,原始人类还有他们的风俗习惯,并非后人想象的那样乱作一团。用后人的标准去看前人,说那时候乱作一团,是不客观的。原始社会乱不乱,要让原始人类去评判,让奴隶社会、封建社会里的人去评判,往往不客观。可见"治乱"的说法在措辞上不妥。

那时也无所谓"先王",主要是群体行为,所谓"先王",也只可理解为是一些部落首领而已。不妨换一种说法:在原始社会里,人类不断增长的主观欲求与十分恶劣的客观环境之间存在着矛盾,人类在饮食男女等一系列问题上要受到客观环境的种种限制,不可能让每个人随心所欲。为了解决这些矛盾,必得把人分别开来,按照男女、长幼、强弱、尊卑这样一些标准,把人分别开来,让人们按不同的"名分",各就其位、各行其是,不至于因为争乱而带来灾祸。这就是原始社会里每一个部落群体中都存在着的风俗习惯。礼正是从这种风俗习惯里孕育出来的。恩格斯在论述语言的产生时,有过一段精辟的话,他说:"人,一切动物中最社会化的动物,显然不可能从一种非社会化的最近的祖先发展而来。随着手的发展、随着劳动而开始的人对自然的统治在每一个新的进展中扩大了人的眼界。他们在自然对象中不断地发现新的、以往所不知道的属性。另一方面,劳动的发展必然促使社会成员更紧密地互相结合起来,因为它使互相帮助和共同协作的场合增多了,并且使每个人都清楚地意识到这种共同协作的好处。一句话,这些正在形成中的人,已经到了彼此间有些什么非说不可的地步了。"(《马克思恩格斯选集》)正是在这种时候,出现了语言。语言固然不等于礼仪,却又跟礼仪密不可分,它们都是人际交往的一种行为方式。恩格斯说,人类的互相帮助和共同协作促成了语言的诞生。他主要说了劳动,其实不仅仅是劳动,我们在此前一再讨论的"饮食男女"不也是在人与人之间进行的吗?这也需要人类的互相帮助和共同协作,需要沟通和协调。至此,我们的讨论才开始清楚起来。首先是因为人类的"社会化",是因为人类必须群居,必须与周围人群协同生活;其次是因为人类的劳动是需要社会成员之间互相帮助和共同协作的;再次,在物质生活资料(食物、衣服、住房、工具等)的分配上,在婚姻家庭制度方面,人类的欲求与客观环境条件之间又总是存在着矛盾,需要加以协调的。正是出于这样一些原因,在人类的群体生活里也就逐渐形成了一系列的行为规范。这些行为规范起初并不十分清晰,只是包容在风俗习惯之中,后来不断被规范化、制度化、程式化,变得清晰起来,这才被称为礼仪。这一说与"起于祭祀说"不同之处,在于它始终着眼于人类的世俗生活,而没有涉及另一个超验世界。

6. "三本""五礼"说

荀子认为:"礼有三本:天地者,生之本也;先祖者,类之本也;君师者,治之本也。"(《荀子·礼论》,礼有三个根本:天地是生存的根本,祖先是种族的根本,君长是政治的根本。)即礼的源头为:敬天地、敬祖先、敬君师。此说同样产生较大的影响。古人认为,礼仪的起源,丧礼产生最早。丧礼于死者是安抚其鬼魂,于生者是分长幼尊卑、尽孝正人伦。古人确信一切事物都有看不见的鬼神在操纵,礼仪的本质是鬼神信仰的派生物,其履行就是向鬼神讨好求福。因此,在建立与实施礼仪的过程中,孕育出了中国的宗法制度,进而成为治人之道。可见,礼源于"三本"说,也是鬼神信仰说的一种特殊体现形式。

中国古代还有"五礼"之说:祭祀之事为吉礼,丧葬之事为凶礼,军旅之事为军礼,宾客之事为宾礼,冠婚之事为嘉礼,后人多把它作为制礼的依据。其实,这些都不过是源和流的融合而已。"三本"说有源有流,荀子并没有分清;"五礼"说更多是流,是对"三本"说的充实和印证。

7. 天神生礼说

此种学说是人们还没有意识到礼的真正起源时的一种信仰学说,是对天神崇拜的反映,代表了人类图腾崇拜时期对原始礼仪的一种认识。《左传·文公十五年》云:"礼以顺天,天之道也。"(礼是顺乎天意的,而顺乎天意的礼就合乎"天道")。先儒抬出天神来压人,用以约束、规范人们的行为,在当时确实比任何政府行为都更具威慑性,谁也不敢有任何异议,但它决非礼仪起源的科学解释,这是不必做太多论证的。

8. 天经地义说

《左传·昭公二十五年》云:"夫礼,天之经也,地之义也,民之行也。天地之经,而民实则之。"(礼就是天之经,地之义,也就是老天规定的原则,大地施行的正理,它是百姓行动的依据,不能改变,也不容怀疑)。《礼记·乐记》云:"乐者天地之和也,礼者,天地之序也。和,故百物皆化。序,故群物皆别。乐由天作,礼以地制。制之则乱,过作则暴,明于天地,然后能兴礼乐也。"(乐所表现的是田地间的和谐;礼所表现的是田地间的秩序。因为和谐,万物能化育生长。因为秩序,万物能显现出差别。乐依天道而凿,礼按地理而制。制礼超过分寸会造成混乱,作乐超过分寸会越出正轨。明白田地的道理,然后才能制礼作乐)。此说如果理解为礼仪的制定必须符合客观规律,符合天、地、人之间的关系应该和谐协调的这样一个客观规律,那么它一点也没错,说明中华民族早早就懂得了要尊重、顺应自然规律,很了不起。但是,如果把它作为礼仪的起源,则混淆了主客观之间的关系。须知礼毕竟是人类制定出来的行为规范,体现了某个群体的主观意识,而并非客观规律本身。比如说,我们常常会随着客观社会环境的变化而修改我们的礼仪规范,这就说明礼并非是天经地义。

9. 礼生于理说

《管子·心术上》云:"礼者,谓之有理。"《礼记·仲尼燕居》云:"礼也者,理。"理,即指事物的道理、必然规律。此说与"天经地义说"相似,同样混淆了主客观关系。

古往今来,许多人都在努力探寻礼仪的起源,提出自己的见解,这里不能一一提到。虽然众说纷纭,并且不一定都能成立,但这种探寻毕竟都是有意义的,它成为理性思考的足迹而必将受到文化史的重视。事实上,礼仪就像其他许多文化事象一样,溯源绝非易事。诸如语言、艺术、宗教的起源,就都曾引起过十分热烈的讨论,众说纷纭,莫衷一是,甚至针锋相对,互相攻讦,所以在有关礼仪起源的讨论中,出现如此之多的说法,是毫不奇怪的。说到底,这毕竟是早期人类的一个社会生活问题。早期人类能够留给我们在精神生活方面的实证材料毕竟少得可怜。具体而言,礼仪是什么时候从原始人类的风俗习惯中分离出来,成为一种独立的文化事象的?它又是怎样形成的? 我们与其只认定一说而排斥其他各说,倒不如主张多元起源,兼收并蓄,融合众说之长,有一种较为宽泛的解释来得更妥当一些。

可以这样认为:礼文化既源起于原始人类的劳动和日常生活,用来调节人类不断增长的欲求与客观环境之间的矛盾。礼文化的起源是多元的,尤其是对局部礼文化现象的考察,就会发现礼文化的多元起源说更有依据。例如:"乡饮酒礼"起源于氏族部落中的"会食"制度,所以它着重于尊老和养老;"藉礼"(一种祭祀先农氏的典礼) 起源于氏族公社中集体耕田开始之前由族长主持的一种仪式;"礼尚往来"中的礼品交换,则起源于原始社会中的货物交易行为。

第二章　礼文化之经典著作

第一节　《周礼》

《周礼》,初名《周官》、《周官经》,是中国古代关于政治经济制度的一部著作,是古代儒家主要经典之一。它与《仪礼》、《礼记》并称为"三礼"。宋代列入《十三经》,在儒家"十三经"中,它是唯一一部阐述儒家理想官制的典籍,对中国古代官制的置建产生过深远的影响。

《周礼》书名中"礼"的含义包含了以周代职官为经的广泛的社会内容,具体如邦国的治理、土地政策、经济制度、风俗文化教育、科技、军事、刑法和有关的重要礼仪,所以《周礼》书名中的"礼"是一个集合概念。《周礼》涉及范围广泛,举凡城乡建置、礼乐兵刑、天文历法、宫室车服、农商医卜、工艺制作等几乎无所不包,它是我们了解、认识和研究我国古代官制、政治史、文化史的一把钥匙。

《周礼》的成书年代及其作者是学术界争论不休,迄今未有定论的一桩历史悬案。《周礼》的发现经过同样充满了争议,一说《周礼》为汉武帝时河间献王刘德所献;一说《周礼》为汉武帝时民间所献,出于山岩屋壁,其后便"复入于秘府,五家之儒莫得见焉"。到东汉孝成帝时,刘向、刘歆父子奉诏进入秘府校理群书,发现了《周礼》,将《周礼》列入所编的书目《七略》,并用《考工记》替补《周礼》所缺的一章《冬官》。其真伪和成书年代问题成为聚讼千年的一大公案。历代学者为此进行了旷日持久的争论,至少形成了西周说、春秋说、战国说、秦汉之际说、汉初说、王莽伪作说等六种说法。古代名家大儒,以及近代的梁启超、胡适、顾颉刚、钱穆、钱玄同、郭沫若、徐复观、杜国庠、杨向奎等著名学者都介入了这场讨论,影响之大,可见一斑。

《周礼》是一部以官吏制度体系与政治思想体系相结合的理想政治典章。在其官制体系里，汇集了周秦以来实存和虚拟的官名与职掌；在其思想体系里，融合了儒、法、阴阳等思想。自刘歆大力推举《周礼》以来，《周礼》不仅成为学者研究的重要对象，而且作为传世的政治经典、一种理想官制，在此后的中国封建社会的政治生活中产生了深远的影响。王力认为隋唐六部就是仿《周礼》六官而设，他曾列出了一份对照表：

六部尚书　　《周礼》六官

吏部尚书　　天官大宰（冢宰）

户部尚书　　地官大司徒

礼部尚书　　春官大宗伯

兵部尚书　　夏官大司马

刑部尚书　　秋官大司寇

工部尚书　　冬官大司空

从这份对照表，我们确实可以比较清楚地看出隋唐六部官制与《周礼》六官的密切联系。

一、《周礼》关于六官的基本职能

《周礼》的作者在书中构置了一个庞大的官制体系，六官是整个官制体系的中枢。六官之外，书中列出的官职有 360 多个。这 360 多个官职既有六官的属官，也有地方官和职事官。六官与 360 多个属官及地方职事官，构成了由中央到地方基层组织以及各个行政机构之间既互相联系又相互制约的陈陈相因、井然有序的一整套国家政权模式。

由于六官在整个官制体系中居于中枢地位，所以，我们在这里主要介绍六官的基本职能：

1. 天官冢宰：治典

冢宰，即太宰，为六官之首，尊为百官之长。天官为治官，其主要职掌治典，所谓"使帅其属而掌邦治，以佐王均邦国"（《周礼·天官冢宰》，让他率领下属，而掌管天下的治理，辅佐王使天下人各安守本分）。即统领百官，掌理天下政务，辅佐王者治理天下。太宰实际上的职权相当于后来设立的宰相或总理大臣。

太宰的副职是小宰,除辅助太宰处理政务外,还分管宫廷的刑法、政令和禁令。

2. 地官司徒:教典

地官司徒为教官,其主要职掌教典,所谓"使帅其属而掌邦教,以佐王安扰邦国"(《周礼·地官司徒》,让他率领下属,而掌管天下的教育,以辅佐王安定天下各国)。还主管土地和户口,负责分配土地,收取赋税。

地官之长为大司徒,大司徒总的职责是"掌建邦之土地之图与人民之数,以佐王安扰邦国"。其具体职掌是:遍知九州地域大小之数,掌握山林、川泽、丘陵、坟衍、原隰等不同土地所产之物;分别诸侯邦国多少之数,划分各国的疆域,设立社稷;根据不同地方人们的生活习惯,施行"十二教",教民礼义、督促百姓努力生产;实行"十二荒政"以赈济百姓,免使其背井离乡,流落失散;实行"十二职",引导百姓努力从事各种职业,各专其业;根据不同土地出产的物品制定赋税;以六德(知、仁、圣、义、忠、和)。六行(孝、友、睦、姻、任、恤)。六艺(礼、乐、射、御、书、数)教万民,等等。由此可见,地官司徒的主要职掌是"教典",而土地、户口、赋税、赈济等则是它具体、实际的职能。相当后世的大司农、户部。

大司徒的副职,也即"大司徒之贰"为小司徒。小司徒的主要职责是掌建国家的教法,稽查王城及王城四郊的户口,根据贵贱、老幼、病残等不同情况,免除一部分人的力役,此外还掌管祭祀、饮食、丧礼的禁令,向六乡大夫颁布校计户口、财物的法则,等等。

3. 春官宗伯:礼典

春官宗伯为礼官,其主要职掌礼典,所谓"乃立春官宗伯,使帅其属而掌邦礼,以佐王和邦国"(《周礼·春官宗伯》)。具体掌管吉、凶、宾、军、嘉五礼。吉礼为祭祀之礼,凶礼为丧、忧之礼,宾礼为礼宾之礼,军礼为师旅与征役之礼,嘉礼为喜庆之礼(详见第四章)。教育、历史文献也是春官的职责所在。

春官之长为大宗伯。大宗伯的职务是掌建王邦祭祀天神、人鬼及地示之礼,辅佐王者平治天下。大宗伯还掌"九仪之命"指受职、受服、受位、受器、赐则、赐官、赐国、作牧、作伯九种仪式。统一邦国的爵位;掌"六瑞"王及公、侯、伯、子、男五等诸侯分别所执的六种玉制信符,即镇圭、桓圭、信圭、躬圭、穀璧、蒲璧。齐一邦国的大小尊卑;掌"六挚"孤、卿、大夫、士、庶人、工商相见分别馈赠的六种礼物,即皮帛、羔、雁、雉、鹜、鸡。齐一臣子的尊卑;掌"六器"玉制的苍璧、黄琮、青圭、赤璋、白琥、玄璜。祭祀天地四方之神,等等。大宗伯相当于后来的太常、礼部。

《周礼》"春官"的设置,强化了礼的行政作用,反映了作者对传统礼乐文化的继承。

大宗伯的副职是小宗伯。小宗伯的主要职务是掌建国中祭祀的神位,掌管吉、凶、宾、军、嘉五礼的禁令与所用牲器的差等,选择与辨别六牲毛色、种类,辨别六齍、六彝、六尊的种类、形态以供祭祀之用,等等。

4. 夏官司马:政典

夏官司马为政官,其主要职掌政典。所谓"乃立夏官司马,使帅其属而掌邦政,以佐王平邦国"(《周礼·夏官司马》)。夏官司马所主持的政典,实际是军政。主要包括:编制军队、出师征伐、训练民兵、校阅部队、征收军赋、管理军需军械,以及掌理国王戎事和田猎等事务。

夏官之长为大司马。大司马的主要职务是:掌建邦国的"九法",辅佐王者治理邦国;建立军队,严格执行禁令,纠正诸侯的不正之行;执行"九伐"之法,以规正诸侯;正月朔日,向各邦国宣布政教,把政象之法的图文悬挂于闾巷之门,以便百姓观览、知晓;负责仲春、仲夏、仲秋的军事训练和演习,掌理仲冬时节的军事大检阅;凡遇战事,负责调集六军,执行禁令,深入前线,巡视战事,查明功过,加以赏罚;主持四季之田猎;还参与建筑城邑的工程策划,等等。

夏官的副职为小司马,辅佐大司马处理政务。由于《周礼》"小司马"一处的文字脱灭、烂阙,因此"小司马"的具体职掌不详。

5. 秋官司寇:刑典

秋官司寇为刑官,其主要职掌刑典。所谓"乃立秋官司寇,使帅其属而掌邦禁,以佐王刑邦国,刑官之属"(《周礼·秋官司寇》)。具体掌管刑法、司法、治安等。不过司寇属官中的"大行人"以下数职则主要从事外交与礼宾工作

秋官之长为大司寇。大司寇的主要职责是:

其一,掌建邦国之"三典",以施行于不同的国家。三典指轻典、中典、重典。

新建之国用轻典,承平之国用中典,叛乱篡弑之国用重典。

其二,施行"五刑"纠察万民。五刑指野刑、军刑、乡刑、官刑、国刑。野刑是施行于野地的刑罚,意在惩治疏懒,鼓励农功;军刑是施行于军中的刑罚,意在纠治不守军令,维护军纪;乡刑是施行于乡中的刑罚,意在惩治不孝,褒扬德贤;官刑是施行于官府中的刑罚,意在纠举失职,鼓励贤能;国刑是施行于国中的刑罚,意在纠举不恭,鼓励谨慎。

其三,管理狱讼,宣传刑法。凡有诉讼,用"六典"审理诸侯之间的诉讼,用"八法"审理卿大夫之间的诉讼,用"八成"审理庶民之间的诉讼。正月初一,向各诸侯国、大小城市宣布刑法,在官门外悬挂刑法的文本,让百姓观看。有大规模的军事行动,亲临军社监刑,处决违法的将士。在王国有大祭祀、大宾客、大军旅等重大活动时,负责交通管制,禁止闲人通行,等等。

秋官司寇的副职是小司寇。小司寇的主要职务是:掌理外朝的政法。在出现"国危"、"国迁"(迁都)、"立君"(选立嗣君)时,负责召集民众,垂询他们的意见,帮助君王做出决断。参与刑法诉讼案件的审理:用"五刑"审理百姓的诉讼;用"五声"指辞听、色听、气听、耳听、目听。听取狱讼,以求民情;用"八辟"附于国法,减免刑罚;用"三刺"判决百姓的诉讼,以决定罪的轻重;每年年终,命令属官统计已经审理判决的诉讼案件,将判决书上交天府。此外,小司寇还在小祭祀、小规模的军事行动中承担一些具体事务;在每三年一次的人口财物普查核对中,负责登记人数,等等。

《周礼》"秋官"的设置,体现了对以刑法治国的重视。虽然也强调定罪量刑要重证据,区分过失与故意,宽赦老幼痴傻,加强教育,但其刑法是等级制的,其主要针对的仍是平民百姓。刑与礼是统治者统治百姓的两种不同手段。

6. 冬官司空:相当于后世的工部

由于《周礼·冬官》原文早已亡佚,所以冬官的具体职掌不甚清楚。相传西汉河间献王刘德因《周官》六官缺《冬官》篇,遂以《考工记》补入。《考工记》的内容是叙述百工及土木建筑之事的,因此以《考工记》替补的冬官相当于后世的工部。

二、《周礼》的治官思想

《周礼》在六官职能的设计中,有其明确的治官思想及治官措施。孔子之前的政治家及学者很少专门探讨国家机构管理的问题, 在涉及国家机构管理问题时,大多强调以道德的力量治国安邦。周公治国的总纲领就是"明德慎罚",孔子继承周公,提出"为政以德"、"为国以礼"的主张,但是他很少论及国家机构的设置及管理的具体措施。《周礼》弥补了这一不足。

《周礼》提出了用"八法"、"八柄"治官的方针。其中,"八法"尤为集中完整地反映出《周礼》的治官思想及模式。所谓"八法",《周礼·大宰》云:以八法治官府:一曰官属,以举邦治;二曰官职,以辨邦治;三曰官联,以会官治;四曰官常,以听官治;五曰官成,以经邦治;六曰官法,以正邦治,七曰官刑,以纠邦治;八曰官计,以弊邦治。

根据"八法",结合《周礼》对六官及其属官的设置和具体职能的规定,可以看出《周礼》的治官思想大体可以概括为以下四条:

1. 定分

定分,即明确规定各类官员的领属关系及职责权限。"八法"中的"官属"、"官职"、"官常"就体现出了《周礼》以定分治官的思想。

所谓"官属",就是通过官员的归属来明确职权范围。《周礼》六官各有其属官,属官各有自己的属员,有的还有自己次一级的属官和属员。如春官的属官大祝,大祝不仅有自己的直属属员6人,还有小祝、丧祝、甸祝、诅祝等属官。即使政府正式编制之外的冗散人员,其隶属关系也是明确的。如秋官中相犬、牵犬者均属于犬人。

不同的职位由不同爵秩身份的人担任,高的职位由爵秩高的人来担任,反亦同之。六官之长由卿担任,六官的副职由中大夫担任,其他次一级的属官及属员则由下大夫或众士、府、史、胥、徒等人充任。爵秩越高,其职位越高,则其权限越大,但其事越约;爵秩越低,其职位越低,则其权限越小,但其事越繁。

所谓"官职",即指官员的职名。每官都有职名,官员的职名往往表示出其职责所在。

"官常"即官之常职,也就是各官明确的工作职责。《周礼》官员的分工极其细密,互不相越。

《周礼》的作者通过官员之间层层相因的领属关系,既确定了众官在尊卑分明的等级制中的位置,也明确规定了他们的职守和权限。尊卑不相踰,职责不相越。

2. 官联

"官联"即会同众官联合处理。

《周礼》百官严格的定分固然可以明确其职责,但也容易导致各部门之间独自为政,缺乏沟通。同时由于每官独掌一职,其他官员无权过问,这也为贪官污吏营私舞弊提供了可乘之机,鉴于此,《周礼》提出"官联"以解决可能产生的弊端。据《周礼·天官·小宰》:官联的内容包括六个方面:

以官府之六联合邦治:一曰祭祀之联事;二曰宾客之联事;三曰丧荒之联事;四曰军旅之联事;五曰田役之联事;六曰敛弛之联事。

以上六个方面均为大事。事实上,《周礼》中事无大小,都有联事。

"官联"的形式错综复杂,有同官之联事、异官之联事、一官分别与数官联事等等。同官之联事,即为同属官员共举一事如大祭祀时,天官大宰赞玉币爵;地官司徒奉牛牲;春官宗伯视涤濯,莅玉鬯,省牲镬,奉玉粢;夏官司马进鱼牲;秋官司寇奉犬牲等。此为六官之长相与联事。

"官联"的作用有二,一是使六官互相贯通,融为一体;二是相互牵制,防止营私舞弊。《周礼》以"官联"制衡官员,可以称之为一种高超的驭官之术。

3. 百官依"法"行事

《周礼》很重视"法",书中涉及的法的种类很多,除了与大宰、大司徒、大司马、大司寇有关的治象之法、教象之法、政象之法、刑象之法之外,还有宰夫的治朝之法、大司马的战法、司刑的五刑之法、司盟的盟载之法、典妇之功所掌之妇式之法等,举不胜举。凡邦之大事皆有专法,法出自王。

法的上传下达是通过"授法"、"官法"来实现的。官法由爵秩较高的官员掌控,并授予其下属官员,这就是"授法"。"授法"的方法是层层下授,大司徒授予乡大夫教法,乡大夫又将教法授予所属的乡吏,逐层下授。

所谓"观法",《周礼》规定,每年的正月之吉,大宰、大司徒、大司马、大司寇都必须悬法于象魏,即把各自掌管的法典条文悬挂在宫门外,晓谕天下,让万民观看,使民明法;小宰、小司徒、小司寇则要率领属官阅读在宫门悬挂的法令文告,此亦称读法。通过"读法",使官员牢记自己职位相应的法规,依法行事,违法失职,以"官刑"惩治。"法"是百官行事的依据,也是考查其合格与否的标准。

4. 上计与刑赏

"上计",即对官员政绩的考核。刑赏,即根据对官员考核的结果作出相应的奖赏、惩处。

《周礼》制定了极其严密的考核官员的制度。官员必须在旬末、月末和岁末的法定时间呈报治绩。十天要作一次工作小结,称为日成或日计;每月要作一次工作小结,称为月成或月要;年底则有全年情况的总结,称为岁成或岁计,《宰夫》:"岁终则令群吏正岁会,月终则令正月要,旬终则令正日成,而以考其治。"此外每隔三年还有一次大计,《大宰》云:"三岁,则大计群吏之治,而诛赏之。"

对官员的考核,除了官员自己呈报功状之外,还要派人实地巡视考察、了解官员的治绩,以获得更为确切的信息。

刑赏官员的制度是与岁终和三年大计群吏的制度相配套的。《周礼》以"八柄"赏罚群臣。《大宰》职云:以八柄诏王驭群臣:一曰爵,以驭其贵;二曰禄,以驭其富;三曰予,以驭其幸;四曰置,以驭其行;五曰生,以驭其福;六曰夺,以驭其贫;七曰废,以驭其罪;八曰诛,以驭其过。通过爵、禄、予、置、生、夺、废、诛奖惩官员的功与过,其顺序是先庆赏,后刑威,庆赏由重至轻,刑威由轻至重。"八柄"是《周礼》治官的重要手段之一。

综上所述,《周礼》治官,不仅依靠儒家仁义忠信等伦理道德的约束,更主要的是它设置了一套极为严密、详赡的治官制度和措施,它的治官思想体系严密并具有一定的理性,含有浓烈的法家思想的气息。

三、《周礼》的经济制度和经济思想

在《周礼》中,经济制度是其关注的一个重大问题。虽然作为一部全面阐述官制的政治经典,没有专章论述其经济制度和经济思想,但是在其设官分职的构划中,处处流露出了作者关于经济制度的设想及其经济思想。《周礼》涉及社

会经济生活的方方面面,内容非常丰富,择其要者,有关于人口及劳动力的管理、土地的划分、赋税的收纳、市场的管理等方面。

1. 人口及劳动力的管理

人是社会经济活动中的主体,与国家的经济命脉息息相关,因此,《周礼》非常重视人口的管理。统计和核准户籍是其管理人口的主要手段,上自天子、冢宰,下至地方基层官员,统计户口和核准户籍是他们必须经常进行的重要工作。地官司徒的重要职责之一就是统计人口数字。《周礼》设计了一套统计户口和核准户籍的方法,称为"比法",由小司徒掌管。《小司徒》职云:乃颁比法于六乡之大夫,使各登其乡之众寡、六畜、车辇,辨其物,以岁时入其数,以施政教,行征令。小司徒负责将统计人口的法令——"比法"向乡大夫颁布,让他们统计和登记各自所在乡的人口、牲畜、车辆的数量。各乡大夫又将"比法"向下层机关州、党、族、闾逐级下达,逐级落实,逐级完成,再逐级上报。所以户口的统计工作是从乡之下的基层组织闾开始的,统计的时间在每年岁末。

《周礼》规定了户口统计的具体细目,据《秋官·司民》载:掌登万民之数,自生齿以上皆书于版,辨其国中与其都鄙及其郊野,异其男女,岁登下其死生。及三年大比,以万民之数诏司寇。司寇及孟冬祀司民之日献其数于王,王拜受之,登于天府。生齿,男孩八月生齿,女孩七月生齿。也就是说,凡是长出牙齿的婴儿以上的人口都必须统计在册,并注明其性别、居住地,每年还要统计出生、死亡的人数,并将其名单呈报主管部门,这样,官府就能及时准确地掌握人口变化的情况。户籍每隔三年,要进行总考核和复查。在三年总考核时,小司寇把百姓的总数上报大司寇,大司寇在冬季祭祀司民之神时,把百姓的总数隆重呈献给王,王藏进天府。

《周礼》制定如此严格、频繁的核定户籍的措施和制度,一方面是便于分田授土,同时也是出于征兵、征役、征赋的需要,而更主要的是将天下百姓牢牢掌握在自己手中,为己所用,所谓"普天之下,莫非王土,率土之滨,莫非王臣"。

2. 土地的分配与管理

土地是人类赖以生存的最基本的自然资源,中国自古就是一个农业大国,土地是农业生产不可替代的根本生产资料,正因为如此,《周礼》设计了非常详细的土地分配方案。

首先,《周礼》明确地强调王是土地的所有者,土地分配、授予的决定权在于王。王将土地授予公卿、士大夫,授予天下普通百姓,由于人们有爵秩尊卑的区别,因此所分得的土地的数量、位置就不同。《周礼》中的土地可分为王田、采地、封国、农田、场圃、宅田、士田、贾田、牛田、赏田、牧田等等。在此,我们着重介绍王田、采地、封国、农田四种基本的土地分配方案。

(1)王田

依据《周礼》的设计,将天下划分为畿内与畿外两大部分。畿内的中心为王畿,面积方千里。千里王畿之内,王直接占有的土地称为"王田"。王田分为乡地、遂地、公邑三类。

王城百里之内为乡,三百步为一里。百里之外为遂。乡、遂内的土地按照家庭人口和劳动力的人数进行分配。根据《周礼》的规划,每乡有一万二千五百家,每遂也有一万二千五百家,每夫受田一百亩,每家平均以二夫计,则每家平均受田二百亩,那么一乡的土地就为二百五十万亩,遂的土地同样也为二百五十万亩。遂内未分的土地称为公邑,由王直接指派大夫经营管理。

(2)封国

封国指分封给诸侯国的土地。《周礼》规定,诸侯国的封地都在千里王畿之外。各诸侯国面积的大小依公、侯、伯、子、男五等爵位的高低来决定,具有严格的等级。《周礼·地官·大司徒》:诸公之地,封疆方五百里,其食者半;诸侯之地,封疆方四百里,其食者参之一;诸伯之地,封疆方三百里,其食者参之一;诸子之地,封疆方二百里,其食者四之一;诸男之地,封疆方百里,其食者四之一。公爵国的封地方五百里,侯爵国的封地方四百里,伯爵国的封地方三百里,子爵国的封地方二百里,男爵国的封地方一百里。每等爵位与其相邻的爵位的封国面积之差为方一百里。在《周礼》的作者看来,这些居于千里王畿之外的等级不同、大小不一的众多诸侯国,无异于一座座坚固的堡垒拱卫着王畿的安全。不过,各诸侯对于自己的封国的土地也只具有享用权,而不具有所有权,必须按期将所收租税中的一部分向王上缴,一旦犯罪或者绝嗣时,王有权将土地收回。

(3)采地

"采地"指分封给公卿士大夫的土地,可以世袭。直属于王的公卿士大夫在王畿内受封,诸侯的卿大夫则在诸侯国内受封。直属于王的公卿士大夫在王畿内的封地的位置和面积因其爵秩高低而不同,其排列顺序是:以方九里的王城为中心,然后由近至远,依次为大夫的采地、卿的采地、公的采地。其中,大夫的采地方二十五里,封地距离王城三百里;大夫的采地之外为卿的采地,方五十里,位于距离王城三百里至四百里之处;卿的采地之外为公的采地,方一百里,位于距离王城四百里至五百里之处。《周礼·地官·载师》贾公彦疏:"谓天子大夫各受采地二十五里,在三百里之内也。……谓天子之卿各受五十里采地,在四百里县地之内也。……谓三公及亲王子母弟各受百里采地,在五百里畺地之中也。"公卿士大夫只是采地的享用者,而非所有者,所以他们只具有享用权,即收取租税以保证和满足自己生活的需要,而且租税的四分之一,还要向王上缴。如果犯罪或绝嗣无人承袭时,那么他们的封地将被收回作为公邑。

(4)农田

王、公卿士大夫、诸侯等是社会的统治者,王是土地的所有者和支配者,公卿士大夫、诸侯从王那里获得封地,享用封地上出产的物产,满足自己的各种需要。但是无论是王、还是公卿士大夫、各位诸侯,他们都不会亲自下地扶犁耕种,而是要再将土地分给他们的统治对象——农民,让农民在土地上耕耘种植,春种秋收,以供给他们的物质需求。因而如何给农民分配土地,颇让《周礼》的作者费了一番心思。

《周礼》的设计者显然非常清楚土地是有贫瘠之别的,农田土壤肥力的差异必然影响到粮食产量的不同,所以安排遂人专门负责辨别土质差异的工作。《周礼·地官·遂人》:"辨其野之土,上地、中地、下地,以颁田里。"在《周礼》中,农田被分为上、中、下三等。土质肥沃,可年年耕种的土地为上地;土质稍差,种一年需休耕一年的土地为中地;土质最差,种一年需休耕三年的土地为下地。

根据土质的差异、家庭人口以及劳动力的多寡等诸种因素,《周礼》设计了几种不同的向农民分配土地的方案:

其一,以家庭为单位进行分配。《地官·大司徒》云:不易之地家百畮,一易之地家二百晦,再易之地家三百晦。"易"指轮耕。"不易之地"指每年可耕种的土地,即上地;"一易之地"指休耕一年,二年一轮耕的土地,即中地;"再易之地"指休耕二年,三年一轮耕的土地,即下地。也就是说,如果是上等土地,则每家分一百亩;中等土地,则每家二百亩;下等土地,则每家三百亩。

其二,井田式的分配方法。《地官·小司徒》云:乃经土地而井牧其田野,九夫为井。郑注:"九夫为井者,方一里,九夫所治之田也。"一夫分田一百亩,九夫为井,井九百亩。

其三,以劳动力为单位的分配方案。《地官·小司徒》云:乃均土地,以稽其人民而周知其数。上地家七人,可任也者家三人;中地家六人,可任也者二家五人;下地家五人,可任也者家二人。七口之家有三个壮劳力的,分给上地;六口之家有两个半壮劳力的,分给中地;五口之家有两个壮劳力的,分给下地。具体的田数,《遂人》有详细的介绍:上等地,家中每个男劳力授予宅地一处,田一百亩,休耕地五十亩;中等地,家中每个男劳力授予宅地一处,田一百亩,休耕地一百亩;下等地,家中每个男劳力授予宅地一处,田一百亩,休耕地二百亩。

相比之下,第三种方案更为详细、具体。

作者不厌其烦地设计出多种土地分配方案,一方面,显示出设计者的细心和审慎;另一方面,也显示出作者对土地的强烈关注和重视。正因为如此,作者还强调要爱惜土地,合理使用土地。据《夏官·大司马》记载,一百亩的上等肥沃土地,每年只耕种三分二,另外三分之一休耕;二百亩的中等土地,每年只耕一半,另一半休耕;三百亩的下等土地,每年只耕种三分之一,其余三分之二休耕。土地休耕,就可以保护地力,而不致耗尽地力,使土地沦为荒地。《周礼》提出的保护土地、改良土地、因地制宜等等措施,即使从我们今天的农业生产实践来看,也不乏其合理性,值得借鉴。同时我们也可以看出,《周礼》设计者对土地的规划以及土地使用的主张,并非完全是脱离实际的主观臆想。

3. 赋税的征收与力役的管理

赋税是国家聚敛财富的直接有效的手段,而国家的军事活动及贵族田猎等则必须依靠征发力役来实现。《周礼》以精确的人口统计和详密的土地分配为基础,制定了征收赋税和征发劳役的方案。

(1)土地税

《周礼》规定的赋税共有九种,即"九赋"。而土地税占有六种,根据行政区域它们分别为邦中之赋、四郊之赋、邦甸之赋、家削之赋、邦县之赋和邦都之赋。其余三种为关市之赋、山泽之赋、弊余之赋。

"邦中之赋",指国都中的土地税,包括住宅、果园、菜园等的地税。由六乡之吏、闾师、场人征收。"四郊之赋",指距国都百里的四郊六乡的地税,包括近郊的宅田、士田、贾田和远郊的官田、牛田、赏田、牧田。"四郊之赋"由六乡四郊之吏和闾师征收。"邦甸之赋",指距国二百里的六遂公邑的地税,由六遂之吏和县师征收。"家削之赋"、"邦县之赋"、"邦都之赋"分别指距国三百里、四百里、五百里的地税,均由县师征收。

以上六类地区,地税的税率根据其离国都的远近,有轻重之别,近者轻,远者重。据《地官·载师》记载:凡任地,国宅无征,园廛二十而一,近郊十一,远郊二十而三,甸稍县都皆无过十二,唯其漆林之征二十而五。公家分给官吏的住处与办公处所免征地税,果园、菜园的税率为二十分之一,近郊田税为十分之一,远郊为二十分之三,远郊之外的甸稍县都不超过十分之二,但漆林的税率是二十分之五。另据《地官·均人》云,如果是荒年或疾病流行的年头,就免除贡赋,不收山泽、田园的地税。土地税大多以实物地租的形式完成,因此职业不同,交纳的实物就不相同。据《地官·闾师》记载:农民缴纳谷物粮食,种植树木的圃人贡纳草木,工匠贡纳器物,商人贡纳财货,牧人贡纳鸟兽,妇女贡纳布帛。

由上可见,《周礼》的税收,可谓遍及土地上的所有物产,囊括了所有的受田者。

征收上来的赋税都有其明确的用途。据《天官·大府》载:邦中之赋供招待宾客之用;四郊之赋供作牲畜的饲料;邦甸之赋供工匠制造器物之用;家削之赋供王赏赐群臣之用;邦县之赋供出使诸侯致送礼物之用;邦都之赋供祭祀之用。

此外,"关市之赋"是对商人征收的各种赋税,以供王膳食、衣服之用。"山泽之赋"是对山泽之民征收的财物,以供丧事之用。"弊余之赋"是对官府法用所余之财征收的赋税,以供王平时赏赐或搜集玩物之用。

从《周礼》设计的赋税使用情况来看,体现出了量入为出的理财观。

(2)劳役

"劳役",指无偿劳动。《地官》中的乡大夫具体负责征用劳役。劳役共有徭役、师役、田役三大类。"徭役",指征发民工为国家或贵族从事无偿劳动。"师役",指征发民工无偿修筑军事设施等。"田(猎)役",指国王和贵族进行田猎时无偿征发民工。

《周礼》规定,征发民工服役,必须从年龄、身高两方面来考虑,同时,都城与郊野的人服役的年龄还应有所区别。《地官·乡大夫》中具体规定为:"国中自七尺以及六十,野自六尺以及六十有五,皆征之。"野,指郊野。即城郭中身高七尺以上,二十岁到六十岁之间,郊野中身高六尺以上,十五岁到六十五岁之间的人都应为国服役。只有都城里那些贵者、贤者、能者、在官府任职者、老者以及失去劳动力的病人可以免除劳役。为防止有人逃脱劳役,乡大夫必须定时向大司徒呈报免除劳役者的名单。

征发劳役的时间根据年成好坏来决定,丰年时间长,歉年时间稍短。据《地官·均人》记载:"凡均力政,以岁上下。丰年则公旬用三日焉,中年则公旬用二日焉,无年则公旬用一日焉。凶札则无力政,无财赋。"均人均平劳役的原则是:丰年,每个劳力征用三日;普通年成,每个劳力征用两天;年成不好,每个劳力征用一日;如果是荒年或疾病流行的年头,就免除劳役和征赋。

(3)兵役和军赋

《周礼》规定,每家须出一人服兵役,"乃会万民之卒伍而用之"(《周礼·地官·小司徒》),五人为伍。家中其他劳力作为"羡卒",也即作为士卒的后备力量以供临时之用,"凡起徒役,毋过家一人,以其余为羡"。(《周礼·地官·小司徒》)

军赋,指每逢军事行动,每家所出的牛、马、车等。

由上可见,《周礼》赋税、劳役所征,囊括了统治者辖区内的各个方面,"从地域方面来看,是从国中直到县都;从土地种类方面来看,是从廛里(廛 chán,古代城市平民的房地)到场圃、漆林;从征税类别看,则从官府余财到关门之征,等等,巨覆无遗。为了最大限度地聚财富,山林川泽,物物厉禁之,角人、羽人、掌葛、掌炭等职更是纤介无不取之"。百姓承担着相当沉重的赋税。当然,《周礼》的设计者也注意到了百姓的承载能力,所以也有一些在荒年减轻或免征劳役、地税和军赋的措施,显然是为了防止滥收、横征暴敛,这是《周礼》中具有合理性的思想成分。

四、《周礼》的政权模式

《周礼》既设计了详细的经济制度的诸种方案,也勾划了理想化的政权模式。经济是上层建筑的基础,上层建筑反过来又服务于经济的发展,《周礼》中的政权模式明显地体现出这一点。从政体上来看,《周礼》的政权模式既不同于夏商周的贵族政治,也不同于秦汉的君主专制,而是兼具两者的特色。

1. 王

在《周礼》六官的设置中,没有专门为王设置位置,但是《周礼》的设计者并不是有意虚化王的地位和权力,而恰恰是在着力凸出王的地位和权力。因为如果《周礼》六官列入王,则王的地位降至与其他各官等同,就突显不出王的最高位势。从《周礼》来看,王高居六官之上,地位最尊。如前所述,《周礼》现存五篇,每篇序文开头都是相同的五个分句:"惟王建国,辨方正位,体国经野,设官分职,以为民极。"强调了王在政权机构中的中枢作用。分田授土、封建诸侯、授官任职、设立制度等决定权一归于王,六官都是为王服务,执行王命的。

具体而言,《周礼》中的王有效地掌握如下重要权力:任免权、立法权、治朝权、终裁权、主祭权、统军权等。

任免权,指王对百官握有任命、罢黜的权力。不仅六官为王所立,六官各自属官的任免权也掌握在王之手中。

立法权,指王设立国家各项法规的权力。《周礼》大宰、大司徒、大司寇等官员在每年正月之吉都要悬法于象魏(宫殿之门),使万民观之;正岁又悬之,使百官观之。这些所悬之法都出自王命,而非各官自己擅定。

治朝权,指王通过"治朝"处理国家日常政务的权力。大宰虽有助王处理政务的职责,但只处理邦国和四方宾客的"小治","凡邦之小治,则冢宰听之。待四方之宾客之小治"(《周礼·天官·大宰》)。而"大治"之权仍在王。

终裁权,指王对天下重大狱讼案件的最终裁决权。对死刑犯、重案犯的赦免,只能由王定夺,大司寇等主管官员无权决定。

主祭权,指王主持国家重大祀典的权力。在宗法社会中,"国之大事,在祀与戎",主祭权与政治权力成正比,只有在国家重大祀典中享有主祭权的人,才是国家最高权力的拥有者。

统军权:指王统帅六军的权力。王在军事活动中处于主帅地位。

王虽然拥有以上诸种重要权力,但在某些重大事件上,并不能一人独断专行,而要征询"百官和万民"的意见。《秋官·小司寇》记有"三询"之制,即在国家遭兵寇之难、迁都改邑、无嫡子而选立庶子时,王要"致万民而询焉"。这种"三询"之制并非史实,而是出自《周礼》的创制。

王的财政开支要受财政制度的制约。无论是王对群臣的正常赏赐——"常赐",以及"常赐"之外的特殊恩赐——"好赐",还是王个人的正常财务支出以及王私人爱好所需的开支,都要受到相关财务制度的约束而不能为所欲为。

王还必须接受美善之道的教育,犯有错误,也要接受臣下的匡谏,去恶迁善,《地官》中的师氏和保氏具体负责这方面的工作。"师氏,掌以媺诏王",即负责用善道诱导王;"保氏,掌谏王恶",即劝谏王的过失。

由上可见,《周礼》赋予王最高的权力和位势,集天下之权于君主,反映出作者主张实行君主制政体的思想。但同时又主张从教育和制度两方面约束王的言行,制约王的权力,说明《周礼》设计的君主制政体是以国为本位,而不是以君为本位的。

2. 国家的行政体制

《周礼》规划的国家的行政体制是非常独特的。

(1)中央与地方的行政规划

《周礼》在行政体制上将天下划分为畿内与畿外两大部分。畿内代表中央,畿外代表地方。畿内与畿外的划分表达了作者对中央与地方关系的设想。

畿内,是天下的中心,是方千里的王畿。王畿的中心为方九里的王城。在王城之外的行政区划是以王城为中心,呈正方形辐射的层层相包、大小相套的五级行政区划,由近至远分别为郊、甸、稍、县、畺,五者分别以百里为界。

王畿之外的广大地区的行政区划是以王畿为中心呈正方形向外辐射的层层相套的九畿。据《夏官·大司马》云:乃以九畿之籍,施邦国之政职。方千里曰国畿,其外方五百里曰侯畿,又其外方五百里曰甸畿,又其外方五百里曰男畿,又其外方五百里曰采畿,又其外方五百里曰卫畿,又其外方五百里曰蛮畿,又其外方五百里曰夷畿,又其外方五百里曰镇畿,又其外方五百里曰蕃畿。"国畿"即王畿。王畿之外分别是以五百里为界向外辐射分布九畿,九畿在《夏官·职方氏》中又被称作"九服"。

《周礼》很重视中央与地方的关系,主张采取严密的措施控制地方。各邦国由中央派大司马负责按照王畿的模式建立,由中央派撢人向诸侯宣谕王命,王对诸侯的言行随时进行考察,四方诸侯必须四时轮流而来向王述职。诸侯中如有违抗王命者,中央则眚之、伐之、坛之、削之、侵之、正之、残之、杜之、灭之,严惩不贷。为了便于了解各诸侯国的具体情况,真正控制各诸侯国,在《夏官》中设置山师、川师、邍师等专职官员,掌管诸侯国的山林川泽及四方之地名,各诸侯国必须按时向王进贡规定的财物。

(2)地方组织

《周礼》中的居民组织共有三类,即比伍法、邻里法和卒伍法。

距王城百里的四郊设六乡,六乡实行"比伍法",又称"比闾法"。其组织形式是把全体居民编组,《地官·大司徒》规定:五家为比,五比为闾,四闾为族,五族为党,五党为州,五州为乡。比、闾、族、党、州、乡形成了由下而上层层相套的各级地方组织。每一级组织都设有官吏进行行政管理:比设比长,管五家,由下士出任;闾设闾胥,管二十五家,由中士出任;族设族师,管一百家,由上士出任;党设党正,管五百家,由下大夫出任;州设州长,管二千五百家,由中大夫出任;乡设乡大夫,管一万二千五百家,由卿出任。六乡共七万五千家,设乡老三人,一人管二乡,公出任。

六乡之外的六遂实行"邻里法"。其组织形式也是把全体居民编组,《地官·遂人》规定:"五家为邻,五邻为里,四里为酇(zàn),五酇为鄙,五鄙为县,五县为遂。"邻、里、酇、鄙、县、遂自下而上形成了层层相套的各级地方组织。每级组织也都设有官吏进行行政管理:邻设邻长;里设里宰,管二十五家,由下士充任;酇设酇长,管一百家,由中士充任;鄙设鄙师,管五百家,由上士充任;县设县正,管二千五百家,由下大夫充任;遂设遂大夫,管一万二千五百家,由中大夫充任；六遂共七万五千家。六遂的邻里法与六乡的比间法在组织形式上完全一样，只是名称不同，另外六遂的官吏级别较六乡低一级。

"卒伍法"是与军队的编组方式结合在一起的行政组织。六乡和六遂每家各出一人当兵，六乡和六遂各有七万五千家，则各出七万五千人。六乡所出七万五千人建立六军，称正六军；六遂所出七万五千人，也建立六军，称为副六军。其编制据《地官·小司徒》记载为：五人为伍，设伍长；五伍为两，设两司马，管二十五人，由中士出任；四两为卒，设卒长，管一百人，由上士出任；五卒为旅，设旅师，管五百人，由下大夫出任；五旅为师，设师帅，管二千五百人，由中大夫出任；五师为军，设军将，管一万二千五百人。由于军政组织是统一的，在一般情况下，各级行政长官也就是各级军事长官，所以《周礼》中的居民组织具有军政合一性。

由上可见，无论是六乡的比伍法，还是六遂的邻里法，其最小的行政单位只有五家，以此为基础，构成由下而上的层层相制的严密的金字塔式的组织结构，各级组织都设置了相应的官员去管理。如果有人外迁，必须由比长（五家为比）发给迁移证明或旌节予以放行；没有迁移证明，也没有旌节，就会被抓进监狱。这样，天下每一个人、每一户居民的流动变迁，都被严密地管理和控制起来。

第二节　《仪礼》

一、礼与《仪礼》

《仪礼》与《周礼》、《礼记》一起合称"三礼"。《仪礼》蕴含有丰富的文化宝藏，为我们今天了解中国上古社会的民俗民风、政治经济、宗教文化、伦理道德、语言状况等，保存了珍贵的历史资料，具有重要的文化价值。

在中国文化发展的历史进程中，之所以会产生《仪礼》这样一部迥然特异的儒家经典，一个重要原因是中华民族是一个重视礼乐文化的民族。众所周知，中国自来称为"礼仪之邦"，在上古时代，在宗教意识不甚发达，祭祀等原始宗教仪式并未像其他一些民族那样发展成为正式的宗教，而是很快转化为礼仪、制度形式来约束世道人心，共有一百多卷的《仪礼》便是一部详细的礼仪制度章程,告诉人们在何种场合下应该穿何种衣服、站或坐在哪个方向或位置、第一第二第三……每一步该如何如何去做等等。礼在上古时代人们的生活中所占据的越来越重要的地位,所扮演的愈益重要的角色,则是《仪礼》成书的必然条件,周朝制定了各种各样名目繁多的礼典。举行礼典,要求仪式不能有丝毫差池,因而贵族们非常注重礼仪的演习,习礼成为贵族教育的重要部分。《礼记·王制》云:"乐正崇四术,立四教,顺先王《诗》、《书》、《礼》、《乐》以造士,春秋教以《礼》、《乐》,冬夏教以《诗》、《书》。"(对贵族子弟的教育提倡四种学术,设立四门课程,依照先王流传下来的《诗》《书》《礼》《乐》四书来造就人才,春秋教《礼》《乐》,冬夏教《诗》《书》)。礼是贵族子弟在官学里学习的主要课程。春秋时期,王室衰微,文化下移,孔子创办了私学,使许多贫寒子弟也有了接受教育、学习文化的机会,演习礼典仪式也是孔子教授学生的重要课程。名目繁多的礼典仪式,严格的礼典实践,为《仪礼》成书提供了天然的得天独厚的文化条件,但这只是一个必要条件。

春秋时期,王室衰微,礼崩乐坏,周天子的权威遭到沉重的打击,诸侯之间动辄兵戎相见,社会陷入极度混乱无序的状态。如何恢复社会的安宁有序? 在深刻反思之后,许多人作出的结论是:应该立即恢复礼在政治中的主导作用,只要人们严格守礼而行,那么社会就会自然回到秩序井然、上下敦睦、和谐有序的正常轨道。此时此际,礼成为春秋时期人们解决社会危机的一根救命稻草。这是当时的社会和时代为《仪礼》的撰作者们提出的迫在眉睫的必然要求。

综上所述,《仪礼》的成书既与上古先民丰富的礼仪活动有关,也与礼在后来政治领域中所起的重要作用有关,是社会和时代发展的必然结果。

二、《仪礼》的作者及撰作时代的争议

《仪礼》的作者及撰作时代在学界争议较大。大致有以下三种说法:其一,《仪礼》为周公所作;其二,《仪礼》为孔子编著;其三,《仪礼》为孔子之后的儒者所作;其四,《仪礼》主要是孔子的弟子及其后学陆续撰作。

1.《仪礼》为周公所作

滥觞于西汉时期的今古文两大学派的纷争是为争夺学术正统地位而发生的纷争,是中国经学史上影响很大的学派之争,这场纷争断断续续一直延续到清末。今古文学派对《仪礼》的作者及撰作时代的看法存在严重的分歧和对立。古文学派坚持认为《仪礼》是周公所作,《仪礼》的成书年代在西周,东汉礼学大师郑玄、六朝崔灵恩、唐陆德明、孔颖达、贾公彦、元代敖继公、清代礼学大师胡培翚、曹元弼等都持此说。

古文学派提出这一观点的历史依据是:周公摄政,曾制礼作乐,《仪礼》就是周公所制之礼的一部分,孔颖达根据《礼记·明堂位》中周公"制礼作乐"之说,推断《仪礼》是周公制礼作乐的产物,《仪礼》的作者是周公。

2.《仪礼》为孔子所作

今文学家坚持《仪礼》的编著权应归于孔子,《仪礼》的成书年代在春秋。这一说法首出汉儒,其中司马迁的说法影响很大。司马迁在《史记·孔子世家》中说:"孔子之时,周室微而礼乐废,《诗》《书》缺,追迹三代之礼,序《书传》,上纪唐虞之际,下至秦缪,编次其事,曰:'夏礼吾能言之,杞不足征也;殷礼吾能言之,宋不足征也。足,则吾能征之矣。'观殷夏所损益,曰:'后虽百世可知也。以一文一质,周监二代,郁郁乎文哉,吾从周。'故《书传》、《礼记》此《礼记》即指《仪礼》。自孔氏。"司马迁肯定了孔子与《仪礼》有密切的关系,他在《史记·儒林列传》中说得更明白:"夫周室衰而《关雎》作,幽厉微而礼乐坏,诸侯恣行,政由强国。故孔子闵王路废而邪道兴,于是论次《诗》、《书》,修起《礼》、《乐》。"很显然,司马迁认为《仪礼》是经过孔子的编修加工而成。

3.《仪礼》出于孔子之后儒者之手

滥觞于唐末,畅引于宋,延续至清末的疑古疑经学风,曾在中国学术界产生很大的影响。由此在经学领域出现了不同于今文学派以及古文学派的另一个重要学派。他们对于《仪礼》的作者及撰作时代的看法不同于今古文学派,他们的基本意见是:《仪礼》既非周公所定,也非孔子所撰,而是出于孔子之后的儒者之手。

4. 孔子的弟子及其后学陆续撰作

当代礼学大家沈文倬充分吸取近代考古学者的研究成果,结合文献记载,加以分析综合后,提出《仪礼》是孔子的弟子及其后学陆续撰作而成,其成书年代在春秋战国之间。此说被当代许多学者接受。他强调指出,之所以可以肯定孔子时没有《仪礼》一书，是基于这样的事实：在春秋以前，礼物与礼仪相结合的各种礼典已在各级贵族中普遍实行，孔子就曾担任赞礼的摈相一类的职务，亲自参加过礼典实践，同弟子的谈话多次涉及礼的理论及礼的实践，然而在孔子的言论中却没有直接援引《仪礼》原文，这就有力地证明礼书还不存在，各种门类的礼典还没有被记录成文。而在孔子之后的《墨子》、《孟子》、《荀子》都在援引《仪礼》之文，说明《仪礼》一书至迟在墨子、孟子、荀子之前已经成书，并开始在社会上流传，墨子、孟子、荀子是战国时期的人，说明《仪礼》在战国早期即已成书。

沈文倬之说是可信的，虽然《仪礼》一书并非成于周公或孔子之手，但是不能抹杀二人的功劳。首先，周公制礼作乐是不容否定的。《仪礼》中有一部分篇章反映了宗周的典章制度、风俗之情。其中一部分典章制度应当是由以周公为首的周代统治者所制定的。因为在宗周时代，"非天子不议礼、不制度、不考文"。周公曾摄政治理天下，在周朝立国之初，作为执掌实际权力的摄政大臣，必定会对前代礼仪风俗加以改造利用，并制定出适应周朝需要的一套礼仪典制，作为推动政治，维护其统治的工具。这套礼仪典制有一部分流传到后世，并被后人损益、规范而收入《仪礼》之中，所以我们不能将周公与《仪礼》的关系剥离开。

其次，孔子对《仪礼》成书贡献尤大。孔子创办私学，他为学生开设的课程有礼、乐、射、御、书、数，礼是其中非常重要的一门课程。孔子毕生重视礼，"克己复礼"是其思想的核心组成部分。从《论语》、《礼记》等先秦文献可以见到孔子论礼、问礼、演习礼以及向弟子传授礼的记载。如前所述，礼典的实践不容丝毫差池，因此孔子传授弟子礼典，必定要有一个比较严格的关于礼典实践的教本。当然孔子不可能自己创制一套礼仪，向学生灌输，而是搜集先世遗存的礼典以及当时贵族阶级正在实行的礼典，加以损益，修订成礼书，传授弟子，如《礼记·杂记下》记载："恤由之丧，哀公使孺悲之孔子学士丧礼，士丧礼于是乎书。"为了恤由的丧事，孺悲曾奉哀公之命向孔子学习士丧礼，士丧礼由此得以著于竹帛，书写成文。由此可以推断，孔子弟子及其后学，在撰作《仪礼》一书的过程中，孔子关于礼的认识是他们撰作《仪礼》一书的理论指导，而孔子传授弟子礼仪的教本一定也是他们撰作《仪礼》一书的母本或蓝本。

因此,关于《仪礼》一书的作者及撰作时代,结论是:《仪礼》是孔子的弟子及其后学陆续撰作而成,成书于春秋战国之际,《仪礼》涵摄的礼仪既有前世遗存下来的礼典,其中包括周公所制之礼以及民间礼俗的遗存,也有当时正在贵族阶层通行的礼典,所有的礼仪都经过孔子及其弟子的损益和规范。

三、《仪礼》书名的变迁

《仪礼》有《礼》、《礼经》、《士礼》、《礼记》、《仪礼》等名称。《礼》是《仪礼》一书的原称,从战国时代的文献记载看,当时的人们都称《仪礼》为《礼》。如《商君书·农战》云:“《诗》、《书》、《礼》、《乐》,善修仁廉辩慧。”这里的《礼》即指《仪礼》。

在汉代,《仪礼》一书有《礼经》、《士礼》、《礼记》三种不同称呼。之所以被称为《礼经》,是因为汉武帝独尊儒术,为儒家设立“五经”博士,《仪礼》一书就在“五经”之列,故而被人称为“礼经”。《仪礼》被称为《士礼》,则可能因为书中所言多为士人应遵循的礼仪。《礼记》是《仪礼》在汉代的又一个称呼,如《史记·孔子世家》云:“故《书传》、《礼记》自孔氏。”司马迁在这里所指的《礼记》就是《仪礼》,而非今传世本之小戴《礼记》。

大约在魏晋之际,改名为《仪礼》,从此《仪礼》成为通称。之所以改名,是为了与新立的经典《周礼》区别开来。

四、《仪礼》的内容

《士冠礼》:记述贵族男子二十岁时举行的加冠礼仪式。在加冠礼上,除加冠外,还要为受冠者起个字(别名)。加冠、起字表示他已经成年,可以享受成年人的权利,承担成年人的责任和义务。这一礼仪源于古代氏族社会的“成丁礼”。

《士昏礼》:记述贵族青年男女在家长的主持下缔传婚姻的一系列礼节仪式。儒家对婚礼非常重视,认为婚礼的意义在于“成男女之别,而立夫妇之义也。男女有别而后夫妇有义,夫妇有义而后父子有亲,父子有亲而后君臣有正。故曰,昏礼者,礼之本也。”(《礼记·昏义》确定了男女之别,建立起夫倡妇随的夫妇关系。正因为男女有别,所以才会有夫倡妇随的夫妇关系;正因为有夫倡妇随的夫妇关系,所以才会有父子相亲;正因为有父子相亲,所以君臣才能各正其位。所以说,婚礼是各种礼的根本)。按照规定,男子在昏时亲迎新妇,以昏为名,所以称作昏礼。之所以在昏时亲迎新娘,取其阳往阴来之意。

《士相见礼》:记述贵族之间初次交往的礼节仪式。包括初次相见时的绍见、礼物、应对、复见等内容。一方携带礼物登门求见,另一方随后回拜。季节不同,地位不同,携带的礼物、回拜的方式、应对的内容和仪态也不同,《士相见礼》所述礼节实际并不限于士相见之礼,还包括士见大夫、大夫相见、庶人士大夫见国君的礼仪。

《乡饮酒礼》:记载古代乡一级的行政组织定期举行的以尊长敬老为中心的宴饮活动。据考证,这一仪式源于氏族公社以尊老养老为目的的会食(聚餐)制度。

《乡射礼》:记载古代以乡为范围的射箭比赛大会的礼节仪式。春秋两季,州长在州学召集州民在州学学习射箭并进行射箭比赛。这一仪式源于上古氏族部落为氏族生存、防御侵袭而进行的狩猎活动和作战训练,表现出原始先民的尚武精神。举行乡射礼的重要目的,在于通过这一礼仪活动考察参与者的德行,选举贤能,同时使参与者在习射及射箭比赛的过程中获得道德实践的具体体验。

《燕礼》:"燕",同"宴"。"燕礼"即"宴礼"。记述诸侯宴饮的礼节仪式。详细描述了宴饮时的酒具,君臣的席位,登堂入席、斟酒、宾主敬酒等的仪态。场面铺排,礼节繁缛,还配有专用的乐队和艺人伴唱。

《大射仪》:记述诸侯国君主持的贵族参加的射箭比赛大会的具体礼仪。诸侯有朝觐、会盟、祭祀、息燕诸大事时,要与群臣习射。此篇以"仪"名篇而不加"礼"名篇,意在射仪中见礼义、节文。"射"不为争,而为习礼乐,故"大射礼"在"五礼中属于嘉礼。"举行大射仪的目的与乡射礼相同。

《聘礼》:记述国君派遣大臣到其他诸侯国进行礼节性访问的礼节仪式。聘礼实际就是外交礼仪,在"五礼"中属于"宾礼"。

《公食大夫礼》:记述国君招待来小聘的大夫的礼仪。在聘礼的礼仪规定中,作为代表君主前往他国行聘的使者,有所谓"大聘使卿,小聘使大夫"的分别。公食大夫礼的礼仪主于"食饭",而没有宾主酬酢,食饭也仅限于主宾一人,有别于飨礼和燕礼。"燕礼"主酒,飨礼兼酒和饭。"公食大夫礼"在"五礼"中属于嘉礼。

《觐礼》：记述秋天诸侯觐见天子的礼节仪式。《周礼》曰："春见曰朝，夏见曰宗，秋见曰觐，冬见曰遇。"

《丧服》：记述死者亲属在丧服、服期等礼仪上的差别。中国传统中的"五服"制度就来源于此。

《士丧礼》和《既夕礼》：《士丧礼》与《既夕礼》本为一篇，因为简册繁重而分为两篇，通常视《既夕礼》为《士丧礼》的下篇。记述士阶层的丧葬礼仪。《士丧礼》具体记述了从死到葬的过程，包括以下环节：为死者招魂、覆盖衣被楔齿缀点；国君派人吊唁，赠衣；死者亲属、僚友吊唁，赠衣；为死者沐浴、着装、饭含、设重，小敛、大敛、朝夕哭；卜筮葬居和葬日等。士丧礼在"五礼"中属于凶礼。由于士丧礼专讲士阶层之丧礼，故以"士"名篇。《既夕礼》讲述下葬前两天既夕哭，"既夕哭"：即傍晚的那一次哭。与下葬那一天的仪节。《既夕礼》取篇首二字为题。

《士虞礼》：记述士埋葬父母后返回家中举行的安魂礼。"虞"，即"安"的意思。与同属丧礼的《士丧礼》、《既夕礼》相比，《士丧礼》与《既夕礼》旨在送形而往，而《士虞礼》则旨在迎神而返。士虞礼在五礼中属凶礼。

《特牲馈食礼》：记述士在家庙中祭祀祖祢的礼仪。所谓"特牲"，就是一豕，即祭礼或宾礼只用一种牲畜。所谓"馈食"，简言之，就是用食。特牲馈食礼在五礼中属吉礼。

《少牢馈食礼》与《有司彻》：记述卿大夫在家庙祭祀祖祢的礼仪。少牢，即用牛猪祭祀。两者本为一篇，也因简册繁重分而为二。《有司彻》取篇首三字为其篇名。《少牢馈食礼》与《有司彻》在五礼中属吉礼。

五、《仪礼》的价值

《仪礼》作为一部上古的经典，具有很高的学术价值。此书材料，来源甚古，内容也比较可靠，而且涉及面广，从冠婚飨射到朝聘丧葬，无所不备，犹如一幅古代社会生活的长卷，是研究古代社会生活的重要史料之一。书中记载的古代宫室、车旗、服饰、饮食、丧葬之制，以及各种礼乐器的形制、组合方式等等尤其详尽，考古学家在研究上古遗址及出土器物时，每每要质正于《仪礼》。《仪礼》还保存了相当丰富的上古语汇，为语言、文献学的研究提供了价值很高的资料。

《仪礼》对于上古史的研究几乎是不可或缺的,古代中国是宗法制社会,大到政治制度,小到一家一族,无不浸润于其中。《仪礼》对宗法制度的阐述,是封建宗法制的理论形态,要深刻把握古代中国的特质,就不能不求于此。此外,《仪礼》所记各种礼典,对于研究古人的伦理思想、生活方式、社会风尚等,都有不可替代的价值。

尽管宋代以后,《仪礼》一书在学术界受到冷落,但在皇室的礼仪制度中,《仪礼》始终是作为圣人之典而受到尊重的。从唐代的开元礼到宋代的《政和五礼新仪》、《大明集礼》,乃至《大清会典》,皇室主要成员的冠礼、婚礼、丧礼、祭礼,以及聘礼、觐礼等,都是以《仪礼》作为蓝本,加以损益而成的。

由于佛教的传入,使民间的传统生活习惯发生很大变化,如果听之任之,则中国的传统文化将有全面佛教化的可能。宋代的有识之士如司马光、朱熹等,意识到《仪礼》中的礼制是中国儒家文化的典型,如果它从中国社会彻底消失,那将是儒家文化的彻底消失。他们顺应时势、对《仪礼》进行删繁就简,取精用宏的改革,摘取其中最能体现儒家人文精神的冠、婚、丧、祭诸礼,率先实行,并在士大夫阶层中加以提倡,收到了比较积极的成效。可见,《仪礼》在宋代时还起过捍卫民族文化的作用。

《仪礼》在今天还有很大的价值,但这并不是说要恢复《仪礼》的制度,而是说应该利用《仪礼》礼义中的合理内核。《仪礼》中的许多礼仪,是儒家精心研究的结晶,有许多思想至今没有过时。对于这一宝贵的历史文化遗产,我们应该保持应有的尊重,并以科学的态度加以总结,为建设社会主义精神文明所用。今礼之中有古义,人们不自知罢了;古礼也可以今用,这正是我们应该像王安石、朱熹那样,认真研究的课题。有关《仪礼》中的礼仪,我们将在后面作比较详细的介绍。

第三节 《礼记》

《礼记》亦称《小戴礼记》或《小戴记》,汉代把孔子定的典籍称为"经",弟子对"经"的解说是"传"或"记",《礼记》因此得名,即对"礼"的解释。据传,《礼记》

一书的编定是西汉礼学家戴德和他的侄子戴圣。戴德选编的八十五篇本叫《大戴礼记》，在后来的流传过程中若断若续，到唐代只剩下了三十九篇。戴圣选编的四十九篇本叫《小戴礼记》，即我们今天见到的《礼记》。这两种书各有侧重和取舍，各有特色。东汉末年，著名学者郑玄为《小戴礼记》作了出色的注解，后来这个本子便盛行不衰，并由解说经文的著作逐渐成为经典，到唐代被列为"九经"之一，到宋代被列入"十三经"之中，成为士人必读之书。

一、《礼记》的文献价值

《礼记》是一部是研究中国古代社会情况、典章制度和儒家思想的重要著作。《礼记》的语言也简洁生动，具有一定的文学价值，全书用散文写成，一些篇章具有相当的文学价值。有的用短小的生动故事阐明某一道理；有的气势磅礴、结构严谨；有的言简意赅、意味隽永；有的擅长心理描写和刻画。书中还收有大量富有哲理的格言、警句，精辟而深刻。不管自己是否意识到，中国士民很少有不受它的影响的。在《三礼》中，《礼记》最晚取得经的地位，但却是后来居上，成为礼学大宗，大有取代《仪礼》《周礼》之势。

《礼记》的内容主要是记载和论述先秦的礼制、礼仪，解释《仪礼》。《礼记》有《曲礼》《檀弓》《月令》《礼运》《学记》、《大学》《中庸》《经解》等四十九篇，《礼记》的作者不止一人，写作时间也有先有后，其中多数篇章可能是孔子的七十二弟子及其学生们的作品，还兼收先秦的其他典籍。内容庞杂，上至王室之制，下至民间之俗，无不涉及，涉及政治、法律、道德、哲学、历史、祭祀、文艺、日常生活、历法、地理等诸多方面，几乎包罗万象，集中体现了先秦儒家的政治、哲学和伦理思想，是研究先秦社会的重要资料。除有关我国古代社会情况和各种礼节制度的记述外，还包括了孔子及其门人言行的一些小故事，有一定的思想意义，如流传很广的"苛政猛于虎"，就出自《礼记·檀弓》篇。

从散文艺术方面看，《礼记》中的议论文，如《礼运》、《乐记》等篇的部分章节，雍容大雅，气势沛然，结构严整。记叙文如《玉藻》、《坊记》等篇的部分章节，文笔凝练，言简意赅。尤其是《檀弓》、《仲尼燕居》等篇中的叙事小品，写得生动形象、意味隽永，都是较优秀的作品，如《檀弓》中的"晋献公将杀其世子申生"、"曾子寝疾"等章，以简练的文字传达出不同的生活场面和人物心理，情景宛然,笔法多变,"孔子过泰山侧"章,形容"苛政猛于虎",令人触目惊心。"齐大饥"章只80余字,却把黔敖的倨傲、饿者不为所屈,写得活灵活现,其中还有服饰、神态、语气的描绘,接近于小说。"孔子蚤作"、"晋献文子成室"等章,还嵌以诗歌、偶语、排句,增加了文章的生动性和感情色彩。

《礼记》对中国文化产生过深远的影响,各个时代的人都从中寻找思想资源。因而,历代为《礼记》作注释的书很多。宋代的理学家选中《大学》、《中庸》、《论语》和《孟子》,把他们合称为"四书",用来作为儒学的基础读物。

《礼记》是部儒学杂编,里面包含儒家的思想史料相当丰富。研究早期儒家思想,需要读《论语》,研究战国秦汉时期的儒家思想,就不能不读《礼记》了。读《论语》能够看到儒家学派的确立,读《孟子》、《荀子》、《礼记》能够看到儒家学派的发展。从《礼记》这部书里,可以看到儒家对人生的一系列的见解和态度。《王制》、《礼运》谈到了儒家对国家、社会制度的设想。

《礼记》有不少篇章讲修身作人的,象《大学》、《中庸》、《儒行》等篇就是研究儒家人生哲学的重要资料。专讲教育理论的《学记》,专讲音乐理论的《乐记》,其中精粹的言论,至今仍然有研读的价值。

《曲礼》、《少仪》、《内则》等篇记录了许多生活上的细小仪节,从中我们可以了解古代贵族家庭成员间彼此相处的关系。今天看来,这些细节极为烦琐、迂腐、呆板、缺乏生气,不过有些地方,还是可以借鉴的。读了这些篇,我们可以知道,说中国是个文明礼仪之邦,绝不是个空泛的赞语。

《礼记》关于丧祭之类的篇章占了很大的比重。这类文字有四大特点:琐碎、枯燥、难懂、远离今天的生活。可是对于研究中国古代社会。特别是研究中国宗法制度的人们来说,实是珍贵的文字资料。其中有很多地方是对《仪礼·丧服》的补充和说明。

《礼记》中还有不少专篇是探讨制礼深义的。这类文章是研究儒家礼治思想的重要依据。举例来说,《昏义》是解释《昏礼》制定意义的专篇。一开始就解释为什么要重视婚礼,说"昏礼者,将合二姓之好,上以事宗庙,而下以继后世也,故君子重之"。所以要在家长主持下搞一套隆重礼节。从而得知,结婚一事之所以重要,儒家并不着眼于当事男女的幸福,而是:一,密切两个家族的关系;二,男方死去的祖先,有人祭祀了;三,传宗接代。儒家认为,结婚只能是家族中的一件庄重的事,不是个人的美事。传宗接代意味着新陈代谢,这样,做人子的不能无所感伤,所以《郊特牲》说"昏礼不贺,人之序也"。郑玄注说"序犹代也"。

此外,儒家对各种祭礼、丧礼、冠礼、乡饮酒礼、射礼、聘礼等等,在《礼记》中也都有一套解释。显然,研究这些都有助于全面理解儒家的思想体系。

众所周知,儒家思想中有对社会发展、人类进步起消极作用的部分,如全力维护等级制度,顽固宣扬男尊女卑等等。这些,在《礼记》中都得到了充分反映。

二、《礼记》的主要思想内容

1. 阐述儒家的政治理想及以礼治世的政治主张

(1)人类社会的"大同"与"小康"

儒家的学说历来以积极入世、匡扶天下为己任,孔子"祖述尧舜,宪章文武"(《礼记·中庸》,遵循尧舜之道,效法周文王、周武王的贤能与圣明之道。)而发出的旨在力主当世君王遵循先圣之典范的倡言。孔子所倡言的臻治社会,是"大同"的理想社会:大道之行也,天下为公,选贤与能,讲信修睦。故人不独亲其亲,不独子其子,使老有所终,壮有所用,幼有所长,矜寡、孤独、废疾者皆有所养;男有分,女有归。货恶其弃于地也,不必藏于己;力恶其不出于身也,不必为己。是故谋闭而不兴,盗窃乱贼而不作。故外户而不闭,是谓大同(《礼记·礼运》,大道实行的时代,天下是公共的,大家推选有道德有才能的人为领导,彼此之间讲究信誉,相处和睦。所以人们不只把自己的亲人当作亲人,不只把自己的子女当作子女,使老年人都能安度晚年,壮年人都有工作可做,幼年人都能健康成长,矜寡孤独和残废有病的人,都能得到社会的照顾。男子都有职业,女子都适时而嫁。对于财物,人们只是不愿让它白白地扔在地上,倒不一定非藏到自己家里不可;对于气力,人们生怕不是出在自己身上,倒不一定是为了自己。所以钩心斗角的事没有市场,明抢暗偷作乱害人的现象绝迹。所以,门户只需从外面带上而不须用门上锁。这就叫大同)。这种臻至的"大同",是"上古"时代的理想社会。孔子认为,随着社会历史的发展,这种"大同"也仅仅是社会理想而已,他主张用三代时期贤明圣王禹、汤、文武时代的治国之略来建立当世的小康社会,即"礼义以为纪;以正君臣,以笃父子,以睦兄弟,以和夫妇,以设制度,以立田里,以贤勇知,以功为己。故谋用是作,而兵由此起。禹、汤、文、武、成王、周公,由此其选也。此六君子者,未有不谨于礼者也。以着其义,以考其信,着有过,刑仁讲让,示民有常。如有不由此者,在势者去,众以为殃,是谓小康"(《礼记·礼运》,把礼义作为根本大法,用来规范君臣关系,用来使父子关系亲密,用来使兄弟和睦,用来使夫妇和谐,用来设立制度,用来确立田地和住宅,用来表彰有勇有智的人,用来把功劳写到自己的账本上。因此,钩心斗角的事就随之而生卜,兵戎相见的事也因此而起。夏禹、商汤、周文王、武王、成王、周公,就是在这种情况下产生的佼佼者。这六位君子,没有一个不是把礼当作法宝,用礼来表彰正义,考察诚信,指明过错,效法仁爱,讲究礼让,向百姓展示一切都是有规可循。如有不按礼办事的,当官的要被撤职,民众都把他看作祸害。这就是小康")。也就是以礼义为纲纪,谨慎地实行礼制,以此来彰明道义,成就信用,明察是非,倡导仁爱、谦让、礼貌之行,君臣、父子、兄弟、夫妇既有差别,又有和同,从而构建一个差别有等、礼义有序而又融洽和谐的社会,此即为"小康"。

在儒家所构建的小康社会中,政治理想的核心就是其一贯倡导的"仁"与"德"。其仁,是以人为本:"故为政在人,取人以身,修身以道,修道以仁。"(《礼记·中庸》行政在于获得人才,获取人才要靠身正,而修正自身要靠道德修养,修养道德就要靠仁义)。仁义从家庭伦理上来说是爱自己的亲人,从社会关系来说就是尊敬贤人,亲亲、尊贤乃是仁义的具体表现。

儒家还主张要在社会施政中,"修六礼以节民性,明七教以兴民德,齐八政以防淫,一道德以同俗,养耆老以致孝,恤孤独以逮不足,上贤以崇德,简不肖以绌恶。"(《礼记·王制》,修习六礼以节制人民的性情,明辨七教以提高人民的道德,整齐八政以防止潜越,规范道德以统一风俗,赡养老人以促进孝顺的风气,救济孤独以避免这部分人被社会遗弃,奖励贤者以鼓励人人学好,清除坏人以警诫人们改正错误),最终构建一个没有荒废的土地,没有无业的游民,人人安居乐业、勤奋努力的理想小康社会:"无旷土,无游民,食节事时,民咸安其居,乐事劝功。"(《礼记·王制》)。在此,儒家勾画了一个封建农业的"小康"社会,其"仁"、"德"的观点和主张完全融入了政治统治范畴,反映了以"仁政"为核心的儒家学说和政治主张。

(2)礼为纲纪

先秦儒家自孔子始即构建了一个完整而严密的政治、思想、文化体系,而"礼"是这一体系中至为重要的纲纪。

"礼者,履也"(《礼记·祭义》),"言而履之,礼也"(《礼记·仲尼燕居》)。礼的意义就是为人们的言行制定一整套的所应遵循的规范和准则,其本质在于"行修、言道"(《礼记·曲礼上》),即行为要有修养,语言符合道义。儒家认为,"礼"乃人与禽兽区别的重要所在:"鹦鹉能言,不离飞鸟;猩猩能言,不离禽兽。今人而无礼,虽能言,不亦禽兽之心乎?"因此,有圣人出现,"为礼以教人,使人以有礼,知自别于禽兽"(《礼记·曲礼上》)。可见,"礼"为纲纪,实乃为人的最基本准则。

在儒家看来,礼的作用还在于"定亲疏,决嫌疑,别同异,明是非"(《礼记·曲礼上》,礼能够用来确定人们的亲疏远近,决断嫌疑,区别同异,明辨是非),礼即为家庭伦常及社会关系、善恶曲直的纲纪,它成为社会的道德仁义准则,教化民风民俗,分辨争议是非,乃至君臣、上下、父子、兄弟、夫妇的关系与名分均靠礼来确定:"道德仁义,非礼不成。教训正俗,非礼不备。分争辨讼,非礼不决。君臣、上下、父子、兄弟,非礼不定。"(《礼记·曲礼上》)在儒家的学说中,礼成为治理国家的典章制度和根本大法,成为家庭、社会中人与人之间亲疏、上下、尊卑的准绳和尺度。用礼构建一个包含伦理道德和政治道德的规范秩序,以其治世,"失之者死,得之者生";以礼来教导民众,则"天下国家可得而正"(《礼记·礼运》)。孔子尤倡以礼教化民众,且礼治与德治并重:"道之以政,齐之以刑,民免而无耻;道之以德,齐之以礼,有耻且格"(《论语·为政》用政令来治理百姓,用刑法来整顿他们,老百姓只求能免于犯罪受惩罚,却没有廉耻之心;用道德引导百姓,用礼制去同化他们,百姓不仅会有羞耻之心,而且有归服之心)。故"人有礼则安,无礼则危",不仅如此,"富贵而知好礼,则不骄不淫;贫贱而知好礼,则志不慑"(《礼记·曲礼上》)。"礼"不但成为社会安定的重要基础,而且能使富贵者因喜好礼而去骄奢淫逸,贫贱者因喜好礼而不再生怯乏志。总之,儒家倡导以礼治世,极力推崇礼教修德化民之功,旨在努力为世人创建一个上下有序、和谐有度的理想化的社会形态。当然,这也是对封建统治者提出的政治主张。

2. 恪守中道的人生哲学与修身治国的政治抱负

(1)"中庸"之道

"中庸"之义,中即适中,不偏不倚,恪守中道,无过无不及;庸,是常的意思。中庸,即中为常道,也就是说要常守中道。儒家认为:"天命之谓性,率性之谓道,修道之谓教。"(《礼记·中庸》上天所给予人的气质叫做性,依照本性去作事叫做道,修道的方法就是教化。)性、道、教是人生所必不可缺少的要素。性,是天与自然所赋予的,即是天性;道,是人循性之所行,即行为准则;教,是修养人之道,就是教养人之行为合乎道。关于中庸之道,众多学者认为它是儒家从内在心性探讨而建立的世界观,其基本特征是立足于儒家所倡导的"修身"之说,在强调了人性由天赋予这一出发点之后,更突出了人须努力修身而得"道"的人生目标,即自觉修养自身之天性,在"教"中实现"中庸"之道。在修道的漫漫征途中,艰难、困惑会时时困扰,天赋予之"本性"也使修道之教鲜能持久。说到本质,即是守中之德难以至善至美,自始至终,因"中庸其至矣乎"(《礼记·中庸》)。"中庸"本身也许是完善至极,所以"民鲜能久矣",很少有人能长久地实行它。儒家所称颂的虞舜,可谓是大智圣贤,其恪守中道体现于他的施政当中,"好问而好察迩(ěr)言,隐恶而扬善,执其两端,用其中于民"(《礼记·中庸》,舜好请教别人而又善于分辨身边人的言论,替他人隐慝 tè,隐藏,把心隐藏起来,存有邪念)不足而宣扬他人之长处,对于过与不及两方面的意见则采取折中的办法来施行,这便是圣贤所守之中道,坚守中道即和畅通达。儒家认为:"中也者,天下之大本也;和也者,天下之达道也。致中和,天下位焉,万物育焉。"(《礼记·中庸》)只有达到"中和"的境界,天地间的万物才能各得其位,万物也才能够化育生长。这便是中道至和的极高境界,由人自身而及自然万物。

能够恪守中道之人须教而后修有"大德","大德者必受命"(《礼记·中庸》),此命乃为天命,即享受天之厚报。儒家至此并不能摆脱天命主宰的力量,但是,在天命之下,其更强调人的自身之道,修道之教的核心乃为"至诚":"诚者,天之道也;诚之者,人之道也。"(《礼记·中庸》)因为诚是天之德,所以,修养自身之诚,则是人之德。有天性之诚,是由诚而明道;有教之诚,是由明道而诚。只有天下至诚之人,才能彻底尽其天性,其后才能尽他人之天性乃至万物之天性,故言"至诚无息"。最真诚的德永不止息,这便是常守中道的根本。由此我们可以看出,儒家力图在天命与人性之中寻求一种依靠人的努力而达到的人生至善之路,以"天命之谓性"来言人性的本源,人只能接受天的赋予,但通过修道之教从而可以使人通达尽万物天性而与天地相参的圣贤之路。不仅如此,"唯天下至诚,为能经纶天下之大经,立天下之大本,知天地之化育"(《礼记·中庸》,这是多么伟大的至诚者啊! 人生若能有至诚之德,即常守中道,就可以经天纬地,确立天下之根本,甚至通晓天地化育之功妙,这就是至善之人生)。

(2)修身治国

《礼记·大学》是记"博学可以为政"之篇,其倡导广博地学习并通过不懈的努力而致于"为政"。宋代的朱熹在他作的《大学章句》中,将此篇分为"经"与"传"两部分,认为前两节是阐述"大学"之道,是曾子所述的孔子之言;而后诸节皆为传,是曾子的门人所记曾子对孔子之言的解释。此说并无定论,但朱熹将《大学》和《中庸》并与《论语》、《孟子》合称《四书》,乃是将此篇尊崇至极,所以《大学》为其后历代学者所重视。

大学之道,是以"明明德"、"新民"、"止于至善"为三纲领,广博学习的目的就是要彰明人生之初所禀赋于天的内心最美善的德行,使人不断地自明其德并得以自新,从而能够使人终至于最美善的道德境界,这便是"大学"所要致力于心治至德至善的目标。而要达到这一切,须"知止而后有定,定而后能静,静而后能安,安而后能虑,虑而后能得",即经过止于善境、定、静、安、虑一系列必要的途径而后得到至善。至为重要的是,达到至善的最高境界是要使人有所作为,成就远大的理想:"明明德"于天下,即怀有远大志向的政治抱负。儒家据此提出八条目来明确人生所应具有的远大志向:"格物"(推究事物的原理),"致知"(从而获得知识),"诚意"、"正心"、"修身"、"齐家"、"治国"、"平天下"。其中,"修身"乃是万民之本:"自天子以至于庶人,壹是皆以修身为本。"(《礼记·大学》)所谓修身即是端正自己的内心,对于与生俱来的诸如人情之愤怒、恐惧、喜好、忧患等,皆通过修养自身而达到"端正",使"心不在焉",即不为外界环境和事物扰乱内心;人居处于自己的家庭、族人之中,必有亲疏、爱恶、畏敬、哀怜之情,所以,要修养自我身心,摈除以喜恶之情来对待他人,要做到"好而知其恶,恶而知其美",喜欢一个人要知道他的短处和不足,厌恶一个人要明白他的长处和优点。实际上,做到这一点是相当的不易,因此要修其身而后才能"齐家",正所谓"君子有诸己,而后求诸人;无诸己,而后非诸人"(《礼记·大学》)。首先自己做到了,才能要求他人做到;自己不沾染的,才能去禁止他人。自我身修而后齐家,为人父、为人子、为人兄弟、为人夫都做好了,家庭和睦,值得人们效法,而后民众以之为典范,才可以教育国人。

修身对于修养仁爱、礼让之德是至为重要的:"上老老而民兴孝,上长长而民兴弟(悌),上恤孤而民不倍(背弃)。"(《礼记·大学》,在上位的人尊敬老人,下面老百姓就会孝顺自己的父母,在上位的人敬重长者,下面的老百姓就会尊敬自己的兄长,在上位的人关怀体恤失怙的孤儿,下面的老百姓就不会背离这种做法),这便是修身治国从而使天下太平的重要根本。修身治国就是要以身作则,以修养的己身之德来规范自己的行为,作为民众的表率。儒家认为:"民以君为心,君以民为体。心庄则体舒,心肃则容敬。心好之,身必安之。君好之,民必欲之。心以体全,亦以体伤;君以民存,亦以民亡。"(《礼记·缁衣》,人民把君主当作心脏,君主把人民当作身体。内心庄重身体就会感觉舒服;内心严肃就会容止恭敬。内心喜好的东西,君主喜好的东西,体安然无恙的话,心脏也就会得到保护百姓也一定愿意得到;身体如果出了毛病心脏也会跟着受到损伤)。这种心修与体全,君以民存之关系,正是修身、治国的最好诠释。

《中庸》与《大学》均以人的内心修养为中心,追求恪守常道,遵循礼的行为规范,建立一种修养自身与外在治平达到统一的人生观和政治追求。这种强调主观意识修养、以己达人进而治国、平天下的主张,力图终及一个理想的人生目标而使天下归于至善至德,可谓是体现了儒家的世界观。

3. 尊师重教的教育理论及以乐教化的文艺思想

(1)尊师重教,教学相长

儒家创立之始便重视教育,孔子可谓是中国历史上私家讲学授徒之第一人。孔子是一位伟大的教育家,他把接受教育的权利由贵族专有变成广而及之于民众,从此,儒家逐渐形成一套系统而完整的教育理论,《礼记·学记》一篇阐明了中国古代传统的教育学说。首先,儒家阐明了办学兴教对于化民成俗的重要意义。"化民成俗,其必由学","建国君民,教学为先"(《礼记·学记》要教化人民,造成良好的风俗习惯,一定要从教育入手;治国安民,第一要务就是推行道德教化。)。教育与学习是至关重要的,"玉不琢,不成器。人不学,不知道"(《礼记·学记》,虽然是质地美好的玉,如果不经过琢磨,也不能成为有用的器皿;人虽然自称是万物之灵,如果不肯学习,也不会明白做人处世的道理。)。因此,"天子命之教,然后为学"(《礼记·王制》天子命令开展教育,然后设立学校)。古代学校的设置,"家有塾,党有庠(xiáng,古代称学校),术(遂)有序,国有学",从民众之家到乡邑、国都,都有学校供人学习,学官要先安排好学校的管理,学生入学则要先树立好学习的志向,即"凡学,官先事,士先志"(《礼记·学记》)。当然,儒家论及的教育必以先王所传之经典为教学内容, 如乐正设立四门课程,"顺先王《诗》《书》《礼》《乐》以造士(培养人才)。春秋教以《礼》《乐》,冬夏教以《诗》《书》"(《礼记·王制》)。

其次,儒家在教育理论中,阐述了有关的教学原则,讲明教与学的相互关系:"学,然后知不足;教,然后知困。知不足,然后能自反也;知困,然后能自强也。故曰教学相长也。"(《礼记·学记》,学习过后才知道自己的学识不够,教人之后才发现自己的学识不通达。知道不够,然后才能反省,努力向学。知道有困难不通达,然后才能自我勉励,发奋图强。所以说:教与学相辅相成的。)"学者有四失,教者必知之",则明确指出学生易犯的四种过失,作为教育者必须了解并帮助其纠正:"或失则多,或失则寡,或失则易,或失则止。"(《礼记·学记》有的学生学习失于贪多,有的失于过分狭隘,有的失于变易不定,有的失于浅尝辄止)。而作为教师, 就是要善于发现学生的长处和各自特点, 从而帮助他们拾遗补阙。"善学者,师逸而功倍,又从而庸之;不善学者,师勤而功半,又从而怨之"。(《礼记·学记》,善于学习的人,老师很安闲,而教育效果反而加倍的好,学生更把功劳归诸于老师教导有方;对于不善学的人,老师教得很辛苦,效果却仅得一半,学生反而归罪于老师。)因此,加强学习、增长学识既是一个渐进过程,同时也是一个教与学须付出艰辛努力的历程。其中,老师的因势利导、因材施教又是最为重要的,因而尊师为重教中的首要前提,"师严然后道尊,道尊然后民知敬学"(《礼记·学记》老师受到尊敬,然后真理学问才会受到敬重。真理学问受到尊敬,然后人民才会敬重学问,认真学习)。"师道尊严"便成为千百年来中国传统教育的理论学说。

(2)以乐教化

孔子曰:"安上治民,莫善于礼。"(《礼记·经解》)旨在将社会纳入一个体系庞大而整齐有序的礼制中。如何实现这一社会理想,使民众在思想道德和行为上都自觉自愿地遵循这个制度,遵守这个秩序,儒家从治理人心的角度出发,推崇音乐对人的教化作用:"凡音者,生人心者也。情动于中,故形于声。声成文,谓之音。是故治世之音安以乐,其政和;乱世之音怨以怒,其政乖;亡国之音哀以思,其民困。声音之道与政通矣。"(《礼记·乐记》,音乐产生于人心,人的情感由心而发,所以表现为心之声,心之声变成曲调,就叫做音乐。所以,太平之世的音乐祥和欢乐,是因为政治和畅;乱世之音仇怨而愤怒,是因为政治混乱;亡国之音悲哀而忧思,是因为人民无以依靠而困苦不堪。因此,音乐之声是社会兴衰的真实写照)。有鉴于此,儒家倡导以乐来教化民众,先王"制《雅》《颂》之声以道之",即先王制定《雅》《颂》音乐来引导人们,"听其《雅》《颂》之声,志道得广焉;执其干戚,习其府仰诎(屈)伸,容貌得庄焉;行其缀兆,要其节奏,行列得正焉,进退得齐焉。故乐者,天地之命,中和之纪,人情之所不能免也。"(《礼记·乐记》,人们听了《雅》《颂》的音乐,心境就会变得宽广;挥舞着干戚舞具,学会了俯仰身躯、屈伸肢体等舞姿,人们的容貌就变得庄重了;按照舞蹈的行列行进,并按照音乐的节奏,人们就知道行列需要整齐与进退保持一致。所以,音乐体现了天地自然和社会秩序对人的影响,是使人们保持心态平和的纲纪,是人类社会所必不可缺少的情感需要之体现。用音乐对人进行教化,推而及之构建人类社会的文化,音乐对于人的德行培养以及社会风尚的推崇与发展,具有非常重要的意义)

"制礼也以节事,修乐以道志。故观其礼乐而治乱可知也。"(《礼记·礼器》,通过制礼以体验前事,通过作乐以陶冶情趣。由于礼乐有这等来历,所以观察一个国家的礼乐就可以了解到这个国家的治乱)"礼节民心,乐和民声"(《礼记·乐记》,礼的制定是为了约束民心,乐的制定是为了让人民快乐平和),如此而言,音乐的内涵具有了政治和道德伦理的意义,"音"之所生,"其本在人心之感于物也"。(《礼记·乐记》,音乐的产生,是人对自然、社会等等外界于身的东西所感悟而产生的,它因此而具有感染人心的力量,)"凡音者,生于人心者也。乐者,通伦理者也"。因此,"审声以知音,审音以知乐,审乐以知政,而治备矣"。(《礼记·乐记》,凡音,都是出于人心。而比音高级的乐,则是与社会伦理相通的;因此从辨别声而进而懂得音,从辨别音而进而懂得乐,从辨别乐而进而懂得政事,于是就有了一整套的治国方法)。故乐可彰显人心,"情见而义立"。以其教化,"可以善民心。其感人深,其移风易俗"(《礼记·乐记》),且能够达到"乐终而德尊"。

音乐因其内涵而有了雅正与曲邪之别:"奸声感人",就会有"淫乐兴",淫声害于德;"正声感人",就会是"和乐兴"(《礼记·乐记》),和乐有利于天下。故言:"生民之道,乐为大焉。"(《礼记·乐记》)儒家因此大力推崇雅正之音的兴教,倡导歌颂雅正之乐:"广大而静、疏达而信者,宜歌《大雅》。恭俭而好礼者,宜歌《小雅》。正直而静、廉而谦者,宜歌《风》"。"歌者,直己而陈德也"(《乐记》)。所以,历来君王重视雅正文化的确立及教化,虽然"五帝殊时不相沿乐,三王异世不相袭礼"(《礼记·乐记》),但儒家倡"雅正"之乐为天下之宗则不变。

第三章　礼之圣人

第一节　周公"制礼作乐"

周公,姓姬名旦,是周文王姬昌第四子,周武王姬发的弟弟,曾两次辅佐周武王东伐纣王。因其采邑(古代国君封赐给卿大夫作为世禄的田邑,即封地)在周,爵为上公,故称周公。周公是西周初期杰出的政治家、军事家、思想家、教育家,被尊为"元圣"和儒学先驱、奠基人。

周公一生的功绩被《尚书·大传》概括为:"一年救乱,二年克殷,三年践奄,四年建侯卫,五年营成周,六年制礼乐,七年致政成王。"

周公摄政七年,提出了各方面的带根本性典章制度,完善了宗法制度、分封制、礼乐制。分封制是西周的政治制度,也是其统治的核心。宗法制是西周封建的社会制度。礼乐制是维护封建制度的文化制度。这些制度的形成对中国封建社会产生了极大的影响,为周族八百年的统治奠定了基础。

一、宗法制

是由三种制度配套而成:

一是父家长制:所有家族的继承是以父系为系统的,家族是以男性为中心,家长就是父系父权的代表,在家庭中握有至高无上的权力。《礼记·丧服传》上也谈到,"父,至尊也。"这个至尊的父家长,是家族中的主宰,我们现在还是这样,都姓父姓,少数姓母姓,也有极个别的,父亲姓、母亲姓都不姓的。

二是一夫一妻多妾制:有人说中国古代是一夫多妻制,这是不准确、不严谨的。严格的说法是一夫一妻多妾制,这个制度规定贵族男子只能有一名正妻,但是可以有若干个妾。妻家和夫家是婚姻关系,必须是父母之命媒妁之言,八抬大轿、骑高头大马去迎娶开中门进来。妾都是来路不明的,有赏的、有买的、有偷的。妻和妾的地位是不平等的。

三是嫡长子制:一个贵族在理论上有三种儿子:嫡长子、嫡次子、庶子。妻生的儿子叫嫡子,妾生的儿子叫庶子,嫡子当中,老大叫长子,其他的儿子叫次子。因此庶子的地位最低,嫡长子地位最高,家族的地位、血统、财产,原则上只能由嫡长子继承,叫嫡长子继承制。第一代的高祖传给他的嫡长子——太宗,太宗又得传给他的嫡长子——世宗,世宗又得传给他的嫡长子——仁宗,仁宗又得传给他的嫡长子——宣宗,这样一路传下来整个系统叫嫡系。嫡系代表的意思就是正宗、正统,这些概念都是从这来的。

周王朝的这一制度就是"宗法制",其主要精神为"嫡长子继承制",即"传嫡不传庶,传长不传贤"。

"君子与小人":由长子形成的家庭体系叫"大宗",大宗的长子方可叫君。诸侯之君叫"国君",大夫之君叫"家君"。如果是天之子就叫"天子",公之子就是"公子",君之子就是"君子"。大宗里的男性就简称君子。其余由诸如次子和庶子组成的家庭体系为"小宗",小宗里的这些男性简称"小人"。古人认为地位高的人必定修养高,比如大宗里的人从小就有条件接受良好的教育,无论是礼仪、文学、艺术等方面都有着相对较高的素质和修养,听音乐听的是高雅音乐;而地位低的小人一般没条件接受最好的教育,只能听听浅显些的音乐甚至街头的流行音乐。这种教育素质和自身修养的差别,自然会影响到人的道德水准。孔子首次在他的学说中,将君子和小人的含义增加了道德因素。但宗法制度并没有改变。孔子有一句话:"唯女子与小人为难养也,近则不逊,远则怨。"《论语》一般理解为:唯有女人和小人是难以对待的,和他们关系亲近他们就不尊重你,和他们关系疏远他们又会抱怨。如放在宗法环境下,应这样来理解:这里的女人和小人是小宗里的人,他们和大宗同属一个大家庭,虽然分了大宗和小宗但毕竟是一家人,所以处理与小宗之人的关系就很难,和他们亲近,他们就会有非分之想要获得和大宗之人一样的待遇,疏远他们又会抱怨不把他们当一家人看。可见这句话的要点在一个"难"字上。

二、分封制

天子周武王必须传给他嫡长子,他的那些兄弟,还有他的那些次子和庶子怎么办？周公的办法是分出去当国君。你不能当天子了，降一等当诸侯，什么叫诸侯？诸多的侯，一个天子诸多的侯。诸侯分出去就叫国君，他的地盘就叫"国"，就是把天下分成好几块，分好后把国境线划出来，然后在国境线上犁沟，挖很深的沟放水——界河。把挖出来的土堆在两边，在堆在两边的土上种树，这样一个动作就叫"封"，封建的"封"，"封"字就是这个意思。然后再指定一个弟弟或者庶子来当这个地方的国君，这个动作叫"建"，合起来叫"封土建国"，简称"封建"，"封建"这个词就是从这来的。国君们拿到这个地方以后，也不能独吞，再分的地方叫"家"，也是挖沟，也是指定一个人做"家君"，"家君"就是"大夫"。大夫也有弟弟、有儿子。没地方分了，就当"士"，所以天子、贵族、士就是这样产生的，这个制度就叫封建制。封建制和宗法制是合为一体的，

周王朝的国王以都城镐京（镐读 gǎo，丰京和镐京一起并称为"丰镐"，是西周王朝的国都，历史上最早称为"京"的城市，作为西周首都沿用近三百年，又称宗周，是中国最早期的城市，位于近陕西省西安市长安区。）为中心，沿着渭水下游和黄河中游，划出一大片圭地，建立由周王直接统治的中央特别行政区，此谓之"王畿（jī 靠近国都的地方）"。

王畿以外的全国所有土地，划分为大小不等无数块，分封给各路诸侯。但这些封国面积很小，实质上都是一个个城堡式的军事据点，以此为中心对四周地方加以控制，大概二三十个封国加起来的面积也没有王国大。这就保证了中央对封国的绝对控制权，诸侯国像群星捧月似的，环绕拱卫着王畿。诸侯国的分封有两种情况：

其一，同姓封国。凡是姬姓的周王室亲族，每人都可分到一块土地，在那里建立封国，此即同姓诸侯国。周初，先后分封了 71 个诸修国，其中周武王封其兄弟立国者 15，姬姓立国者 40 人。如周武王封其弟振铎于曹（今山东定陶），成王封其弟叔虞于唐（山西翼城）。周公平定武庚叛乱后，又分封周朝王室子弟 26 国。

其二，异姓封国：这又可分为两种情况：一是分封少数有功之臣，如姜子牙封于齐；二是封一些古帝王之后（实际是不能征服又防止作乱的部落首领），如封纣王庶兄微子启于宋国。

分封制使国内分割成大大小小的诸侯国，诸侯国又产生了众多卿大夫的

采邑。采邑又被分成无数大小的禄田。由于诸侯国、采邑(邑、关)、禄田(乡、亭)的地名直接转变成了"氏"(以国为氏、以邑为氏、以关为氏、以乡为氏、以亭为氏),于是,中国人的姓氏遍地开花,骤然增多。——这就是宗法制度对中国姓氏产生的根本影响。

秦始皇大一统,废除分封制,实行郡县制。汉初又兼采之,七国之乱平定之后,封国的官吏全部由中央任免,诸侯只征收租税,封国名存实亡。魏晋以后,历代王朝也还有分封制,其性质不全相同。

分封制与郡县制的区别

第一,传承制度不同。在分封制下,不论受封的是谁,都世代相传,即实行世袭制。在郡县制下,郡县长官均是由皇帝直接任免的,而且不能世袭,即实行的是任免制。

第二,职责范围不同。在分封制下,受封的诸侯在封地内不但享有行政统治权,而且拥有对土地和人口的管理权,但受封的诸侯必须对周天子尽一定的义务。郡县制则不同,郡守和县令在辖区内只行使行政管理权,对土地和人口逐渐失去统治权。郡守和县令只负责管理人民,收取赋税,征发兵役和徭役。

第三,历史作用不同。分封制下,各封国具有保卫王畿、周王的义务,但是由于各诸侯国在封地上拥有绝对的统治权而变成了大大小小的独立王国,直接或间接地威胁天子的安全,酿成了列国争霸、国家分裂的政治局面。郡县制则消除了由分封割据而带来的隐患,使皇帝能够直接控制地方的行政制度,成为中国两千多年封建专制统治的组成部分。王夫之说:"郡县之制,垂二千年,而弗能改。合古今上下皆安之,势之所趋,岂非理而能然哉。"由此可见,郡县制对中国传统封建社会的社会调控产生了深远影响。

三、礼乐制度

《诗经》里有一首诗,传说是周公写的,写的是他参加一次典礼。这个典礼是祭奠周人的祖先,就是祭祖。周人战争胜利了以后,就要祭奠祖宗。结果那些打败仗的商人,就是殷人的遗民们,也穿着周人的衣服参加祭奠。周公当时就想,若干年以后,我们的子孙会不会穿着人家的衣服去参加人家的仪式?我们的胜利来得这么容易,我们的政权能巩固吗?我们周王朝能够做到长治久安吗?他不能不想这些问题,他要把这些问题搞清楚。殷商王朝为什么迅速灭亡?周公得出的结论是,殷商王朝太不把人当人。

周武王胜利的原因很简单,就是"前徒倒戈"。"前徒倒戈"就是周武王的军队开过去之后,殷纣王的先遣部队掉转枪头打后续部队,也就是殷纣王派出去抵抗周武王的部队,变成了周武王的先锋部队。面对众叛亲离,殷纣王只好放火把自己烧死了。殷纣王为什么众叛亲离呢?周公的结论是:他太不把人当人了,表现在两方面:第一是"人殉"。殷商王朝有一个制度,就是贵族死了要大量杀人陪葬,这方面有大量出土文物可以作证;第二是"人牲",牺牲的"牲",牲口的"牲",就是在祭祀的时候杀活人做牺牲。祭祀在我看来就是请神吃饭。这里有一个很深刻的文化原因,就是民以食为天。食物是生命之源,因此请人吃饭是很大的情义,不是一种简单的交易或者交换,有人情味儿在里面。神也是一样的,你要请神帮忙,就要请神吃饭,请他吃饭你得上菜,菜是什么?菜就是"牺牲",中国古代的"牺牲"有马、牛、羊、猪、狗、鸡,合起来叫"六牲"。去掉马叫"太牢",牢房的"牢",宝盖头下面"牛",以牛为主,所以叫"太牢"。去掉牛只剩下羊叫"少牢",反正你得请神吃东西,吃什么呢?就看你请神办的事有多大。请神办一件小事,说我今天出门一路平安,杀只鸡就够了。现在要跟谁打仗,要请神说要全胜,杀马都不够了,得杀人,杀人也要根据情况来,也有等级。一般打个小仗,杀奴隶,打个中仗杀平民,打个大仗杀贵族。最后,奴隶没有生命安全,平民没有生命安全,贵族也没有生命安全,太不得人心了,太不把人当人了。

周公反省了这个教训得出一个结论,政权要能够长治久安,必须要把人当人。"以人为本"。"以人为本"就是从这来的。周公执政后从理论上讲把"人殉"和"人牲"废掉了。"人牲"后来是废掉了,杀活人祭祀是废除了,"人殉"一直到清代还没有完全废掉。孔子有句话叫"始作俑者其无后乎"?周公把活人殉葬废掉以后,就用木偶、泥人来代替,秦始皇兵马俑就是用泥人代替活人,这已经是进步了,但孔子还是不同意,孔子说这是谁发明的,第一个做泥人的人断子绝孙,"始作俑者其无后乎"就是这个意思。

周公考虑的第二个问题是政权的合法性问题。周公的解释是这样的:这个世界是由天和地组成的,我们头顶是天,脚底下是地,天是圆的,地是方的,叫天圆地方。这个正方形的地，正中间就叫中国，中央之国，"中国"指的是地理中心，而不是指政治概念，在现在的河南省登封市，那个地方有一个观星台，观星台下面有一个石头叫地胆，对应天上那颗星星叫天心。从这个地胆出发向东走、向西走、向南走、向北走，之间的距离是一样的，是个正方形的地。现在就有一个问题，圆的天扣下来，平面图是个圆的，当中还切一个正方形的地，还多出这块地。那四块地方是四个海——北海、东海、南海、西海，四海的里面是这块地，所以这块地叫"四海之内"，简称"海内"。这块地就在天底下，叫"普天之下"，简称"天下"。天下和海内是一个概念，同一个地方就是全世界，全人类居住的地方。这个地方的产权是谁的呢？天的。但是天不能够来治理，天必须指派一个人来治理，这个人就是天子，天子就是天的儿子，天的嫡长子叫天之元子。比方说我们把天下看作一家公司的话，董事长是天，天子是总经理，天子的治权需要得到天的授权的。这是必须要授权的，因为他只有治权而没有产权，这个授权叫天命，天的命意，天的任命叫做天命。所以后代的皇帝在讲到政权的合法性从哪来时都说是天给的。如果这个总经理干得不好呢？干得不好他得下台，改朝换代。改朝换代叫"革命"，革命的全文是"革除天命"，"革"就是拿掉，拿掉这个授权就叫革除天命，简称"革命"，"奉天承运"简称"天命"。周公先把这个道理跟大家讲清楚，之后又说，"皇天无亲唯德是辅"，就是天是很公平的，天没有私心，天是出于公心的，天就是看谁好，谁有道德，他就授权给谁。当年大禹治水，有公德于下，天就把天命授予了夏，后来夏桀失德，天就革命了，把政权授予了商汤王，后来殷纣王失德，所以天就授权给我们周武王，这就讲通了。就是说我们周是以道德得到的天下，因为我们有道德。

他是不是有道德呢？确实有道德。周人之所以取得胜利的根本原因在于掌握了当时最先进的生产力。殷商王朝当时是因垄断工商技术，主要是青铜冶炼技术而获得天下的。周人掌握了农业技术，但是不垄断，把农业技术传播给落后的民族和部落，这样大得人心，结果是当时的农村地带，基本上是周人的地盘和周人的同盟军。殷商王朝当时主要是守住几个城市，这就是《论语》说的"三分天下有其二"，三分之二在农村，还有三分之一在城市，因此周人是以"农村包围城市"夺取政权的。周公说我们有道德，以道德得到了天下，逻辑的结论是:既然天下是靠道德获得的,那么保天下也得靠道德,以德夺天下,以德坐天下,这就是吧"以德治国"。

　　道德是诉诸良心的,你有良心我可以跟你讲道德,你没良心跟你讲不成道德,而且道德是看不见摸不着的,它不是法律,法律有明确的条款。用道德治国似乎说不清,它必须要有可操作性,这个可操作性的东西就是"礼乐"。

　　礼乐制度分礼和乐两个部分。利用"礼"教与"乐"教,形成一套完善的礼乐制度,维护封建等级秩序。礼的部分主要对人的身份进行划分和社会规范,最终形成等级制度。乐的部分主要是基于礼的等级制度,运用音乐进行缓解了矛盾。

　　礼的本质是差异,人分三等,第一等贵族、第二等平民、第三等奴隶。贵族当中又分四等:天子、诸侯、大夫、士;诸侯又分五等:公、侯、伯、子、男。贵与贱,尊与卑,长与幼,亲与疏的各种人之间,必须遵守各自的行为规范,绝对不可混淆。这种有差异的秩序叫"礼",不可僭越。所以孔子曰:"非礼勿视,非礼勿听,非礼勿言,非礼勿动"(《论语·颜渊》,不合符礼的话不去看,不合符礼的不去听,不合符礼的不去说,不合符礼的不去做。)。但是社会只讲差异,不讲大同,社会就不会和谐。因而周公"制礼"的同时又"作乐"。乐讲和同,乐当然是指音乐,但已超越了音乐,以音乐激起人们相同的共鸣的喜怒哀乐的情绪。

　　礼乐制度是国家和谐的基础。礼之所以合理,正如孔子所说,"礼缘人情而作",它是基于人情而制定的。儒家从人本主义出发,提出治理人民的前提是尊重人性。只有充分注意到人民的好恶之情,社会才能长治久安。但是,这并不等于说人性可以不受制约,可以纵情放任,那样无异于将人类等同于动物。人的好恶之情的缺乏或者过度,同样不利于社会的安定。只有健康的情感,是社会和谐、进步的保证。人的情感应该与天道(大自然)一样,处在阴阳和谐的"至中"境界。但是人性不能自发企及于至中之地,因此需要礼(各种仪式节文)来引导人性,使之合于天道,这是儒家礼治主义的根本要旨之所在

　　礼乐制度中"礼"的要义有数端。

　　其一,"礼"是人性的基础。《礼记·曲礼》曰:"鹦鹉能言,不离飞鸟,猩猩能言,不离禽兽,今人而无礼,虽能言,不亦禽兽之心乎,夫唯禽兽无礼,故父子聚麀,是故圣人作,为礼以教人,使人以有礼,知自别于禽兽。"(鹦鹉能学舌,终是

飞鸟,猩猩能言语,终是禽兽。现在作为人而无礼,虽然能说话,不也是禽兽的心态吗?只有禽兽才无礼,所以父子共一雌兽。因此有圣人兴起,制定礼来教育人,使人因此而有礼,知道把自己和禽兽区别开来。)把"礼"作为区别人与动物、文明与野蛮的标准,所以"礼"是人类文明社会最主要的特征之一。

其二,"礼"的重要作用在于规范人在社会中的地位和关系。礼使人明确自己在社会中的位置,懂得尊敬和谦让;使人区别事物或行为的是非,懂得什么是该做和不该做的。"礼"作为一种行为规范,维护了社会的秩序和正义。

其三,"礼"也是一种道德规范,引导人们向善和自律。孔子曰:"道之以政,齐之以刑,民免而无耻;道之以德,齐之以礼,有耻且格。"(《论语?为政》),用政令来治理百姓,用刑法来整顿他们,老百姓只求能免于犯罪受惩罚,却没有廉耻之心;用道德引导百姓,用礼制去同化他们,百姓不仅会有羞耻之心,而且有归服之心。)因此,礼乐文明更强调通过礼教,使社会规则内化为人的内心尺度。

其四,通过知礼、守礼,达到社会和谐的境界。

"乐"的要义也有数端:

其一,"乐"的社会作用重在和谐精神:《礼记·乐记》曰:"故乐者,审一以定和,比物以饰节,节奏合以成文,所以和合父子君臣、附亲万民也。是先王立乐之方也。"(所以,作乐要先确定基调宫音以协调众音,用各种乐器演奏以表现节奏,节奏和谐而形成整个乐章,用它来协调君臣父子的关系,使民众相亲相随。这就是前代君王作乐的宗旨)"故乐者,天地之命,中和之际,人情所不能免也。"(所以音乐是天地的教命,中和的纲纪,是人情所不能缺少的)。指出"乐"是协调世间万物的纲纪,它的作用是使人们各安其位,和谐相处。

其二,"乐"注重有秩序的协调:《礼记·乐记》说:"宫为君,商为臣,角为民,徵为事,羽为物。五者不乱,则无怗懘(tiē chì)之音矣。"(宫音是君,商音是臣,角音是民,徵音是事,羽音是物。这五种声音不发生混乱,就没有弊败不和的音了。)其用五音比喻各种人物,说明要有序协调,才能奏出和谐之乐。

其三,"乐"也有陶冶情操,移风易俗的功用:《礼记·乐记》曰:"致乐以治心,则易、直、子、谅之心,油然生矣。易、直、子、谅之心生则乐,乐则安,安则久,久则天,天则神。"(深刻体会乐的作用并用以陶冶内心,平易、正直、慈爱、诚信的心就会自然而然地产生。有了平易、正直、慈爱、诚信之心就自然感到快乐,感到快乐就会心神安宁,心神安宁就会生命长久,久而久之就会被人信之如天,畏之如神。)《孝经》也说:"移风易俗,莫善于乐。"(要想转移社会风气,改变民间习俗,莫有比音乐更好的了)。即乐教有陶冶心性,使人快乐安宁,生命长久之功。因此,孔子要求人们要听雅乐,远淫音。"乐者,天地之和也。礼者,天地秩序也。"(乐,表现天地间的和谐,礼,表现天地间的秩序)。(《礼记·乐记》)秩序与和谐是礼乐文明的主旨。"乐者为同,礼者为异。"(《礼记·乐记》),是说乐的作用在于协调上下,礼的作用在于区别次序。然而,礼和乐虽有形式、功用上的不同,但却是相辅相成的。

在远古传统中,"礼"即人文,是涵盖一切,包括"乐"在内的。到了周代,礼、乐虽各有制度,但是"乐"毕竟仍是礼制的一个方面,"乐"的"和"也是为实现"礼"而辅助、服从于"礼"的。不仅选用乐,要按礼的规定,评价乐,也要以礼为标准。礼和乐不可偏废,礼乐不潜越,平衡与调和,就会形成和谐社会"乐至则无怨,礼至则不争",(有乐则人心无怨,有礼则人无所争),礼是贵贱有序,乐是对礼的调度,孔子等儒家常将"礼"、"乐"相提并论,就是因二者之结合,能起到平衡与调和的作用。

第二节　孔子"克己复礼为仁"

孔子(公元前551年9月28日—公元前479年4月11日),子姓,("子姓"是殷商帝王家族的姓氏。殷商帝王家族以子为姓,是从偰,商祖因生在殷水,因之为姓,后又辅佐大禹治水有功劳,被舜帝封在商地,并赐姓子,所以商族是以殷和子为姓氏的开始的)。孔氏,名丘,字仲尼,祖籍宋国栗邑(今河南省商丘市夏邑县),生于鲁国陬邑(今山东省曲阜市)。中国东周春秋时期著名的大思想家、大教育家。孔子开创了私人讲学的风气,是儒家学派的创始人。孔子曾带领部分弟子周游列国十四年,晚年修订六经,即《诗》《书》《礼》《乐》《易》《春秋》。相传他有弟子三千,其中七十二贤人。孔子去世后,其弟子及其再传弟子把孔子及其弟子的言行语录和思想记录下来,整理编成儒家经典《论语》。它以语录体和对话文体为主,记录了孔子及其弟子言行,集中体现了孔子的政治主张、伦理思想、道德观念及教育原则等。

一、孔子从平凡到不平凡的一生

孔子的祖上是宋国的贵族，先祖是商朝开国君主商汤。周初三监之乱后("三监之乱"是西周初期商王畿地区[河南省安阳市附近]的三位统治者叛乱的事件。武王灭商后,分商王畿为三部分,设三监治理。三监的具体人物:管叔、蔡叔、霍叔。所谓"监",即监督殷商遗民以防其造反)为了安抚商朝的贵族及后裔,周公以周成王之命封商纣王的庶兄微子启于商丘建立宋国,微子启死后,其弟微仲即位,微仲是孔子的十五世祖。六世祖得孔氏,称孔父嘉(子姓,名嘉,字孔父)。孔父嘉是宋国大夫,曾为大司马,封地位于宋国栗邑(今商丘夏邑),《史记·孔子世家》记载,孔父嘉之妻长相美丽,有一次外出时,在路上遇见了太宰华督,华督很喜欢她,一直盯着她看。因为看中了孔父嘉的妻子,华督便使人在国中扬言说:"殇公即位才十年,却有十一次战争,百姓痛苦,不堪忍受。这都是孔父嘉干的,我将要杀了他来安定百姓。"这一年,鲁国人杀了他们的国君鲁隐公。第二年,华督攻打并杀害了孔父嘉,夺占了孔父嘉的妻子。孔父嘉子木金父避灾逃到鲁国的陬邑定居。木金父生孔防叔,孔防叔的孙子叔梁纥就是孔子的父亲,其官职为陬邑大夫。叔梁纥的正妻施氏,生了九个女儿却没有一个儿子,小妾为他生了长子孟皮,孟皮有足疾,叔梁纥很不满意。于是叔梁纥请求颜氏让她三个女儿之中的一个立为妾,颜氏念叔梁纥年老且性情急躁,于是征求三个女儿的意见。长女和次女都不同意,只有小女儿颜征在(颜徵在)愿嫁叔梁纥。颜征在时年不满二十岁,而叔梁纥已经六十六岁,年龄相差悬殊,两人为婚于礼不合,夫妻在尼山居住并且怀孕,故谓之"野合"。

孔子生而七漏,头上圩顶(yú dǐng,意为头顶凹陷),而又因其母曾祷于尼丘山,故名"丘",字"仲尼"。孔子三岁的时候,叔梁纥病逝,葬于防。叔梁纥死后,颜征在失去庇佑,被叔梁纥正妻施氏所逐,于是带孔子庶兄孟皮与孔子至曲阜阙里,过着清贫的生活。但是,他从十五岁开始,在别的孩子接受命运摆布、只求苟全性命于乱世之际,他立志求学,从此改变了自己的一生,也间接影响了往后两千多年的中国历史。

　　说孔子是儒家学派的创始人,那么什么是"儒家"?《说文解字》对"儒"的解释是:"儒,柔也,术士之称。从人,需声。"中国人历来重视死的观念与丧葬礼仪,这种广泛的社会需求促生了一个特殊社会阶层"儒"。在中国古代社会,最晚到殷代有了专门负责办理丧葬事务的神职人员。这些人就是早期的儒,或者称为巫师、术士。他们精通当地的丧葬礼仪习惯,时间一长,便形成了一种相对独立的职业,但是,由于这种职业地位低微,收入也少,既没有固定的财产和收入,做事时还要仰人鼻息。所以形成比较柔弱的性格,这就是儒的本意,即柔。而正是这个将儒释为"柔",从孔子开始,"儒"的观念发生了变化,渐渐地脱离了巫的知识范围。孔子是中国历史上首开私学的教育家,人称"弟子三千,贤人七十二",他及弟子把古代为贵族所垄断的礼仪和各种知识传播到民间,逐渐形成儒家学派。因此,儒家是承袭殷商以来的巫史文化,发展了西周的礼乐传统,适当地吸收了老子对礼制的一些见解,但又屏弃了老子思想中的消极成分,在老子思想的基础上,孔子加以吸收、改造和创新,形成重血亲人伦、追求现实事功、礼教德治精神始终一贯的学派。儒家学派的创建是一个艰难而漫长的过程。孔子在垂暮之年总结自己的思想进程时说:"吾十五而有志于学,三十而立,四十而不惑,五十而知天命,六十而耳顺,七十而从心所欲,不逾矩。"(《论语》)可见,孔子在年轻时就有了远大的志向,但他一生中的挫折也是众所周知的。

二、孔子的《论语》

　　由孔子弟子及再传弟子编写而成的《论语》一书,主要记录孔子及其弟子的言行,较为集中地反映了孔子的思想,是儒家学派的经典著作之一。全书共20篇、492章,两千多年以来,中国读书人学习儒家,他们的学习材料首推《论语》一书,由此获得安身立命的慰藉,几乎到了"人人手边有《论语》"、"人人心中有孔子"的盛况。甚至有"半部《论语》治天下"之说。《论语》20篇,除了《公冶长第五》、《乡党第十》、《微子第十八》、《子张第十九》、四篇没有涉及"礼"而外,其他16篇有79次提到了"礼"。当然有几处是隐含的"礼",翻译成现代文章时需要补充出来。可见"礼"在《论语》中所占的分量是很重的。如果对"礼"细致的分析一下,《论语》中有21次提到"礼";17次提到"礼仪";13次提到"礼节";11次提到"礼法";11次提到"礼乐";2次提到"礼貌";1次提到"礼数";1次提到"祭礼";2次提到"丧礼"。

　　孔子的社会思想,最为根本的话应该是《论语·颜渊》起首的那段话:颜渊问仁,子曰:"克己复礼为仁。一日克己复礼,天下归仁焉。为仁由己,而由人乎哉?"颜渊曰:"请问其目。"子曰:"非礼勿视,非礼勿听,非礼勿言,非礼勿动。"颜渊曰:"回虽不敏,请事斯语矣。"(有一次孔子的弟子颜回请教如何才能达到仁的境界,孔子回答说"努力约束自己,使自己的行为符合礼的要求。如果能够真正做到这一点,就可以达到理想的境界了,这是要靠自己去努力的"。颜回又问:"那么具体应当如何去做呢?"孔子答道:"不符合礼的事,就不要去看、不要去听、不要去说、不要去做"。颜回听后向老师说:"我虽然不够聪明,但决心按照先生的话去做"。)

　　"克己复礼":孔子生活的春秋时期,西周建立起来的礼治秩序已遭到了极大的破坏,当时的情况是,"周室衰,礼法堕",王室衰微,礼法败坏而诸侯也是贵族世卿专权,如齐之田氏,晋之六卿,鲁之三家正所谓"世衰道微,邪说暴行有作,臣弑其君者有之,子弑其父者有之"(《孟子·滕文公下》),即孔子所谓的"礼崩乐坏"目睹这种种现象,与礼治下井井有条的社会秩序对照,孔子非常气愤,当孔子听说鲁国三位权臣祭祀祖先唱着"雍"来撤除祭物时,("三家者以《雍》彻")。就斥责道"相维辟公,天子穆穆,奚取三家之堂"(《论语·八佾》,孟孙氏、叔孙氏、季孙氏三家在祭祖完毕时,让乐工唱着《雍》诗来撤掉祭器。孔子说:"助祭的是诸侯,天子严肃静穆的在那里主祭。为什么在你家祭祖的庙堂上却用了唱《雍》诗的仪式?"),而当听说季平子竟然比照天子的标准,"八佾舞于庭"时,孔子更加气愤,说:"是可忍,孰不可忍也?"(《论语·八佾》,季氏这犯上的事情都忍心做,还有什么事情他不忍心做呢),面对当时如此不堪的社会现实,孔子主张"克己复礼","复礼"就是回归于"礼",当时不仅社会下层的人不照"礼"行事而"犯上作乱",即使社会上层的人也不照礼行事,孔子认为,其所以不照礼行事,因为人们都愿意满足他们自己的欲求,照着自己的欲求行事所以"复礼"必须"克己""克"就是战胜的意思,"克己"就是要用"礼"战胜自己的欲求,能"克己"自然就"复礼"了,"克己""复礼"实际上就是一回事,"复礼"运用到家庭关系中,就是要维护西周"亲亲"的宗法制度,孔子认为,周礼中最重要的原则就是"尊尊"与"亲亲","尊尊"即尊贵,是维护等级制的原则,它规定人民服从贵族特权,"亲亲"要求"父慈、子孝、兄友、弟恭",互相爱护团结,

"正名"的理论:为了维护周礼的尊严,为了贯彻亲亲尊尊的原则,孔子又提出了"正名"的主张:"名不正则言不顺,言不顺则事不成,事不成则礼乐不兴,礼乐不兴则刑罚不中,刑罚不中则民无所措手足故君子名之必可行也,言之必可行也,君子于其言,无所苟而已矣"(《论语·子路》,名分不正,则所言便不顺,言不顺则事便难成,事不成则无序而不和,故礼乐不兴。礼乐不兴,则施之政事皆失其道,故刑罚便不得当,刑罚不当则百姓便惶惶不安不知所措。因此君子所言人言事,必名实相副,可言必亦可行。君子对于其言辞,必无一点马虎的地方)。"正名"就是整顿有些人特别是在位的人与他的身份不相符合的言论和行动,"正名"是维护礼的重要主张,孔子认为,礼治制度之所以产生,是为了确定各人与其名分相符的思想和行为正名就是使名实相符,所以说"名之必可行也,言之必可行也",而所谓刑罚,则是对违反礼治者的惩罚,如果礼治制度遭到破坏,"名不正",就会使"礼乐不兴","刑罚不中",造成"民无所措手足"。在当时的社会大转变中,"礼崩乐坏",孔子说,"觚不觚,觚哉觚哉"(《论语·雍也》觚不像个觚了,这也算是觚吗?这也算是觚吗)。他认为,必须是有棱的酒杯,才可以叫做觚,如果没有棱,就不是觚了,这是在慨叹西周早期的礼仪制度,慢慢被人改变,"齐景公问政于孔子,孔子对曰:君君、臣臣、父父、子子公曰:善哉,信如君不君、臣不臣、父不父、子不子,虽有粟,吾得而食诸?"(《论语·颜渊》齐景公问孔子怎样治理国家,孔子答道:"国君的行为要符合国君的要求,臣子的行为要符合臣子的要求,父亲的行为要符合父亲的要求,儿子的行为要符合儿子的要求。"齐景公说:"说得好啊!要是真的国君的行为不符合国君的要求,臣子的行为不符合臣子的要求,父亲的行为不符合父亲的要求,儿子的行为不符合儿子的要求,即使有粮饷俸禄,我能来享用它吗?")"君不君、臣不臣、父不父、子不子"正是周礼遭到破坏的写照,"正名"就是改变这种状况,按照礼的要求恢复君君、臣臣、父父、子子的秩序做到"非礼勿视,非礼勿听,非礼勿言,非礼勿动",使君臣父子各安其位,谨守各自的名分,不越位,不僭礼,也就是"齐之以礼",事实上为君,为臣,为父,为子的人都合乎为君为臣为父为子之道,这就是"天下有道"。

"中"的理论:"允执其中"(《论语·尧曰》,真诚地坚持中庸之道),"其"就是"两端","执其两端,用其中于民"(《中庸》,"其中"就是"两端"的"中",就是要确确实实地抓住"两端"的"中",不可"过",也不可"不及"),孔子又说:"吾有知乎哉? 无知也,有鄙夫问于我,空空如也,我叩其两端而竭焉"(《论语·子罕》,孔子说:"我有知识吗? 没有哩,有一个庄稼汉问我,我本是一点也不知道的;我从他那个问题的首尾去盘问,才得到很多意思,然后尽量去告诉他,"其实还是折中主义")。孔子所说的"两端",是没有斗争的、静止的两个方面,他所说的"中",就是要永远保持统一体的平衡,不使发生质的变化,他的这些观点是形而上学反辩证法的观点,在当时孔子称之为"天下无道"的时代,奴隶社会已经垮台了,旧的平衡已经失去了,周礼已经崩坏了,孔子还妄想要恢复旧的平衡,要复礼,他宣扬"中",以之作为礼的根据和"复礼"的理由。

《论语·学而》首次谈到"仁",是开篇第二段话:"其为人也孝弟,而好犯上者,鲜矣;不好犯上,而好作乱者,未之有也。君子务本,本立而道生。孝弟也者,其为仁之本与! "(有子说:"做人孝敬父母,尊爱兄长,而喜欢冒犯上级官长的,少有。不喜欢冒犯上级而喜欢造反作乱的,从来没有。君子在根本上下工夫,根本建立好了,人道也就生发出来。孝敬父母,尊爱兄长,就是仁道的根本吧!")这应该是仁的最基本的意思。对父母孝,对兄长"弟"(即敬爱),这一要求看起来是泛指所有的人,实际上主要是针对上层统治者即"君子"提出的。下层人民即野人、小人或庶民,他们对待父兄如何,对于周礼的恢复应该影响不大,而上层统治者内部,能否做到这一点就关系重大了。整个春秋时期,充满了为争夺统治权而子杀父、弟杀兄的事件,而周王室的崩坏也是由此而发。"克己复礼",主要就是对这些当权者及其亲属的要求。正因为他们身居高位,如果不自己管住自己,就再无人可管了。所以说"为仁由己,而由人乎哉"。

在孔子哪儿,不同的对象对仁有不同的理解,《论语·颜渊》"颜渊问仁。子曰:'克己复礼为仁。……"颜渊是孔子最喜欢也是最有才华的弟子之一,孔子认为颜渊是个贤人并且最接近仁的品德。对于颜渊的问仁,孔子给予了自己对仁的整体看法,即仁就是克己复礼。在这里礼才是终极目的,而仁成为维护礼的工具,或者说仁只是一种途径,通过它来达到礼治。而仁的具体做法就是"克己"，使自己的行为合乎礼法的规定。《论语·八佾》"子夏问曰：'巧笑倩兮，美目盼兮，素以为绚兮。'何谓也？子曰：'绘事后素。'曰：'礼后乎？'子曰：'起予者商也！始可与言《诗》已矣。'"（子夏问孔子说："美丽的笑容真好看啊，漂亮的眼睛黑白分明，波光流转，把洁白的面容打扮得绚丽多彩，说什么呢？"孔子说："先有素色的底子，然后才可以描绘出美丽的图画。"子夏说："礼是不是也建立在'义以为质'本性之后呢？"孔子说："启发我的人，是卜商啊，从现在开始可以与子夏谈论诗经的问题了啊"。）在孔子看来，礼乐也是要先打底子的。拿什么打底子？仁。仁爱或者仁义，就是礼乐的底子。仁为礼乐最基本的品质，它不是一种规范和模式，而是融化在骨子里的个人品质，在这个基础之上当然要先仁义而后礼乐。这就叫"礼后"，或者说"仁先礼后"，一个具有仁德之心的心良好品质的人，学习好了礼乐才是一件锦上添花的事。孔子的六弟子颜渊、仲弓、司马牛、迟、子张、子贡都曾问仁于孔子。而孔子也都给予了答案。《论语·颜渊》"司马牛问仁。子曰："仁者，其言也切。"曰："其言也切，斯谓之仁已乎？"子曰："为之难，言之得无切乎？"（司马牛问怎样做才是仁。孔子说："仁人说话是慎重的。"司马牛说："说话慎重，这就叫做仁了吗？"孔子说："做起来很困难，说起来能不慎重吗？"）关于司马牛《史记》里记载其"燥而多言"，所以他来问仁，孔子就告诉他说话谨慎就是仁。说话谨慎是当时的礼法要求。"子张问仁于孔子。孔子曰：'能行五者于天下，为仁矣。''请问之''曰：恭宽信敏惠。恭则不侮，宽则得众，信则人任焉，敏则有功，惠则足以使人。'"（《论语·阳货》，子张向孔子问仁，孔子说："能够处处实行五种品德.就是仁人了，"子张说："请问哪五种？"孔子说："庄重、宽厚、诚实、勤敏、慈惠.庄重就不致遭受侮辱，宽厚就会得到众人的拥护，诚信就能得到别人的任用，勤敏就会提高工作效率，慈惠就能够使唤人。"）子张即是颛孙师，出生微贱，并且犯过罪行。孔子告诉他仁就是不受到别人侮辱，得到信任和拥护。要很好的融入这个礼法既成的社会，要努力成为这个社会中的领导者。对子张来说做到这些就是仁。孔子对弟子的回答，往往具有因材施教的特点，根据不同学生的特点，给予不同的答案。对仁的回答也是如此，但是归结到一点则是"克己"。每个人都克服各自身上的不合礼法的，或者有可能不能促进礼法稳固发展的部分，从而维护发展巩固礼法，这个过程便是仁。

孔子开创了中国的有系统的、有影响的教育事业。孔子的教学,有四教、四科之类的说法。四教,就是"文、行、忠、信"(《论语·述而》),也就是历代文献(文)、社会实践(行)、道德修养(忠)、行为准则(信)。四科,则是德行、言语、政事、文学(《论语·先进》)。文学不是诗歌、小说、散文,是熟悉文献;言语,则是能言善辩。德行和政事就不用解释了。总之孔子的学问,一是道德,二是政治。自然科学、工程技术、国计民生、通商贸易,他都不关心。这是孔子的局限。所以孔子教学生,主要也就两条:一是做官,二是做人。怎么教? 主要也是两条:一是答问,二是讨论。答问的记录,《论语》中有很多。问孔子的人,有学生,也有别人。问的问题,也主要是做官和做人。《论语》书中,孔子回答得最多的问题,是政治(包括做官、事君、为政),19次。其次是问对某个人的评价,12次。再次是问仁,9次。又再次是问礼,5次;问孝,3次;问君子,3次;问士,2次。其余,如问友、问知、问明、问达、问行、问好恶、问做人、问成人,也都可以归入问仁问孝一类。有人问过军事,孔子的回答是"军旅之事,未之学也"(《论语·卫灵公》,用兵打仗的事,从来没有学过),也有人问过鬼神,孔子的回答是"未能事人,焉能事鬼"(《论语·先进》没有办法服侍活人,怎么有办法服侍死人)。这两个答案,都等于拒绝回答。拒绝回答当然也是回答。答案就是:这些问题我没兴趣。感兴趣的,只有政治学和伦理学。其实即便是问文学,孔门师生也能扯到政治伦理上去。比如子夏向孔子问诗,两个人之间的问答就让人摸不着头脑。

子路、曾皙、冉有、公西华侍坐。子曰:"以吾一日长乎尔,毋吾以也。居则曰:'不吾知也!'如或知尔,则何以哉?"子路率尔而对曰:"千乘之国,摄乎大国之间,加之以师旅,因之以饥馑,由也为之,比及三年,可使有勇,且知方也。"夫子哂之。"求,尔何如?"对曰:"方六七十,如五六十,求也为之,比及三年,可使足民。如其礼乐,以俟君子。""赤,尔何如?"对曰:"非曰能之,愿学焉。宗庙之事,如会同,端章甫,愿为小相焉。""点,尔何如?"鼓瑟希,铿尔,舍瑟而作,对曰:"异乎三子者之撰。"子曰:"何伤乎? 亦各言其志也。"曰:"莫春者,春服既成,冠者五六人,童子六七人,浴乎沂,风乎舞雩,咏而归。"夫子喟然叹曰:"吾与点也!"三子者出,曾皙后。曾皙曰:"夫三子者之言何如?"子曰:"亦各言其志也已矣。"曰:"夫子何哂由也?"曰:"为国以礼。其言不让,是故哂之。"唯求则非邦也与?"

"安见方六七十如五六十而非邦也者？""唯赤则非邦也与？""宗庙会同,非诸侯而何？赤也为之小,孰能为之大？"(《论语·先进》,子路、曾皙、冉有、公西华四个人陪孔子坐着。孔子说:"我年龄比你们大一些,不要因为我年长而不敢说。你们平时总说:'没有人了解我呀!'假如有人了解你们,那你们要怎样去做呢?"子路子路想也不想就回答说:"一个拥有一千辆兵车的国家,夹在大国中间,常常受到别的国家侵犯,加上国内又闹饥荒,让我去治理,只要三年,就可以使人们勇敢善战,而且懂得礼仪。"孔子听了,微微一笑。孔子又问:"冉求,你怎么样呢?"冉求答道:国土有六七十里或五六十里见方的国家,让我去治理,三年以后,就可以使百姓饱暖。至于这个国家的礼乐教化,就要等君子来施行了。"孔子又问:"公西赤,你怎么样?"公西赤答道:"我不敢说能做到,而是愿意学习。在宗庙祭祀的活动中,或者在同别国的盟会中,我愿意穿着礼服,戴着礼帽,做一个小小的赞礼人。"孔子又问:"曾点,你怎么样呢?"这时曾点弹瑟的声音逐渐放慢,接着"铿"的一声,离开瑟站起来,回答说:"我想的和他们三位说的不一样。"孔子说:"那有什么关系呢? 也就是各人讲自己的志向而已。"曾皙说:"暮春三月,已经穿上了春天的衣服,我和五六位成年人,六七个少年,去沂河里洗洗澡,在舞雩台上吹吹风,一路唱着歌走回来。"孔子长叹一声说:"我是赞成曾皙的想法的。"子路、冉有、公西华三个人的都出去了,曾皙后走。他问孔子说:"他们三人的话怎么样?"孔子说:"也就是各自谈谈自己的志向罢了。"曾皙说:"夫子为什么要笑仲由呢?"孔子说:"治理国家要讲礼让,可是他说话一点也不谦让,所以我笑他。"曾皙又问:"那么是不是冉求讲的不是治理国家呢?"孔子说:"哪里见得六七十里或五六十里见方的地方就不是国家呢?"曾皙又问:"公西赤讲的不是治理国家吗?"孔子说:"宗庙祭祀和诸侯会盟,这不是诸侯的事又是什么?像赤这样的人如果只能做一个小相,那谁又能做大相呢?")孔子认为,前三个人的治国方法,都没有谈到根本上。他之所以只赞赏曾点的主张,就似因为曾点用形象的方法描绘了礼乐之治下的景象,体现了"仁"和"礼"的治国原则,这就谈到了根本点上。

《论语·子张》:"子夏曰:'仕而优则学,学而优则仕。'"(子夏说:"做官的事情做好了还有余力,就更广泛地去学习以求更好;学习学好了还有余力,就可以去做官以便给更好地推行仁道。)这句话告诉我们人的一生是学习的一生，不管你在什么时候，什么地点，只要有机会学习，那就不要放过机会。孔子说过，"学而时习之"，出仕是"时习之"的途径之一，也就是把所学的、所修的东西应用到从政的实践之中，但是，修身学习是无止境的，从政可以更好地修身，也可以更好地推行仁道。这句话也是孔子教育方针和办学目的的集中体现。做官之余，还有精力和时间，那他就可以去学习礼乐等治国安邦的知识；学习之余，还有精力和时间，他就可以去做官从政。这也是现代中共党校的教学方针："实事求是"，所以孔子实际上是我国古代中央党校和行政学院的教授。

三、正确评价孔子的礼学思想

孔子礼学经三代汇集发展而成，也就是因为"礼"，使得孔子成为中华传统文明礼仪的一线命脉，现在社会是流行的以孔子学潮热，不仅是国内的重视，在国外孔子也享有极高的声誉，这不得不说是文化上的一个奇观，超越空间和时间。其"礼"学思想的价值也是涵盖多个方面。

1. 个人修养方面的"礼"

孔子一致在强调"礼"不仅仅是语言、仪态、姿势等外在形式，还必须要有内在的精神和道德情感做支撑，换句话说就是更加看重一个人给个人修养层面是否符合标准。当子贡征准备要把鲁国每月初一那天祭祀祖先神庙的活羊牵下去不用时，孔子面色凝重地说："赐也！尔爱其羊，我爱其礼。"在这里，子贡就是十分重视祭祀活动的仪式，而孔子则看重祭祀仪礼中所蕴含的虔诚和尊敬，并把这作为自己本该如此的自觉之事。

"礼乎礼乎，玉帛云乎哉？乐乎乐乎，钟鼓云乎哉？"由于那是的周礼已经几乎彻底沦为仪文礼节，没有了其原来的精神内涵——敬、忠、信、义等，所以孔子大呼约束自己，来提高自己的个人修养，拥有良好的行为举止，才能使当今社会变得更为和谐。

2. 家庭关系方面的"礼"

孔子的礼学思想一定程度上将个人的行为加以规范从而使其符合道德准则，这样就维护了家庭的安定。"仁"，二人也，就是解释两个人之间关系的思想，而"礼"作为"仁"的外延，就更从外化的角度解释了人与人之间的相处之道。而家庭关系则是社会关系里极为重要的组成部分。孔子生活的春秋时期是以血缘关系为纽带而建立的宗法制度,因而孔子极为倡导孝敬父母、恭兄友弟的这种浓厚亲情,以此引申为孝、悌的原则向社会推广。

《论语·为政》里有这样一段话:"孟懿子问孝。子曰:'无违。'"什么是无违?即是指不违背的要求,就是孝,也就是说要按照孝的礼仪来对待父母。另一人子游也曾向孔子请教何为孝?孔子答曰:今之孝者,是为能养。至于犬马,皆能有养:不敬,何以别乎?孔子认为孝不仅是要赡养父母,最为关键的是要敬,懂得孝敬父母,做到真诚尊敬,是父母在精神上能体会到欣慰、愉悦。可见,要走到真正的孝,必须要有发自内心的敬爱之情。

孔子特别强调以礼待人,而要做到有礼,首先要有敬,只有具备诚恳的态度才能将礼发挥到极,否则只会流于形式。不论贫富、贵贱,家庭关系达到和谐,有种宽松的氛围,才能真正地体会到幸福。

3. 维护社会秩序的"礼"

社会秩序其实也可以从家庭关系网外扩展,只不过这种秩序设计的面更广,如果说家庭关系要求礼是要更注重情感的,那么社会秩序的维护,就要求孔子的礼更具社会性、政治性。春秋时期许多思想家都非常注重礼,认为礼在社会甚至政治层面有极其重要的作用。《左传·僖公十一年》里写道:"礼,国之干也。"礼是这个国家的根本,是使百姓品行端正的关键。《国语·晋语》礼也写道:夫礼,国之纪也,国无纪不可终。然孔子所处的春秋时期正是"礼崩乐坏",周王朝的统治濒于崩溃、社会局面一片混乱的时代。所以用什么样的方式来治理国家这个问题很现实,也很急迫。而孔子认为,"天下无道"的主要原因是"不知礼"和"违礼",因为孔子特变强调礼来规范民众、引导民众。

《论语·子路》里孔子曾说:"其正身,不令而行;其身不正,虽令不从。""苟正其身矣,于从政乎何有?不能正其身,如正人何?"孔子的意思就是说要治理好国家,使社会秩序稳定,就得率先做出表率、严于律己。如若是自己行得正、坐得端,那么去要求大多数人就基本没什么问题了。所谓"不知礼,无以立也",作为一个普通人生活在社会中,只要自身知礼,才能使得你所处的那一块儿社会里的秩序稳定有序。

第四章 传统官方礼制形式

第一节 吉 礼

吉礼,即祭祀之礼,也就是敬奉鬼神的典礼。自从远古时期的人类发明了祭祀活动,直到国家形成之后,古人始终对各种祭祀活动都给予高度重视。在人类的童年时代,人们思维简单,富于幻想,对于自然物和一切自然现象都感到神秘而恐惧。天上的风云变幻、日月运行,地上的山石树木、飞禽走兽,都被视为有神灵主宰,于是产生了万物有灵的观念。这些神灵既哺育了人类成长,又给人类的生存带来威胁;人类感激这些神灵,同时也对它们产生了畏惧,因而对这众多的神灵顶礼膜拜,求其降福免灾。人类对自身的生老病死、幻觉梦境,也是难以理解的。古代先民相信,人死后其灵魂有一种超自然的能力,人的灵魂能与生者在梦中交流,并可以作祟于生者,使其生病或遭灾。他们认为自然界中的一切神灵都主宰着人世间的一切, 所以祭祀鬼神也直接关系到国家的命运安危,所以说"国之大事,在祀与戎"(《左传·成公十三年》国家的大事情,在于祭祀和战争),而将吉礼列在"五礼"之首。

根据吉礼的规定,祭祀的对象可分为两大类:一是天地之神,这是指人们想象中的存在于自然界的神,主要包括昊天上帝、日月星辰、二是宗庙社稷。

一、祭祀天地

祭祀天地在古代是一项极为庄重的活动,其仪式十分隆重,在礼仪制度中为大祀。这项古老的祭祀活动,在传说中的舜、禹时期,就已出现,第一等是昊天上帝, 或称 "天皇大帝"、"昊天"、"皇天"、"昊天上帝"、"皇天上帝"、"维皇上帝"、"天帝"等。为百神之君、天神之首。古代只有天子可以祭天,诸侯有国,但不得祭天。祭天是国家最重大的典礼。冬至是阴尽阳生之日,所以祭天必须在冬至这天拂晓举行。商朝人对天神的敬仰和崇信达到登峰造极的程度，每逢祭天的时候，不惜耗费大量的财富，甚至要杀死为数众多的俘虏及牲畜，作为供奉的祭品。从西周开始，最高统治者又有了"天子"的称谓，意为"天之骄子"。这使得周王借天神之威统治天下，也神化了他手中的权力。由此可知，祭祀天神既表现了人们对自然的敬畏，也成为统治者强化统治的一种欺骗工具。因此尽管最高统治者位居显赫，但仍要像侍奉父亲一样侍奉天神。礼仪制度中的祭天礼正是因此而制定。祭祀天神要修筑祭坛。古时有"天圆地方"之说，即古人们认为天是圆形的，地是方形的，天像一口锅倒扣在地上，圆中有方，方形四边便是"四海"方形的地和四海统称"天下"，因此祭天坛是一座圆形的祭坛，称为"圜(yuán)丘"。圜丘建在国都的南郊，祭天与祭地，因为都在郊外筑坛祭祀，所以又常统称为"郊祀"。祭祀之日，天子率百官清早来到郊外。天子身穿大裘(qiú 为黑色羊皮制成，无纹饰以示质朴)，内着衮服(gǔn 饰有日月星辰及山、龙等纹饰图案的礼服)，头戴前后垂有十二旒的冕，腰间插大圭(玉质手板。形状狭长而锐上，略似剑叶)，手持镇圭(玉制礼器，长一尺有二，以四镇之山为雕饰，取安定四方之义，故称镇圭)，面向西方立于圜丘东南侧。这时鼓乐齐鸣，报知天帝降临享祭。接着天子牵着献给天帝的牺牲（供祭祀用的纯色全体牲畜，色纯为"牺"，体全为"牲"），把它宰杀。这些牺牲随同玉璧、玉圭、缯帛等祭品被放在柴垛上，由天子点燃积柴，顿时，烟火升腾，直上天空，人们以为这样便能让天神嗅到气味。这就是"燔燎"(fán liáo)，也叫"禋(yīn)祀"。随后在乐声中迎接"尸"登上圜丘。"尸"由活人扮饰，作为天帝化身，代表天帝接受祭享。"尸"就坐，面前陈放着玉璧、鼎、簋(guǐ)等各种盛放祭品的礼器。这时先向"尸"献牺牲的鲜血，再依次进献五种不同质量的酒，称作"五齐"。前两次献酒后要进献全牲、大羹(肉汁)、铏羹(xíng gēng 加盐的菜汁)等。第四次献酒后，进献黍稷(shǔ jì)饮食。荐献后，尸用三种酒答谢祭献者，称为"酢"(zuò)。饮毕，天子与舞队同舞《云门》之舞，相传那是黄帝时的乐舞。最后，祭祀者还要分享祭祀所用的酒醴(lǐ 美酒)，由尸赐福于天子等，称为"嘏(gǔ)"，后世也叫"饮福"。天子还把祭祀用的牲肉赠给宗室臣下，称"赐胙(zuò)"。后代的祭天礼多依周礼制定，但以神主或神位牌代替了"尸"。周朝之后，特别是汉代起儒家思想占据统治地位后，历代王朝皆尊崇周礼,因此祭天仪式也基本按照周代的方式进行。不过随着社会的发展,在流程、器物等方面仍有增减。唐代祭天礼除了延续前代礼仪之外,皇后也开始参加,显示了唐代女性地位的提高。1913年冬至,时任中华民国大总统的袁世凯在北京天坛举行祭天仪式,这是中国最后一次祭天仪式。此后随着袁世凯称帝失败,祭天被视为"封建帝制"的产物而被终止。

古代有"父天而母地"之说,即视天神为父亲,地神为母亲,可见古人对地神也是十分敬重的。地神在古文献中称为"地示(qi)",也写作"地祇"。地示是大地之神,不同于社神,社神通常被认为是主某一方土地之神,所以《礼记·王制》中记载道:"天子祭天地,诸侯祭社稷。"祭地礼在每年的夏至这天,地点在国都北郊一座建在水泽之中的方丘上举行。祭地坛为方形,合于"天圆地方"之说。建在水泽之中,则喻指大地被四海所环绕。祭地礼仪与祭天大致相近,但不用燔燎而用"瘗(yì。意为掩埋,埋葬)埋",即祭后挖坎穴将牺牲等祭品埋入土中。祭地用的牺牲取黝黑之色,用玉为黄琮,黄色象土,琮为方形象地。

除去圜丘祭天、方丘祭地之外,在古代的礼仪制度中,还有合祭天地之礼,称为"封禅"。封禅是要在泰山举行的。"此泰山上筑土为坛以祭天,报天之功,故曰封。此泰山下小山上除地,报地之功,故曰禅。"(《史记·封禅书·正义》)可见封禅是专门在泰山举行的祭祀天地的礼仪活动。之所以选择泰山,因为泰山为东岳,是五岳之首,故又称其为岱宗。封,要在泰山顶上举行,因为那里离天最近;禅,则在泰山脚下进行。虽然封禅是合祭天地,但实际上,封重于禅。封禅泰山与其他的祭祀活动一样,同样受到礼仪制度的规定限制,封禅仪式由帝王亲自到泰山主持,非帝王是不能享有这种权力的。刘备的两个儿子,长子也是义子刘封,次子刘禅,合起来就是"封禅",从儿子的名字有学者提出刘备早有帝王之心。

封禅与其他祭祀活动不同的是,它没有规定明确的祭祀时间,所以不是每年都要举行的。据资料的记载,历史上举行过封禅泰山的帝王只有秦始皇、汉武帝、东汉光武帝、唐高宗、唐玄宗、宋真宗,南宋以后,再没有举行封禅之礼。秦始皇帝统一六国后第三年(公元前219年),东行到鲁国的故地,经与当地的儒生们商议,决定行封禅之礼,于是他便率随行的臣僚们登上泰山。在举行了祭天仪式后,一行人便返回山下准备祭地。不料,下山途中突遇暴风雨,秦始皇君臣只好暂时躲避在一棵大松树下,直等到雨过天晴,才继续下山。因这棵树护驾有功,而被秦始皇封为"五大夫"。至今泰山上仍有"五大夫松",不过已是明代补植的了。唐开元十三年(公元725年),唐玄宗封禅泰山。因封禅是祭祀中的大典,所以唐玄宗下诏,三公以下官员一律升迁一级。诏令下达,官员均升一级,但唯有担任封坛使的宰相张说的女婿郑鑑(jiàn)却从原来的九品官升到五品,官升四级。在宴会的时候,唐玄宗看到郑鑑官职上升太快,感到奇怪,就问他是何缘因。郑鑑哑口无言。旁边一位叫黄繙(fān)绰的伶人(乐人)上奏道:"此泰山之力也。"他的回答十分巧妙,借封禅泰山,而张说又任封坛使之事,暗示郑鑑官升四级的原由。以后,便有了称妻父为"泰山"的称谓,又因泰山乃五岳之首,又称为"岳父",同时,又把妻母称为"岳母"。

南宋之后,封禅不再单独进行,而是与在郊外举行的祭祀天地的"郊祀"合并为一了,封与禅也一并进行。建圜丘合祭天地的礼制在以后的历史中时有变动。朱元璋建立明朝后,于洪武十年(公元1377年)改定这一礼仪制度。他下令在应天府城南郊重修祭天坛,并于坛上建造一座圆形的大殿,名为大祀殿,以覆盖祭天坛。又规定每年孟春正月在此合祭天地。明成祖朱棣将国都迁到北京后,又按照南京祭天坛的形制,在正阳门(今前门)南营建天地坛,也在坛上建造大祀殿。永乐十八年(公元1420年)建成后,这里成为明朝祭祀天地的场所。嘉靖皇帝即位后,认为合祭天地不符合古代礼制,于是下令在大祀殿南面另建一座圆坛,以取"天圆地方"之意,坛称"圜丘",不久又改称"天坛",俗称"祭天台"、"拜天台"。坛分为上下三层,各层的栏板、望柱和台阶的级数均为"天数"(又叫"阳数",即为九及其九的倍数)。每年冬至这天,皇帝都要率文武大臣来此祭天。根据"四时分祀"的礼制规定,嘉靖皇帝另在京城北郊择地建成"方泽坛",又称地坛。坛为北向,是一座用汉白玉筑成的二层方形坛,专门供皇帝率文武大臣在此祭祀地神。此后,每年夏至这天,都在此举行祭地礼。另于京城东郊建成"朝日坛",又称"日坛"。坛为西向,一层方台,供皇帝在这里祭祀大明神(即太阳)。于京城西郊建成"夕月坛",又称月坛。坛为东向,也是一层方坛,供皇帝在这里祭祀夜明神(即月亮)。北京城的天、地、日、月四坛建成后,明朝的礼仪制度得到进一步的完善。清朝定都北京后,继续承袭明朝的"四时分祀"礼制,并对四坛进行数次改建,在每座坛都修筑配套建筑,使各坛更加合于古代礼仪制度的规定。不过由于古人认为祭祀天神与地神为大祀,祭祀日神与月神则为中祀,因此在祭坛和配套建筑上,规格是有差别的。但不管如何差别,作为祭祀的配套建筑,都离不开祭坛、享殿、宰牲亭、井亭、斋宫、具服殿等建筑。对天、地、日、月四神的祭祀,除冬至、夏至分祭天、地外,每逢天干为甲、丙、戊、庚、壬之年,由皇帝亲自赴朝日坛祭日,其余之年则由文臣代为祭祀;每逢地支为丑、辰、未、戌之年,由皇帝亲自赴夕月坛祭月,其余之年则由武臣代为祭祀。始建于明朝的北京四坛,虽经历了数百年的风雨,仍一直保留至今,但如今已不再是祭祀的场所,而是供人们游览、休息的公园。从现存的建筑中,不难看出中国古代祭祀制度的严格与规范,感受到庄重而又虔诚的祭祀氛围。

古人除去祭祀天、地、日、月四神之外,对自然界中的其他一些事物也曾设神祭祀,如星辰、山川等。只是这些祭祀活动在礼仪制度中属于中祀,甚至小祀,人们对它们的重视程度远不及天、地,因此在建筑上规格很小,有的甚至附祭于其他神,仅设一块牌位而已。

二、祭宗庙

古时又称祖庙、太庙等,是供奉和祭祀祖先的场所。"宗,尊也;庙,貌也。言祭宗庙,见先祖之尊貌也。"(《礼记·祭法·郑玄注》)这一段古人的注释,点明了"宗庙"二字的含义,也就是说,祭祀宗庙时,要让祭祀者能看到受祭者生前的容貌。目的在于让祭祀者在祭祀先人时,能"触景生情",使心中涌起对亡故亲人的怀念之情。因此在早期的宗庙祭祀中,曾有过让生者代替死者接受祭祀的作法。《仪礼·士虞礼》中记载了这种祭祀方法,这位代表先人的受祭者称为"尸"。东汉著名经学家郑玄在《仪礼·士虞礼》的注中解释道:"尸,主也。孝子之祭,不见亲之形象,心无所系,立尸而主意焉。""尸"在祭祀宗庙的活动中充当着极其重要的角色,因而选择"尸"者也是十分严肃的事情。这位"尸"者要在死者的孙辈中选出,选"尸"是用占卜的方法决定的,又叫"筮(shi)尸"。"尸"又分为男尸和女尸,代表祖父受祭的孙子为男尸,代表祖母受祭的孙女为女尸。如果选出的"尸"者年龄太小,可由一位长者抱着,接受致祭。如果没有孙辈,或没有合适的人选,就从同姓的家族中选一位与孙辈辈分相同的人来充当"尸"者。用"尸祭"的方法来祭祀宗庙,还有一个目的,"孙为王(亡)父尸,父北面而视之,所以明子事父之道也。"(《礼记·祭统》)也就是说,通过这样的方法,教育后代继承先辈之业,懂得做人的道理。以尸代祭的方法在夏、商、周三代十分盛行。在祭祀宗庙的仪式中,夏代的尸从始至终要站着;商代则改为坐着;周代的尸虽然也坐着,可还要听从主人的告语和劝请饮食。战国以后,以尸代祭的方法被逐渐淘汰,尸又被"神主"所取代。所谓"神主",就是在宗庙里为死者立的牌位,也称为"主牌"。宗庙里摆放的牌位,所起的作用与尸是一样的,也是作为某位先祖的象征。

中国古代有"避讳"的习俗,即为了表示对对方的尊敬,特别是对尊长者,在称呼时不能直呼其名,而改用其他的称谓。即使是对待已故去的长辈也是如此,因此宗庙的牌位上面也不能直书其名,而是另起一个称号,通常多使用"祖"、"宗"二字,如高祖、太祖、高宗、太宗等,这种称呼便叫"庙号"。宗庙中供奉的牌位和祭祀用的鼎、彝、尊等礼器,在人们的心目中是十分神圣的,因此倍加保护,有"君子虽贫不鬻(yù,意思是卖)祭器,虽寒不衣(穿)祭服"(《礼记·曲礼》)之说,否则会被视为对祖先的不敬。至于皇家宗庙中供奉的牌位和祭祀用的器物,更被视为国家的重宝,作为国家的一种象征,要妥为保藏,绝不允许出丝毫差错。然而在南宋初年,金军大举南下,宋高宗赵构从建康(今江苏南京)逃往杭州(今属浙江),一路丧魂落魄,竟把先祖的牌位都丢了,足见其狼狈之极。从北宋开始,除牌位外,宗庙祭祀时,还挂有先祖的"御容",即画像,之后又有了塑像。到北宋末年,皇家的宗庙中还挂上了历朝的文臣宰相和执政官、武臣节度以上官员的画像,作为"陪祀"。金朝的宗庙中供奉的"御容"像数量很多,仅太祖完颜阿骨打(完颜旻)的御容像就多达12幅,其中有立像、坐像、半身像、戎装像等。画像的出现,不仅符合"宗庙"一词的含义,也使祭祀者直接瞻仰到先祖的尊貌,使心有所系。

宗庙制度与宗法制度是相辅相成的。宗庙制度严格遵循宗法制嫡亲、庶亲(即大宗、小宗)的规定,以此达到传宗接代,家业永兴的目的。不仅如此,在宗庙制度中还有昭穆之规。"夫祭有昭穆。昭穆者,所以别父子、远近、长幼、亲疏之序而无乱也。"(《礼记·祭统》)昭穆制度其实也是宗法制度的一种表现形式,它主要是用于宗庙和坟墓的排列顺序,即用以在庙次、墓次上区分远近、亲疏的关系。按照昭穆制度的规定,在宗庙和坟墓的排列上,以始祖居中,左昭右穆,子为昭,孙为穆,依次排列。也就是自始祖以下,第一代、第三代、第五代……凡奇数后代均为昭,位居始祖左侧;第二代、第四代、第六代……凡偶数后代均为穆,位居始祖右侧。这样一来,在昭穆的排列中,父子始终异列,祖孙则始终同列。另外在墓地的葬位也同样以此为准分为左右次序。在祭祀时,子孙也要按照这样的规定来排列次序,用以分别宗族内部的辈分。

人们把宗庙作为祖先亡灵的寄居之处,因而宗庙建筑也和人们日常生活的房屋建筑一样。只是出于对祖先的敬重,宗庙一般都建得比较讲究,显示出特有的庄重、肃穆的风格。在中国古代社会中,无论是天子,还是臣下官吏,都立宗庙。但按照礼的规定,宗庙建筑的数量多少要依据官阶的高下而定。西周时,天子的宗庙多达七座,除太祖庙外,另有三昭三穆之庙。诸侯五庙,二昭二穆,与太祖之庙合而为五。大夫三庙,士一庙。庶人不准设庙。最高统治者的宗庙,称为太庙,被视为国家的象征,凡遇重要的农事活动、皇帝登极、战争等重大的事情,都要举行祭告宗庙的礼仪活动。皇朝宗庙的位置也严格遵循礼仪制度中"左宗庙"的规定,建在王宫的左侧。在今天的北京城中,建有明、清两代的宫城——紫禁城,两朝的太庙就建在紫禁城的左侧,今天天安门东侧的劳动人民文化宫就是两朝所建的太庙。至于臣下官吏的宗庙多建在居所附近,而聚族而居的百姓家族也多在族居地建有本家族的宗庙。这类由个人或家族集体修建的宗庙与皇家宗庙无论在哪一个方面,都是不能相比的,但也都遵循礼仪制度的规定。这类宗庙多称为家庙或祠堂,里面同样供奉着祖先的牌位及画像,在排序上也有昭、穆之分。

祭祀宗庙的活动,除临时因有重大事情而入庙祭告外,还有一些固定的祭祀规定,"月祭"便是其中之一。月祭在月朔(即每月初一)这天举行。春秋战国以前,逢月祭之时,天子要亲自率领群臣前往宗庙,先宰杀一只羊祭告先祖。然后,用圭瓒(guī zàn,一种玉制酒器,形状如勺,以圭为柄,用于祭祀)舀了一种叫郁鬯(chàng)的香酒灌地,使香气到达地下,以告知鬼神降临受祭。祭祀用的食物,行礼后要分而食之,称为"馂"(jùn),是食鬼神之余的意思。牲肉(生曰脤,熟曰膰)分赠给参加祭祀的宾客或颁赐给同姓诸侯。每年夏秋之交的月祭最为隆重。因为古代的历法是一年颁行一次,是由巫、祝、卜等官员通过对天象的观测,计算出第二年的月朔时间,以及是否需要增加闰月,而后写成历书,收藏于宗庙之中。到夏秋之交的月祭时,天子将把历书颁发给各国的诸侯,作为统一执行的历法,所以这次月祭在当时格外受到重视。不过,月祭到后代便逐渐被冷落了,皇帝往往不再亲临宗庙,祭祀先祖,而只是派人去宗庙,杀只羊了事。"四时之祭"也是一年中固定的宗庙祭祀活动,在每年的春、夏、秋、冬四季之始时举行。至于家庙、祠堂的祭祀活动,虽然也按照礼仪制度的规定,但并不十分严格。每逢家族内遇有大事,由家族内的尊长者,即族长(或叫宗主),率族内的男子入庙祭告。

不过,在中国历史上,还有一些特殊的祠堂。这些祠堂不具有宗庙的性质,而是为了纪念历史上的某位杰出人物,以使后人永远缅怀他的业绩,激励后人继承和发扬他的道德风尚。这些祠堂虽然在名称上与宗庙性质的祠堂相同,但它多由非家族成员,甚至是官府出资修建的,位于今天北京东城区府学胡同内的文天祥祠就是一个典型的代表。文天祥是南宋末年著名的抗元将领,被元军俘虏后,宁死不屈,奋笔写出《过零丁洋》诗,以"人生自古谁无死,留取丹心照汗青"的诗句,表现出视死如归的英雄气概。直至被押解到元大都(今北京),面对元世祖忽必烈的多次劝降,他依然拒不投降,最后遭杀害。明朝灭亡元朝后,于洪武九年(公元 1376 年)始建文天祥祠,并于祠堂中塑文天祥像,以示纪念,供人凭吊。到永乐六年(公元 1408 年),明朝政府又将祭祀文天祥正式列入朝廷的祭典之中,成为明朝"五礼"中"吉礼"的一项重要内容。当然,这类祠堂在祭祀的礼仪上没有宗庙祭祀礼仪那么繁缛、复杂,但它所蕴含的"训诫",即教育后人的功能,却较之宗庙祭祀更为突出。

三、祭社稷

这一项重要的祭祀活动源于古老的传说。社和稷是传说中的两位神,即土神和谷神。相传在黄帝时,有一位共工氏,他的儿子勾龙能平水土,被人称为"后土",又被后人尊为"社神"。另有一位厉山氏,他的儿子农(又称为柱),能播植百谷,后人又尊他为"稷神"。古人认为社神是造化和养育生灵、万物之神,稷神则是掌管养育人类繁衍生息所需的谷物粮食之神。国有土,民有食,是实现国泰民安的最基本条件,所以古人格外敬重社稷。"建国之神位,右社稷,左宗庙。"(《周礼·春官·小宗伯》)按照礼仪制度的规定,社稷与宗庙同为一个国家建立所必不可少的重要标志,而且分别建在王宫的左右两侧。祭祀土神、谷神的地点一般就称为社稷。在古代,社稷因此常作为国家的象征,并作为国家的代名词。祭祀社稷的目的是为了祈求五谷丰登,在历史上也称为"祈谷"。

祭祀社神、稷神,也要修筑为坛,祭祀的主要活动便在坛上进行。先秦时期,社神与稷神是分开祭祀的,所以坛也是分开修筑的。社坛上最初是植上一棵树,这便是"社主"。以后,又以一块木制牌位取代树木"社主"。稷坛呈方形,坛上依东、南、西、北、中五个方位,分别放置着青、赤、白、黑、黄五种颜色的泥土。西周时期,天子分封诸侯时,要根据封地的方位,从坛中取一撮相应方向的色土赐给受封的诸侯,作为封赐的标志。从东汉开始,合祭社神、稷神,但两座坛依旧分置。唐朝以后,祭祀社稷的制度逐渐固定下来,社坛上的"社主"用条状的石头制成,稷坛则放置五种颜色的泥土,只有元朝全部放置黄土。明太祖朱元璋定都应天府(今江苏南京)后,在营建都城时,又将社、稷两坛合为一体,而合称为社稷坛。坛仍呈方形,作为"社主"标志的条石位于坛的中心,但只露出一个尖头。另外再分立社、稷二神的木制牌位。明成祖朱棣营建北京城时,按照"右社稷"的礼制规定,将社稷坛建在紫禁城的右侧,与太庙相对称。社稷坛依然承袭南京社稷的形制,此后又被清朝所沿袭。明、清两朝祭祀社稷的场所就是今天天安门右侧的中山公园,社稷坛分三层,用汉白玉砌成,因坛上放置着青、赤、白、黑、黄五种颜色的泥土,所以人们习惯上称之为"五色土"。在坛的中心,有一块微露尖头的条石,这便是"社主"。在中山公园五色土的北面还建有一座大殿(今称中山堂),是当时举行祭祀社稷活动的地方。每年的春、秋二季仲月(每季的第二个月)内举行祭祀,多由皇帝亲自主持,并在祭祀的大殿内供奉牛、羊、猪三牲。仪式开始后,还要用钟鼓奏乐。除都城建有社稷坛外,地方的府、州、县也建有供奉社、稷二神的祭台,其规格当然不能与京城社稷坛相比。不过,在每年皇帝主持祭祀社稷的同日,地方也要举行祭祀活动,由府、州、县长官主持。

不同的祭祀活动根据礼仪制度的规定,有不同的仪式和程序,而且历朝历代又时常变更,有的极其烦琐,有的又很神秘。不过,各种祭祀也有共同之处,这是因为古人认为祭祀神鬼是一桩十分严肃、神圣的事情,必须在祭祀活动的全过程中体现出人的崇敬与虔诚。因此在举行各种祭祀之前,都要首先进行"斋戒",即沐浴、更衣,还要独居,静心养性。斋戒一般又分为两步进行,"七日戒,三日斋"。戒,又称为散斋,是指斋戒最开始的七天要居住在寝宫的外室;斋,也称为致斋,是指"戒"后还要在寝宫的正宫里居住三天。斋戒的十天内,必须停止参加一切娱乐活动,更不能参加哀吊丧礼,目的在于使人心静,以排除自己"心"中的杂念,而进行"五思":思其居处,思其笑语,思其志意,思其所乐,思其所嗜,从而达到"心诚"的效果。斋戒期间,还要忌食腥荤之物,以避免在祭祀时口中存有"秽气",亵渎了先祖或神灵。斋戒的时间,在西周订立的礼仪制度中定为十天,沿袭到后代则缩短到三五天,甚至更短。祭祀那天,主持者和参加者很早就要起床,待沐浴完毕后,再更换吉服(祭祀时穿着的服装及佩饰),而后前往祭祀场所举行正式的仪式。

凡逢祭祀之日,居丧者不得啼哭,着丧服者不允许入城,以免冲犯神灵。祭祀神鬼时,都必须准备"牺牲"作为供奉的祭品。"牺"是指毛色纯正的牲畜,"牲"则专指牛、羊、豕(猪)等。帝王祭祀神鬼时,一般要供奉牛、羊、豕三牲,凡三牲齐备称为"太牢"。而诸侯祭祀时,则不许供奉牛,只用羊、豕二牲,称为"少牢"。可见同样是祭祀活动,却因主持者的地位不同,在供奉的物品上还有等级之分。除牺牲之外,璧、琮(cong)等玉器和束帛等也常被用作祭祀的供品。璧为圆形玉,中央有孔;琮则是呈方柱形或方圆形的玉器,中间也有孔。束帛是长 10 端(一端长一丈八尺,宽二尺四寸)的彩色丝织品。祭祀时,要将璧和琮分别放在束帛之上,由祭祀者手捧着,供奉在神鬼的牌位前。祭祀开始和进行中,由宫廷乐师组成的乐队,要随着礼仪的程序,演奏相应的礼乐,以和歌、舞,同时也烘托了祭祀的气氛。

第二节 凶 礼

凶礼,凶就是跟凶丧有关的一系列礼节,不仅仅包括丧葬之内容,还有其他一些跟灾难有关的礼节。《周礼·春官·大宗伯》就说,"以凶礼哀邦国之忧:以丧礼哀死亡,以荒礼哀凶札,以吊礼哀祸灾,以禬礼哀围败,以恤礼哀寇乱。"即遇饥荒要举行"荒礼";出现严重的自然灾害要举行"吊礼";有外敌入侵而导致战争要举行"禬(gui)礼";国内发生动乱则举行"恤礼"。都是在发生不幸的事情之后,为祈求和平,希望减轻灾难带来的痛苦与损失,而举行的仪式。

一、丧礼

丧礼,古代对丧葬礼仪一向十分重视,认为这是子孙尽孝的最重要的表现,国君和贵族在这方面的要求更严格。在古代,不同身份的人去世都有不同的称呼。《礼记·曲礼下》就记载,"天子死曰崩,诸侯死了曰薨(hōng),大夫曰卒,士曰不禄,庶人曰死。"这都是为了体现一种等级的差别。从秦朝至清朝,皇帝及皇室成员的丧葬情况,越来越复杂和排场。(民间丧礼后文有叙)。

清朝的皇帝丧礼,基本上沿袭了明制,但又结合了满族的一些风俗习惯和古代典礼中的制度。皇帝驾崩的当天,将大驾卤簿(仗卫名,是皇帝出行时专用的规格最高、规模最大的车驾仪仗队)全部设齐。大殓后,将皇帝的梓宫(皇帝、皇后或重臣的棺材)放在乾清宫,王爷、贝勒、贝子、公、公主、福晋等高级贵族人员各自回家进行斋戒,(斋戒:指在中国,斋戒主要用于祭祀、行大礼等严肃庄重的场合,以示虔诚庄敬。"斋戒"包含了斋和戒两个方面。"斋"来源于"齐",主要是"整齐",如沐浴更衣、不饮酒,不吃荤。戒主要是指戒游乐,比如不与妻妾同寝,减少娱乐活动。后以此指称相似的宗教礼仪。在佛教中,清除心的不净叫做"斋",禁止身的过非叫做"戒",斋戒就是守戒以杜绝一切嗜欲的意思。在《古兰经》中的阿拉伯用语是"扫姆",原意是坚忍和克制。穆斯林所遵循的伊斯兰斋戒制度,从日出前开始直到日落后,停止饮食,并且克制情欲)。政府各部院大臣和官员要到本衙门宿舍中集体住宿斋戒,不许回家。至于散闲官员,则齐集于午门斋戒住宿。斋戒期满以后,王以下文武官员不准作乐,禁止丧服嫁娶活动。在京的军民百姓要在二十七天中摘冠缨(帽子)、服素缟(白色的丧服),一个月内不准嫁娶,一百天内不准作乐(即任何形式的文化娱乐活动;主要是指文艺表演),四十九天内不准屠宰,二十七天不准搞祈祷和报祭。服未除前,文件票据拟用蓝笔,文件一律用蓝色油墨印刷。京城自大丧之日始,各寺、观鸣钟三万次。第二天,要在天安门前举行颁遗诏仪式。除此之外,政府会向附属国发出告讣敕书,在清政府发出后文书后,附属国便于次日派出陈慰使赶赴北京,奉表陈慰。史载,顺治帝驾崩,朝鲜国王曾派使节到北京行吊唁之礼。朝鲜国王在派出陈慰使的同时,还常常派出进香使,向死者献进香礼物。

在入殡期间,还有一项重要的礼仪活动——"赠谥(shi)"之礼,它虽不属于凶礼的范畴,但与丧葬有直接的关系。谥,即谥号,就是对死者生前行为、品德的高度概况性的评价和总结,类似于今天的悼词。古时有"盖棺论定"之说,"缘行之美恶以立谥"(《资治通鉴·秦纪》),"谥,行之迹也"(许慎《说文解字》)。尽管评定谥号是根据死者生前的行为、品德为依据的,但不同的历史时期还是有不同的道德标准,这也是评定谥号的重要依据。谥号又分为"官谥"、"私谥"两大类。官谥是由朝廷授予死者的谥号,私谥则是由亲友等赠给死者的谥号。赠谥之礼开始于西周,在《逸周书》一书中,有一篇《谥法解》,专门记载了谥号的评定标准。在以后的历史中,对谥号的评定标准又作了增补和修订。其间宋代苏洵曾奉诏集诸家谥法,编订出《谥法》一书,从而形成了一套完整的谥法体系。人有善、恶之分,统治者也有贤主、暴君之别,所以谥号也分为美谥、平谥、恶谥三类。美谥含有赞颂、美誉之义,是对死者一生行为、品德的肯定。如:

武:刚强正直曰武;威强睿德曰武;克定祸乱曰武。

文:经纬天地曰文;学勤好问曰文;慈惠安民曰文。

孝:慈惠爱亲曰孝;五宗安之曰孝。

景:布义行刚曰景。

汤:除残去虐曰汤。

从烈举的几个美谥标准中,不难看出这几个谥号是赠予行为正直、品德高尚的人。西汉初期,有两位皇帝在位期间,采取轻徭薄赋,与民休养生息的政策,使国家政治清明,社会秩序安定,生产和经济得到较快的恢复和发展。他们死后,被分别赠予"文"、"景"的谥号,这就是著名的汉文帝刘恒和汉景帝刘启,他们的政绩也因此被史家誉为"文景之治"。

平谥则含有哀悯、惋惜之义,是对死者所遭受的不幸表示同情。如:

殇(shang):短折不成曰殇。

哀:恭仁短折曰哀。

愍(min):在国遭忧曰愍。

平谥所赠予的对象,其生前多历经磨难,想有所作为,却遭不幸,未能施展才干。如东汉时的殇帝刘隆出生仅百余日,便被抱上皇帝的御座,而他在位还不足一年就死了,自然是"短折不成",所以得到"殇"的谥号。

恶谥则带有鲜明的贬斥之义,是对死者的为人,以及一生行为的否定。如:

厉:杀戮无辜曰厉。

炀(yáng):去礼远众曰炀。

显而易见,恶谥所赠予的对象是那些滥施暴政、行为不正者。西周后期,姬胡即位为周王,为了弥补王室出现的财政亏空,在国内强制推行掠夺山林川泽之利的政策,引起国人的不满,一时间怨声载道。姬胡又进一步采取高压政策,对有不满言论的人一律处死。国人忍无可忍,终于暴动。姬胡也因失道寡助,逃到彘(zhi)邑(今山西霍县),并死在那里。于是他便得到"厉"的谥号。至于历史上的另一位暴君隋炀帝,为窃取帝位,不惜杀害自己的父亲,而最终也只落得众叛亲离的可耻下场。

谥号在中国历史上沿袭了 2000 余年, 作为礼仪制度中的一项重要内容,它的作用不仅在于对死者的"盖棺论定",同时通过评定谥号,使死者成为生者的一位教员,以训诫后人,分辨善恶是非。谥号尽管有评定的标准,但在谥号的字数上并没有严格的限制,少则一个字,多则无限。如北宋的司马光,就谥"文正"二字,而明朝开国皇帝朱元璋死后的谥号竟多达 21 个字。称"开天行道肇纪立极大圣至神仁文义武俊德成功高"皇帝,谥号评定后,通常要和死者的生平事迹一同刻在墓志上,连同棺椁一同葬入地穴。

中国古代盛行土葬,但墓葬这种礼俗的发展也有一个漫长的历史过程。原始人类时期,死者是不埋葬的,而是弃之于原野山谷。但随着血缘氏族的形成和血亲观念的产生,人们对死去的亲人开始有了眷念之情,而对其尸体设法加以保护,由此逐渐形成了各种葬法和礼俗。"古之葬者,厚衣之以薪,葬之中野"(《易经·系辞下》)。这段资料告诉我们,原始的葬法是将死者用树枝杂草等掩盖起来,不使其暴露在外。古人对"葬"字的解释是"藏也"(《说文解字》),也就是掩盖、掩藏的意思。这种掩盖尸体的葬习,也与原始的宗教信仰有关,即人们头脑中的"鬼魂"观念导致人们产生惧怕死尸的心理,而设法将其藏到看不见的地方。此后又出现埋入地下的葬法,在母系氏族时期的遗址中,绝大多数都是土坑葬。这种土穴式的葬法,是古人在观念和意识上的进步,也是社会文明发展的标志。土葬也从一个方面反映了原始阴阳之说开始萌芽,因为地对天而言,属阴;活人的灵魂为阳,死者的鬼魂为阴。所以死者入土,即入阴间。自从出现土葬,便有了墓,可是"古也墓而不坟"(《礼记·檀弓上》),是说土葬之初只有墓,而无坟。墓和坟是两个概念,埋尸之处谓之墓,也称茔(ying);墓上堆土成丘谓之坟,也称冢(zhong)。从文献资料的记载分析,墓上起坟的习俗大约开始于春秋时期的中原地区。在《礼记·檀弓上》中,记载了孔子的一件故事:孔子幼年丧父。他长大后不知道自己的父亲葬在何处,后来经过多方寻找,终于在防(今山东曲阜东)打听到父亲的墓。于是他又把母亲的遗骨迁来,与父亲合葬。对此他深有感触:"古也墓而不坟。今丘也,东西南北之人也,不可以弗识。"(自己是一位四方奔走的人。墓上如果没有标志,日后又如何辨识。于是便在墓上堆起高四尺的土堆。)

从春秋至战国时期,不仅在墓上起坟,还有了植树的礼俗。"以爵等为丘封之度与其树数"(《周礼·冢人》,坟的高低大小,坟地种植树木的多少,都要根据死者生前的地位和身份决定。)诸侯死后的坟墓,"其高大若山,其树之若林"(《吕氏春秋·安死》)。秦汉以后,已是无墓不坟,但在封建社会中,等级制度对坟墓占地的面积是有明确而严格的规定。帝王的坟墓最大,封土之高犹如一座山,以显示其崇高显赫的地位,因此被称为陵,或叫山陵。帝王不仅坟冢高大,在葬礼上也是极尽排场、奢华。葬礼发展到清朝已十分烦琐。皇帝的灵柩在殡宫停放27天后,由32人抬的小舆移出殡宫,再换成80人抬的大舆抬出城门,再换128人抬的大舆,前往墓地。每天30班轮换抬棺,棺椁前后簇拥着仪仗、卫兵、僧侣,送葬队伍长达十几里。沿途所经之地,男女老幼一律跪拜路旁迎送。王公贝勒及文武官员则在墓地外十里处跪迎。灵柩到达墓地后,先入事先建好的隆恩殿(又称享殿、献殿)安放,在此举行祭祀大礼后,用龙輴(chun,装载棺椁的车)载灵柩沿铺好的木轨送入修成的地下墓穴,安放在"宝床"(放置灵柩的石案)上。帝王的墓穴绝非简单地在地上挖个坑,而是像地上的宫殿那样,修得富丽堂皇,因此又称为地宫、寝宫、皇堂等,意为地下宫殿。而在地面上也要建造一系列的建筑,如围墙(也称神墙)、碑亭、献殿(又称上宫、享殿,为祭祀亡帝的场所)等,地宫之上还要用土石砌筑陵台。由这些建筑与墓地周围遍植的树木构成一个整体,肃穆庄重,称为陵园。陵园与地宫都是帝王权力的象征,其规模和布局也有严格的规定,因而又由此形成了一套陵寝制度。

首开陵寝制度的当数秦始皇。这位"千古一帝",生前便为自己在风景秀丽的骊山修筑陵墓。其宏大的规模不仅在中国,即使在全世界历代的国君帝王的陵墓中也堪称第一。秦始皇自即位之初便动工建陵,到他入葬为止,历时37年,正与他在位的时间相同。秦始皇陵陵区分陵园区和从葬区两部分,陵园占地近8平方公里。陵墓近似方形,顶部平坦,腰略呈阶梯形,高76米,东西长345米,南北宽350米,占地120750平方米。陵园以封土堆为中心,四周陪葬分布众多,陵园按照"事死如事生"的原则,仿照秦国都城咸阳的布局建造,大体呈回字形。以封土为核心,秦始皇陵有内外两重城垣,城垣四面设置高大的门阙,形制为三出阙的属天子之礼,是帝国颁布政教法令的地方。宏伟壮观的门阙和寝殿建筑群,以及六百多座陪葬墓、陪葬坑,一起构成地面上秦始皇陵的完整形态,而这种形态,显然模仿的是秦都咸阳的宫殿和都城格局。

整个陵园可分为四个层次,即地下宫城(地宫)为核心部位,其地宫据《史记·秦始皇本纪》的记载,是"穿三泉下铜而致椁,宫观百官奇器珍怪徙臧满之。令匠作机弩矢,有所穿近者辄射之。以水银为百川江河大海,机相灌输。上具天文,下具地理。以人鱼膏为烛,度不灭久之"。(秦始皇陵中设有暗弩,当盗贼进入秦陵触动机关时,就会被强弩射死,与暗弩配合的机关还有陷阱等等。盗墓者即使不被射死,也会掉入陷阱中摔死。此外,秦陵地宫中有大量的水银,水银蒸发的气体中含剧毒,无孔不入防不胜防)。从这段文字中可以看到,秦始皇将一个人间世界搬到他的地宫里。

其次是内城。内城是秦陵园的重点建设区,内城垣内的地面地下设施最多,尤其是内城的南半部较为密集。内城北半部的西区是便殿附属建筑区,东区是后宫人员的陪葬墓区。这种布局清晰地说明:内城南部为重点区,北部为附属区。而南北两部设施的内涵,均属于宫廷的范围。

再次是外城,即内外城垣之间的外廓城部分,其西区的地面和地下设施最为密集,南、北两区目前尚未发现遗迹、遗物。这种布局说明外廓城的西区是重点区,其内涵为象征京城内的厩苑、囿苑及园寺吏舍。与内城相比,显然居于附属地位。

最后是外城垣之外的地区。不仅如此,陵东的地下还随葬着一支庞大的侍卫军——兵马俑,7000余尊陶制兵俑,600余匹陶马,130辆战车,以磅礴的气势、齐整的阵容,展现了威武雄壮的行武风貌,也烘托了秦始皇陵的威严宏大。

自此后,几乎历代帝王都要为自己修筑陵园,陵园的规模虽不及秦始皇,但陵寝制度更加完善。西汉时期,帝王陵中已没有殉葬,皇帝与皇后死后合葬,一般是帝陵居西,后陵居东,帝陵较后陵稍大一些。帝陵附近建置陵邑,用于看护及供奉陵园。东汉帝陵则首创于神道两侧放置石像生(即石雕的人物、动物及怪兽造型像,多成对相向放置)的先例。汉代还出现了功臣贵戚陪葬的制度,这些人死后安葬在帝陵周围,以示陪伴,此后这些制度多被沿袭。

明、清两朝除承袭前代的陵寝制度外,又有所发展。皇帝死后,陵名也要由皇帝钦定。首先,皇帝要求内阁拟出若干陵名"进呈"。皇帝再从中钦定一个佳名。陵墓相对集中而形成了陵区。北京昌平县的十三陵即为明成祖朱棣到思宗朱由检共13个皇帝(景泰帝朱祁钰葬于北京金山)的陵园所在地。清朝入关后的九个皇帝(末代皇帝溥仪除外)也分别葬于清东陵(今河北遵化境)和清西陵(今河北易县境)。此外,自明代开始,灵台还建有宝城、明楼等建筑;清代又于灵台之上增设月牙城。这样,陵寝制度发展到清,已极为完善,陵园布局更加完备。每一座清陵从南往北依次建有石像生、大牌楼、石桥、龙凤门、碑亭、神厨库、东西朝房、隆恩门、东西配殿、隆恩殿、琉璃门、二柱门、石五供、方城、宝城、明楼、宝顶及地宫等大小建筑十余座,而且每座帝陵附近,一般都建有皇后及妃嫔的陵墓。

送葬之后,还要为死者服丧。服丧也是对死者的一种怀念方式。服丧的范围也有规定。帝王死后,其皇后、妃嫔和皇子、皇孙,甚至文武百官都要为他服丧。而且服丧期间仍停止一切娱乐活动。在服丧的时间上,根据与死者关系的亲疏,也有一些具体规定。《礼记》中有服丧三年的记载,这可谓是服长孝。当然服丧时间也有少则数月的,最短为三个月。

二、荒礼

"荒礼"是指国内发生自然灾害,诸如饥荒、瘟疫等变故,国家所应采取的救灾措施。当时所采取的有关做法包括救济、薄征、缓刑、减力役、开放禁区让百姓采集捕捞等等。这些都是救荒的行动,今天似乎跟礼仪无关了,但在那个时候也是礼的重要内容。荒礼包括"贬损"之礼盒"赈救"之礼。

"贬损"之礼是统治者在饥荒期间对自身的行为进行贬损的礼制,及有"大丧"、"大荒"、"大札""天地有灾"、"邦有大故"的时候,君王的膳食不能杀牛、羊、猪、犬、雁、鱼等六牲,要穿白色的帽子和衣服,把悬挂的乐器卸下收藏。

"赈救"之礼是国家为了减轻灾害与饥荒的程度所实行的礼制。如开国家府库赈恤百姓,并进行祈求天地鬼神祖先保佑的祭祀活动,王室还要举行隆重的凶丧之礼。

"吊礼"是对遭受水旱灾害、地震、日食、月食等灾害地区表示哀吊和慰问,在这个时候往往会举行祈禳活动,以求除祟去祸。

"襘礼"是指别国遭受侵略或动乱造成重大损失时,与之结盟的国家要派出使臣,筹集物资去救助。

"恤礼"也是指对遭受不幸的国家表示慰问、抚恤的礼仪。以上五种礼仪中,襘、恤是国家事务,只有国王和宰臣才可施行此礼;丧、荒、吊则不仅可由国王施行,各级贵族也都举行。

第三节 军 礼

军礼,是指有关军事活动的典礼。《周礼·春官·大宗伯》中概括了军礼的构成:"大师之礼,用众也;大均之礼,恤众也;大田之礼,简众也;大役之礼,任众也;大封之礼,合众也。"(大军出征之礼,是利用民众的义勇;校比户口,以平均赋税之礼,是忧虑民众的赋税不均;举行田猎之礼,是为了检阅徒众和战车;大兴劳役之礼,是为了使用民众的劳动力;大规模勘定疆界之礼,是为了聚合民众)。军礼中的大均、大田、大役、大封四礼,从使用的范围来看,似乎与军事活动无关。其实不然,在中国古代,但凡国内有重大的活动,诸如土地的分配,赋税的征收与押运,营建大型的土木工程等,都要动用军队,以保障法令的正常执行,因此便专门设定了这些礼仪。不过无论军礼如何划分,其基本的内容主要包括校阅、用兵、田猎等军事活动的礼仪。

一、大师之礼

1. 出师祭祀

军队出征,有天子亲征与命将出征之不同,二者礼数规格也有不同。军队出征前有许多祭祀活动,主要是祭天、祭地、告庙和祭军神。

类祭、出征前祭天叫"类祭",在郊外以柴燔燎牲、币等,把即将征伐之事报告上天,表示恭行天罚,以上天的名义去惩罚敌人。古代干支纪日有刚日、柔日之分,甲、丙、戊、庚、壬为刚日,刚日属阳,外事须用刚日。类祭即在刚日举行,但具体的日子则要通过占卜择定。

宜社、出征前祭地叫"宜社"。社是土地神。征伐敌人是为了保卫国土,所以叫"宜"。后代多将祭社(狭义指本国的土地神)、祭地(地是与天相对而言的大地之神)、祭山川湖海同时举行。祭社仍以在坎中瘗埋玉币牲犊为礼。

造祢、出征前告庙叫"造祢"。造就是告祭的意思,祢本是考庙,但后代都告祭于太庙,并不限于父庙。告庙有受命于祖的象征意义。

祭军神、军旗称为"祃(mà)祭"。军神,一说是轩辕黄帝,一说是蚩尤。蚩尤是传说中远古时期东方九黎族的首领,擅长以金(指铜等金属)制作兵器,还能呼风唤雨;黄帝也是传说中的中原地区的部落首领,曾得到周围各部落的共同拥戴,先后打败另一支强大部落的首领炎帝和蚩尤,而被奉为中原各部族的祖先。在举行祃牙礼时,还要把即将出兵征伐之地祭告蚩尤、黄帝二神,但一般多以祭告蚩尤为主。这一礼仪也称为荐神,就是在祭祀时,还要将羊或猪进献给蚩尤,祈求他给予支持和帮助。

祭祀时要杀牲,以牲血涂军旗、战鼓,叫做"衅旗鼓"。军中大旗叫"牙旗",祃祭后代也称为"祃牙",就是祭牙旗。东汉以后,出征前常有"建牙"仪式,把大旗树起来,然后"祃牙"。不少著名的文人,如陈子昂、柳宗元等写过《祭牙文》、《祃牙文》。

唐宋后,礼书说天子有六军,实行六纛(纛 dào:古代用羽毛做的舞具或帝王车舆上的饰物,也指军队或仪仗队的大旗)之制。即一军有一旗。于是,祃祭既要祭牙旗,也要祭六纛,建坛位,张帷幄,设旗、纛神位,掘坎埋瘗,礼仪也更趋复杂。

古代军队中的旗帜不仅是军礼的重要内容,在作战时,它还起着极其重要的作用。军队的统帅或将领往往通过变换旗帜,来指挥、调动军队布阵或进退,达到调整战局部署的目的。因而古代的军旗种类很多,用途也各不相同。古人出征时,牙旗是军队的核心,同时在大军的前、后、左、右,还各有一面绘有鸟兽等动物图案的大旗:前方朱鸟(又称朱雀)旗,后方元武(又称玄武)旗,左侧青龙旗,右侧白虎旗。在每面旗上还绘有招摇星。朱鸟、元武、青龙、白虎是古代神话传说中的四方之神,古人因此也常把这四种鸟兽作为南、北、东、西四个方向的标志。唐太宗李世民通过"玄武门之变"而登极,成为一代明君。玄武门,即为长安(今陕西西安)宫城的北门。北宋都城开封(今属河南)有朱雀门和朱雀大街,即为城南之门及其大街。此外,这四种鸟兽的颜色也常被作为方向的表示,社稷坛中的五色土即是如此。至于招摇星,实际是北斗七星中的一颗星,位于勺端,古人相信它有主掌方向的权力。四兽旗在军队中起到了标明大军方位和阵容的作用,也显示出军威。除此之外,在行进的军队中,还有一些绘有其他鸟兽图案的旗帜,各自有其特殊的用途。如行军中,前方遇到河湖,则举起青鸟旗;前方有尘埃(指大风),则举起鸢(yuān 老鹰)旗;见到敌方的车骑,则举起飞鸿(即大雁)旗;如与敌军遭遇,则举起虎皮旗;前方与敌军交战,则举起貔貅(pí xiū 别称"辟邪、天禄",传说中的一种猛兽,貔貅有嘴无肛,能吞万物而不泄,只进不出、神通特异,故有招财进宝、吸纳四方之财的寓意,同时也有赶走邪气、带来好运的作用,为古代五大瑞兽之一(此外是龙、凤、龟、麒麟),称为招财神兽。)旗。举起不同的旗帜,表示行军前方遇到特殊的情况,以作为一种警示,提醒后面的部队及早作好应付情况的准备,实际起着传递消息,指挥行动的作用。所以军旗在古代战争中的作用是很重要的,统帅的号令多通过它发布,因此它往往成为军事活动的核心,代表着军队。所以古代军队行动、作战时,常常是旗帜招展。军旗是否齐整,也反映了军队的风貌和阵容的状况。两军交战,常通过观察对方的军旗来决定自己的行动。公元前684年,齐国桓公出兵讨伐鲁国,双方爆发了春秋历史上的著名战役——长勺(今山东莱芜东北)之战。战前,鲁国大夫曹刿(guì)向鲁庄公献计,并请求参战。鲁庄公答应了他的请求,让他与自己同乘一辆车,亲临前线,指挥作战。战斗开始,鲁庄公准备击鼓,令士兵出击,却被曹刿劝阻。直到齐军鸣鼓三次,即发起三次冲锋后,曹刿才同意鲁军击鼓,向齐军发起反攻。结果齐军大败,仓皇撤军。鲁庄公又准备下令追击,再次被曹刿劝阻。曹刿从车上下来,仔细地观察了齐军撤退时的车轮印迹,又登上车眺望远去的齐军,这才让鲁庄公下令追击,结果齐军被彻底击溃。战后,曹刿在论述这次战役时,就指出追击敌军时切不可鲁莽行事,要提防对方制造假象,设伏以待。当鲁庄公下令鲁军追击时,曹刿正是观察到齐军撤退中,车辙纷乱,军旗东倒西歪,从而断定齐军已溃不成军,才同意鲁军追逐的。当然在古代的战例中,也出现过利用军旗来制造假象,迷惑对方,使对方中计的战例。春秋时期,晋国和楚国为称霸中原而大动干戈,爆发了著名的城濮(pú,今山东鄄城西南)之战。楚国自恃兵多将广,又有陈、蔡等国助战,不可一世。双方交战后,晋军首先选择了楚军最薄弱的右翼发起猛烈的攻击,击溃了由陈、蔡等国军队组成的右军。但楚军的主力战斗力极强,晋军很难取胜。于是,晋军的上军主帅狐毛便假充是中军的前锋,竖起了两面带飘带的旌旗,作为中军前锋的标志,并指挥兵士佯装败退。与此同时,晋军的下军主帅栾枝也用战车拖曳着柴草佯装退却。楚军一见旌旗,便误以为是晋军的中军主力所在之处,又见尘埃四起,更以为是晋军溃不成军,立刻急起直追。晋军的两翼趁机两侧夹击,将楚军打得落花流水。晋军在城濮之战中,正是巧妙地利用军旗制造假象,取得战术上的胜利。

古代军队除用军旗部署、调动、指挥行动外,还有金(指金属制作的打击乐器,后多指锣)、鼓,所以金、鼓也是军礼的重要组成部分,各种军礼中几乎都离不开金和鼓。兵士操练时,用金、鼓等打击乐器奏出的节奏,统一每个人的动作,起号令的作用;行进中,常以金、鼓等乐器演奏军乐,以规整军容,雄壮军威;作战中,更用它们来指挥兵士,击鼓则进,鸣金则退,或擂鼓助威,鸣金收兵息战。齐、鲁长勺之战中,双方的进攻都是以击鼓为令。所以人们习惯用"金鼓齐鸣"来形容战场上紧张而又激烈的气氛。不过,这两件打击乐器使用于军礼之中,尤其是战场上,却又与中国古代的"阴阳五行"学说有关。按照阴阳五行的理论,古人认为金、鼓分属于金、木,又是一阴一阳。若金、鼓齐鸣,为阴、阳相平而升,可以壮军威。若单击鼓,则为木,属阳,可以振阳刚之气,因此用于进攻之时,"一鼓作气"的成语典故即是如此。若单击金,则为金,属阴,可以滋阴柔之气,以柔克刚,因此用于撤退或收兵。正是由于鸣金具有撤退、回避的含义,同时它又具有给人以警示、醒悟的作用,所以后来官员外出时,常鸣锣,示意沿途行人避让,即所谓"鸣锣开道"。

軷祭,大军出征必经道路,因此要祭道路之神,即"軷祭"(軷 bá)。上古山行曰軷,驾车出门有"犯軷"之祭。軷祭在道路上封一小土堆,以树枝草木为神主,驭者一手执辔(pèi),一手以酒浇洒车两轮轴端(古人称"轵",zhǐ;或称"軎",wèi),再浇车厢前的挡板,然后将酒饮尽。祭毕,驾车从封土上辗过,表示从此跋山涉水,可以一往无前,永无阻挡。后代皇帝亲征,軷祭在国门之外举行,刲羊(刲 ku 杀羊宣誓)并设罇罍(zūn léi,酒器)于神座前,为坎瘗埋祭物。唐《开元礼》以后的礼书中不再见到有軷祭的记载。

2. 誓师典礼

祭祀礼毕,出征的军队有誓师典礼,一般是将出征的目的与意义告知将士,揭露敌人的罪恶,强调纪律与作风,也就是一次战前动员和教育。《尚书》所载《甘誓》《汤誓》《牧誓》等,都是上古著名的誓师之辞。如果是命将出征,天子要在太庙召见大将军及全军将校,授之以节钺(yuè,节钺是符节与斧钺的合称,符节是朝廷传达命令、征调兵将以及用于各项事务的一种凭证。是帝国权力的象征,如朝廷任命的外交官或是军官用以调兵遣将,或是官吏以之代天巡狩、行使皇帝诏敕的,符节用金、铜、玉、角、竹、木、铅等不同原料制成。用时双方各执一半,合之以验真假,如兵符、虎符等;钺是斧类兵器,曾是帝王斩杀大臣使用的,象征生杀之权,君主多用黄色的钺。掌节钺的大臣、将军一般具有较高的权威,授予符节、节钺的过程仪式常被称为"假节",被授予符节的大臣被称为"持节"。重要的外交使臣大多持节,如汉代的苏武。军事方面,魏晋监军使者多以持节,唐朝时,有符节的各地招讨使、观察使等高阶军官常被统称为节度使。后代常授刀剑)。君王拿着斧钺的端首,把柄交给大将,表示将节制军队的全权授予他。清初誓师与祭天谒(yè)堂子同时举行。努尔哈赤天命三年(1618年,明万历四十六年),正式对明宣战,谒庙誓师宣布"七大恨",把明王朝杀其父祖,拘杀使者,褊袒并帮助叶赫氏等七条"罪状",作为告天并动员将士的内容。皇太极崇德时遣将出征明朝,皇帝亲自送至城外,询问出征的王公、贝勒、贝子等:你们是不是忘记了"七大恨"?大家齐声回答:没有忘记!于是,鸣炮三声,大军出发。

3. 军中刑赏

军队在外行军作战,刑赏尤须严明。《尚书·甘誓》说:"用命赏于祖,弗用命戮(lù)于社"。《孔丛子》也说:"其用命者则加爵受赐于祖奠之前,其奔北犯令者则加刑罚戮于社。"所谓"赏于祖",因为天子率军出征时要将祖庙的木主(木主亦即"载木主",系最早的故人替身物,就是说,当时人们用木简单剥雕成人形木偶,无字无图案,以象征死者,用以长久祭拜,后来经过很长时间的演化,最终才称"神主"、"神位"、"牌位",上面开始书写或雕琢文字,以及图案)载于车中,随军一起行动,所以奖赏有功将士就在祖先神主之前颁赐。所谓"戮于社",也是指在社神的木主前对有罪之人加以刑戮。如明代以"行军号令"规定军中刑赏例则,内容有:交锋之际,能突破敌阵,斩将搴旗者;本队战胜敌人后主动援助友军者;受命后能出奇克敌制胜者;皆为"奇功"。能奋勇前进,首先败敌者;有前队军士未能决胜,后队向前杀败敌军者;皆为"头功"。对阵之时不尽力杀敌,而抢掠人畜财物者;抛弃、盗卖兵器或盗人衣粮诸物、盗杀马驴者;队伍已定后,马军进入步队或步队进入马军者;行军、驻扎时擅离队伍,杂入别营、别队者;宿营夜间有喧哗、失火者,皆为"重罪"。临敌畏避退后及妄谈灾异、妖言、泄露军机者,皆"斩首"。临阵时,有内官持象牙牌随军,看到有勇敢当先、杀敌有功之人即给予牙牌,作为战后升赏的凭证。军中刑赏都重视及时见效,"赏不逾时","罚不迁列",这是由于战争形势瞬息万变,刑赏及时,使人知道什么可做,什么不可做,才能克服消极因素,因势利导,夺取胜利。

4. 凯旋

军队获胜而归,谓之"凯旋",其时高奏凯乐,高唱凯歌。天子亲征凯旋,大臣皆出城迎接,有时远至数十里之外。如果是命将出征凯旋,有时皇帝也会亲率百官出城至郊外迎接,以示慰劳;有时则派遣大臣出城迎接。这都称为"郊劳"。

军队凯旋后要在太庙、太社告奠天地祖先,并有献捷献俘之礼,即报告胜利,献上俘获的战利品。在两周一些铜器铭文中常记有战争胜利后献捷献俘之事,象《小盂鼎》铭文说,盂征伐方,执兽(首领)四人,获聝(guó古人用两种办法计算杀敌之功:出示敌人首级或敌人左耳。在敌人被杀的数量少的时候,用首级数量评定功劳。这就是"馘";在敌人被杀的数量多时,用左耳代替首级计功。这就是"聝"。)近五千,俘虏一万三千余人,及车、马、牛、羊,数以百计。献捷献俘之礼,历代大致沿用,只细节各有不同。宋代,大军凯旋后遣官奏告天地、宗庙、社稷、岳渎(五岳和四渎的并称,五岳分别是东岳泰山、西岳华山、南岳衡山、北岳恒山、中岳嵩山;四渎分别是对"长江"、"黄河"、"淮河"、"济水"的合称)。山川、宫观及在京十里以内神祠,以酒脯行一献之礼。

"露布"制度,始于后魏。东汉时,本来把官文书不加缄封者称为"露布"。后魏以"露布"发表战胜消息。每当攻战克捷,欲使天下遍知,便以漆竿上张缣帛,写上捷报。这种办法后来被广泛采用,露布就成为"布于四海,露之耳目"的"献捷之书"。隋代文帝起,有宣露布之仪。当时在广阳门外集中百官及四方客使,宣读露布。宣读毕,百官舞蹈再拜行礼。

诸侯战胜敌方,向天子或大国报告胜利消息,也称为献捷。后代,将帅统领军队在前方作战获胜,虽然不曾还师回都,遣人向朝廷报告胜利,也称为献捷。捷报一般在早朝时当庭宣读,叫做"宣捷"。明代,前方有大捷,朝廷宣捷后要遣官告祭郊庙,中捷以下则不举行告祭庆贺之礼。战争结束,如果敌方投降,则有受降之仪。宋代起,国家礼典中都有受降仪式。宋代受降仪与献俘大致相同,也在宣德门举行,降王率降众穿戴本国衣冠俯伏而拜,口称万岁。皇帝下旨赦罪,赐给冠服袍带,降王等拜受,更换所赐冠服袍带后,再拜称万岁。

5. 饮至与论功行赏

战争胜利结束,天子要宴享功臣,论功行赏。上古把这种"享有功于祖庙,舍爵策勋"的礼仪称为"饮至"。郭沫若指出,这就是"归而饮至"之礼。后代"饮至"享宴不再行于宗庙,改在正殿或宫苑举行。

论功行赏之礼最为隆重者,莫过于历代定封开国功臣。周武王灭商后,封侯建国,以藩屏(捍卫)天子,是众所周知的。当时,赏赐给各国诸侯的,不仅有彝器、兵器、仪仗、车辆、宝玉、缣帛,还有大量的商族奴隶。明代论功行赏仪式在奉天殿举行。受赏将士官员于午门外班列整齐,内官引导至丹墀(dan chi,"墀"指殿堂上经过涂饰的地面,因其以红色涂饰,故名丹墀)下序立,文武百官皆侍立。皇帝就座,众官行四拜礼,承制官宣读皇帝的制命,众官俯伏而拜,然后颁赏。受赏官依次到礼案前跪受诰命,由吏部官代授;接受礼物,由礼部官代授。受赏官左侧又跪有二侍者,接受的诰命和礼物分别交给侍者,受赏官再俯伏行礼而退。封赏礼毕,众官鞠躬而拜,三舞蹈,跪而三呼万岁。诰命和礼物,由仪仗、鼓乐相随,送到受赏官员的府第。

6. 师不功

军队打了败仗,称为"师不功",或称为"军有忧"。军队回国则以丧礼迎接。国君身穿丧服,头戴丧冠,失声痛哭,并且吊死问伤,慰劳将士。

二、大均之礼

大均之礼是指天子为了校正户口、调节赋税方面的功能所做的一系列规定。在西周时期,军队的建制有一套完整的系统。以五人为伍,五伍为两,四两为卒,五卒为旅,五旅为师,五师为军,一军为一万二千五百人。(天子六军,大国三军,小国一军)。国家根据这种建制将军队组建起来,有事则出为兵,无事则居为民,秋收农闲之后参加操练。那个时候军人一般只有士人和平民才有资格,而且应征的士兵除了战车外,还必须自己备齐装备,普通百姓上缴供给军赋,平时不用交税。但随着战争规模的扩大,这一制度很快就被打破了,不仅征兵的范围扩大,赋税也成了每年定期缴纳的任务。

三、大田之礼

大田之礼也叫"四时畋(tián)猎",大田之礼是天子、诸侯定期田猎和军事演习时施行的军礼。畋猎,也称作田猎、狩猎、围猎,也就是打猎。"周制,天子、诸侯无事,则岁行蒐(sou)、苗、狝(xian)、狩之礼。"(杜佑《通典·军礼》)也就是说,从周朝开始,即使国内没有发生战争、动乱、王位继立及严重的自然灾害等重大的事件,帝王每年在春、夏、秋、冬四季进行田猎活动,届时也将动用军队参加。因此,畋猎的真正目的并不单纯是为了打猎,更起着训练和检阅军队的作用,这也是畋猎之所以列入军礼之中的原因。所谓"四时畋猎",即分别指春蒐、夏苗、秋狝、冬狩。"凡师出曰治兵,入曰振旅,皆习战也。四时各教民以其一焉"(杜佑《通典·军礼》),这是古人在治军上的一条成功的经验,就是在没有发生战争的时候,切不可高枕无忧,仍要积极练兵、备战,以应付突发的战事。利用"四时畋猎",正是古代在和平时期训练军队的重要方法之一。为使军队将士能适应战争中可能遇到的各种情况,在四季训练的内容不完全相同。春搜,在每年的仲春(阴历二月)时节进行,主要的内容是用鼓、金指挥和训练兵士掌握"坐作、进退、疾徐、疏数"等阵法和战术;夏苗,在仲夏(阴历五月)时节进行,主要的内容是训练军队露宿草野,模拟夜间守备的演练;秋狝,在仲秋(阴历八月)时节进行,主要内容是进行布阵和实战的训练;冬狩,在仲冬(阴历十一月)时节进行,主要内容是对军队进行大规模的校阅,实际也是对军队的一次综合性大检阅。这种结合打猎活动同时进行的军事训练,可使兵士熟练掌握各种基本的战术,提高作战的能力,也使军队常备不懈。因而它作为军礼的重要内容而为历代所沿袭。

四、大役之礼

大役之礼是指国家大兴土木工程,诸如开河、筑城、造宫殿、建陵墓等等,都要要求根据民力来分派任务。

五、大封之礼

大封之礼、古代诸侯国与国之间的疆界都要封土植树。诸侯国之间发生疆域纠纷、士大夫之间发生封地纠纷,这时就需要出兵征讨侵略的一方,然后聚集流散的居民,再行确定双方的疆界。这些也需军队参与勘定,并有一定的章程,因此也被纳入军礼的范围内。

先秦时军礼的范围是很宽泛的,不仅用在治军上,同时战争中也有一套礼节。如"不鼓不成列",就是不能偷袭,击鼓以后才能开始;遇到身份高的人,尤其是对待敌国的君主要像对待本国的君主一样。遇到敌军的统帅,普通士兵一定要下战车敬礼。"不逐北",北就是"败",就是敌人如果掉头了,不跟你打了,就不能追了,因为他已经认输了,即使追只能追五十步,敌人跑到第五十一步你就不能追了。有句话叫做"五十步笑百步"。这句话的原话是从孟子嘴里来的,孟子说,一个逃兵跑五十步也是逃兵,跑一百步也是逃兵,五十步的有什么资格笑人家呢? 你们一样都是逃兵,孟子是这样的意思,但请注意,孟子是战国人,春秋时期,五十步就是可以笑一百步,为什么呢? 因为你跑五十步就安全了,干嘛要跑一百步呢? 那不是傻吗,春秋时期战争的目的是为了比出个胜负,而战国的战争是以消灭敌人的有生力量为目的。"不擒二毛",二毛指头上有黑白两种头发的人,即老年人,要让他回去养老,不能继续打击已经受伤的人,等等。这些规矩在我们今天看来似乎十分可笑。不过春秋争霸,战争频繁,这些礼节也就慢慢荡尽了。

第四节 宾 礼

宾礼,是指接待宾客的礼节,周朝及其之前,宾礼是天子与诸侯之间、诸侯国与诸侯国之间相互来往实行的礼仪规范,秦汉以后,宾礼则成为中央政府与地方官员、中国与外国之间相互往来时实行的各种礼仪规范。

《周礼·春官·大宗伯》所载八种宾礼,都是诸侯或诸侯派使者拜见天子之礼,即所谓"春见曰朝,夏见曰宗,秋见曰觐,冬见曰遇,时见曰会,殷见(殷,众的意思,)曰同,时聘曰问,殷頫(fú 同"俯",低头,面向下)见曰视"。前四项是诸侯依四时朝觐天子。对此,《周礼·秋官·大行人》解释说:"春朝诸侯而图天下之事,秋觐以比邦国之功,夏宗以陈天下之谟,冬遇以协诸侯之虑。"意即春天诸侯朝觐天子,商议一年内将行之大事;秋天朝觐天子,评比各邦国之功绩;夏天朝觐天子,陈述各自的谋划打算以定是非;冬天朝觐天子,协调诸侯的思虑以辨别异同。后四项，都指在不同场合天子召见诸侯或诸侯派大夫聘问天子之礼周王室还将诸侯与天子之间的朝觐之礼延伸至对外交往。"时见"：指某一方诸侯不顺服，王就在国外筑坛，回合当事诸侯国，兴师征讨，因不在规定期间朝见，故称"时见"；"殷见"：殷，众也。指天下四方六服诸侯都来见天子之礼，王本有巡守天下的制度，如果王十二年不巡守，则天下诸侯就同来朝见王，王要筑坛，把来朝诸侯集合起来命以政事，就是殷见之礼；"时聘"：指天子有事而诸侯未来朝时，派遣使臣来聘问；"殷觌"：殷，众也；觌，视也，即来视王之起居，指多国使者同时聘问。时聘无常期，殷觌则有规定的日期。

一、朝觐之礼

各个朝代所规定的"朝"的时间不一，商代规定五年一朝。周朝则根据到国都距离的远近作出不同的规定：国都方圆 1500 里以内的诸侯每年一朝，以外每远 500 里，朝的间隔时间就多增加一年，这样距离国都的 6000 里以外的诸侯，实际为六年一朝。以后的朝代在"朝"的时间规定上或长或短，短则每年一朝，长则二三年一朝。明朝建立后，太祖朱元璋陆续分封了 25 个儿孙为藩王，将他们以亲王的身份派往各地"就藩"，其目的一是为了让他们拱卫京师，二是避免相互间的争权夺利，消除对自身统治的威胁。但朱元璋对儿孙们并不放心，对"朝"也作了极特殊又严苛的规定：藩王离开京城就藩后，不许随便活动，更不准未经许可擅自到京城来。虽说是每年一朝，但朱元璋又不准各位藩王同时入朝，只允许其中的一位藩王先单独来朝。等到他在京城的活动结束，返回自己的藩王府后，另一位藩王才可以启程。这种"朝"的方式，旨在防止藩王之间相互串联，结成党派，以避免日后发生骨肉相残，争权夺利之事，这些藩王就藩以后，兄弟之间就是生离死别了。不过尽管朱元璋用心良苦，采取了如此周密的措施，在他死后，还是爆发了燕王朱棣为夺皇位而发动的"靖难之役"。最终朱棣将自己的侄子，经朱元璋选定的皇位继承人朱允炆(wén，建文帝)赶下皇位，自己取而代之。

根据礼仪制度的规定，诸侯如不按照规定的时间朝见天子，就被视作"大不敬"，将受到天子及其他诸侯国的讨伐。朝见天子时，诸侯要携带玉帛、兽皮、珍珠及本地的奇异特产等"礼物"，贡献给天子，所以又称为"朝贡"。天子接受礼物后,也以玉帛、珠宝等物"回赠"诸侯。朝有一套比较严格的礼仪规定,首先是不同爵位的诸侯需穿着不同的服饰,就连手中拿的礼器——珪(一种长条形的玉器)的形制也各不相同:公爵手执九寸桓珪,侯爵手执七寸信珪,伯爵手执七寸躬珪,子爵手执五寸穀(gu)璧,男爵手执五寸蒲璧。其次是朝的位置不同,公爵立于东面,侯爵立于西面,余下的伯、子、男三等爵位均随侯爵站立。

春秋以后,诸侯逐渐强大,对于日益衰落的周王室表现出极其藐视不敬的态度,经常不按照朝礼的规定按期朝见天子,甚至长达数年也不入朝。相反,一些势力强大的诸侯国凭借着自己的实力相互争霸,欺凌、甚至兼并弱小的诸侯国,因而又出现了小诸侯"朝"大诸侯的现象。如在春秋时期鲁国多次朝晋、楚。战国时期,齐国强盛,燕、赵、韩、魏等国纷纷来朝。

朝也指臣僚面见帝王,也就是人们日常所说的上朝、退朝、入朝等。这与诸侯朝见天子是有区别的,它是作为政权中的一项日常活动,主要用于处理军国大事。所以群臣上朝,用不着携带"礼物",原来朝礼中规定手中拿的珪也被笏(hù,用象牙或竹片制成的长条形板子,也叫手板或朝笏,主要用于指画或记事)所代替。当然,上朝也有一套严格的礼仪制度——朝仪,这也是帝王临朝的典礼。周制,天子有四朝:外朝、中朝、内朝、询事之朝。各规定有朝仪。如询事之朝规定,王面南而坐,三公及州长、百姓面北,群臣面西,群吏面东。到后代,朝仪主要分为大朝和常朝两种。行朝礼时,文武百官必须按照官阶、等级的高下排列位置,称之为"班"、"班列"或"班序"。有了官阶品级以后,又改为以品级定班。升朝之前,文武官员先在殿外,以后又改为在宫外按品班站列。如太师、太傅、太保及宰相等人列一品班,诸公及三省(中书省、门下省、尚书省)副长官等则入二品班,六部长官等为三品班,以此类推。待皇帝升殿,由阁(读 gé,同"阁")门司官员检查百官班序正确无误之后,便引导各班,依序入殿,觐见皇帝,商议要事。文武百官的上朝是很辛苦的,古代皇帝一般为卯时(相当于今五—七时)升殿,因此应该上朝的官员很早就要起床,洗漱完毕便匆匆赶往皇宫。若宫门未开,还要先在宫外等候,遇刮风、下雨,或凛冽寒风,也不能有丝毫怠慢,也是苦不堪言的。所以有的朝代对此作了一些特殊的规定,如唐朝就曾有"遇雨泥,停朝参"的制度规定。有的朝代还专门修建了朝房,供官员在此息候。

古代,中国周边的少数民族首领或使臣,以及海外诸国来使,赴京城觐见帝王,也称为"朝"。在中国历史上,内地与边疆民族、中国与海外的交往是十分密切的,常出现使臣频繁往来,不绝于道的情景。周边民族或外国使臣入朝时,也要携带本地或本国的珍异名贵特产,作为朝贡的礼物。使臣入境,先要"谒关人",即向守卫关隘或管理外商的机构、官吏通报,说明来意。"关人"即将此情况驰告朝廷。朝廷得知后,立即派官员迎接。有些朝代还在国都专门建有供外来使臣下榻歇息的馆舍,并在来使入朝的必经之路沿途建有驿馆。如北宋就在都城东京(今河南开封)建同文馆,专门接待高丽使节。而在沿途皆设高丽亭,沿途州府则筑馆,用以款待来使。高丽使臣所经州府,州官必须郊迎、郊送,即在城外迎接,走时再送出城外。各国及各族使臣入朝觐见皇帝,还有一系列的礼节,如"宋朝之制,凡外国使至,及其君长来朝,皆宴于内殿。"(《宋史·礼志》)

锡命,又作赐命。赐,是古代上对下的赠予;赐命,则专指帝王赐予臣僚爵位(也包括官位)、服饰、车仗等的赏命,其礼仪就是"锡命礼"。接受锡命,必须要答谢回礼,所以锡命在礼节上以拜礼为主,而且相对比较简单,"君赐车马,乘以拜"(《礼记·玉藻》)。古人以能得到帝王的赐命,当作一种特殊的荣誉,倍加珍重。帝王赠予臣僚的一切,都要冠以"赐"的头衔。如赐官、赐田、赐宅等。若官吏遇事请假,假期已满仍不能归职,皇帝准许其续假,称为"赐告"(告,为官吏休假);筵席上,皇帝向臣僚赠酒,亦称"赐酒";即使是皇帝下令让臣下去死,仍要冠冕堂皇地称为"赐死"。唐朝中期,唐玄宗在位期间,由于宠幸贵妃杨玉环,而疏于朝政。加之重用奸臣李林甫、杨国忠为宰相,致使国内政局动荡,矛盾尖锐,终于酿成"安史之乱"。天宝十五年(公元 756 年),叛军破潼关,攻入关中,唐玄宗仓皇从长安出逃四川。但行至马嵬(wéi)驿(今陕西兴平西)时,护卫的军队哗变,杀死杨国忠后仍"鼓噪不前",又要求处死杨贵妃。唐玄宗唯恐叛军追赶而至,只得赐给杨贵妃一条白色丝帛,令她自缢(yi)。所以"赐帛"也成了"赐死"的同义词。在唐宋时期,官服常以颜色区别等级,凡三品以上的官员,其公服为紫色;五品以上,至四品的官员,则着绯(fei,大红)色公服。皇帝若对某官表示宠幸,常"赐紫"、"赐绯",即赐官服,实际也是升迁之意,以示厚爱。

二、会同之礼

朝觐是天子个别接见一方一服来朝诸侯,会同则是四方齐会,六服皆来,而且既可以在京师,也可以在别地,甚至在王国境外。由于会同是各方诸侯同聚一堂,因此也就成为诸侯大国炫耀实力的大好时机。通常是在国门之外建坛壝(wéi,古代祭坛四周的矮墙)、宫室,举行典礼。春会同建于东方,夏会同建于南方,秋会同建于西方,冬会同则建于北方

天子与诸侯举行会同典礼,事先告祭宗庙、社稷、山川。会同之日,要预先持各诸侯国的旗帜置于宫中各自的位置上。天子在坛上依屏风而立,公、侯、伯、子、男皆立于自己的旗下。天子走下坛来,南向诸侯三揖行礼。对庶姓诸侯(异姓诸侯中无亲戚关系者)行"土揖"礼,即拱手向下推;对异姓诸侯行"时揖"礼,即拱手平推;对同姓诸侯行"天揖"礼,即拱手向上推。礼毕,回到坛上,会同时常有盟誓之仪,参加会同典礼的天子、诸侯还要分别祭祀日、月、四渎、山川丘陵。会同也有大、小之分,天子诸侯各自派遣卿大夫参加的,称"小会同";天子、诸侯亲自参加的,称"大会同"。

"会盟",春秋之后,礼崩乐坏,各诸侯国不把天子当回事情,诸侯国两国或两国以上为了某种共同的利益或目的,以求协调行动而相互立誓缔约。通常是由一国最先提出建议或请求,再派使臣去约请、游说,或经第三国的斡旋、撮合,最终使双方或数方约定会面于某地,正式订立盟誓,以此结盟,称为"会盟"或"盟会"。会盟中的首领或主持盟会的人,就是"盟主"。春秋战国时期,一些强大的诸侯国相互称雄争霸,为了确立自己在各诸侯中的霸主地位,经常约请弱小的诸侯国国君会盟,而成为盟主,因而也就可以号令这些诸侯国。因此会盟也成为争夺霸主地位的一种途径。春秋时代,中原地区的齐国、晋国、楚国先后通过战争手段,征服其他诸侯,最后就是以会盟的形式,建立自己的盟主,也就是霸主的地位。

会盟时的典礼称为盟礼。古代举行盟礼也有祭神的内容,原因是人们相信神有巨大的力量,足以约束或监督会盟者的行动,所以人们常对天立誓。其仪式主要是"莅(lì)牲",也就是"杀牲歃(shà)血,誓于神也。盟之法,先凿地为方坎,杀牲于坎上,割牲左耳,盛以珠盘,又取血盛以玉敦,用血为盟书,成,乃歃血

而读书"(《礼记·曲礼下》)。即在举行盟礼时,要蘸着牲畜的血,在玉片、竹片或帛上书写盟书(又称载辞)。由盟主与会盟者一起饮血,或用手指蘸血涂在嘴上,再在盟主的带领下,对神宣誓盟书,这种方式也叫盟誓。举行盟誓之后,盟书就作为会盟者共同遵守的原则和行动的准则。盟书要书写两份,一份在盟誓之后,与宰杀的牲畜一起埋到地下或沉于河中;另一份则收藏于盟府(掌管盟约的官府),由司盟官掌管保存。1965 年,在山西侯马的一处晋国遗址中,出土了一大批春秋晚期的玉、石片,形状多为上尖下方,玉、石片上书写的内容很多便是盟誓载词。其中主要是晋国官僚赵鞅与同宗族人为共同对敌而举行会盟的誓辞。

盟主既是会盟仪式的主持人,会盟之后,他实际上便获得了号令其他盟国的权力。春秋战国时期,会盟大多带有军事联盟的性质,因而盟主的地位和作用就显得尤为重要,时常在盟会上出现争做盟主的情况。吴王夫差在黄池会盟时,就曾与晋定公为争做盟主而发生争执。晋、楚之间也有过类似的情况。春秋中后期,晋、楚两国为争霸,连年征战。不仅给交战双方造成巨大的物质损失,也给周围那些弱小的诸侯国带来深重的灾难,各国都希望能尽快"弭(mi)兵",即停止战争。公元前 546 年,宋国大夫向戌分别与晋、楚等诸侯国的国君协商,达成在宋都(今河南商丘)举行弭兵会盟的协议。举行盟礼的那天,有 14 个诸侯国参加,而晋、楚两国都想利用会盟之机,成为盟主。楚国事先做了充分的准备,凡赴会的楚人都暗中藏有兵甲。待盟礼刚一开始举行,楚人便抢先歃血。等到晋人发现楚人的意图,企图加以阻止时,为时已晚,只好让楚国主盟。

誓,在西周时期是指诸侯之间以语言为信约,即以口述的方式,提出某种作为自己或大家共同遵守的原则,即所谓"信约为誓"。誓,最初常作为会盟的一种形式,故往往合称为"盟誓"。但有时也可单独举行,称为"誓礼"。誓礼与盟誓一样,都要借助神的力量作为约束,使所有参加者不得违约,否则将受到神的惩罚。人们相信在诸神中,天神的威力最大,所以在举行誓礼的时候,经常假借"天"神,面天而誓,也就是后人所说的"对天起誓","向天发誓"。誓礼没有盟礼的仪式那么隆重、烦琐,不用杀牲、歃血。誓,也指古代帝王告诫将士,军将告诫兵士的言辞,多用于激励斗志,鼓励士气。至于后代将士出征或作战前的宣读誓言,即今人所说的"宣誓",正是由此演变而成,它成为将士们自勉自励和自我约束的一种方式。一旦起誓或宣誓后,誓言便成为人们必须严格遵守的信约,是绝对不允许破坏和违背的。

春秋时期,郑国武公的夫人姜氏生了两个儿子:庄公和共叔段,但她只宠爱共叔段,对庄公十分厌恶。后来,庄公即位,作了国君,姜氏极不满意,想方设法支持共叔段发展势力,以取代庄公。甚至在共叔段策划袭击庄公时,还准备为他作内应。庄公得知这一消息后,果断发兵击败共叔段,又将母亲姜氏迁出都城,安置在城颍(今河南襄城东北),并发誓:"不到死后埋入黄泉,决不与母亲相见。"可事后庄公十分后悔,不该如此对待母亲,然而又有"誓"在先,不好违背。封人颍考叔得知后,积极劝导庄公,建议他掘地到黄泉(即地下的泉水,指埋葬死人之处),在隧道里与母亲相见。庄公见这个建议既符合自己的心意,又不违背誓言,便欣然接受,随后派人在地下挖了一条隧道,终于与母亲相见,从此母子二人和睦相处。这则《郑伯克段于鄢(yān)》的故事,在《春秋》一书的最开头,标志着春秋朝代的开始,同时也从一个侧面反映了古人重"誓",绝不食言的风尚。誓,也是一种很郑重的许诺,一旦起誓或宣誓之后,便要承担誓言中所承诺的义务和责任。但在日常生活中,许诺或许愿则是十分普遍的。它虽不像誓那样郑重,却和誓一样受到人们的重视,"言必信,行必果"等,就集中地体现了中华民族讲信誉,守信誉的传统美德。

三、诸侯聘于天子之礼

"聘礼"是古代国与国之间遣使访问的礼节,其中包括帝王派人到封国,封国派使节入朝,封国之间互派使臣,以及内地政权与周边国家之间的使臣来往等。所以,聘也称为朝聘,《礼记·王制》说:"诸侯之于天子也,比年(一年)一小聘,三年一大聘,五年一朝。"

西周时期,实行分封制,天子将王畿(jī,指国都附近的地区,后称京畿)以外的广大地区分封给诸侯,由他们在受封的土地上建立自己的邦国。这种分土建立封国的办法,是周朝的统治者为平衡统治集团内部的关系,对全国采取分而治之,以拱卫国都而采取的一种统治政策。那些受封的诸侯不仅要负责治理自己的邦国,还要定期赴国都朝拜天子,并要参加由天子主持的各种祭祀活动;遇有战争爆发,还要派出自己的军队随同天子作战;此外每年要向天子交纳贡赋。因此,诸侯对天子是要尽一定义务的。但如果诸侯因种种原因不能亲自去朝拜天子,则按礼仪制度的规定,派其手下的卿大夫赴国都,代为觐见天子,这在礼仪制度上称为"聘"。诸侯朝聘天子主要是向他述职,即陈述职守,汇报自己的治理成就。春秋时期,诸侯的实力已大大超过了周天子,对周天子及其王室也不那么恭敬了。他们不再愿意承担原来规定的义务,更懒于亲自去朝拜天子,便寻找了许多借口,所以这一时期多以聘代朝。诸侯们多让卿大夫作为自己的使臣去见天子,或代为述职,周天子对此也是无可奈何。再以后,诸侯们连派使臣入聘也不大愿意了,于是入聘的次数越来越少。与此相反,各诸侯国之间互派使臣,往来朝聘却日益频繁。鲁国国君在春秋时期朝拜周天子仅有三次,聘也不过四次,然而他朝见晋、楚等国国君却有 32 次,聘竟多达 56 次。

秦汉以来,不再有诸侯聘于天子之礼;历代礼书皆以藩国聘使朝贡进表之仪当于此礼。

诸侯国之间的朝聘,一是因为有新的诸侯国君即位,其他诸侯国的国君亲临该国,或派使臣赴该国,以表示祝贺;二是因为发生了战争等重大事件,要向其他诸侯国求援,或协商采取联合行动;三是为了依靠某个实力强盛的诸侯国的势力,而专程前往表示友好;四是为了解决两国间的矛盾和摩擦,而互往协商,等等。《史记·廉颇蔺相如列传》中所记载的"完璧归赵"的典故,就是发生战国时期,赵国遣使入聘秦国的一个故事。赵惠王得到一块和氏璧,秦昭王得知后,极欲得到它,便致书赵王,提出用 15 座城池与之交换。赵王慑于秦国的兵威,只得忍痛割爱,可又担心秦王言而无信。蔺相如知道这一情况后,向赵王请命,愿意携璧入秦,与秦王交换城池,"使城入赵而璧留秦。城不入,臣请完璧归赵"。于是他受命出使秦国,实际就是入聘。秦昭王果然没有交换的诚意,而是想把这块璧占为己有。蔺相如一面机智、巧妙地与秦王周旋,一面果断地派人带璧逃回赵国,使秦王的诡计终未得逞。这个几乎妇孺皆知的故事,正是诸侯国之间使聘的一个实例。中国传统文化聘,也有一套相应的礼节仪式。如果是诸侯遣使入聘天子,都以卿为使,大夫为上介(介,副、次之意),士为众介。进入王畿时,要先通告"关人",关人再派人报告天子。得到允许后,使臣一行才可以入城,并被安置在馆舍,招待用餐、歇息。觐见天子后离开国都时,仍要受到国君的盛情款待。国君还要派使臣送入聘的使臣出王畿。聘与朝一样,也有进献礼物的规定,觐见天子时一般要贡献玉、帛、珍玩及本地的土特产等。诸侯之间的使臣来往,一般要携带玉帛作为赠送的礼物。

古代,使臣奉命出使他国时,除遵循礼仪的规定行事之外,还要携带照、引、牒(dié)、符等信物,作为使命和身份的凭证,其中"照"的用途比较特殊。照,是一种带有文书性质的凭证。凡使臣进入他国边关时,需出示照,以证明自己的身份和担当的使命,关人见到照后便可以放行。于是照便与关联系在一起,所以又称为"关照"。只是如今所说的"关照"一词的含义,已与原义大相径庭。不过"照"的含义却沿袭至今,如护照、执照等。在诸多的使臣信物中,"节"也是一种比较特殊而且重要的信物,它实际也是一种礼仪器物。使臣奉命出使时,持节而行,因此合称为"使节"。节在汉代使用极为普遍,据《汉官仪》(载于《后汉书·百官志》注引)记载,节"以竹为之,柄长八尺,以牦牛尾为其眊(mào),三重。"据此记载,节的式样是在一根长约1.8米的竹竿上端,束有用牦牛尾巴尖上的毛制成的三重旄(máo,用牦牛尾装饰旗杆顶部)。使臣在奉命出使前,由皇帝亲自授予节,持节便有代表皇帝和国家的特殊含义。汉武帝时,为联合西域各国抗击匈奴,张骞奉命出使西域。在前往西域的途中,张骞持节而行。当他被匈奴拘留后,仍不失"汉节",即始终没有丢弃汉廷授予的节,以此表明自己不辱使命和对汉王朝的忠贞。因此后人也以"节"来喻指一个人的情操、品德,如节操、气节等。如有堕落,则谓之失节。自古以来,中华民族便崇尚高风亮节,十分重视自己的情操,自尊自爱,即使身处困境,仍自强自立,不甘堕落,以保持高尚的气节。在这方面有许多动人的故事,其中"苏武牧羊"更是令人感动。就在张骞第二次奉命出使西域的同时,西汉王朝与匈奴再度爆发了更大规模的战争,双方还不断扣留对方前来议和的使臣。天汉元年(公元前100年),匈奴单(chán)于(即首领)因在战场上屡遭失利,而表示愿意同西汉结好,并主动释放了扣留的西汉使臣。汉武帝因此也下令释放被拘的匈奴使臣,并委派中郎将苏武等率百余人将他们护送回匈奴。临行前,汉武帝将节授予苏武。但当完成使命准备返回汉朝时,苏武一行却因手下人阴谋劫持单于之母归汉以邀功而被匈奴扣留拘禁。单于软硬兼施,企图胁迫苏武背叛汉朝,投降匈奴,都被苏武断然拒绝。苏武日夜思归汉朝,即使被囚禁在大窖之中,断绝饮食,他仍然靠着吃雪和旃(zhān)毛,顽强地活下来,拒不投降。单于见不能降服他,便将苏武流放到荒无人烟的北海(今俄罗斯贝加尔湖),让他放牧一群公羊,并声称只有等到公羊生下羊羔才能释放他。苏武深知单于的用意,也明白回归汉朝遥遥无期,但他毫不气馁。苏武来到北海,没有粮食,只好靠挖鼠洞,吃草籽度日。每天,他都"杖汉节牧羊,卧起操持,节旄尽落"(《汉书·李广苏建传》)。节上的旄都脱落光了,苏武仍终日不离手,以此表明自己归汉的决心和对汉朝始终不渝的忠贞之情。直到汉昭帝即位后,与匈奴再度和亲,这才使苏武在艰难地度过了19个春秋之后,终于获释回国。苏武牧羊的故事,表现了苏武誓死归汉的决心和坚韧不拔的毅力。在极其艰难困苦的环境中,他与节朝夕相处,形影不离,视节如命,体现了一种坚贞不渝的高尚情操。这个故事传颂至今,已有2000多年了。2000多年来,苏武不仅成为家喻户晓的一个历史人物,他那可歌可泣的感人事迹还被搬上戏剧舞台,人们颂扬苏武,正在于从他的身上体现出中华民族自尊自爱、矢志不渝的传统美德。这也是古人很早就倡导的"富贵不能淫,贫贱不能移,威武不能屈"(《孟子·滕文公下》)的"大丈夫"精神。

四、相见礼——遇

"遇"即相遇、相逢,是指诸侯或官吏在事先没有商定的时间、地点突然相遇。"遇者何?不期也。"(《公羊传·隐公四年》)古人即使不期而遇,也仍然讲究礼节,按照礼仪的规定行事,于是便有了"礼遇"之说。当然遇时的礼节要比其他的礼仪都简单。西周时,诸侯外出,相遇于途中,往往要按主、宾礼互致问候,因此常以相遇之地距各自国都的距离远近来划分主、宾,以距离近的一方为主,距离远的一方为宾。官吏之间相遇,则按官位高下,施以不同的礼,而在这方面制定有一套严格的礼仪制度。如宋朝制定的《百官相见仪制》中明确规定:下级官员若于途中遇见官长,必须采取停住马,侧立于一旁,或回避,或绕道而行的办法。"文武百官遇宰相、枢密使、参知政事,并避。起居郎以下遇给舍以上,敛马(勒马,收住马缰,停止前进)。御史大夫遇东宫三师、尚书丞郎、两省侍郎,分路而行。"(《宋史·礼志》)若不按此规定行事,则被视为无礼,要受到处罚。战国时期,赵国的蔺相如经过与秦国国君斗智斗勇,取得"完璧归赵"的胜利后,深得赵惠王的器重,被擢(zhuó)升为上卿,位居大将军廉颇之上。廉颇认为自己战功卓著,看不起蔺相如。一次,两人相遇于途中,按照遇礼的规定,廉颇应礼让蔺相如,但他自恃功臣,据路不让。蔺相如见廉颇毫无礼让的态度,深知大敌当前,当以团结为重,决定不与他计较,立即吩咐手下人绕道而行。蔺相如忍让、豁达的胸怀,后来又感动了廉颇。这位功劳卓著的老将竟"负荆请罪",与蔺相如言归于好,共同抗御外敌。"负荆请罪"的典故,因此也成为流传至今的一段佳话。

第五节　嘉　礼

嘉礼是和人际关系、沟通、联络感情的礼仪。嘉,美、善的意思。嘉礼是饮宴婚冠、节庆活动方面的礼节仪式,帝王登极、太后垂帘、帝王圣诞、立储册封、帝王巡狩等,也属嘉礼。

一、婚冠之礼

冠礼是古代男子年满 20 岁时所行之礼,即加冠以示成年。女子是在 15 岁时行笄礼,也表示成年,只是仪式不如冠礼隆重。婚冠之礼是古代宫廷嘉礼之一,后下沉至民间,(民间婚冠礼后文有述)。

如果是诸侯行冠礼,于三加之后还有四加,戴玄冕(又称元冕,一种外黑里红的礼帽);帝王天子行冠礼,则还要五加,戴衮(gǔn 天子祭祀时所穿的绣有龙的礼服)冕。冕,是古代帝王、诸侯所戴的一种礼帽。《说文解字》:"冕,大夫以上冠也。"最早是用于祭祀的,故属于祭服。按照礼制的规定,不同的祭祀须戴不同的冕,于是便有了"五冕"的形制。"享先王,则衮冕;享先公、飨射,则鷩(bì)冕;祀四望山川,则毳(cuì,指人体表面除头发、阴毛、腋毛外,其他部位生的细毛,俗称"寒毛")冕;祭社稷、五祀,则希冕;祭群小祀,则玄冕。"(《周礼·春官·司服》)冕的形制比较复杂,它的顶部是一块长方形的木板,长一尺六寸,宽八寸,称为冕板。冕板外包以丝织物,黑色的面,红色的里,称为綖(yán)。冕板呈前低后高,前低约一寸。前后两端各垂有若干旒(liú),旒为悬垂的玉串,即缀有彩色玉珠,什么意思? 不该看的东西不要看——"视而不见",两边各垂一个玉到耳朵边,叫充耳,不该听的不要听——"充耳不闻"。旒的数量,包括彩玉的数量,根据五冕的不同形制和戴冕者的不同身份,又有严格具体的规定。如天子衮冕为前后各12旒,共24旒。每旒用五彩丝绳贯穿青、赤、黄、白、黑五色玉12颗,每颗玉之间相距一寸,即旒长一尺二寸。天子衮冕共用彩玉288颗。而公所戴的衮冕则为前后各九旒,每旒九颗玉,为苍、白、朱三色。天子的五冕只有冕旒数量的区别,而无旒上玉石数量和色泽的区别,如鷩冕为前后各九旒,毳冕为前后各七旒,希冕为前后各五旒,玄冕为前后各三旒,每旒均为12颗五彩玉。侯、伯的鷩冕则为前后各七旒,每旒七玉;子、男的毳冕为前后各五旒,每旒五玉;卿、大夫的玄冕则少至前后各二旒,每旒三玉。在五冕中,衮冕的规格最高,凡属朝廷大礼,如受群臣上尊号,大朝日(元日)视朝、册封皇太子等典礼时,均戴衮冕。皇帝登极即位,因需祭祀天地和先帝,故也需戴衮冕,因而人们便把新帝登极即位称为"加冕"。所以戴衮冕也成为皇帝的一种典型形象,但绝非所有场合都可以戴衮冕。

历史上,太子、皇子或诸侯后代未必20岁才行冠礼,有的不到年龄即已加冠,如周文王年仅12岁就行冠礼,周成王15岁加冠,周召公19岁加冠。对于帝王、诸侯的后代来说,加冠就意味着可以继承父业,治国安邦。古代也称冠为"元服",进元服也就是行冠礼。

婚礼,即男女结合为夫妻时的礼仪。古时的婚仪又分为六种仪式,帝王的婚礼则与民间有别。帝王有后、妃、嫔等妻妾,而婚礼也分为纳夫人、纳妃等仪,一般也依古制分为六个阶段。杜佑在《通典》中详细地记载了唐代《开元礼》规定的皇帝纳后礼。因为皇帝不可能像百姓那样去亲迎皇后,所以必须委任使者代理负责,于是婚礼在仪式上就有一些不同。

依婚礼的程序分为:临轩命使、纳采、问名、纳吉、纳征、告期、告庙、册后、命使奉迎、同牢等仪式。临轩命使,是皇帝在太极殿册命执行婚礼的使臣:以太尉为使、宗正卿为副使。并由侍中宣制:"纳某官女为皇后,命公等持节行纳采等礼。"随后授使、副使主节、制书(帝王诏令文书的文种名称之一。在周代,天子和诸侯国君向臣民发布号令称为誓,也是命令的意思。誓字也写作制。秦灭六国后,规定制字为皇帝发布命令的专用词,同时形成的文字也称为制)。太尉等人领命后便开始为皇帝操办婚礼,他们乘辂(lù 古代的大车,多指帝王用的),带着仪仗、鼓吹队,用车拉着制书,往来于皇宫与后氏之家。纳采的前一天,官吏要在后氏家大门右侧搭一临时建筑,纳采这天,太尉一行来后氏家便先在这里停息。然后再进入后氏家门向主人宣读制书,主人接受制书后,要向使臣回复答表。答文与制文都用长一尺二寸,宽四寸,厚八分的版书写,双方交换完制书、答表后,纳采也就完成了。当然皇帝的礼物中必定有雁。问名、纳吉、纳征、告期,也都要进行制书和答表的交换,制书的内容是皇帝向后氏主人请婚;询问后氏之名、年龄;通告吉兆;授以礼物;通报成婚日期。而答表则按制书内容或作答复,或表示感恩不尽。告庙,就是将成婚之事及日期祭告宗庙、祖先。

册后,即册封皇后之礼仪。与前面的礼仪一样,也是由太尉等使臣在后氏家中进行的,但仪式更为隆重。这次不仅要为使臣设一临时停息之处,还要在后氏的闺阁(即绣房)外为宫中女官搭起帷帐。册封皇后这天,使和副使等先入后氏门外的停息之处,女官则入门内,进入闺阁外的帷帐之中。待通报主人(后氏之父)后,使、副使一行手捧赐封的典册、备物进入门内。仪式开始,女官入阁,伺奉后氏佩戴宫中事先送来的首饰,更换袆(huī)衣(皇后专用的礼服,上绣五色野鸡图案)。在女官的引导下,后氏出阁,立于庭院之中,面向北面,跪拜。宣读完册文后,后氏还要接受典册及信物,于是便正式成为皇后。随后,她就以皇后身份入座,再接受在场官吏的拜礼,仪式遂告结束。

亲迎,即命使奉迎。这天,仪式达到高潮,皇后家内外设置了更多的供各级官员停息的帷帐及临时性建筑。皇后出门前,奉迎的官员一律站在大门之外,文官在东,武官在西。通报主人后,使臣等进入门内,宣读制书,待主人行拜礼,接受制书,回复答表后,使臣等退出门外。使臣宣布:"令月吉日某等承制,率职奉迎。"(《通典·礼八十二》)皇后随即上轿车,在女官侍从及仪仗、卫队的簇拥之下,浩浩荡荡驶入皇宫,从而开始了她的宫廷生活。

这时皇宫内早已陈设停当:在将举行同牢仪式的大殿门外东边,面朝南搭起一座皇后临时的"寝宫";大殿内西南角也为皇帝架起一座帷帐,地上铺有很厚的毯、垫、褥;仪式所需的各种礼器、仪仗等均已摆放、布置在特定的位置上。

待皇后乘车进入宫内,立刻钟鼓齐鸣,以告知宫内外。随行的仪仗则不进入宫中。皇后从车上被请下后,先入"寝宫"整理好衣饰,再由女官引导到大殿门外,向西站立。这时,官员奏请皇帝入座,女官随后则再引皇后进入大殿。此后,就由皇帝在前引导,与皇后一同进到帷帐,分别在南、北二洗(一种较浅的盆)中洗手。与此同时,殿中省(掌管皇帝衣物、用品及日常生活诸事的机构)的官员们很快在帷帐中摆设宴席。帝、后进食中,也须"合卺(jǐn)",但不像先秦时期那样吃祭祀的供肉,而是由殿中省官用黍、稷、稻、粱替代祭牲,分别授给帝、后,象征性地进行"同牢"。("合卺同牢"见民间礼婚礼)

帝王在整个婚礼过程中,馈赠给女家的礼物是十分丰富的,甚至相当铺张、豪奢。宋朝时,诸王纳妃有规定:聘礼,赐女家白金万两;纳采,羊20头、酒20壶、彩40匹;定礼,羊30头、酒30壶、彩50匹、茗(茶)百斤,以及金银珠宝、缎绫绢绸等物;纳征,金器百两、彩千匹、钱50万、锦绮罗绫绢各300匹,以及绣金衣装服饰、珍珠翠玉、马、羊、酒等物。这绝非一般官僚及百姓所能及。而帝王所纳妻妾,也绝非普通民女,一般百姓家绝不可能享受这份"殊荣"。

二、飨(xiǎng)宴之礼

飨宴礼是设摆酒食,款待宾客的一种礼仪。《周礼·春官·大宗伯》说:"以飨燕之礼,亲四方之宾客。"上古时,飨、燕是有区别的。飨礼在太庙举行,烹太牢以饮宾客,但并不真吃真喝,牛牲"半解其体",并不分割成小块;献酒爵数有一定之规。燕礼在寝宫举行,烹狗而食,主宾献酒行礼后即可开怀畅饮,一醉方休。所以,有人说:"飨以训恭俭,燕以示慈惠"。飨礼规模宏大,有一定之规,重点在礼仪往来而不在饮食。凡帝王宴请诸侯,或诸侯之间相互宴请,都要遵守飨礼的仪节,因而称为"大飨"。

宴,古时也作燕。宴礼,是古代君臣宴饮之礼。它与大飨礼在礼节上差异不大。据《仪礼·燕礼》注记,"燕,安也。饮酒以安之也",即古人视饮酒为平安之意。设宴款待臣僚主要有四个原因:因臣属协助天子治国有功绩,特设宴以示慰劳;四方聘使前来朝觐,设宴以示欢迎、慰问;使臣出使,设宴为其钱行;没有什么事情而宴请臣僚们,则纯粹是为了消遣。宴在中国古代帝王的宫廷生活中十分普遍,动辄宴请款待,为此又有许多不同场合下的不同名目的宴礼,如皇帝生日的"圣节"宴、郊祀宴、春秋大宴、籍礼宴(亦称籍田,籍田,是每逢春耕前,由天子、诸侯执末耜(lei si),后改执犁,进行象征性的耕作,以示春耕开始)、将士出征宴、凯旋宴、赐进士宴等等,但凡国有大事,都要设宴,以示庆贺。各种宴礼一般都规定参加的人数,并事先确定每位参加者的座次。赴宴者入座以后,须端坐肃静,不许喧哗。而且衣着必须整洁,按照规定的礼节行礼。如有违反,立刻由军士送至所属官署处理。宴会进行中,如遇饮酒过多,语无伦次或醉倒在地者,也由军士护送回家。宴会在开始及进行中,还要奏乐,以助酒兴。秦末楚汉战争中,项羽曾于鸿门设宴,与刘邦共饮。席间,项羽手下的将军项庄进入帐中,向项羽建议说:"君王与沛公饮,军中无以为乐,请以剑舞。"经项羽同意后,遂拔剑起舞,虽然"项庄舞剑,意在沛公",但助以乐、舞,恰是古代宴礼的仪式之一。唐玄宗李隆基在位时,宫廷乐舞极盛,其中《霓裳羽衣舞》(亦作《霓裳羽衣曲》)便是常用于宴饮的著名乐舞。他所宠爱的杨贵妃即擅长此舞,常为玄宗表演以助兴。这个舞蹈在动作、音乐及服饰上都着力描绘虚无缥缈的仙境和仙女的形象,与宴饮相应,更增加了飘然若仙的气氛和感觉。而自西域传入的《胡旋舞》则与之截然不同,它所表现的是粗犷雄壮的风格,增添了宴席间热烈的气氛。

飨与宴虽在内容上有所不同,但都同属于宴饮之礼,所以后世对这两种礼仪也没有严格区别,经常合称为飨宴。

三、养老礼

养老礼也是嘉礼中的一种礼仪,是对国内年老而又德高望重者定期赠予酒食时所行的一种礼节。《礼记·王制》云:"凡养老,有虞氏(传说中的远古部落,其首领为舜)以燕礼,夏后氏以飨礼,殷人以食礼,周人脩而兼用之。五十养于乡,六十养于国,七十养于学。"也就是说养老这种礼仪在我国源远流长。所谓"养老",主要是指四种人:一是三老五更。"三老、五更"都是古代乡官,一是有极其丰富的阅历,精通世故,曾任官职,现已致仕(辞去官职)的老年人,年龄在50岁以上。由于这些老人通晓三德(正直、刚、柔)五事(貌、言、视、听、思),便在乡里掌管乡民教化之事。二是子孙为国殉难捐躯的老人。三是原为天子或诸侯国的属官,后告老还乡的人。四是年事已高的普通老人,古代将高寿分为上中下三寿:上寿,120岁以上;中寿,100岁以上;下寿,80岁以上。除此之外,养老还包括辞官返乡,且在乡间任教的乡先生。帝王及诸侯养老的目的,是要使"孝悌"(孝敬父母,尊敬兄长)推行于天下及国中。一般一年中要举行七次养老礼:四季、视学(指天子祭祀"先圣先帝",并亲临学舍)、春秋大合乐(指歌乐合以众声)。各时期的养老礼不完全相同,舜时养老使用"燕礼",即主人敬酒于宾客之后,大家就坐下饮酒,直至一醉方休。商代实行"食礼",即摆放有酒和鱼、肉等菜肴,但不饮酒,而是以吃饭为主。周代的养老礼有其特定的礼节仪式:先于东厢祭奠已故去的老先生。然后摆设好三老、五更和其他老人们的席位。安排食物时,要检查是否符合礼节,待养老礼所规定的美味佳肴全部备齐后,便曼声长吟,以歌合乐。再退后,赠以干肉以示孝敬。返回,即吟唱《清庙》,边唱边交谈,直至结束。

古代还有天子向高龄官员赐王杖(也叫"鸠杖",就是在手杖的扶手处做成一只斑鸠鸟的形状,鸠者不噎之鸟也,喻老人不噎,)的礼制,《周礼·秋官·伊耆氏》"军旅授有爵者杖,共王之齿杖","王杖",顾名思义是帝王赐予老人使用的拐棍,它是一种特殊权利的象征,给老人"赐杖"的制度在汉朝被正式确立,开国皇帝、汉高祖刘邦曾做鸠杖赠送高龄老人,开了汉朝赐杖的先河,为了保证鸠杖的权威性,汉朝出台了相应的法规。《王杖诏令册》中就规定了70岁以上老人应该享受的生活和政治待遇,被称为中国最早的"老年人保护法"。其中规定授王杖的老人,可以随便出入官府,可以在天子道上行走,在市场上做买卖可以不收税,还规定触犯刑律如不是首犯可以不起诉,公元前32年,汉成帝颁布的诏令中规定,老年夫妻无儿女供养者可获准经营酒类生意,并且一律免税。汉代酒类官方专卖。

四、乡饮酒礼

乡饮酒礼,是一种于乡里举行宴饮的礼仪。西周时期,诸侯国中的乡大夫(掌管一地的政教)每年正月都要到诸侯那里,听司徒官宣布有关的政令。回到乡里,再召集乡吏进行转达,届时,即举行乡饮酒礼。每三年,要进行一次人口调查,同时考察官吏的德行、道艺,以发现有贤、有才能的人,同时也要行乡饮酒礼。除此之外,党正(古代地方组织的长官。500家为一党)向所属民户宣讲国家政令,下达徭役赋税时,也以乡饮酒为礼。借此机会,党正往往要宣扬"养老"以明确长幼之间的尊卑关系, 所以行乡饮酒礼时,60岁以上的老人坐于席上,50岁以下的人则站立一旁。宴饮时,在60岁老人面前的案上,摆放三个豆(古代食器,用于盛放食物,形似高足盘);70岁的老人面前,摆放四个豆;80岁的老人,摆放五个豆;90岁的老人则摆六个豆。乡饮酒礼还用于州长每年春秋在州学举行"乡射礼"之前的宴饮。诸侯国卿大夫以酒食宴请国中贤者,也须行乡饮酒礼。

行乡饮酒礼的仪式,一般在庠(xiáng 古时学校的名称,又称为序)内进行。主持礼仪者要于庠门之外迎接前来的宾客,先向他们行揖礼(推手为礼),三揖之后才请宾客走上台阶。在进入室内之前,主宾还要再三相互谦让,以此表示谦逊礼让。乡饮酒礼进行中,要饮"元酒",这是一种流传久远,十分原始的酒。饮此酒目的是教人不忘古人先世创业之艰辛。还要烹煮狗肉祭于东方神,以取阳气产生于东方之意,喻示兴旺、繁盛,对宾客中的老人更有祝愿他们健康、长寿之意。这个礼仪在历史上沿袭了很长的时间,逐渐演变成乡里民间的一种聚会形式。凡乡间遇节日,常要聚集众人而饮酒。但也因此导致乡间滥饮的恶习。唐太宗在贞观六年(公元632年)曾经下了一个诏令:"比年丰稔(ren),闾里无事,乃有堕业之人,不顾家产,朋游无度,酣宴是耽,危身败德,咸由于此。自非澄源正本,何以革兹弊俗?"(近年连续丰收,乡间秩序安定,百姓安居乐业,于是就有了游手好闲、不务正业的人,他们不顾及家产,与朋友游玩毫无节制,以纵饮欢宴作为一种嗜好,以至危害身体,败坏德行,都是因此而造成的后果。如果不澄清源流,肃正根本,怎么能革除这种恶俗呢?)于是,他令人抄录周代的《乡饮酒礼》,颁发全国,每年令州县长官亲自率领长幼乡民,依照此礼行事。《乡饮酒礼》颁行不久,人们便以纵饮欢宴为耻事,人人相互敬爱、谦让,社会风气大为转变(《通典·礼三十三》)。

五、射礼

射礼,是古代贵族男子进行射箭时的一种礼仪。古人在进行一些重大的活动时,常以射箭作为活动中的一项内容,以此体现习武、尚武的风尚。《礼记·射仪》云:"是故古者天子,以射选诸侯、卿、大夫、士。射者,男子之事也。"射礼分为四种:将祭择士为大射;诸侯来朝或诸侯相朝而射为宾射;宴饮之射为燕射;州(乡)大夫举士后行射为乡射。箭,不仅是古代作战时的一种兵器,古人也将它视为除灾避邪的武器。相传商纣王用皮革制成囊,将血盛入囊中,悬挂在高处,拉弓仰射,名曰"射天",以表示威慑鬼神。所以射箭在古代十分普及,甚至在学校的教学中,也把它作为六艺(即六门课程:礼、乐、射、御〔驭〕、书、数)之一。射礼主要有大射、宾射、燕射。

大射,一般在郊野进行,举行大射的场所称为射宫或泽宫。天子或诸侯于祭祀之前,先召臣下射箭,凡能射中箭靶者方可参加祭祀,否则将取消参加的资格。而帝王祭天地宗庙时,都要亲自射牛,以示隆重,不过,这种射礼自战国以后便废而不用了。射礼,除用于祭祀,有时亦作为一种消遣娱乐的活动。明代,每逢清明、端午等节日,都要进行"剪柳"比赛:先将鹁(bó)鸽装在葫芦中,悬挂在柳树上,凡射中葫芦,鸽子便从里面飞出,以每个人射箭后,鸽子飞出的多少决定胜负。由此可见,射礼既是礼仪的内容之一,又是一种习武的方式,带有竞技的色彩。

宾射,多于朝中进行,因天子以诸侯为宾,故为"宾射"。而诸侯相朝,也有主、宾之分,因而也以此为名。"以宾射之礼,亲故旧朋友"(《周礼·春官·大宗伯》)。举行宾射之礼的主要目的是为了使主人与宾客之间原来就已建立的朋友关系更加密切。每逢有故交旧友相聚之时,主人便邀请来宾一起进行射箭活动。此时进行这项活动并不仅仅为了娱乐和消遣,更重要的是通过射箭活动营造出热烈欢快的气氛。主人和宾客在这种气氛中,边轮流射箭,边相互交谈,回忆往事,畅叙友情。所以举行宾射之礼,既使宾客置身于轻松愉快、无拘无束的环境与气氛之中,同时又充分体现出主人的坦诚与热情。

燕射,一般在内庭举行,多于闲暇之时,以宴饮、射箭为乐,故以"燕(即宴)射"为名。乡射通常在州(乡)学校内进行,由乡大夫择选贤能者时,与乡饮酒礼同时举行的一种礼仪。古代乡学,生徒(即学生)学习三年即告业成。于是由乡大夫等人对生徒的德艺进行考核,从中挑选出贤者、能者推荐给国君做官。临行前,乡大夫为他们设宴送行,乡饮酒后即行乡射礼。此外,每年春秋两季州长官在州学以礼会民时,也要举行乡射,而后从中选择人才。举行射礼时,箭射的靶子叫"侯"或"射侯",是用布或皮革制作而成,在侯上画有各种动物的图案。按照礼仪制度的规定,天子射礼所用的侯用白色的熊皮制成;诸侯则使用红色麋皮制作的侯;大夫用布侯,上绘虎、豹;士也使用布侯,上绘鹿、豕(猪)。唐代也以悬帖为靶,称为射帖。

六、脤膰(shèn fán)之礼

在先秦,天子和诸侯在重大祭祀活动结束之后,有向臣工赏赐脤膰的制度。《周礼·春官·大宗伯》:"以脤膰之礼,亲兄弟之国。""脤膰"就是祭祀仪式中的供神肉,《春秋谷梁传》曰:"生曰脤,熟曰膰。"按照祭义,祭祀自然神用脤(生肉),祭祀人祖神用膰(熟肉)。在华夏的祭祀体系中,人文成分越来越重,人祖神的比例远大于自然神,故膰的使用范围在祭礼中不断扩大,几乎适用于所有的祭祀场合,脤则相对缩小,几乎固定于一些月份节令时的自然神祭及戎事之中。

七、登基改元礼

登基是为新皇帝继位所举行的一个重要的宫廷仪式,登基大典会在老皇帝死后一个月之内择吉日举行。汉代一般要等一个月左右,唐宋两代往往是先帝死后第二天就举行登基仪式,明清两代往往是半个月左右(康熙比较特殊,顺治死后第三天就举行即位仪式)。汉代和明、清两代是先继位再举行登基大典,而南北朝和唐、宋时期是继位和登基大典同时举行。在古代,多数情况下老皇帝死时下一代皇帝和大臣们都会在身边,老皇帝一断气,大臣们会立即参拜新皇帝,这个其实就已经算是继位了,先帝死后,新帝登基大典之前这段时间,新皇帝(尽管他还没举行登基大典)仍会被大臣们称为皇上。等举行完登基大典后,就是名正言顺的皇帝了。登基礼大致包括祭祀天地、宗庙,社稷、接受臣民拜贺、颁发即位诏书、大赦、改元诸礼。

改元指中国封建时期皇帝即位时或在位期间改换年号,年号是中国古代封建皇帝用以纪年的名号。新君即位必须改变年号,称为改元。在中国历史上,第一个年号出现在西汉汉文帝刘恒时期,年号为"后元"(前 163 年—前 156 年)。此前的帝王只有年数,没有年号。此后,每次新皇帝登基,常常会改元纪年,并同时改变年号。一般改元从下诏的第 2 年算起,也有一些从本年年中算起。

一个皇帝在位时,也可以进行多次改元。同一皇帝在位时也可以改元,如女皇帝武则天在位十四年,前后改元达十二次。明清两代皇帝一般不改元,一个皇帝一个年号,故往往就用年号来称呼皇帝,如明成祖朱棣在位年号永乐,称永乐皇帝;清爱新觉罗?弘历在位年号乾隆,称乾隆皇帝。明朝以前的皇帝多数都改元两次以上,年号被认为是帝王正统的标志,称为"奉正朔"。一个政权使用另一个政权的年号,被认为是藩属、臣服的标志之一。这种现象主要发生在中国分裂的时期。五代十国时,闽国、楚国使用后梁、后唐年号,吴越国使用唐、后梁、后唐、后晋、后汉、后周和北宋的年号。也因此,许多地方割据势力、少数民族政权,以及农民起义也常常自立年号纪年。辛亥革命后,中华民国废除年号纪年的做法,而改用民国纪年。虽然在袁世凯称帝时使用过"洪宪"的年号,而爱新觉罗溥仪在担任满洲国执政和皇帝时分别使用过大同和康德的年号,但是通常不为中国正统史书所承认,而认为中国皇帝的最后一个年号为清末的"宣统"(末代皇帝,爱新觉罗溥仪)。

第五章　传统民间礼

第一节　民间祭祀礼

民间祭祀除了祭祀祖先之外,流传最广的就是五祀,五祀即门神、户神、井神、灶神、中溜(土地神和宅神),这些都是围绕人民群众的起居生活的神祇,它们源于上古时期的自然崇拜,那时人们认为,凡与日常生活有关的事物皆有神在。

一、祭祀门神

自古以来,中国民间就有过春节时在门上贴门神的习俗。门神,最初的含义是"司门之神",在古人看来,门主出入,在整个房子中占重要的地位。所以古时祭祀,门为五祀之首,后世演变为门神。有的地方将门神分为三类,即文门神、武门神、祈福门神。文门神即画一些身着朝服的文官,如天官、仙童、刘海蟾、送子娘娘等。武门神即武官形象,如秦琼、敬德等,武将门神通常贴在临街的大门上,为了镇住恶魔或灾星从大门外进入,故所供的门神多手持兵器,如刀枪剑戟、斧钺钩叉、鞭铜锤爪、铛棍槊棒等,民间多为平凡之家的门户,贴门神所持兵器应背向以消减锋芒,大富大贵之家的门户,贴门神所持兵器正向更增威严之气。祈福门神即为福、禄、寿三星。这些门神虽出现的时间区域背景不尽相同,但至今都被人们普遍信仰。

根据史料记载,周代的时候就已经出现了"祀门"的活动,而且是极为重要的一项典礼。上至天子,下到庶民,都要对门神加以礼敬。

在门神的传说中,神荼(tú)和郁垒二神的传说在民间早有流传。《山海经》里就有这样一段记述:"东海度朔山有大桃树,蟠屈三千里,其卑枝东北曰鬼门,万鬼出入也。有二神,一曰神荼,一曰郁垒,主阅领众鬼之害人者。"说的是在东海之中有一座神山"度朔山",这度朔山上有一株特别大的桃树。这棵大桃树盘曲三千里,在枝干延伸出去的最东北处,有一座"鬼门",那里是众鬼出入的门户。而把守着鬼门的两位神将,一位叫神荼,一位叫郁垒,均拿着苇索,二神位于桃树下,袒胸露乳,黑髯虬须,眉发耸互,头生两角,手执桃木剑与苇索看守那些不祥之鬼,一旦捉住便杀之。

可见二神信仰广泛深入汉族民间,祭祀的方法大致为:画二神肖像张贴于门上,用桃木雕刻二神像,挂于门上,用朱砂笔在桃木板上写上二神尊名,挂在门上,并画上道符,不管用哪一种方法,人们都认为可以用来驱鬼辟邪。桃木亦名"降龙木"、"鬼怖木",是用途最为广泛的伐邪制鬼材料。相传夸父追日饥渴而死,临死前,将手中的杖一抛,化为一片邓林,也就是桃林,是为了让后世追日的人能够吃到甘甜可口的桃子,因为夸父跟太阳有着紧密的联系,所以鬼会害怕桃木。我国最早的春联都是用桃木板做的,又称"桃符",几千年来,桃木就有镇灾避邪之说,被称为神木。五代时期,后蜀的君主孟昶(chǎng)在公元964年除夕在两个桃木片上题了"新年纳余庆,佳节号长春"的对联,挂在宫门口为人们祈福,后被大家仿效传至民间,这便是春节贴对联的由来。宋朝诗人王安石的《元日》写道:"爆竹声中一岁除,春风送暖入屠苏。千门万户曈曈日,总把新桃换旧符。"就是当时春联盛况的真实写照。

唐代,又出现了一位门神钟馗,他不但捉鬼,而且吃鬼,所以人们常在除夕之夜或端午节将钟馗图像贴在门上,用来驱邪辟鬼。元以后门神中流传最广当数秦琼、尉迟恭,二人大约在元明代以后才祀之为门神。熟悉历史的人都知道,这二位都是唐太宗李世民手下的大将,两人在战场上立下了大功,是真实的人物。这两人如何就成为"门神"了呢?明朝的小说《西游记》和清朝的《隋唐演义》,用讲故事的方式,讲述了两位大将"转型"为门神的过程:由于唐太宗李世民早年降瓦岗、扫窦建德、镇杜伏威等起义军,其间杀人无数。即位后,身体极差,夜间梦寐不宁,多做噩梦,常见崇魔在寝殿内外抛砖扔瓦、鬼魅呼叫,李世民惧之,告诉群臣,然宫内殿外上下都全然不知,仅唐太宗李世民一君有感而日夜恐惧。月余后,太宗终受不住恶鬼的折磨,召众将群臣商议,众将提出让元帅秦琼与大将军尉迟恭二人每夜披甲持械守卫于宫门两旁,是夜,果然无事。然久而久之,太宗念秦琼、尉迟恭二将日夜辛劳,便让宫中画匠绘制二将之戎装像,怒目发威,手持鞭锏,悬挂于宫门两旁,此后邪祟全消。此后,民间平民上行下效,效仿帝王请将守门做法,遂将二将永做门神,而使他们在民间得以成为流传最广、影响最大、普及性最强的门神,在历史上秦琼与尉迟敬德这二位大将如同其他有功大臣一样的确曾经被太宗皇帝下诏绘制成图像,只不过没有像神话故事里那样将二位封为门神张贴在宫门,而是作为功臣画像被珍藏于唐代专门存放有功之臣画像的凌烟阁中。

古代门神,除了能驱除鬼魔、镇守家宅外,也出现了能成就功名利禄、福寿延年的福运门神。人们把文、武财神分别贴在左、右门上,意为"左招财"、"右进宝"。祈福门神的画面,多是一些吉祥物。如:画中的寿星,手持仙桃,面带慈笑。这种门神并非门户的保护者,专为祈福而用,中心人物为赐福天官。

二、祭灶神

祭灶神又称送灶神,汉族节日,灶王爷又称灶君,司命菩萨或灶君司命。民谚曰:"二十三,祭灶关。"每年农历十二月二十三日晚,为灶神夫妇送行上天汇报,除夕日返回人间。祭灶一俗在中国十分普遍。灶王龛大都设在灶房的北面或东面,中间供上灶王爷的神像。没有灶王龛的人家,也有将神像直接贴在墙上的。有的神像只画灶王爷一人,有的则有男女两人,女神被称为"灶王奶奶"。灶神是汉族民间最富代表性,最有广泛群众基础的流行神,寄托了汉族劳动人民一种辟邪除灾、迎祥纳福的美好愿望。灶王爷像上两旁贴上"上天言好事,下界保平安"的对联,以保佑全家老小的平安。

灶君,在夏朝就已经成了民间尊崇的一位大神。《论语·八佾》王孙贾问孔子"与其媚于奥,宁媚于灶,何谓也?"孔子说:"不然,获罪于天,无所祷也。"王孙贾以奥神比作诸侯卫灵公,以灶神比作卫灵公身边的大臣,劝告孔子,一味地与君侯交好,不如结交君侯身边的大臣,好让它们在君侯面前为你美言,否则君侯也不会用你。也就是说"县官不如现管",孔子说:获罪于上天,祈祷什么神灵都是没有作用的。先秦时期,祭灶位列"五祀"之一。我国古代奉祀的灶神,即是火神祝融,《礼记·礼器疏》:"颛顼氏有子曰黎,为祝融,祀以为灶神。"灶神为"五帝"之一颛顼之后祝融,也是传说中的火神。也有说灶神是钻木取火的"燧人氏";或说是神农氏的"火官",或说是"黄帝作灶"的"苏吉利",灶神跟灶火相关,火色赤,说灶神穿红色的衣服,由于火的发现,人们才由茹毛饮血开始过渡到吃熟食,喝开水。所以上自天子,下至庶民,对灶神的祭祀都是十分虔诚的。

认为灶王上天向玉皇大帝打报告的事,在晋代早已有之。晋葛洪《抱朴子·微旨》:"月晦之夜,灶神亦上天白人罪状。"由祭灶的供品看来,人们对这位会打小报告的灶神,敬畏的程度一直在降低。早先还用黄羊、豚酒等牲醴慎重的祭拜,到后来干脆就用酒将他灌醉。宋朝以来,灶神根本就成了被开玩笑的对象。宋人祭灶使用一种称为"胶牙饧"的灶糖,用意无非是使灶神上天后说些甜言蜜语。也有人说是要让灶神的齿牙被糖黏住,说不出话来。北方常见的灶糖有所谓的"糖瓜",就是麦芽糖沾芝麻做成葫芦或瓜形。另一种"关东糖",是以江米磨粉加饴糖制成,又硬又脆,可以久存。

习惯上,商家到岁末,就要清算全年的账务。所以送灶同时也是催债、讨债者络绎不绝于途的时候。不过,讨债最多只到除夕,一等吃过年夜饭,就算没收到债款,主客见面时,也得拱起手来互道恭喜。所以北方有句俗话说:"要命的关东糖,救命的饺子"(除夕夜吃饺子),就是形容这种情形,民间还有"男不拜月,女不祭灶"之风习,故祭灶仅限男子,当然现在祭祀灶爷的主要是家庭主妇。

祭灶仪式多在晚上进行。祭灶时,祭灶人跪在灶爷像前,怀抱公鸡。也有人让孩子抱鸡跪于大人之后。据说鸡是灶爷升天所骑之马,故鸡不称为鸡,而称为马。若是红公鸡,俗称"红马",白公鸡,俗称"白马"。焚烧香表后,屋内香烟缭绕,充满神秘的色彩。男主人斟酒叩头,嘴里念念有词,念完后,祭灶人高喊一声"领"!然后执酒浇鸡头,若鸡头扑棱有声,说明灶爷已经领情。若鸡头纹丝不动,还需再浇。祭灶仪式结束后,将贴了一年的"九天东厨司命灶君"神像与纸扎的马一起烧掉,祈求他在玉皇大帝面前多奏好事,保佑一家平安,"灶君封位口,四季无灾愁"。祭灶果则由家人、主要是小孩分而食之,"吃了祭灶果,脚骨健健过"。到了年三十夜,要再把灶君接回家来,即将新购来的灶君神像贴到灶台上。因灶君下界先要清点名册,所以家庭成员都要回家过年,以祈求灶君降吉祥于全家人。

由于中国人基本食用稻米,熟食一般不易保存,必须随时烹煮。不像西方食用面包,可以一次烘烤许多保存食用。所以对中国人来说,"柴"(燃料)是生活中"七件事"(柴米油盐酱醋茶)里第一位重要的,没有燃料,即使有基本粮食也没有办法食用。西方一般一个村庄只有一个面包炉就足够了,在中国必须每家都有一个炉灶。由于每家都有炉灶,所以由此产生一个传说,即玉皇大帝在每家派驻一位监督员-灶神(司命灶君、灶君、灶王爷、灶王),以监督考察这一家一年的所作所为,到了腊月二十三日这一天,灶神将上天向玉皇大帝汇报,玉皇大帝根据汇报来决定下一年对这家是奖励还是处罚,第二年新年灶神再回来继续监督这家的作为。祭灶节这一天,实际是各家欢送灶神上天的节日。

祭灶节实际是中国古代世俗社会秩序的一种反映,表现普通人对皇帝及其基层官员的恐惧,以及对基层官员贿赂的风气,所谓"瞒上不瞒下",只要把和自己最近的官员贿赂好,皇帝不会知道自己的所作所为,即使小有触犯法律也可以逃避惩罚。作糖瓜、祭灶是这一天的主要活动,汉族民间讲究吃饺子,取意"送行饺子迎风面"。山区多吃糕和荞面,民谚有"二十三,不吃炒,大年初一一锅倒"的说法。过了祭灶节,汉族民间认为"神煞上天,百无禁忌",婚娶也不用选日子,二十三日后至三十日前均可。因此,此时举行婚娶大礼者颇多。祭灶节后各家各户开始卫生大扫除,二十四日便称作"扫尘日",洗澡理发,以"扫年"、"扫尘",同时置办各种过年食品等。汉族民间儿童唱的"迎年曲"称:"二十三祭灶倌,二十四扫房子,二十五磨豆腐,二十六去割肉,二十七杀只鸡,二十八去买花,二十九去沽酒,年三十儿都捏鼻儿(包饺子)"或"二十六蒸馒头,二十七剃精细儿(理发),二十八剃憨瓜(理发晚了),二十九装香炉(准备祭祖),年三十儿贴花门儿:(贴对联,挂年画),大年初一撅着屁股作揖儿(拜年)"。

三、祭祀井神

井神是汉族民间传说中的神灵之一。人们在很早的时候,就有祭祀井神等五种"家神"了。

井神管辖水域的范围虽说较小,但它的重要性绝不亚于江河湖海诸神。古代,绝大部分汉族民间的吃水、用水都是依靠水井,北方的许多农田用水也要靠井水来补充,旧时,人们认为天下所有的水都是相通的,何况井神?

祭井神的习俗各地差不多,一般在除夕封井。据说大年三十,井神要向东海龙王报告供水情况,而大年初一,上界神仙下凡要来检查,因而,初一不能挑水,而初二挑水,也要供祀井神,以祈求全年用水充足。新打的井,更要举行隆重的祭祀活动,以"接"井神。同时,谁家娶妻生子,也要祭井神,因为是新添人口,所以要向井神"报到"(户口)。但孕妇是不能上井挑水的,一是怕冲撞了井神,二是怕由于过重的挑水运动而影响胎儿的健康成长。

井神一般没有塑像、庙宇,人们就在井台上举行一个简洁的祭祀仪式:大年三十,将预先买好的井泉童子神像放在竹筛内,再放些糕果茶酒之类,算是祭品。然后,再将这竹筛放在井阑圈上,上面放些遮盖物。这就叫"封井"。此后,在送神之前,这井就不能再打水了。到正月初三或正月初五日,焚送神马,然后开井汲水。据说用刚开井所汲的水拭目,能令目不昏。在焚送神马之前,还要用糕果之类祭祀。

除夕之祭祀,有着酬报它一年中对人民作贡献的意义,除夕井不用,大概意同年节放假,让它休息几天吧!

而在北方一些地区,汉族民间有祭奉水母娘娘的习俗,也有水母娘娘庙,传说她是一位年轻的女井神。

四、行神(财神)

"路头神"为古五祀中的"行神",所谓五路乃东西南北中也;财货无不凭路而行,故人们以行神为财神,谨加祭祀,冀求它引财入门,或出行获利。

古人外出行旅,祭祀路神以求平安,此为"祖道"之俗,祭祀的也是路神,而这路神变成财神,是因商业的发展,财货流通的加剧。财货往来于陆水之间,人们直观地认为,路在冥冥之中主宰了财货。

俗以为接路头,越早越好,最早接到的才是真神,特别灵验,因此叫"抢路头"。有的地方,真的在正月初四便"匆匆抢路头"了,且相沿成俗。既然路神已不再是行旅的保护者,人们便不再在赴旅时祭祀它了。

中国传统的汉族民俗是正月初五拜财神,七月二十二祭祀财神生日,又叫财神节。五路神中之"五"与初五之"五"牵连之故。在正月而非其他月,乃取新年新气象,图一年吉利,财源茂盛,东西南北中,财富五路并进。五路财神:陕西终南山的玄坛真君赵公明,与四名财神招宝天尊、纳珍天尊、利市仙官、招财使者主掌招财纳福属神之合称,这也是最广泛的说法。这一天,所有的经商业户,都要大放鞭炮,大宴宾朋,感谢财神的到来,感谢亲戚朋友的大力支持……大吉大利、开开心心、欢欢喜喜,所有美好的语言一起开放。鞭炮自清晨开始,一直延续到午后。中午宴宾朋,晚上亲人聚,热热闹闹一整天。祭祀时,红烛高烧,鞭炮齐鸣,用面做成元宝、圣虫,或用钱做成钱龙,吃水饺谓之"元宝",意谓招财进宝。

清人顾铁卿《清嘉录》中引了一首蔡云的竹枝词,描绘了苏州人初五迎财神的情形:"五日财源五日求,一年心愿一时酬;提防别处迎神早,隔夜匆匆抱路头"。"抱路头"亦即"迎财神"。蒲松龄在他的《穷汉词》里面描写了这种习俗:"大年初一,烧炷名香,三盏清茶,磕了一万个响头,就把财神爷爷来祝赞祝赞。忙祝赞,忙磕头,财神在上听缘由;听我从头说一遍,诉诉穷人肚里愁。"

正月初五"送穷",是我国古代民间一种很有特色的岁时风俗。这一天各家用纸造妇人,称为"扫晴娘","五穷妇","五穷娘",身背纸袋,将屋内秽土扫到袋内,送门外燃炮炸之。这一习俗又称为"送穷土","送穷媳妇出门"。陕西韩城一带,破五这一天忌出门,而且要将鲜肉放在锅中炙烤,还要爆炒麻豆,令其崩裂发声,认为这样可以崩除穷气,求得财运。此外旧时除夕或正月初五要吃得特别饱,俗称"填穷坑"。民间广泛流行的送穷习俗,反映了我国人民普遍希望辞旧迎新,送走旧日贫穷困苦,迎接新一年的美好生活的传统心理。

五、土地神

土地神又称土地公或土地爷,在道教神系中地位较低,住在地下,是神仙中级别最低的。俗话说"别拿土地爷不当神仙"。但在汉族民间信仰极为普遍,是汉族民间信仰中的地方保护神,流行于全国各地,旧时凡有人群居住的地方就有祀奉土地神的现象存在。旧时,在中国大地上,几乎到处可见石砌的、木建的小小土地庙,里面供奉着土地公、土地婆,香火还挺旺。土地神源于古代的"社神",是管理一小块地面的神。《公羊传》注曰:"社者,土地之主也。

土地神崇奉之盛,是由明代开始的。明代的土地庙特别多,这与皇帝朱元璋有关系。《琅琊漫抄》记载说,朱元璋"生于盱眙县灵迹乡土地庙"。因而小小的土地庙,在明代倍受崇敬。如《金陵琐事》称建文(1399–1403年)二年(1400年)正月,奉旨修造南京铁塔时,在塔内特地辟一"土地堂",以供奉土地爷。

土地神的形象大都衣着朴实,平易近人,慈祥可亲,多为须发全白的老者。一般土地庙中,除塑土地神外,尚塑其配偶,称"土地奶奶",与土地神共受香火供奉,没有特殊职司。

土地神的出处很多,传说之多不胜枚举,此举中之两例。一说为:周朝一位官吏张福德,生于周武王二年二月二日,自小聪颖至孝,三十六岁时,官至朝廷总税官,为官廉正,勤政爱民,至周穆王三年辞世,享年一百〇二岁,有一贫户以四大石围成石屋奉祀,不久,由贫转富,百姓咸信神恩保佑,乃合资建庙并塑金身膜拜,取其名而尊为"福德正神",故生意人常祀之,以求生意发展。另一说为:周朝上大夫的家仆张明德(或张福德),主人赴远他地就官,留下家中幼女,张明德带女寻父,途遇风雪,脱衣护主,因而冻死途中。临终时,空中出现"南天门大仙福德正神"九字,盖为忠仆之封号,上大夫念其忠诚,建庙奉祀,周武王感动之余说:"似此之心可谓大夫也",故土地公有戴宰相帽者。明清以后汉族民间又多以名人作为各方土地神。

凡是有土地的地方皆有土地神的存在。

"多少有点神气,大小是个官儿——独霸一方"(横批)

这是旧时常书写于土地庙的一副对联。这副绝妙的对联形象地勾画出了土地神的"神格"和特征。如果与另一副对联:"黄酒白酒都不论,公鸡母鸡总要肥——尽管端来"联系起来,更是生动地说明土地神的地位卑微,供品要求不高,但毕竟是"独霸一方"的"神",不可怠慢,像人世间的保长、甲长一样得罪不起,所以又有副妙联曰:"莫笑我老朽无能,许个愿试试;哪怕你多财善贾,不烧香瞧瞧!"因此,汉族民间凡举行祈福禳灾的重要祭祀活动,供桌上都要设土地神,请土地神到场。

土地神专管土地,因此旧时要动土前必须祭土地,征得他老人家的同意。如浙江奉化一带汉族民间认为:土地菩萨专管辖下的地盘安宁,但如果人不事先打招呼,给他一定的报酬,他会不闻不问,任鬼胡来。所以人们从事与土地有关的工程前,必须先祭土地。祭法是"备五碗素菜(豆腐、芋艿、青菜、萝卜、笋片等)、一副蜡烛香、两杯黄酒,将这些供品摆在地中间,然后主人叩拜祝念:"土地菩萨,人要在这里造猪厩、牛厩,请帮忙移一移,保佑我家养猪像牛、养牛像马。"祭毕才可破土动工。

土地神虽然官不大,但管的事却不少。辖区内凡婚丧喜事、天灾人祸、鸡鸣狗盗之事都要插一手,而且土地神一副慈祥老翁的模样,与人较为亲近,所以人们喜欢向他吐露心声,向他祈愿。所以,小小的土地庙往往香火很旺。因为汉族民间相信"县官不如现管","土地不松口,毛狗不敢咬鸡,""土产无多,生一物栽培一物;地方不大,住几家保佑几家。"

旧时有些地方,生下孩子的第一件事是提着酒到土地庙"报户口"。死了人的第一件事是到土地庙"报丧",因为死的鬼魂要由土地神送往城隍府。

土地神的祭祀,每年都要进行春秋两祭。春祭是在每年立春之后的第五天,乡民们以酒肉、香纸蜡烛之类的什物来叩拜土地神,祈求全年风调雨顺、五谷丰登、六畜兴旺。秋祭则在立秋之后的第五天,但由于各地农忙时节的不同,秋祭的时间就稍有不同,有的在收割前先向土地爷"小祭",让他尝尝鲜;等把田里的农活做完之后,再进行"大祭",以让土地神分享丰收的喜悦,为来年的再丰收作铺垫。有的地方则选择在农历八月十五日举行秋祭。春祭是为了祈祷敬神,秋祭则是答谢求神,往往在举行春秋大祭时,还要在庙前或谷场上搭戏台,由祠堂出钱或由各家各户筹集,请戏班子来唱大戏。祭土地神时的供品,一般是摆摆阔气,根据各家的情况差异,供品不尽相同,但大家祭奉的意愿却是一致的。而至于土地神给每家带来的"造化",则要看各人的运气,以及上天的恩惠了。因而,老百姓祭祀土地神,也就是装装形式,最重要的还是靠自己的辛勤劳动和聪明才智。

民间五祀之礼虽以祭祀鬼神为名,含迷信之义,实际是人们重恩尊功思想之寄托,人们举行祭祀是依照活人赏功养老的道理推演出来的,如果剔除迷信的成分,祭祀的目的不外就是勉励活人尽力、提倡尊崇恩德而已,这也是传统礼仪文化形式值得借鉴的意义所在。

第二节 尊师重教礼

尊师是中华民族的优秀传统,人们把教师与天、地、君、亲并列敬仰。最早记载我国尊师重教的古籍是《礼记·学记》,书中记述:"凡学之道,严师为难。严师难后道尊,道尊然后民知敬学。"韩愈说:"师者,所以传道、授业、解惑也。"荀子说:"君子隆师而亲友。"关汉卿说:"一日之师,终身为父。"由此说明尊师是最重要的。只有尊师,才能重道;只有重道,才会使人重视学习,重视教育,尊师礼至今被我们所传扬,国家规定每年的9月10日为教师节。

师在古代既是官名,也指具有专门知识和技艺的人,如乐师、卜师(占卜者)等,而传授知识的人就称为"教师"或"老师"(老,指年龄大或从业时间长,阅历丰富)。孔子曾说:"温故而知新,可以为师矣。"(《论语·为政》)古代也称老师为"师父"、"师傅"、"恩师"等。由于"师"更多地是指在学校教书的人,于是形成了许多与"师"相关的词汇,如把老师传授的知识或技能称为"师法",入学又称"师门"、"师道",老师和学生合称"师徒"、"师生",同就学于一个老师的学生则以"师兄"、"师弟"相称,等等。"先生"也是学生对老师的一种敬称,先生既含长辈之意,又含学识渊博、颇具修养之意,因此也常用在称呼德高望重者或学者。古人也称德高望重的人为"公",因此它也常用来称呼老师。学生往往自谦为"门下"、"门子"、"门人"、"门生"、"门徒"、"门孙"等。有时还以"后生"、"晚生"、"小生"、"晚学"、"弟子"等自称。可见在学校里一切都以礼为规范,为准则。

传统的师徒关系仅次于父子关系,即俗谚所谓"生我者父母,教我者师父"、"投师如投胎"。有的行业,一入师门,全由师父管教,父母无权干预,甚至不能见面。建立如此重大的关系,自然需要隆重的风俗礼仪加以确认和保护。学生进入学校后,尊敬师长是最基本的礼节。学生初次面见老师,要行"跪拜"礼,平时见面则行揖礼,发展到后代,则以鞠躬为礼。行走时,学生须让老师先行,自己跟随其后。

古人将尊师视为一种美德,不仅在学校内如此,社会上尊敬老师也是蔚然成风。杨时与游酢(zuo)是北宋时期很有名望的哲学家,他们都曾在著名的理学家程颐门下就学,后来又都考中进士,并以他们卓著的学识被后人合称为"程门四大弟子"(还有吕大临、谢良佐二人)。尽管他们功成名就,仍不忘尊师重礼。杨时 40 岁的时候,一天,他与游酢在洛阳一同去看望、拜会程颐。来到程颐的寓所,正巧程先生在睡觉。两人为了让先生能安静地休息,便决定不惊动他。于是两人静静地待立于门外,等待先生醒来。此时天降下了鹅毛大雪,等到程颐一觉醒来时,门外的雪已积了一尺多厚。这个"程门立雪"的典故,反映了尊师敬贤的礼节。

一、束脩与释菜礼

束脩礼,是古代学生与教师初次见面时的一种礼节,也就是拜师之礼。孔子曾说:"自行束脩以上,吾未尝无诲也。"(《论语·述而》),"束脩"为十条干肉,古代学生与教师初见面时,必先奉赠礼物,表示敬意,名曰"束脩"。"束脩"就是一束肉干,又称肉脯,有点类似现在的腊肉。所以"束脩"也常用于上学的代称,或作为年满 15 岁的代名词。意思是"只要自愿拿着十条干肉为礼来见我的人,我从来没有不给他教诲的",入学缴纳束脩,以作酬谢教师的礼物,是天经地义的事情。由此而发展演变成一种学校的礼仪制度,体现了中华民族尊师重教的崇高风尚。当然孔子生活的春秋时期,是以束脩为礼物,其后未必如此,可"束脩礼"的名称一直流传下来,成为古代学生入学所行的第一种礼节,实际也使学生自入学之初便受到尊敬师长的教育。

古人重教,绝不仅仅局限于束脩礼,学生、家庭,乃至全社会都以尊师为荣。不过因为束脩礼是作为拜师的礼仪,而备受重视,约定俗成,成为一项固定的制度。如唐朝政府就曾规定:学生入州、县学校,须缴纳束帛一篚(fei,盛物的竹器。实为一匹)、酒一壶(实为二斗)、脯(即脩)一案(实为五脡〔ting〕,长条的干肉),作为与教师的见面礼。行束脩礼这天,学生着青衿(jin)学服,携带着这些礼品去学校。来到校门后,先站立在门外。学校的先生则站在学堂的台阶上,派人出门询问学生的来由。学生稍稍向前,说明自己前来拜师求学的意愿。先生闻后,则谦称自己无德,恐将误人子弟。学生则再次表示从师的决心,并请求先生能够赐见、收留自己。先生见学生态度坚决,无法推辞,才命人请学生入门。学生面对先生站立,待先生走下台阶,立刻行跪拜礼。先生回拜答礼后,学生便将礼品取出,摆放在先生面前,请他收下。先生答应收下,实际也就是表示同意收留这名学生入学。从此他与先生正式建立起师生关系。这种礼节,看上去似乎很烦琐,但它恰恰体现了师生之间以礼相待和谦逊文明的融洽关系。学生自入门之始,即接受尊师的礼仪教育,即使是皇太子也不例外。按照礼仪的规定,皇太子初入学门,拜见博士时,所携礼品,所着服饰,与博士的问答,以及最后的拜礼,和州、县学的束脩礼是完全相同的。这也说明,尊师重教在中国古代一直受到社会各阶层的普遍重视,这也正是中华民族的传统美德。

释菜礼,又作"舍采"、"择菜",这也是古时读书人在入学时所行的一种典礼,即用苹(又叫蘋蒿,嫩芽可以食用)、蘩(fan 白蒿)等野生蔬菜祭奠先师,敬奉给教师,以此表示从师学艺。其仪式与释奠礼相同,只是不杀牲供奉,所以古人说释菜礼是"礼之轻者",但礼轻情义重。相传春秋时,孔子周游列国,曾受困于陈国(今河南淮阳)、蔡国(今河南新蔡)之间,七天没有饭吃,只能靠煮灰菜为食,可他每天仍于室内抚琴作乐,与孔子随行的弟子子路、子贡认为已到了穷途末路的境地,只有颜回仍每天"释菜于户外",也就是每天从野外采摘回野菜,在孔子住所的门口向老师行礼致敬,以表示尽管老师的处境极端困苦,自己仍然坚持做人的原则,跟随老师学艺。颜回此举,体现了他尊师的风尚。尊师,正是中华民族所具有的一种崇高的风尚与美德。正因如此,后人便将颜回配享(即附祭)于孔子,让人们在祭奠孔子的同时,也对他行祭奠之礼,也是对颜回尊师的赞颂。可见,古人在学校举行释菜礼,目的在于对刚入学的学生进行一次尊师教育,让学生以颜回为榜样,始终以先生为师,永世不忘教育之恩。

二、释奠礼

释奠礼为古代学校的祭祀典礼。荀子《礼论》把"礼"最核心的内容归结为"天地""先祖""君师"三项,他说:"礼有三本:天地者,上之本也;先祖者,类之本也;君师者,治之本也……故礼,上事天,下事地,尊先祖而隆君师,是礼之三本也。"(礼有三个根本:天地是生存的根本,祖先是种族的根本,君长是政治的根本。……所以礼,上事奉天,下事奉地,尊重祖先而推崇君长。这是礼的三个根本)。释奠礼属于"三礼"中的"君师"之礼。早在商周之时,我国就已有官学的设置,周代礼制分国学和乡学两类:国学设于都城,称作辟雍和泮(pàn)宫;乡学设于地方,称为庠、序。周代的官学中,就有释奠先圣先师的礼仪,《礼记·文王世子》记载:"凡学,春,官释奠于其先师,秋冬亦如之。凡始立学者,必释奠于先圣先师"。释奠释菜礼,最初只是入学的一项仪式,先圣先师到底是哪些人,也没有具体的确指,在周代为周公;汉代以后,又加入孔子,与周公分别尊为先师、先圣;宋元以后,又尊孔子为师圣,还包括孔子的 72 位贤才弟子,成为祭奠的主要对象。

凡学校初建落成,必须举行释奠礼,以示遵循先师先圣的教诲,兴学以礼,教化民众。而后每年春、秋两季或春、夏、秋、冬四季还要举行此礼,以示时刻牢记教诲,不忘学业,发愤读书,以求功成名就。这是中国古代,乃至近代学校固定的一项礼仪制度。

行释奠礼时要设祭奠的场所,后代多建孔庙(也称文庙、夫子庙),立孔子像,置放礼器、乐器,每年定期在此举行祭孔礼。但最初的祭奠场所是随学校而设,即在太学、国子学等学校中举行释奠礼。行礼要用太牢(牛羊猪三牲全备为太牢)供奉先师先圣。最初行释奠礼时,也要先选貌似先师先圣者各一人,着先师先圣生前穿的那种服装,充当祭祀的对象,也就是以"尸"代表死者受祭。以后才逐渐以牌位、画像等方式代表受祭者。如果学校刚建,行释奠礼时,还须以帛为供品,以器成(古代凡新制成一件器物,都要杀牲以祭,并将牲血涂抹于器物的缝隙之中,称为衅,以表示器成)祭告先师先圣。当然帛也要以牲血涂色,其寓意与"衅器"相同。因释奠礼属于祭祀性的礼仪,所以多以掌管祭祀的官员主持仪式。汉代以后多由太常(为九卿之一,专门掌管祭祀礼乐。汉代太常除主管宗庙礼仪之外,还兼管选试博士)担任此职。

到曹魏齐王正始年间(公元 240—249 年),行释奠礼时,除祭奠孔子外,又加上孔子的得意弟子颜回。到北齐以后,不仅每年的仲春(阴历二月)、仲秋(阴历八月)要定期举行释奠礼,还规定每月初一都要向孔子行拜礼,届时由祭酒带领博士以下的教官和国子学的全体学生入堂,跪拜孔子,向颜回行揖礼。助教以下及太学生们则不入堂,只于台阶下行礼。同时规定,州学也于坊(教坊,即学堂)内立孔子、颜回庙,自博士以下,每月也要行礼。

唐朝建立以后,对释奠礼更为重视,这一礼制更加完备。唐武德二年(公元

619年),唐高祖李渊下令于国子学内分别修建周公庙和孔子庙,一年分四季进行祭奠,以儒官自为祭主,负责主持祭祀先师、先圣。州县学校则由博士主持释奠礼。唐太宗即位后,又对祭主的人选进行重新规定:国子学以国子祭酒(祭酒本为祭祀风俗,后引为宴席礼仪。需长者立主位,面南酹酒祭神开席,在古时也常常引入官名,意为首席,主管)为初献,司业(司业国子监一种官衔。学官名,隋代以前国子监设置司业,为监内的副长官,协助祭酒主管监务.清代末年废除)为亚献,博士(古为官名。秦汉时是掌管书籍文典、通晓史事的官职,后成为学术上专通一经或精通一艺、从事教授生徒的官职。)为终献;州学以刺史(刺,检举不法;史,皇帝所使,秦时始置,掌管一州的军政大权,唐朝时的刺史相当于现在的省长)为初献,上佐(泛指州郡长官的部下属官)为亚献,博士为终献;县学则以县令为初献,县丞(为县令辅佐)为亚献,主簿(掌文书,办理事务)和县尉(掌管一县军事)同为终献。并以此作为固定的制度。献,指献祭,在释奠礼上能够有资格献祭的,当然就是祭主。初、亚、终,则是献祭时排列的先后顺序。州、县学校实际是由州、县长官担任祭主,官府介入学校的典礼,说明唐朝政府十分重视学校,重视培养人才。国子祭酒在献祭时所致的祭词中就要声称是受皇帝之遣,代其行礼。唐玄宗时,又改为春、秋二季释奠,国子学、州学仍供奉牲,县学只供酒和脯(干肉)。国子学行礼时,开始加入宫悬之乐,礼仪的规模更加扩大,除教官和国子监生、太学生等外,文武官员、僧道之徒及百姓也都前往祭奠。而祭奠的对象也由孔子、颜回再增加左丘明等22位贤人,并且又将他们排定座次,孔子是众贤之师,居中而坐,旁边为"十哲"坐像,即将孔子的十位弟子颜渊、闵子骞(损)、冉伯牛(耕)、冉仲弓(雍)、宰子我(予)、端木子贡(赐)、冉子有(求)、仲子路(由)、言子游(偃)、卜子夏(商)列侍于侧。后来,又将颜渊附祭于孔子,遂升补曾参;再将曾参附祭,又升补颛〔zhuan专〕孙子张(师)为十哲之一。同时还将孔子的70位弟子、22位贤人画于孔庙的墙壁上。入宋以后,附祭于孔庙的除颜渊、曾参外,又增加了子思和孟轲。再至后代,"十哲"又增加了有若和宋代的朱熹,合为"十二哲"。学校的这一礼仪制度以后再没有多大的变化。

三、视学礼

视学,是指皇帝或皇太子视察学校,它也是重视教育的礼仪制度之一。古代帝王视察学校有一套严格的制度,这在西周时期就已形成,"凡一年之中,养国老有四,皆用天子视学之时。一年之内,视学有四,故养老之法亦有四,皆用视学之明日"(王应麟《玉海·学校篇》引)。即在一年之中,天子必须亲自到学校视察四次。

视学的这天清晨,学校要先击鼓集合学官、学生。集合完毕,天子便来到学校,执事的官吏受命按照礼制的规定开始行事,先行祭奠先师、先圣之礼,然后再进行其他活动。第二天,再于学校行养老礼。进入封建社会以后,帝王仍十分重视"视学",不仅以释奠礼作为视学的主要内容,而且还增加了讲经(儒家经典)、议经等活动。这项活动是在学堂(即教室)里进行的,皇帝坐于学堂北墙下正中的位置,坐北朝南;御座的西侧设有"讲榻";执读官(负责读经)坐于学堂南侧,与讲榻南北相对;执读官的西侧为侍讲官(负责讲论文史,专备君主顾问)之位;在讲榻与执读官之间,即靠近学堂中央的地方,设有"论议座"。皇太子坐在皇帝的东侧;三品以上文官一律设座于皇太子南边,面西而坐;三品以上武官则分坐于讲榻的西、南。皇帝未入学堂前,执经、侍讲、执读等官和学官,以及典仪官要先在堂内就座,其他官员和皇太子则等皇帝入座后,才入堂就位。而后便由执读先诵读经文,再由执经解释经义。接下来,侍讲就论议座,按照经文的内容进行讲论,解答疑难。讲论、答疑之后,视学礼即告结束,皇帝、皇太子及文武官员出学校还宫。

皇帝、皇太子的视学礼,规模宏大,礼仪隆重,表现出统治者对学校,对儒家学说的重视和对先师先圣的敬重之意。这一礼仪在中国历史上一直为历代所沿袭,成为各朝代一项重要的制度。到现在教师节这天党和国家领导人都去视察学校。

第三节　传统家礼

古人云:"……身修而后家齐,家齐而后国治,国治而后天下平。"(《礼记·大学》)可见,齐家是治国之本。每个家庭都能管理好,国家就容易治理,国家治理好,天下也就平稳安定了,所以古人认为齐家之后才能治国平天下,连自己家都管不好的人,是办不了什么大事的。老百姓说"家和万事兴",直截了当的说明了家庭和睦在社会生活中的地位,家庭、家族中的人际关系的行为准则和相互交往时必须遵守的行为规范统称为家礼, 传统家礼的精神实质在于贯彻纲常礼教,明确家庭中父母与子女、夫妻、兄弟姐妹、婆媳、祖孙、叔侄等之间的关系,传统家礼即有尊老爱幼、和睦相处、互谅互让、相濡以沫等优良传统,同时又不可避免存在着诸多弊端,成为社会进步的沉重负担,传统家礼主要有长幼关系、同辈关系,亲属关系三大类别,

一、长幼关系

1. 父慈子孝与父为子纲

慈是对父母而言的,父母对子女的慈爱是人类的天性,是人类最质朴最纯真的爱,民间用"十指连心"来比喻这种亲情。"可怜天下父母心"所表达的感情就更为深刻了。对家族成员中辈分低的人来说,历来的家礼也有两条不成文的规定,这就是在生活上的细心照料,使其物质上能有饱食暖衣,在精神上的严爱相济,使其能被练出好的品质和德行。所谓"纸醉金迷反败其身"、"溺爱儿孙反遭其害"成为家族中长辈训诫晚辈的戒条戒规而世代相沿,累世相传。由此"岳母刺字"、"孟母三迁"就成为千百年来人人称道的母教典型。

慈具体包括二个方面的要求,一是养,二是教,父母之爱讲究要"均"要"严"。"均"是要求父母对子女要平等相待,不可厚此薄彼。"严"则是指父母对子女要严格要求,不能溺爱,父母爱孩子绝不仅仅是照顾他们的生活,给孩子提供必需的、良好的生活条件,更不是一味地去满足孩子的欲望与要求。爱的精髓不在于养,而在于育,在于培养子女的品性和生活技能,使他们将来能立足社会,成为有用之才。因此古人特别重视对子女的教育。《三字经》中说"养不教,父之过。"这是对父母教子的鞭策。在"养"与"教"中,"教"尤为重要。在"教"中突出一个"严"字,颜之推是中国古代家庭教育理论的奠基者。他在《颜氏家训·教子篇》说:"父子之严,不可以狎;骨肉之爱,不可以简。简则慈孝不接,狎则怠慢生焉"。(父子之间要讲严肃,而不可以轻忽;骨肉之间要有爱,但不可以简慢。简慢了就慈孝都做不好,轻忽了怠慢就会产生)。所以父母在教育子女时,应将威严和慈爱结合起来,以"严"为主,以"慈"为辅,这就是"严父慈母"的说法。

古人很注重教子读书,人们深信"耕也,馁在其中矣;学也,禄在其中矣","万般皆下品,惟有读书高","学而优则仕",读书做官是出人头地、光耀门楣的根本途径,因此农夫百姓都愿尽其所能,送孩子上学堂。其中靠读书由贫寒之士进身高贵者也不少。所谓"朝为田舍郎,暮登天子堂"。为此古人常以儒家经典和"往事贤行"教育子女读书时要立志,只有立志才可能产生恒心和毅力。而且"学不可以已"。读书必须勤奋,正如韩愈所说:"人人能为人,由腹有诗书,诗书勤乃有,不勤腹空虚。"学习并非朝一夕之功,必须积风雨晦暝之功,才能有所成就。

品德教育是古代家庭最重要的内容。孔子以品德为先,几千年来对个人人格的修养大多取法孔子及历代圣贤的遗训。它主要有孝悌、忠信、义方、勤俭、积善去恶等方面。而且传统社会的道德教育是从胎教开始的,颜之推认为怀孕后就应该"出居别宫,目不斜视,耳不妄听,音声滋味,以礼节之"。道德教育的关键时期则在于子女幼时,若对子女不及时教育,则可能后患无穷。只有从小施以父母之慈爱,使子女形成良好的道德品性,才是真正的爱子之道。

《朱柏庐治家格言》是明末清初著名理学家、教育家朱柏庐的一篇家教名著,全文仅 634 字,精辟地阐明了修身治家之道:

> 黎明即起,洒扫庭除,要内外整洁,
>
> 既昏便息,关锁门户,必亲自检点。
>
> 一粥一饭,当思来之不易;半丝半缕,恒念物力维艰。
>
> 宜未雨而绸缪,毋临渴而掘井。
>
> ……
>
> 宗祖虽远,祭祀不可不诚;子孙虽愚,经书不可不读。
>
> 居身务期质朴,教子要有义方。
>
> 勿贪意外之财,勿饮过量之酒。
>
> 与肩挑贸易,毋占便宜;见贫苦亲邻,须加温恤。
>
> 刻薄成家,理无久享;伦常乖舛,立见消亡。
>
> 兄弟叔侄,须分多润寡;长幼内外,宜法肃辞严。
>
> ……

见富贵而生谄容者,最可耻;遇贫穷而作骄态者,贱莫甚。

处世诚多言,言多必失。

……

凡事当留余地,得意不宜再往。

人有喜庆,不可生妒忌心;人有祸患,不可生喜幸心。

这些治家格言在今天看来仍然有许多可取之处。

孝是对子女而言的。《说文解字》:"孝,善事父母者,从老省,从子,子承老也"。据此,"孝"由省略的"老"字和"子"字构成,为子承老的意思,即尊亲承意、继志述事之意。孝的要求是"养且敬、无违于礼、微谏、立身扬名"。即子女应该赡养父母,尊敬父母,服从父母,委婉地劝诫父母的过失,父母身亡之后应继承父志等。

传统社会对孝道非常重视,对孝的规定也十分细密,几乎到了无以复加的程度。百善孝为先,而罪莫大于不孝。《论语·里仁》篇里,孔子又说:"父母在,不远游,游必有方。……三年无改于父之道,可谓孝矣。……父母之年,不可不知也:一则以喜,一则以惧。"(父母在世,不出远门,如果要出远门,必须有一定的去处……如果他能长时间的遵照父亲生前的道德规范而没有改变的话,就可以称他是孝子了……父母的年纪,不可不知道并且常常记在心里。一方面为他们的长寿而高兴,一方面又为他们的衰老而恐惧)。《礼记·祭统》指明了子女尽孝的三项阶段及其要求:"生则养,没则丧,丧毕则祭。养则观其顺也,丧则观其哀也,祭则观其敬而时也。"(即父母在世要供养,父母过世要服丧,服丧期毕要祭祀。供养时要看是否恭顺,报丧时要看是否悲哀,祭祀时则看是否诚敬与及时)。在曾子看来,孝道分为三等:"孝有三,大孝尊亲,其次弗辱,其下能养。"(《礼记·祭义》大孝是使双亲受到尊重,其次是为人处世不让父母蒙受耻辱,而最次等的是赡养父母)

汉代董仲舒创立的三纲五常的儒家思想体系成为封建社会正统思想后,"子孝"的要求更是得到了强化,"父慈"的内容逐渐削弱,最后发展为"父虽不慈,子不可以不孝;父要子亡,子不可以不亡"父亲是家中的最高统治者,一切权力都集中于他手中。这种权力不仅有礼教的支持,还有法律的认可和保障。

2."婆尊媳卑"、"婆婆本位"

在婆媳礼仪中,婆婆作为封建家长制的形象代表、夫家的代言人,往往是礼仪的制定者和裁判者。从中国古籍中关于古代婆媳礼仪规矩的记载中,可见婆媳礼仪一斑。

称呼之礼,以示角色和地位。婆媳之礼,首先体现在婆媳的称呼之中。婆婆和儿媳在我国的早期典籍中分别称作"姑"和"妇"。《说文解字》:"姑,夫母也"、"妇,服也,从女持帚、洒扫也。"短短数字,将媳妇在家庭中主要的角色、地位进行了定位,即"服从、侍奉、打扫"。

拜见之礼,以示恭敬。新儿媳嫁到婆家之后,首先要按既定的仪式和程序向婆婆施拜见之礼,以此表达敬意。通常新娘在结婚当天并未拜见公婆,而是要在成婚的次日早晨施行拜见公婆之礼。"洞房昨夜停红烛,待晓堂前拜舅姑"(唐人朱庆馀《闺意献张水部》)。杜甫的《新婚别》中描写了一位新娘在新郎"暮婚晨告别"之后陷入"妾身未分明,何以拜姑嫜"(嫜读 zhāng,姑嫜:丈夫的母亲与父亲)的纠结与困境之中。据《仪礼·士昏礼》载,在婚礼第二天早上,拜见公婆时,家庭成员都要到场,婆婆要将家庭成员介绍给新进门的媳妇,将家规家法、对媳妇的要求讲给媳妇。媳妇要洗耳恭听,一一应允。在新婚后的拜见之后,便是媳妇向公婆的"日日请安",要恭恭敬敬,和颜悦色,低眉顺眼,尽表敬意。

侍奉之礼,以示贤德。在封建文化中,贤德是女性最高的道德规范和行为准则,"事舅姑"、"供承看养,如同父母"。强调"事公姑不敢伸眉",要"一味小心谨慎","不可纤毫触恼"(清·陆沂《新妇谱》),从嫁入夫家,媳妇就要侍奉公婆的饮食起居,一日三餐,端茶倒水,洒扫洗涤,从晨至夜,"日日一般,朝朝相似"。

顺从姑过之礼,进表孝心。其礼要求媳妇对婆婆的绝对顺从。传统社会,孝即是顺,丈夫休妻依据的"不顺父母"作为首条。同样,在婆媳之礼中是否顺从婆婆也是衡量媳妇是否孝顺的重要标准,不论对错是非曲直要逆来顺受。婆婆作为封建家长的权威代表,不是也是,不得与婆婆辩论,即便"姑又不慈,日有凌辱。妇益加恭敬,下气怡声,以悦其意,终无怨叹"。婆婆不论对错,媳妇都要顺从。

处罚之礼,以示婆道威严。这是古代婆媳之礼中最严酷之礼。在以"顺"婆媳关系基础上,如媳妇有所不顺,对婆婆不能俯首帖耳、无条件地服从,违逆婆婆,或者纯粹就是不被婆婆看好,不符婆婆的心意,那么就要受到婆婆的处罚。轻者斥责辱骂,重者体罚、凌辱,甚至被赶出家门。婆婆具有驱赶媳妇离开婆家的决定权。而婆婆处罚媳妇的依据,又常常是以媳妇有违礼节之由。《大戴礼记·本命》中"妇有七去,不顺父母去。不顺父母,为其逆德。"

公婆要爱护媳妇,是婆媳之礼的一大亮点。在繁缛的、以婆婆为尊的婆媳礼仪中,亦有婆婆要疼爱媳妇的教义。如《礼记·内则》说,公婆对于媳妇也要异常爱护,当媳妇服劳事之时,虽然任其去做,但要时时让其休息。媳妇如果不孝敬,也不立刻生气,应该慢慢地教导她,如果不听教训,再责备她,实在不听管教,才让儿子把她休了,但也不明说她违犯礼义。这里有人情味,有同情心,合乎忠厚之道。

二、同辈关系

1. 兄友弟悌与长尊幼卑

长幼关系包括两个方面的内容,即兄弟关系和一般长幼关系。早在《诗·小雅·常棣》中就有"兄弟既具,和乐且孺"的诗句,这句诗的意思是说兄弟在一起,应该和乐亲睦。儒家继承了传统的兄弟之礼,把它概括为:"兄友弟悌"、"兄友弟恭"。在孔子那里,往往是孝悌并提。"孝悌,其为仁之本与","弟子入则孝,出则悌。"(《论语·学而篇》)。

父亲在世时,兄长应当辅佐父亲,管教好众位兄弟。父亲一旦去世,一家之中,自然以长兄为父亲的继承者,家庭的新家长,他必须担负起家庭的重大责任,将兄弟抚养成人。到成亲的年龄,应当积极为他操办婚事,其妻子也应当全力帮助他,所谓"长兄如父,长嫂如母"。兄长对弟妹还拥有相当于父权家长对子女的监护、惩戒、教令、主婚诸权。弟对兄不具有从属关系,但是必须尊敬兄长,听从兄长的教诲,甚至当兄长做了违背道德和法令的事,也应当为他隐瞒;弟违背兄的意志则会受到舆论的谴责和法律的制裁。这与传统社会奉行的"敬上"原则一致。

南朝吴钧的《续齐谐记》有这么一个典故:传说南朝时,京兆尹田真与兄弟田庆、田广三人分家,当别的财产都已分置妥当时,最后才发现院子里还有一株枝叶扶疏、花团锦簇的紫荆花树不好处理。当晚,兄弟三人商量将这株紫荆花树截为三段,每人分一段。第二天清早,兄弟三人前去砍树时发现,这株紫荆花树枝叶已全部枯萎,花朵也全部凋落。田真见此状不禁对两个兄弟感叹道:"树本同株,闻将分斫(zhuo)所以憔悴,是人不如木也"。后来,兄弟三人又把家合起来,并和睦相处。那株紫荆花树好像颇通人性,也随之又恢复了生机,且生长得花繁叶茂。晋代文人陆机在《豫章行》诗中云:"三荆欢同株,四鸟悲异林。"李白感慨道:"田氏仓促骨肉分,青天白日摧紫荆。"从此,紫荆花便成为团结和睦、骨肉难分的一种象征。1965年,深受香港市民喜爱的紫荆花被选为香港市花,1997年7月1日香港回归中国后,紫荆花获选为香港特别行政区的区徽,香港特区区旗被选定为一面中间配有五星花蕊的紫荆花红旗,红旗代表祖国,白色紫荆花代表香港,紫荆花红旗寓意着香港是祖国骨肉同胞永不分离的一部分,并将在祖国怀抱中兴旺发达,花蕊上的五星象征着香港同胞热爱祖国,旗与花分别采用红白不同两种颜色,象征"一国两制"。

2. 夫义妇顺与夫为妻纲

传统观念认为,男女、上下、长幼、尊卑有序,礼义有措,特别重视夫妻纲常名分。夫妇伦理规范,比较集中地体现在礼制中。关于夫妇之礼的规范主要有:

第一,夫妻好合,如鼓琴瑟。《周易·序封传》有言"有天地然后有万物,有万物然后有男女,有男女然后有夫妇,有夫妇然后有父子,有父子然后有君臣。"可见,夫妇是人伦之始,在整个社会伦理关系中具有十分重要的地位,是稳定家庭秩序,保持家庭和睦,影响家庭生存与发展的关键。"夫妻好合,如鼓琴瑟。……宜尔室家,乐尔妻帑。(《诗经·常棣》)"(夫妇之间应相互恩爱,和谐相处,像琴瑟那样共同弹奏出生活的美好乐章。夫妇之间不存在血缘关系,它是一种相互爱慕的关系,需要相互调节才能保持长久恩爱)。

第二,夫和而义,妻柔而正。夫妻两人共同生活,应该共同承担生活的重负,共同创造幸福和享受幸福。东汉宋弘,坚持"贫贱之知不可忘,糟糠之妻不下堂",以富不易妻的忠贞爱情垂青千古。梁鸿夫妇深山为佣,仍相亲相爱,举案齐眉,成为万世佳话。当然,由于传统社会中夫主妻从,妻子并无自己的独立人格,所谓"相敬"主要是强调妻对夫的尊重与顺从,而不可能是双方平等的相互尊重。但传统伦理又反对丈夫欺压、凌辱妻子。而主张在礼义的范围内给妻子应有的尊重。因此相敬如宾也不是片面强调妻对夫的尊重与顺应,同时也要求丈夫对妻子有必要的和基本的尊重,虚心接受妻子的合理的批评和意见。

春秋时期,齐国有个替晏婴驾车的御夫,以为自己替国相驾车脸上光彩,"意气扬之,甚自得也。"其妻却不以为然。劝诫说:"晏子长不满六尺,身相齐国,名显诸侯",但他都十分谦虚,常以为自己有不足之处。"今子长八尺,乃为人仆御,然子之意自以为足。"看来,我得离开你了。御夫听了妻子的劝诫就改正了自己的缺点。晏婴了解了这一情况,还推荐他做了齐国大夫。显然夫妻以诚相劝,必要的批评和鞭策确实很有意义,能在更高层次上促进夫妻人格的完善,实现相互尊重,深化夫妻之情。否则一味讲究顺应,对丈夫的缺点和错误包庇、纵容,则会影响夫妻关系,甚至导致悲剧。

第三,三从四德、夫为妻纲。随着专制主义的加强,男主女从、男尊女卑、夫尊妻卑的伦理规范也随之被强化,最终发展成一种统治与被统治的关系,即所谓"三从四德"、"夫为妻纲"。所谓的"三从",是指:未嫁从父,既嫁从夫,夫死从子。意思是说女孩子在未出嫁之前要听从家长的教诲,不要胡乱地反驳长辈的训导,因为长辈们的社会见识丰富,有根本性的指导意义;出嫁之后要礼从夫君,与丈夫一同持家执业、孝敬长辈、教育幼小;如果夫君不幸先己而去,就要坚持好自己的本分,想办法扶养小孩长大成人,并尊重自己子女的生活理念。这里的"从"并不是表面上的"顺从、跟从"之意,而是"辅佐、辅助"的意思。

夫为妻纲突出地表现了传统家庭夫妻之间的从属关系,妻以夫的人格为自己的人格,甚至成为人母之后,她对自己子女的教养、主婚等权利仍然受夫权制约。唯一能受到某种尊敬的是她与夫的婚姻行为是"合二姓之好",能够"万世之嗣"。祖宗的一点血脉,借妻之体而延续。这种对妻的生殖功用的尊敬实质上是对祖宗的尊敬,夫荣俱荣,夫辱俱辱,妻不是分享夫的荣辱,而是接受丈夫的人格身份,把自己的一生交给丈夫安排。

传统家礼还特别强调女子的贞节,所谓贞节指女子不失身、不改嫁的道德行为。贞是指没结婚时守身如玉;节是指守寡后不再嫁。古代说未出嫁的女子为黄花闺女,黄花又叫金针菜,就是贞女的谐音。说俗了,贞节要分婚前和婚后,古人似乎更看重婚后,尤其是丧夫以后的贞节,并以此作为主旋律来弘扬。

"落红"更成为男女新婚检验女子贞节的一种习俗。新婚之夜,新郎新娘行房之时,新郎必会交给新娘一方手帕,用来检验新娘是否"落红",如果新娘当夜有落红,则全族大喜,新娘回门时,夫家必会一路乐队吹吹打打送烧猪到娘家。这种风俗使得女家在嫁女之日,多惴惴不安,唯恐烧猪不至。如烧猪不来,家人对坐愁叹,引为大辱。烧猪一到,则举家相庆,大张旗鼓迎接烧猪,认为是家里教养有方,不辱门户。把烧猪分送亲友,加上红色馒头若干,就是人们所称的"麻蛋"。还有一些地方,习俗更为荒唐,新娘到婆家后,先入洞房,新郎新娘立刻同寝,亲友和家人都在门外等候,不见到新娘的"喜帕",人们概不道贺,如新娘不贞,不仅不是喜事而且还是大辱,少顷,新郎从房中出来,手上捧着一个红盘子,上盖红布,里面装的就是保留新娘落红的"喜帕"了,这时,新娘家里已备了一顶大轿在门外等候,新郎捧着喜帕直接登轿,去新娘家中报喜并即刻举行婚礼。如果新娘"不贞",则会被立刻遣回娘家。从这些传统的习俗中可以看出,在旧时代,"落红"检验女贞是攸关婚姻的大事。

几千年来,贞节观残害了妇女的身心,而今保存的贞节牌坊、贞节堂等封建遗迹,都似乎是在无声地诉说着贞节烈妇的苦涩与痛楚。

贞节牌坊作为代表女性忠贞的一种建筑形式,最早还只是作为里、坊的"门"而存在的,随着中国封建等级观念的形成,牌坊逐渐演变成褒扬功名的建筑样式。到了汉朝,传统观念对女子贞操的重视,也使牌坊逐渐地成为与妇女的贞节关联起来,并对其进行旌表的一种建筑形式,出现在人们的视野。荒唐的是,由于传统观念对旌表贞节的大力提倡,拥有一座贞节牌坊在人们看来是件无上荣耀的事情,在这种观念的影响下,明清时代对贞节牌坊的推崇成为一种社会风气。清朝各地官府上报请旌趋之若鹜,从而导致节烈妇女激增,贞节牌坊遍树各地,成为一种风景。当然,这是现代人今天无法体会得到的。

第四、夫妻离异,七出三不出。"七出三不出"作为一种道德礼教,最终形成于汉代,唐代时,变成了法律。《唐律疏义》《元典章》和《清律》都把它纳入了法律条款中。

所谓的"三不出"就是女人在三种情况下不得被休：

娶的时候娘家有人，但是后来娘家没人了；第二、在婆家守过三年丧期的；第三、娶的时候婆家穷，娶过来后婆家变富了。

民谚说，"糟糠之妻不可欺"这算是对女人的一种保护吧。只不过，这种保护很有限，传统社会更注重"七出"：

"不顺父母"：亦即妻子不孝顺丈夫的父母。大戴礼中所说的理由是"逆德"，在传统中国，女性出嫁之后，丈夫的父母的重要性更胜过自身父母，因此违背孝顺的道德被认为是很严重的事。

"无子"：亦即妻子生不出儿子来，理由是"绝世"，孟子云：不孝有三，无后为大。对于中国传统女人，生子多，堪称劳动模范、开国元勋；生子少，相当于事业不景气。尽生女孩那样的赔钱货，更是相当于企业连年亏损的厂长，由婆婆与丈夫组成的董事会当然有权撤你的职。当然，也有补救的办法：引进外援。具体说来，就是主动给丈夫纳妾。

"淫"：败坏道德、破坏伦常。亦即妻子与丈夫之外的男性发生性关系。理由是"乱族"，也就是因为淫会造成妻所生之子女来路或辈分不明，造成家族血缘的混乱。

"妒"：指妻子好忌妒。理由是"乱家"，认为妻子对丈夫纳妾的忌妒有害于家族的延续。女人反对丈夫纳妾就是吃醋之一种。据说，吃醋典故出自唐朝的宫廷里，唐太宗为了笼络人心，要为当朝宰相房玄龄纳妾，大臣之妻出于嫉妒，横加干涉，就是不让。太宗无奈，只得令大臣之妻在喝毒酒和纳小妾之中选择其一。没想到房夫人确有几分刚烈，宁愿一死也不在皇帝面前低头。于是端起那杯"毒酒"一饮而尽。当房夫人含泪喝完后，才发现杯中不是毒酒，而是带有甜酸香味的浓醋。从此便把"嫉妒"和"吃醋"融合起来，"吃醋"便成了嫉妒的比喻语。

"有恶疾"：指妻子患了严重的疾病。理由是"不可共粢盛"（zī chéng　盛在祭器内以供祭祀的谷物），是指不能一起参与祭祀，在传统中国，参与祖先祭祀是每个家族成员重要的职责，因此妻有恶疾所造成夫家的不便虽然必定不只是祭祀，但仍以此为主要的理由。

"多言"：指妻子太多话或说别人闲话。理由是"离亲"，在传统中国家庭中，女性尤其是辈分低的女性，被认为不应当多表示意见，而妻子作为一个从原本家族外进来的成员，多话就被认为有指拨弄是非、离间亲属的可能。

"窃盗"：即偷东西。理由是"反义"，即不合乎应守的规矩。

从七出和三不去的条件可以看出，婚姻的缔结与解除和夫妻双方的感情没有任何关系，没一条是有关感情的。因为古代婚姻是两家之间的关系，不考虑当事人的感受，所以古代社会才有了"嫁鸡随鸡，嫁狗随狗，嫁个木头抱着走"的说法。

封建礼教对妇女的歧视性礼仪还有"男女授受不亲"，"女子无才便是德"等许多，同时对妇女的审美观上出现扭曲和怪诞的思想。要求女子"笑不露齿，行不露趾"，东汉班昭的《女诫》："男以强为贵，女以弱为美。故鄙谚有云："生男如狼，犹恐其尪（尪，读作：wāng。，矮小，或今之脑瘫或小儿麻痹之类）；生女如鼠，犹恐其虎"。（男子以刚强为贵，女子以柔弱为美。所以有俗语说：生下像狼一样刚强的男孩，还唯恐他懦弱；生下像鼠一样柔弱的女孩，还唯恐她像老虎）。还有唐代贞元年间宋若莘、宋若昭姐妹所撰的一部女子训诫书籍《女论语》：

"行莫回头，语莫掀唇。坐莫动膝，立莫摇裙。喜莫大笑，怒莫高声。内外各处，男女异群。莫窥外壁，莫出外庭。男非眷属，莫与通名。女非善淑，莫与相亲。立身端正，方可为人。"

到了宋代，更加强调女性的病态美，越是弱不禁风，越是楚楚动人。

对女性身心摧残最严重的莫过于缠足，缠足是中国古代乃至近代的一种习俗，即把女子的双脚用布帛缠裹起来，使其变成为又小又尖的"三寸金莲"。"三寸金莲"也一度成为中国古代女子审美的一个重要条件。在缠足时代，大多数妇女从四、五岁起便开始裹脚，直到成年后骨骼定型了方将布带解开，也有终身缠裹者，据现代学者考证，缠足兴起于北宋。宋代的缠足是把脚裹得"纤直"但不弓弯。元代的缠足继续向纤小的方向发展。明代的缠足之风进入兴盛时期，出现了"三寸金莲"之说，要求脚不但要小至三寸，而且还要弓弯。清代的缠足之风蔓延至社会各阶层的女子，不论贫富贵贱，都纷纷缠足。清封建王朝被推翻后，孙中山正式下令禁止缠足。到了"五四"时期，缠足更成为各派革命运动和激进分子讨伐的对象,新中国成立后毛主席真正消灭了小脚,中国的妇女才得到了彻底的解放。

三、亲戚关系

亲戚包括内外亲属。它是由血缘关系发展起来的血亲及其配偶加姻缘关系发展起来的姻戚及其配偶的总和。俗语中所说的"六亲",就是上述两种关系的概括。《左传》讲六亲为"父子、兄弟、姑姐(父亲的姐妹)、甥舅、婚媾(gòu,连合,结合)及姻娅(有婚姻关系的亲戚)。"六个方面。一个以血缘关系为纽带的家庭不断地添子进口,就能使家族的势力经久不衰。因此,多子女成为家庭兴旺、祖宗有德的象征。由于子女多,则必然姻亲多;姻亲多,则必然亲戚多。如果一个家庭冷冷清清,到了"姥姥不亲,舅舅不爱",没有什么亲属往来的地步,那日子不仅越过越寒酸,而且还会遭到世俗的规斥。既然沾宗带故,那就要讲究"亲戚理道"。因此,与错综复杂、纵横交错的亲戚关系相适应,就自然形成了对待亲属关系的习俗和调适亲属关系的礼节。《礼记·曲礼》上说:"兄弟亲戚称其慈也"。就是亲属在互相交往中要做到慈爱、和善,在"以奉六亲"中,要做到"礼尚往来"。所以,历来的家礼中,都把"六亲不认","堵着门子朝天过",即不与亲属往来的家庭视为鬼也不亲、神也不爱的"绝户"作为不仁不义的恶德加以嘲笑。"亲戚多好办事","与人方便,与己方便","亲戚们勿疏远常走动"等家族规矩就与"亲帮亲山成玉"、"亲助亲土变金"以及"亲戚和万事顺","亲戚近前袄连大襟","水大不能漂船、职大不能欺亲"等风俗习惯紧密地连结在一起,成为千百年来在亲属关系上重复进行并积淀于个人道德心理中的行为方式。亲戚关系比长幼关系、同辈关系更注重于道德调节。这是因为,家族中的长幼、同辈之间的血缘联系要比亲戚之间的联系直接得多,也亲近得多。

我国人民十分重视的"春节",即是一年之计的开始,也是联络亲朋好友故旧的感情、畅叙友情的喜庆之日。直到今天,利用春节串亲访友仍然是人们的传统习俗。在亲属关系上,社会主义的新风俗、新道德并不反对亲属关系的紧密,也提倡亲属之间的互信互爱、互帮互助,但是我们反对在亲属关系上存在的"一人得道,鸡犬升天"的封建意识和家族观念。"亲戚关系不可无,裙带之风不可长"是处理和对待社会主义条件下亲戚关系的准则,"互相尊重,礼尚往来"是社会主义条件下新型亲戚关系的行为规范。

第四节　传统交际之礼

一、传统文化中的交友之道

中国古代以君臣、父子、夫妇、兄弟、朋友为"五伦"，"伦"是辈分、关系、类别，朋友也是其中重要的一伦。孔子的《论语》第一篇第一条就是"学而时习之，不亦说乎？有朋自远方来，不亦乐乎？人不知而不愠，不亦君子乎？"（学过的内容要经常练习，不也是一件很愉快的事吗？有朋友啊，从很远的地方来不是非常快乐的事情吗？人不了解你，得罪了你，而你能够不生气，不发怒，这岂不是君子的大度之风吗？）这是我国古代知识分子最向往和追求的"三不亦"。孔子的学生子夏有一句名言，他说："四海之内，皆兄弟也。"朋友之间的来往是一个结缘的过程，所谓"广结善缘"。这个"缘"可以因为我们是同学、同乡、同事，或是同道——有相同的人生志趣，甚至是同游———起出去游玩，而产生友谊。结缘之后，就要惜缘，珍惜两人之间相处的情意。

儒家的友道观影响十分深远，屈原在其《少司命》中说"悲莫悲兮生别离，乐莫乐兮新相知。"意思是悲伤中最大的悲伤莫过于活活的离别，快乐中最大的快乐莫过于新认识一个好朋友。

先秦时期楚国的伯牙非常善于弹琴，有一天他回楚国的途中，看到高山就开始弹琴，弹得高亢激越，河对岸有个人在砍柴，被这优美的琴声吸引就停下了，忍不住喝彩："善哉乎鼓琴，峨峨兮若泰山！"一会伯牙弹得非常舒缓、轻柔，那人又喝彩："善哉乎鼓琴，汤汤兮若流水！"于是伯牙就抱着琴过来问是谁，原来他就是钟子期，非常懂琴，于是两个人一见如故，成了莫逆之交，两个人约好明年再来。到第二年伯牙来的时候，等了很久钟子期也没有来，一打听钟子期已经去世了，伯牙万分悲痛，拿着琴到他的坟上弹奏一曲，弹完就把琴弦扯断，把琴摔掉了，这就是有名的"伯牙摔琴"，后来有人问他为什么把琴摔掉，他说人世间再也没有一个人值得我为他弹琴了，"无复为之鼓琴矣"。这样，就留下一个著名的词叫"知音"，是指心心相印的朋友，一个著名的成语叫做"高山流水",指弹奏技艺的高超,,说"高山流水遇知音"。后世岳飞在词中还有:"欲将心事付瑶琴,知音少,弦断有谁听"的感叹。明代的通俗小说家冯梦龙在他的《三言》中说,"相识满天下,知音能几人？"曹雪芹在《红楼梦》中说,"万两黄金容易得,知音一个也难求。"

在《周易》中也有关于友道的话:"二人同心,其利断金;同心之言,其臭如兰。"(两个人要是志同道合,同心协力,那么那个力量足以折断金,同心人之间说的话,味道就像兰花一样芬芳)。所以把异姓兄弟结拜叫义结金兰,金兰之交,金兰之契。

在传统社会中国人尤其是士人交友主要是从道德文章上互相切磋勉励,所以我们中国人谈友,有道德文章之友的说法。曾子曰:"君子以文会友,以友辅仁。"(《论语·颜渊》,君子以谈文论艺来与朋友相聚,再以这样的朋友来帮助自己走上人生正途。)"文"包括各种文化艺术活动,以及各种技能。譬如你交到一个喜欢下棋的朋友,你自己本来不喜欢下棋,他带着你下棋,慢慢地你也喜欢下棋了;又或者你不喜欢读书,但是你的朋友喜欢读书,受他的影响,你可能也会喜欢读书了。所以曾子说,朋友之间要能够谈文论艺,才有共同的交集,也就是有共同语言。而交这样的朋友目的是要用来"辅仁"。"仁"指人生的正途,也就是"道",亦即朋友之间要互相切磋勉励,在人生正路上相互扶持,以实现大家向善的心志,这才是交朋友的光明大道。

二、交友的原则

第一,交友以诚。

如果把友谊比作花朵,那么真诚就是友谊的花朵赖以生长的土壤。"巧言,令色,足恭,左丘明耻之,丘亦耻之。匿怨而友其人,左丘明耻之,丘亦耻之。"(《论语·公冶长》说话美妙动听,表情讨好热络,态度极其恭顺;左丘明认为这样的行为可耻,我也认为可耻。内心怨恨一个人,表面上却与他继续交往;左丘明认为这样的行为可耻,我也认为可耻。)

战国时期燕国的太子丹和荆轲,因为太子丹以诚待荆轲,所以荆轲敢于为他去刺杀秦王,荆轲知道刺杀成功也是死,失败也是死,所以在易水送别,留下了千古悲歌《易水歌》:"风萧萧兮易水寒,壮士一去兮不复还!"后来司马迁写

《史记》的时候，专门为荆轲在《刺客列传》中写传，写完以后，司马迁很激动，他自己评论了两句话，"士为知己者用，女为悦己者容。"赞叹二人的倾心之交。

第二，交友以诤。

"直言规劝，止人过失"谓之诤，诤就是直言规劝，停止人的过错，好朋友之间有缺点应该及时地指出，这样的朋友才是诤友。孔子说有三种朋友有益："友直，友谅，友多闻。益矣"。(《论语·季氏》)。"直"代表真诚而正直，就是心里有什么话直接说出来，使你知道我的所思所想。朋友之间的交情是基于酒肉、利害，还是道义，就以此为判断标准。"谅"代表诚信、体谅。"多闻"并不指学历高低，而是指浓厚的求知兴趣。朋友见多识广，能启发我们的观念，开拓我们的视野，孔子说有三种坏朋友是交不得的："友便辟，友善柔，友便佞(nìng)。损矣"(《论语·季氏》)，"便辟"指装腔作势。喜欢装腔作势的人不但好高骛远，并且很重视外表，喜欢摆门面说大话。这样的人与你交往，他看重的可能是你的家世好不好，家里有钱吗？有各种社会资源吗？他选择你做朋友恐怕考虑的是这些，并不是看重你这个人的品德、才能、志趣。"善柔"是指奉承、柔顺、刻意讨好，缺乏正直的精神。这种人善于观察别人的脸色，察言观色之后，选择该说什么样的话，该怎么说话，故意讨好你。"便佞"是口才很好，言过其实，不愿认真求知。听起来好像很有学问，事实上只是道听途说，以耳代目，并无真正见识。这种人正好和"友多闻"相对。

第三，交友以信。

朋友之间应该讲求信用，恪守诺言，这是非常重要的。"一诺千金"，这是《史记》季布中的一句话，季布是个非常讲究信用的人，人们都说"得黄金百斤，也不如得季布一诺"。《论语》中说："与朋友交言而有信。"曾子说："吾日三省吾身。"就是说每天从三个方面来反省我自身。曾子从哪三个方面反省呢？第一，"为人谋而不忠乎"。就是说为人谋事，是不是忠心耿耿。第二，"与朋友交而不信乎"。就是与朋友交往是不是不讲信用了。第三，"传而不习乎"，即学知识是不是反复复习并在适当的时候用来实践。我们可以看出把与朋友交往是不是讲求信用，作为每天从三个方面来自我反省的标准。

第四,平等交友。

清代诗人袁枚的诗《青苔》:"白日不到处,青春恰自来,苔花如米小,也学牡丹开。"意思是在明亮的太阳照不到的地方,青苔的生命照常在萌动着,青苔开的花,特别的小,但是它一点也不自惭形秽,一点也不自暴自弃,而是自豪的、骄傲的,也学牡丹那样盛开。青苔开的花是很不起眼,很不好看的,而牡丹花是非常高贵美丽的。但是从生命本来的意义上说,青苔和牡丹是相等、相同的,它们同样的拥有脚下那属于自己的自由生长的一寸土地,它们也同样的拥有头上那属于自己的自由开放的一片蓝天,它们同样的向大自然释放着自己生命的热情。所以在生命的意义上都是相等,没有高贵低贱之分。人与人之间是平等的,没有必要盲目地去仰视朋友,也没有必要毫无自知之明的俯视朋友。人与人之间要平等和谐,论语:"己所不欲,勿施于人"。平等交友之后,就是要宽容待人。能够容许朋友犯错误和存在小缺点,如果眼里容不得一点灰尘,容不得朋友偶尔的失误,那么你交不到朋友,水至清则无鱼,人至察则无徒。

真诚的友谊可贵之处在一个恒字,要持之以恒。不因为时间和双方身份地位的变化而动摇。"不以盛衰改节,不以存亡易心"(《三国志》)。不因为你现在强盛,我就对你好,你衰败了就不好。你活着我对你好,你去世了就不好。在生死富贵贫贱这种考验下才能体现出友情的珍贵。所以古人把"贫贱之交不相忘,糟糠之妻不下堂"当成高贵的品质,因为在现实中"富易妻,贵易交"的人太多了。庄子说:"君子之交淡如水,小人之交甘如醴(lǐ,)。"淡如水不是水淡而无味,还是如水淡淡不断长流。"小人之交甘若醴"是说像喝醴酒一样,喝起来很甜,喝一点就晕了,利益没了朋友也没了。"为人贵直,为文贵曲",做人曲里拐弯,谁跟你交朋友,你写文章直,一览无余,俗懒寡味没有意思。

中国友道中还有很多好的东西,比如说,"投之以桃,报之以李","滴水之恩,应当涌泉相报","来而不往,非礼也"。唐代的王勃说,"海内存知己,天涯若比邻"。宋代苏东坡说,"但愿人长久,千里共婵娟"。

三、交友的方式

带着礼物去见朋友的记载,最早可以追溯到先秦时期。《仪礼》当中的《士相见礼》提到,士与士初次见面,一定要带着"贽"(zhì),就是见面的礼物。如果主人辞谢,那么客人要说:"不以贽,不敢见尊者。"意思是说,不带着礼物,怎么敢来见自己所尊敬的人呢?《士相见礼》中说,士相见用的礼物是雉(zhì、野鸡),原因是,雉一旦被人包围、无法逃脱时,既不会惧怕人的恐吓,也不吃诱饵,而是迅速自杀,所以人很难抓到活的野鸡,借此表达彼此要用"守节死义"的精神相互砥砺的意思。也有用玉器作为礼物,玉具有许多与君子的道德追求完全吻合的品质,例如,色泽温润而又光洁,很像是"仁";纹理缜密而又坚硬,好比是"智";棱角分明而不伤人,有如"义";玉体悬垂之则下坠,像人的谦卑有礼;玉发出的声音,开始时清扬远播,结束时戛然而止,如同为乐之法;瑕不掩瑜,瑜不掩瑕,有如人的"忠";外表的色彩一览无遗,恰如人的诚信。古代君子喜欢佩玉,不是由于它有商品价值,而是"君子比德于玉"。

我国古代,是没有握手这种礼节的,在人们相互见面时,却有常见的揖礼和拜礼:

揖:拱手行礼,是为揖。这是古代宾主相见的最常见的礼节。揖让之礼分为三种:一专用于没有婚姻关系的异性,行礼时推手微向下;二专用于有婚姻关系的异性,行礼时推手平而致于前;三专用于同性宾客,行礼时推手微向上。

长揖:这是古代不分尊卑的相见礼,拱手高举,自上而下。

拱:古代的一种相见礼,两手在胸前相合表示敬意。一般右手握拳在内,左手在外;若为丧事行拱手礼,则正好相反。一说古人以左为敬,又有人在攻击别人时,通常用右手,所以拱手时,左手在外,以左示人,表示真诚与尊敬。女子行拱手礼时则正好反过来,这是因为男子以左为尊,女子以右为尊。

拜:古代表示恭敬的一种礼节。古之拜,只是拱手弯腰而已,两手在胸前合抱,头向前俯,额触双手,如同揖。后来亦指将屈膝顿首、两手着地或叩头及地称为"拜"。如《鸿门宴》中的"哙拜谢,起,立而饮之",这儿的"拜"应是这种跪拜礼。

拜手:也作"拜首",古代的一种跪拜礼。行礼时,跪下,两手拱合到地,头靠在手上。《周礼》中作"空首"。

再拜:拜两次为再拜,表示礼节之隆重。如"谨使臣良奉白璧一双,再拜献大王足下"(《鸿门宴》)。过去书信末尾也常用"再拜"以表示敬意。

　　顿首:跪而头叩地为顿首。"顿"是稍停的意思。行礼时,头碰地即起,因其头接触地面时间短暂,故称顿首。通常用于下对上及平辈间的敬礼。如官僚间的拜迎、拜送,民间的拜贺、拜望、拜别等。也常用于书信的开头或末尾。如"……丘迟顿首"。

　　稽首:古代的一种跪拜礼。跪而头触地作较长时间停留为稽首。"稽"是停留拖延的意思,行礼时,施礼者屈膝跪地,左手按右手,拱手于地,头也缓缓至于地,手在膝前,头在手后,头在地必须停留一段时间,稽首是最重的礼节,常为臣子拜见君王时所用。

　　宾主见面行过见面礼,便进门到堂屋中去叙谈,进入堂屋后,主人与客人便入席而坐。但在座次,即席位的安排上,颇有讲究,如在室内会客,则以面朝东的座位为尊,尊卑顺序为东向(面朝东)、南向、北向、西向;若于堂中会客,又以面朝南的座位为尊,尊卑顺序为南向、西向、东向、北向。因此帝王于殿堂之上,坐北朝南,意为凌驾于群臣、庶民之上。在中国历史上,文武百官上朝,也曾有"文左武右"的礼制规定,即文官侍立于帝王的左侧,武将侍立于帝王的右侧,也就是文东武西。这是因为帝王们认为,以武打天下,以文治天下。政权建立后,自然以"文治"为重,于是就出现了朝廷上文官位于武将之上的排次。

　　进入他人居室时,由于古人的生活习俗与今天大不相同,所以礼节也不一样。如"入席"的概念,古今的差异很大。古人居室虽有几、案、榻等家具,但在椅子没有出现之前,人们通常是"席地而坐"。室内的地上铺有草编的席,室内的活动就在上面进行,特别是坐和卧,都离不开席。"筵"也是一种坐具,用竹编织成,它铺在"席"的下面,"凡敷席之法,初在地者一重即谓之筵,重在上者即谓之席"(《周礼·春官·司几筵》)。筵、席合用,其实是说地上铺的二重席,筵在下面而已,只不过后来专指酒席而言了。席是坐具,当然不能踩脏,所以古人是不穿着鞋在席上行走的,进屋之前必须先脱去屦(ju,草、麻等制作成的鞋)、屐(ji,木制成的鞋)、鞮(di,皮革制成的鞋)等,然后才能入室上席,也就是"入席"。春秋时期,楚国军队在邲(bi,今河南荥阳北)大败晋军后,楚庄王称霸中原,不可一世,他派申舟为使臣,入聘于齐,自楚国到齐国,中间要经过宋国,按照礼仪制度的规定,"过邦假道"(《仪礼·聘礼》),过他国境土必须要"借路",可是楚庄王却让申舟不要向宋国提出"假道"的请求,径直过境。这种不守礼法的做法立刻引起宋人的不满和愤恨。申舟途经宋境,被宋人截住,认为这是对宋国的挑衅和侮辱,而将申舟处死。消息传到楚国,庄王勃然大怒,甩袖而起,竟没有穿鞋便走了出去。侍从见状忙提着庄王的鞋追赶,直到前庭才追上他。可见楚庄王"入席"之前,也是要脱掉鞋的。古人不仅"入席"不穿鞋,连袜子也不能穿,只能跣(xian,赤脚)足。春秋时,有一次,卫侯(卫国国君)与大夫们饮酒,褚师声子只脱去了鞋,却没有脱袜,就进入席中,卫侯一见,大怒,褚师声子连忙解释,说自己患有脚病,不便脱袜,否则您见到了会恶心呕吐的,卫侯依然十分生气,大夫们都纷纷解释劝说,卫侯仍认为这是绝对不能允许的,直到褚师声子无奈,退席出外,卫侯还叉手骂道"必断其足"。入室跣足在古代一直被认为是对主人极有礼貌的一种举动,随着椅子等家具的出现,人们才逐渐改变了这一礼节。

古人入席之后,对"坐"的姿势也十分讲究,即跪地,两膝着地,臀部落在脚跟上。若两膝着地,臀不沾脚跟,身体挺直,则为跪。如跪而挺身,挺腰,又称为踞(ji,长跪)。如变坐为踞或变跪为踞,则含有起身告辞之意。但如果"箕踞(jī jù)"而坐,则是一种轻视对方、傲慢无礼的举动。所谓箕踞,是指坐时,臀部着地,两腿前伸,身体形似畚箕(ben ji,簸箕)。战国后期,刺客荆轲受燕国太子丹之托,行刺秦王。图穷匕首见,却未刺中秦王,在身负重伤的情况下,荆轲知道此事已不可能成功,他靠着柱子大笑,"箕踞以骂",正是以这种坐相表示对秦王的鄙视,在一般的场合下,尤其是朝廷、官府中,人们很注意坐的姿势与周围环境协调一致,即所谓"坐有坐相"。如处于庄重严肃的环境下,则"正襟危坐"(整理好衣襟,端坐不动);如是比较随和的场所,人们坐的时候,身体可稍稍向后坐;在宴饮时,则尽量把身体往前挪,以利进食方便。

交谈,是宾主相见的核心部分。进入这个阶段,一般来说,宾主首先要互相寒暄,询问对方的健康、生活、工作状况,然后再切入正题。谈论的时候要把握以下两个原则:首先,不要谈论某些不适合私下议论的话题。《礼记》中说"公事不私议",又说"在朝言朝","在官言官",公事应该到办公室去谈。私下议论公事、议论人事关系,既不负责任,又容易形成小团体,所以古人对此非常忌讳。其次,话题应该由主人主导。《礼记》中说:"主人不问,客不先举。"凡是主人还没有提到的话题,客人一般不要主动提起。如果客人始终主导话题,主人处于从属的地位,那也是反客为主的表现,会令主人不快。

主人送客,如果对方是晚辈,那么主人站在门内道别就可以了。如果对方是尊长,那么主人则至少应该送出门。《弟子规》中说:"过犹待,百步余。"意思是说,客人离去了,主人不要马上转身回去,而是应该再目送一阵,大概等到客人走出一百步左右,不再回头的时候,也即"客不顾",主人才能回去。如果客人是乘车离开的,则主人应该等到车开动之后再返回。送别的路程越长,说明彼此的情谊越深。大家都知道《三国演义》里刘备送徐庶的故事,送了一程又一程,最后,彼此道别,刘备依然伫立目送,不料徐庶的身影被一片树林挡住了,刘备下令把树林砍了,既表现了两人之间的深情,又将古人对送客礼仪的重视形容到了极致。

走相(走路时的姿势)也讲礼仪。《尔雅》指出:"室中谓之时,堂上谓之行,堂下谓之步,门外谓之趋,中庭谓之走,大路谓之奔。"意思是说,在室内应类似徘徊般地走动;在堂上走动时,步子应小一些;到了堂下,步子就能迈得大一些了;到了门外,就可以快走了;在宫廷里,地方开阔可以跑;而上了路,速度更可以加快到奔跑。"趋"是快步行走,这在古代是对尊者、长者、贵者、宾客及行朝拜礼时表示敬意的一种走相。孔子有一次受鲁国国君之召接待外宾,领命之后,他神色庄重,拱手弯腰,"趋进,翼如也"。不仅快步行走,其姿势如同张翅的飞鸟。《触龙说赵太后》中记述了发生在春秋后期的一个故事。赵国的太后刚刚执政,就遇到秦国的猛烈进攻,只得向齐国求援。但齐国提出要以赵太后的小儿子长安君作为人质入居齐国,才能出兵救援。赵太后十分疼爱长安君,不愿让他去齐国,没有答应这个条件。大臣们纷纷劝说,都遭到赵太后的断然拒绝。她甚至公开扬言:"有谁再和我提起让长安君做人质的事情,我老太婆一定要吐他一脸唾沫。"左师(官名)触龙决定去说服赵太后,由于他脚有病,走路不便,为了不失礼节,他只得做出快走的样子,却慢慢地向前挪动脚步。见到赵太后,他首先谢罪说:"我因为脚有毛病,所以不能快些走,很久也没有见您了。"后来,经过触龙的再三劝说,终于说服了赵太后,派长安君到齐国做人质,齐国才派军队前来救赵。故事中,触龙见赵太后时的"徐趋",正是他在不能"趋"的情况下,竭力做出有礼貌的样子。

第五节　传统宴饮之礼

一、吃饭请客之谜

"有人说,中国文化是吃饭吃出来的,西方文化是做爱做出来的"(易中天《闲话中国人》),所以中国便有句老话,叫"民以食为天"。就是说,吃饭这事,有天那么大,或者直接的就是天,可惜"天"只有一个,给了"食",就不好再给"色"了,因此不曾听说过"民以色为天"的。民以色为天,举国上下都是"淫夫荡妇",那还了得?再说,"饱暖思淫欲",填饱了肚子才谈得上其他。如果连吃饭都成了问题,哪里还动得了别的心思?

世界上还有比天大的吗?没有。中国人既然以食为天,则"悠悠万事,唯此为大",甚至"普天之下,莫非一吃",难怪中国人要把什么都看成吃,说成吃了,打人家锅碗瓢盆的主意,文雅的说法叫"问鼎"。鼎是什么玩意儿?烧饭锅么!当然,"问鼎中原"的那个"鼎",已不简单的只是一口烧饭锅了,作为政权和权力的象征,它也是一种神器。

的确,中国文化有一种"泛食主义"倾向。

首先,人就是"口",叫人口,人口有时候也叫人丁,或者男人叫丁,女人叫口,但不管女人男人,也都可以叫人口,人既然是口,谋生也就叫"糊口",职业和工作也就是"饭碗",干什么工作,就叫吃什么饭,修鞋补锅是吃手艺饭,说书卖唱是吃开口饭,当教书匠是吃粉笔灰,总之,靠山吃山,靠水吃水。如果自己不谋生,靠积蓄过日子,就叫"吃老本",最让人羡慕的还是"吃皇粮",最让人看不起的则是"食拖鞋饭"。所谓"食拖鞋饭",就是靠与自己有密切关系的女人出卖色相过日子,男子汉大丈夫,原本应该"养家糊口"的,居然堕落到"食拖鞋饭",岂不可耻?

"吃豆腐"是上海话,意思是男人把女人白嫩的肉体当豆腐吃。前者指女人卖弄风情,或者指男人心怀不轨,但语气比调戏妇女略轻,大体上属于性骚扰的擦边球,因此叫"吃豆腐",豆腐白嫩,使人联想到女人的肉体;豆腐又是"素',

的,意思是并无真正的性关系,所以,吃吃豆腐,在许多男人看来也没什么了不起,但如果碰到特别洁身自好的正派女人,也可能让他"吃耳光",甚或让他"吃官司",即便不会"吃官司",一个钉子碰了回来,也是"吃瘪",很没有面子,不体面的还有"饭桶",一个人没什么用,是个"饭桶",诸如此类的说法还有很多,比如思索叫"咀嚼",体验叫"品味",嫉妒叫"吃醋",幸福叫"陶醉",司空见惯叫"家常便饭",轻而易举叫"小菜一碟",学风浮躁叫"浅尝辄止",理解深刻叫"吃透精神",广泛流传叫"脍炙人口",改变处境叫"苦尽甘来",即便什么都没吃到,也是"吃",比如"吃哑巴亏","吃闭门羹"。看来,说中国文化是一种"食的文化",也没什么大错。

事实上吃饭在中国,从来就是头等大事,既是政府的头等大事,也是民众的头等大事,中国人见面的第一句话,往往就是"吃了没有";而中国人每天要做的第一件事,也往往就是吃,或为吃做准备,所谓"开门七件事:柴米油盐酱醋茶",那一件不是吃? 即便在全民生活水平空前提高的今天,党和政府也一再强调"省长要抓米袋子,市长要抓菜篮子";年节时期的食物供应,更从来就是媒体报道的新闻热点。

其实,在中国,吃饭不但是一件重要的事情,也是一项基本的权利。臣民也好,草民也好,都既无思想权言论权,也无隐私权知情权,但都有"吃饭权",这也不奇怪,"民以食为天"嘛!

没有饭吃,不要说做人,便是做鬼也不安生。就算是死刑犯,临刑前也会有一顿饱饭可吃,甚至允许亲属和友人送酒肉到刑场,叫做"不杀饿死之人"(许多英雄好汉便常常利用这个机会劫法场)。在中国人的观念中,"饿鬼"是最悲惨的一种,不让临死之人吃一顿饱饭,简直比杀了他更不人道,有的地方还有这样的民间风俗:每年的"鬼节",即阎王爷放那些无主孤魂出来觅食时,家家户户都要大摆宴席,并在门口摆放食品,供"野鬼"们享用,就因为在中国人眼里,"饿鬼"是很可怜的。

中国的政治问题,首要的就是吃饭问题。

何一个政权,都只有在解决了吃饭问题之后,才能得到人民群众的衷心拥护,由"得人心"而"得天下"。其他问题,倒在其次,于是,吃饭,就是一个政治问题了。

政治即吃饭，这是不少政治家的看法。在中国古代的政治家和思想家们看来，平定天下，治理国家，和宰牲割肉、炒菜做饭是一个道理，老子就说过："治大国者若烹小鲜。"所谓小鲜就是小鱼小虾，烹煎小鱼小虾，当然不能拿一把锅铲，上上下下搅个不停，翻乱一气。治理大国，也应该举重若轻，以静制动，切忌有事没事不停地搞"运动"，瞎折腾，弄得人心离散，民不聊生，一塌糊涂。

政治既然即吃饭，则会不会吃、懂不懂吃、善不善于处理饮食问题，就关系到会不会做人，会不会做官，会不会打仗，甚至能不能得天下。"名相"则多半特别会处理别人的吃饭问题。比如陈平就是，陈平少年时代在家乡是当过"宰"的，所谓"宰"，就是在酬祭社神的庆典中主持分配"胙肉"的人。所谓"胙肉"，就是祭祀用的牲肉，这些肉当然不会被神们吃掉，所以典礼结束后，要再分给大家吃，以便分享神的赐福。

这项工作不好做。倘若分配不均，便会引起纠纷，把好事办成坏事，然而陈平虽然年少，却干得十分出色，"分肉食甚均"，于是父老乡亲们便一齐赞道：陈平这小伙子可真会当咱们社祭的"宰"啊！陈平也大言不惭，说：啊呀！要是让我当天下之"宰"，那么咱们国家也就和这块肉一样啦！后来，陈平果然"宰割天下"，成为西汉的开国元勋和一代贤相，连司马迁也认为，这不能不追溯到他少年时，在砧板上切肉时所立下的志向和所表现的才干。

事实上在中国，搞政治往往就是吃饭，或请客吃饭。至少在餐桌上讨论国家大事，历史就很悠久。比如"周礼"中的"乡饮酒礼"，就是一种酒宴形式的"政治协商会议"，或者说"元老会议"。依此礼，国君、卿大夫、地方官等，应定期（据说三年一届）邀请所谓"贤者"、"能者"、"乡老"、"乡大夫"等社会贤达举行酒会，并在觥筹交错中，就一些大事进行咨询。上古尊老（老人多经验）重贤（贤者多智慧），召开这样的会议并不奇怪，且确有效果。但这种会议非行之于酒会之中不可，并名之曰"乡饮酒礼"，却不能不说是一种"中国特色"。

其实，既然是"民以食为天"，那么，治理国家，也就无妨广义地看作是分配食物，所以陈平分割肉食"甚均"，便证明了他确有能力成为"天下之宰"。所谓分配食物，又包括三个方面。一是数量的多寡，二是品质的优劣，三是饮食的先后。总的原则,是地位越高,就吃得越多、越好、越早;地位越低,就吃得越少、越差、越晚。比如菜盘子(上古时叫"豆"),就不能一样多,天子二十六豆,公十六,侯十二,上大夫八,下大夫六,这就叫"均"。如果你认为"均"是大家都一样,那就大错特错了。

分配食物,也绝非一件容易的事。为了防止忙中出乱、乱中出错,就必须在酒会开始以前,事先安排好"席位"。席位,就是每个人在餐厅里坐的位子。古人席地而坐,所以叫"席位"。"席位"其实也就是"地位",席地而坐之位。所以"席位"要根据"地位"来安排。首脑人物、中心人物、显赫人物的席位设在正中,叫"主席"(主人或主宾之席);其余参加者的席位,又依照一定的等级秩序,分列于两边,叫"列席"。什么人"主席",什么人只能"列席",都有一定之规。这些规矩,就叫"礼"。孔子是礼学家,自然懂得这一套,所以自称通晓"俎豆之事",因为这套规矩原本就是吃饭吃出来的。

除席位外,酒具也是身份地位的象征。所谓酒具,主要是尊与爵。尊是酒罐,爵是酒杯,酒会上,尊放在地位最高者面前,于是由"尊"(酒罐)而"尊"(尊贵),至于爵,当然是人手一只。但爵有质地好坏之分,便用以区分贵贱,比如卿用玉爵,大夫用瑶爵,士和其他低级官吏用散爵,这样,爵与位就一致了,合称"爵位",用以区分贵族的等级,一只酒杯就有这么多的名堂,这么多讲究,那"俎豆之事"岂是小看得的?

中国的事是有些怪。一些事,在办公室、会议厅、谈判桌上讲不成谈不通的,餐桌上却一谈就通,再难办的事,只要到了酒桌上,就好说好商量,正所谓"筷儿尖尖,碟儿圆圆,酒杯一端,政策放宽"。所以,好些个事情,就非得靠请客吃饭去解决不可。

这办法不但小民们要用,有时候皇帝也要用。比如"秦皇汉武、唐宗宋祖"中的宋太祖赵匡胤就用过,赵匡胤这个皇帝,当得有点来路不明,是他手下的将领,趁着七岁的娃娃皇帝周恭帝孤儿寡母地坐不稳江山,一夜工夫拥立起来的。具体做法,则是在他驻兵陈桥时,突然闯进驿馆,把一件事先准备好的黄袍,七手八脚地披在他身上,然后倒身在地,山呼万岁。赵匡胤的皇位既然是这样来的,当然很怕别人故伎重演,便请手下握有兵权的几位大将来吃饭,酒过三巡,赵匡胤端起酒杯,趁着酒色盖脸,对几员大将说:哥几个都是朕信得过的人,就怕你们手下的人,贪图富贵,也把黄袍加在你们身上。这几员大将一听,连忙趴在地上磕头如捣蒜,纷纷请求交出兵权。这在历史上,就叫"杯酒释兵权",一顿饭一杯酒,就解除了权臣的兵权,巩固了自己的政权,这可真是太值了。

"革命不是请客吃饭"这句话,后来就变成了"革命不是请客,就是吃饭"。民谣说:"工作就是开会,管理就是收费,协调就是喝醉"。是啊,不先在酒桌上"勾兑"一番,怎么协调关系呢?

食物是生命之源,因此给人食物,请人吃饭,是一种很重的情谊;而接受他人的食品,则是受了很大的恩惠,必须加以回报,但在通常情况下,这种回报并不困难,你请了我一顿,我还你一席就是,一来一往,两下里也就扯平了。原因就在于不管谁请谁,都好歹在一起吃了饭。一起吃了饭又怎么样呢?就有关系了。我们知道,中国人吃饭,无论家人团聚还是宴请客人,都必定是全体共食:所有的筷子,都伸向同一盘菜;所有的勺子,都伸向同一碗汤,不管上什么菜,至少在理论上人人有份,每个人都可以而且应该吃上一口的。像西方人那样,各点各的菜,各吃各的饭,甚至各付各的账,在中国人看来就简直是莫名其妙。显然,在这里,最重要的是"人人都有份,大家一起吃"。也就是说,中国人真正看重的不是吃,或不仅是吃,而是"一起吃"。或者说,共食。请神吃饭是人神共食,请人吃饭是主客共食,因为是人神共食,所以胙肉只能吃掉不能倒掉;因为是主客共食,所以主人和客人必须吃同一种东西,甚至用同一菜盘、汤盆、饭桶。可以说,共食,才是中国人酷爱请客吃饭的秘密所在。

事实上,请客吃饭的意义也正在于此。所谓兄弟,不就是在一起吃、吃同一种东西吗?那么,如果我们也在一起吃了同一种食物,岂非也是兄弟?所以,无论你我是否同宗,也不论你我是否相识,只要在一起吃了饭,就有了同一生命来源,也就是"哥们"了,即便不是哥们,至少也是熟人。所谓"熟人",也就是经过了烹煮和料理,从而具有"可食性"的人,当然可以"吃",如果是"生人",就"开不得口",相反,如果关系很"熟"(已经过反复多次烹煮),又在饭桌上(正在再次烹煮中),便可以请他帮忙,对方也多半不好意思拒绝,如果拒绝,等于把已然煮熟的东西再回生,岂不"夹生"?在中国,做人切不可"夹生",因为"生"并不要紧,火到猪头烂,"生的"总可以慢慢变成"熟的","夹生"就不好办了,再煮,煮不熟,不煮,又吃不得。算什么东西呢?

这就是请客吃饭的意义了,它不仅是吃喝,而且是共食;共食也不仅是聚餐,而且是同吃;同吃也不仅是同在一起吃或吃同样的食物,更是吃人情,吃血缘,有了人情和血缘,一个又一个群体才得以建立和巩固,个体也才得以生存,显然,中国人喜欢请客吃饭,并不是中国人好吃,而是中国文化的思想内核群体意识所使然。

在传统社会,母子关系其实就是"吃"与"被吃"的关系,虽然粗俗不好听,但是很实在的,说得好听一点,就是生命的赋予与接受,所以,情感最密切的是母子关系,次于母子关系的是什么关系呢?是兄弟,兄弟是我们在社会上处理人际关系的最常规方式,当我们要把非血缘关系转化为血缘关系时,最简单的方式就是称兄道弟。兄弟又是什么关系呢?同吃的关系,是吃同一个娘的奶长大的。比方说,和奶妈儿子的兄弟是奶兄弟,又如,如果获取的是同源的精神食粮,如师出同门,那就是师兄弟。

所以,兄弟的关系其实是同吃的关系,是以母亲为核心的,我们中国人因此有一条很重要的风俗习惯,就是吃年夜饭。一到春节前,我们中国各地的交通都会繁忙起来,不畏千辛万苦,一定要在年三十赶回家,和父母双亲、兄弟姐妹吃一顿年夜饭。这是什么意思呢?重申血缘关系有效。聚在一起吃,表明我们还是亲兄弟,这是非常重要的关系。

比兄弟关系再次一点的是什么呢,是乡情。人生四大幸事,久旱逢甘露,他乡遇故知,洞房花烛夜,金榜题名时。所谓"老乡见老乡,两眼泪汪汪",乡情是什么关系?是喝同一口井或者同一条河的水长大的人。所以,离开家乡就叫"背井离乡"。井是很重要的,井里的水是生命之源,有同一个源头的就是兄弟,是乡亲。因此,在平时生活中,把非血缘关系转化为血缘关系最简单的方法就是请客吃饭,为什么中国的筵席那么多,为什么说"革命不是请客吃饭",就是只有这样才能把非血缘关系转化为血缘关系,因为血缘关系的直接体现就是在一起吃饭,反过来,在一起吃就是兄弟,所以,中国人请客吃饭一定是同吃一道菜,同喝一碗汤,绝对不能像西方人那样分餐。只有礼仪性的请客吃饭才是分餐制,或者纯粹公事公办,不讲人情,才用分餐制,人大、政协开会都吃自助餐。

二、吃饭请客之礼

《礼记·礼运》说:"夫礼之初,始诸饮食",这就是说,最初的礼仪是从饮食开始的,这也符合了"民以食为天"的古训。

1. 座次之礼

在古代中国,是"左"尊还是"右"尊,并不是一成不变的,在不同的时期和时代,存在着不同的规定。周、秦、汉时,我国以"右"为尊。人们的认识世界是从自身开始的,以手作比,右便强于左,右强左弱,古来如此,这是人们最先建立的一种尊卑概念,因而"右尊"成了秦汉以前的主流。司马迁《史记·廉颇蔺相如列传》,蔺相如完璧归赵,在渑池会上立了功,"既罢,归国,以相如功大,拜为上卿,位在廉颇之右",廉颇大动肝火,"不忍为之下"。这是战国时期"右"比"左"大的典型例证。中原各国尚右,荆楚地处边远,文化偏低,礼乐制度往往不受中原约束而独标新异,礼仪尚左,应属例外。

随着古代人知识范围的扩大,我国最古的典籍《周易》和《尚书》中,分别出现了"阴阳"、"五行"的说法,阴阳二字指方位时,左东属阳,右西属阴,阳尊阴卑、左尊右卑,天经地义,所以在西汉时期,指职位时多按传统概念以右为尊,但是到了东汉,职位前的"左""右"却大多只能看到对称义了,这可以说是一个过渡。随着阴阳五行思想的深入普及,魏晋之后,左尊的概念便明显地取代了以往的右尊而成为主流。从东汉至隋唐、两宋,我国又逐渐形成了左尊右卑的制度,这时期,左仆射高于右仆射,左丞相高于右丞相。如唐太宗的两位名相合称"房谋杜断",房玄龄在前而杜如晦在后,房玄龄之尚书左仆射显然尊于杜如晦之尚书右仆射。南宋文天祥被任命为右丞相兼枢密使,都督诸路军马,其地位也次于当时担任左丞相兼枢密使、都督诸路军马的吴坚。

我国少数地区和朝代对左右尊的不同概念,则各有其具体原因。汉时匈奴尚左,是由于左方(东部)水草丰盛,财物富庶,人畜兴旺,所以左衔的常由太子来担任,这里的职位尚左,是由其地理环境决定的,并无接受左东为阳的迹象。蜀汉的尚右,是由于沿袭汉初旧制,以显示自己的正统,而与同时期的魏、吴有别。蒙古族建立元朝后，一改旧制，规定以右为尊，元在统一中国之前，仍是一个停滞在奴隶制阶段的游牧民族，"只识弯弓射大雕"，文化相当落后，"八娼、九儒、十丐"之说，足证其对中原文化的轻视与无知。元代尚右的规定，可以说仍然是基于右手有力的认识，到了朱元璋建立明朝后，又改以左为尊，明、清两代沿用了五百多年至于民国时期。

古代的堂室制度：在古代，贵族不论住的寝也好，还是祭祀用的庙也好，一般都是堂室结构，即这种建筑有堂有室。堂与室同建在一个高出地面的台基上，台基根据主人地位的尊卑，有高低的不同，堂前有两个阶梯，称东阶、西阶，东阶为主人行走之用，所以现在把主人称为"东道主"，而西阶则供宾客行走。要进入堂室必须升阶，这就是古人常说的"升堂"。堂和室上面同为一个房顶所覆盖。堂在前，室在后，堂大于室。堂的靠东边、北、西三面有墙，东墙叫东序，西墙叫西序，南边邻廷（院落）大开，形式仿佛今天的戏台，堂中有两个大明柱（楹）。荆轲刺秦王，秦王绕柱逃避，就是这种堂间大柱。堂上不住人，是贵族们议事、行礼、交际的场所。堂后是室，有户（室门）相通。要进室必须先升堂，要升堂必须登阶而上，所以古人常有"登堂入室"的说法。室为东西长而南北窄的矩形，分寝室和庙室两种。庙室为祭祖之地。堂室之间以墙相隔，室与堂之间还有窗子，叫牖（you）。户偏东，牖偏西，室的北墙上也有一个窗子，叫向。室的两旁若再盖房子，就叫房（近似后代的耳房）。

古人在堂室中进行议事或礼仪活动时，其座次尊卑的排序有两种。

堂上的座次排序：在堂上面南背北之位为最尊，其次为面西背东之位，再次为面东背西之位。我们有戏剧里常常看到这样的场景：国君面南背北地端坐于龙案后，大臣们按尊卑次序出场，面朝北一字排开，遥向君主施礼，之后文东武西侍立两旁。在大臣们北面朝君时，必定是以东为上，即按官位高低从东至西站定。也就是说，右为上位（尊位）。

室内的座次排序：面东背西是最尊之位，即所谓东向坐（在室的西墙前）。其次是面南背北之位（在室的北墙前）。再其次是面北背南之位（在室的南墙前）。最卑之位是面西背东的席位。《史记·项羽本纪》中有关鸿门宴的座次记述，是古人室内礼节性座次的真实写照："项王、项伯东向坐，亚父南向坐，沛公（刘邦)北向坐,张良西向侍。"司马迁之所以不惜笔墨,一一写出每个人的座次,就是通过项羽对座次的安排,突出表现项羽藐视刘邦,以长自居的骄傲心理。

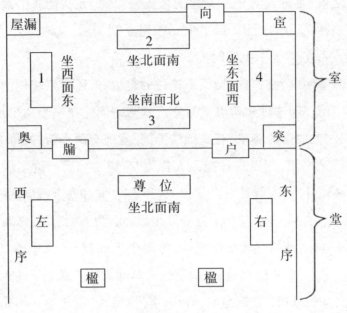

堂室结构图

安排筵席时,肴馔(yáo zhuàn 饭菜)的摆放位置要按规定进行,要遵循一些固定的法则。带骨的菜肴放在左边,切的纯肉放在右边;干的食品菜肴靠着人的左手方,羹汤放在靠右手方。同时,食器饮器的摆放,仆从端菜的姿势,重点菜肴的位置,也都有陈文规定。仆从摆放酒壶酒樽,要将壶嘴面向贵客。

2. 饮酒之礼

我国的酒文化博大精深,《汉书》有曰:"酒为百礼之首。"明宣宗在《酒谕》中亦曰:"非酒无以成礼。"酒不仅是一种刺激性的饮料,而且是一种富有特殊内涵的文化饮品,饮酒既是一种生活饮食行为,又是一种社会性的文化活动。在"无酒不成席"的今天,"座中客常满,杯中酒不空"可谓是宴会、聚餐的真实写照。

古代饮酒礼节,主人和宾客一起饮酒时,要相互跪拜,晚辈在长辈面前饮酒,叫侍饮,通常要先行跪拜礼,然后坐入次席。长辈命晚辈饮酒,晚辈才可举杯,长辈酒杯中的酒尚未饮完,晚辈也不能先饮尽。饮酒约有四步:拜、祭、啐

(cuì)、卒爵。就是先作出拜的动作，表示敬意，接着把酒倒出一点在地上，祭谢大地生养之德；然后尝尝酒味，并加以赞扬令主人高兴；最后仰杯而尽，"卒爵"，也就是"干杯"。而干杯，今人每说先干为敬，但古人却是后干为敬。而宾主之间，则是客客气气，主人敬客人酒叫"酬"，客人回敬主人酒叫"酢"(zuò)；敬酒时总要说句类似祝您长命百寿的敬酒辞，所以敬酒又叫"为寿"。客人之间相互交错敬酒叫"旅酬"，依次斟酒敬酒叫行酒。敬酒时敬人和被敬的，都要避席起立，普通敬酒以"君子饮酒，三杯为度"，即饮第一杯，表情要严肃恭敬，饮第二杯，要显得温文尔雅，饮第三杯，要神情自然，而知道进退。酒过三巡，仍无节制就叫失态。《左传》记载晋灵公赐赵盾饮酒，埋伏甲兵要攻杀赵盾，赵盾的贴身侍卫提弥明察觉阴谋，急忙登阶入堂，说："臣侍君宴，过三爵，非礼也。"于是扶出赵盾逃难。可见三爵是礼，过了三爵，就可以不受礼节约制而纵饮为欢了。

饮酒席间往往有歌舞助兴、投壶游戏和诗词歌赋，这些古礼堪称源远流长，迄今不衰。

就拿歌舞助兴来说，仪礼中，乡饮、乡射、大射、燕礼四篇，都有工歌、笙奏、间歌、合乐、无算乐等节目。也就是说，在礼仪进行饮酒之际，有乐工唱歌、演奏笙曲、唱歌笙曲间隔上场和交响乐大合奏等的演出。无算乐是对无算爵说的，即纵饮为欢之时，音乐也随着尽情地演奏。而宾主筵席，酒酣耳热了，也要继之以舞蹈。像这种歌舞助兴的礼俗，真是一脉相传，当今之世的卡拉OK，岂不犹有古风。

投壶礼：在宴饮开始后，宾主不仅相互敬酒，畅叙友情，席间，主人还要用"投壶"助酒兴。既显示主人的盛情之意，又活跃了席间气氛，使客人感到轻松愉快，同时也使客人能多喝一些酒。"对酒设乐，必雅歌投壶"(《后汉书·蔡遵传》)。投壶，实际是古代的一种游戏，古人把它用到宴饮席间，便成为流行一时的宴会礼仪，并编录在《礼记·投壶》之中。宴会进行之中，主人拿出矢(又称棘，一头尖如刺)，客人中较主人年长或位尊者，接过矢后，可将矢放在席上，取一支投一支；如是年幼或位卑者，则只能将矢抱在怀里，不能放在其他地方。按照"投壶礼"的规定，投壶分轮进行，每一轮每人发给四矢，投壶开始后，宾主轮流把自己的矢投向放置在酒席之中的酒壶壶口，以投矢入壶多者为胜。投壶一般要由大家先共同选定一位裁判——"司射",由他负责确定壶摆放的位置,通常要放在距座席南边二矢半的地方。主宾开始投壶,司射便用"筭"(suan,古代的一种计数用的筹码)来计算每个人投中的数目,每投中一矢,司射就在投中者的面前放上一筭。大家轮流执一矢投壶,之后再执第二矢轮流投壶。待四矢全部投完后,由司射根据每个人得筭多少,确定胜者。然后再向每人发四矢,进行第二轮的投壶。进行三轮的投壶之后,以二胜或三胜者为最终的优胜者,于是输者便要受罚饮酒。举行投壶礼时,没有长幼、尊卑的区分,而投壶的先后也只是按照座位的顺序进行,当然必须依次掷矢。如有不按顺序,抢先投掷者,即使投中,司射也不给筭,甚至还要罚酒。由于投壶是一种十分有趣的游戏活动,既能融洽宾主间的关系,又活跃宴席的气氛,使宾客处于热闹欢快之中,所以深受人们的欢迎,普遍出现在社会各阶层人士的宴会上,一直到唐代仍十分流行。

除了投壶礼,还有一种行酒令的游戏,也用于助兴取乐,活跃气氛。行酒令前,宾主要共同推选一人为令官,其他人都要服从令官的决定,或依令做游戏,或依令作诗词,违者或诗词不佳者,就要受罚饮酒。这种用于宴席上的礼节,自唐朝以后极为流行,尤其在文人中间更喜欢这种文明、高雅的礼仪游戏。当然被推选的酒令官是有一定要求的,他必须先饮酒,以示受众人之命行酒令之职。曹雪芹在《红楼梦》第四十回《史太君两宴大观园,金鸳鸯三宣牙牌令》中写贾母、刘姥姥、史湘云等众人在大观园宴饮时,贾母先笑道:"咱们先吃两杯,今日也行一个令,才有意思。"于是王熙凤便推举鸳鸯行酒令。鸳鸯半推半就,谢了坐,便坐下,也吃了一钟(盅)酒,笑道:"酒令大如军令,不论尊卑,惟我是主,违了我的话,是要受罚的。"随后她便用"骨牌副儿"(用二张或三张骨牌上的色点配成一套,称为一副)作韵,令每个人用诗词歌赋、成语俗话与之合韵。由于有行酒令的游戏,所以在宴饮中也没有高下尊卑的区分,使宾主没有拘谨之感,谈笑风生,气氛活跃、融洽,宾朋也无"客人"之感。主人与宾客的友情也因此更为深厚。

3. 进食之礼

待客宴饮,并不是等仆从将酒肴摆满就完事了,主人还有一个很重要的事情要做,要作引导,要作陪伴,主客必须共餐。侍食年长位尊的人,少者还得记住要先吃几口饭,谓之"尝饭",虽先尝食,却又不得自己先吃饱完事,必得等尊长者吃饱后才能放下碗筷。

进食,按《礼记·曲礼》所述,先秦时已有了非常严格的要求,"虚坐尽后,食坐尽前。"在一般情况下,要坐得比尊者长者靠后一些,以示谦恭;"食坐尽前",是指进食时要尽量坐得靠前一些,靠近摆放馔品的食案,以免不慎掉落的食物弄脏了座席。"食至起,上客起,让食不唾。"宴饮开始,馔品端上来时,作客人的要起立;在有贵客到来时,其他客人都要起立,以示恭敬。主人让食,要热情取用,不可置之不理。"客若降等,执食兴辞。主人兴辞于客,然后客坐。"如果来宾地位低于主人,必须双手端起食物面向主人道身,等主人寒暄完毕之后,客人方可入席落座。"主人延客祭,祭食,祭所先进,肴之序,遍祭之。"进食之前,等馔品摆好之后,主人引导客人行祭。食祭于案,酒祭于地,先吃什么就先用什么行祭,按进食的顺序遍祭。"三饭,主人延客食胾,然后辨肴,客不虚口。"

宴饮将近结束,主人不能先吃完而撤下客人,要等客人食毕才停止进食。如果主人进食未毕,"客不虚口",虚口指以酒浆荡口,使清洁安食。主人尚在进食而客自虚口,便是不恭。

"卒食,客自前跪,彻饭齐以授相者。主人兴辞于客,然后客坐。"宴饮完毕,客人自己须跪立在食案前,整理好自己所和的餐具及剩下的食物,交给主人的仆从。待主人说不必客人亲自动手,客人才住手,复又坐下。还有诸多规定如:"共食不饱。"同别人一起进食,不能吃得过饱,要注意谦让。"共饭不泽手。"当指同器食饭,不可用手,食饭本来一般用匙。"毋抟(tuán 把东西揉弄成球形。)饭。"吃饭时不可抟饭成大团,大口大口地吃,这样有争饱之嫌。"毋放饭。"这是说用手从食器中取饭,即使捏得多了或沾在手上,也不能再将剩余的饭放回原食器中,以免别人嫌脏。"毋流歠(chuò)。"不要长饮大嚼,让人觉得是想快吃多吃,好像没够似的。"毋咤(zha)食",即吃东西时舌头和嘴不要弄出声音,口舌作声是嫌主人食品不好的一种表示。"毋啮(niè)骨。"不要专意去啃骨头,这样容易发出不中听的声响,使人有不雅不敬的感觉。"毋反鱼肉。"自己吃过的鱼肉,不要再放回去,应当接着吃完。"毋投与狗骨。"客人自己不要啃骨头,也不能把骨头扔给狗去啃。"毋固获。"不要喜欢吃某一味肴馔便独取那一味,或者争着去吃,有贪吃之嫌。"毋扬饭。"不要为了能吃得快些,就用食具扬起饭粒以散去热气。"当食不叹。"吃饭时不要唉声叹气.

当代的老少中国人,自觉不自觉地,都多多少少承继了古代食礼的传统。我们现代的不少餐桌礼仪习惯,都可以说是植根于《礼记》的,是植根于我们古老饮食传统的。

第六节 传统书信之礼

书信文化是我国传统文化中具有几千年文化底蕴的一颗璀璨明珠,是传情达意、沟通情感的重要载体和有效途径。千百年来,人类品格与情感的至真至美在诸多不朽的书信中熠熠生辉,字里行间,揖让进退之态不仅依然可见,而且显得更为温文尔雅,彬彬有礼。

一、书信格式

我国的书信文化经过历代的传承和发展,大体形成了为社会广泛认同的书信格式,一封通常意义上的书信,至少要包含以下几个部分:称谓语、正文、结语,署名,启禀词,日期及氛围等。由于收信人年龄、身份的不同,写信时所使用的称谓语、提称语、思慕语、祝愿语等也都有相应的区别,弄错了就会贻笑大方,就是失礼。这套语言相当复杂,本文只能略述其梗概。

二、敬称

中国号称为礼仪之邦、君子之国,即使是在唇枪舌剑的论战中,也同样讲究语言美。《礼记·仪礼》道:"言语之美,穆穆皇皇。穆穆者:敬之和;皇皇者:正而美。"就是说,对人说话要尊敬、和气,谈吐文雅。现在我们称呼对方的代词只有"你"和"您",而古代,虽然有"汝,尔,若,而,乃"等好几个称法,但是他们无论对长辈、平辈说话时,从来不用这些词,认为如此称呼不礼貌。古人有多种多样表示尊敬的方法,大概有如下数种。

将古代爵称等转换成敬称。例如"君",原指天子或者君王,后来,"君"转化为比较宽泛的敬称:称父亲为家君,称已故的祖先为先君,妻子称丈夫为夫君等等。也可以用作对他人的尊称,时至今日,君作为尊称的用法在日常用语中依然保留着。敬称多带有敬重、敬仰、颂扬的感情色彩。古人常把品格高尚、智慧超群的人才称为"圣",如孔子被称为孔圣人,孟子被称为亚圣(意指仅次于圣人的人)。到后来又专门用于帝王,称皇帝为圣上、圣驾,甚至与他相关的事物都被冠以"圣"字,如皇帝的谕旨又称为圣旨、圣谕。皇帝还有一个特定的称谓,即"万岁",然而"万岁"一词原是古人饮酒庆贺及祝寿的欢呼语,带有浓厚的祝愿之意,而且不分上下贵贱,均可使用,但有了皇帝以后,群臣多于朝廷中欢呼"万岁",以示对他的祝愿,于是这个词逐渐演变为对皇帝的一种敬称,而其他人则不能再使用了。皇帝既然是"万岁",那么皇帝所封的诸王则被人们敬称为"千岁"。在皇帝专用的敬称中,还有一个"驾"字,驾,本是指皇帝的乘舆(载人的车),古人认为,天子应以四海为家,不以宫室为固定的居所,应该乘车巡行天下,因此"驾"字便被借用来尊称帝王,如圣驾、尊驾;就是皇帝死去,也要叫晏驾、驾崩。

　　在中国历史上诸多的敬称词中,陛下、殿下、阁下、麾下、足下等词是使用最为普遍的。陛,原指宫殿的台阶,是进入廷殿的必经之路。皇帝每次升殿(进入大殿),必定要派可靠的大臣手持兵器站在陛的旁边,以防发生意外。"陛下"的原意是指站于陛下,进而又以地位低卑转指帝王的高尊,成为对帝王的敬称。"殿下"与"陛下"一样,也是因在殿堂接见群臣而得此称,但"殿下"通常是用于敬称皇太子和诸王,有些朝代也用"殿下"敬称皇太后、皇后,三国两晋南北朝时期也曾一度用来称谓过皇帝。"阁下"一词,是对有一定社会地位的人的一种敬称。阁是中国古代的一种建筑,有阁的人家无疑是王公贵族、达官贵人,这些权贵手下的属官、属吏便以自身之卑,反过来敬称阁中之人为"阁下"。不过"阁下"称谓的使用范围比较宽,也没有严格的限制,除去有社会地位的人之外,一般在表示对对方尊敬之意时,都可以使用这个敬称。随着历史的发展,"陛下"、"阁下"二个敬称词在使用上约定俗成,逐渐规范化。凡敬称帝王君主时用"陛下",而敬称行政长官时,用"阁下"。麾,是古代用于指挥军队的旗帜,以此象征或代表主将、主帅。"麾下",则是部下、部属对主将、主帅的一种敬称。"足下"一词,最初可用于上下、同辈之间的敬称,后来一般只用于同辈之间。

　　称呼对方配偶也有相似的做法。古代天子的妃子称"后"，诸侯的配偶称"夫人"，大夫的配偶称"孺人"，士的配偶称"妇人"，庶人的配偶称"妻"。时下，人们常常把对方的配偶称为"夫人"，也是从古代沿袭而来的敬称。此外，"公子"，原本指诸侯的庶子，后也用于尊称对方的儿子，而将对方的女儿称为"女公子"。

　　在称呼对方亲属时，则使用令、尊、贤等敬重之称。令，有善美之意，在使用时，不受辈分、年龄的限制，可通用于对方的亲属。如称呼对方的父母时，可称作令尊、令翁、令公和令母、令堂、令慈；称对方的妻子为令妻、令正；称对方的儿子为令子、令郎，女儿为令爱、令嫒；称对方的女婿为令婿、令坦；还有令兄、令弟、令姊(姐)、令妹等。"尊"和"贤"，在用于对方亲属的称谓时，则要严格加以区别。"凡与人言，称彼祖父母、世父母、父母及长姑，皆加尊字；自叔父母已下，则加贤字。"(《颜氏家训·风操》)也就是说，"尊"字用于对方叔父以上的人，可称对方的祖父为尊祖，父亲为尊父、尊翁、尊大人、尊公、尊大君，母亲为尊堂、尊上、尊夫人；称对方叔父以下的亲属为贤叔、贤兄、贤弟、贤姊(姐)、贤妹、贤侄、贤友、贤侄、贤婿等；称对方的妻子则为贤阁、贤内助等。尊，有时也用于称呼与对方有关的事物，这与"贵"字的用法一样，同属于一种敬称，如尊姓、贵姓、尊府、贵府、贵体、贵乡等。

　　旧式书信还往往用"台"字来表示尊敬，如台启、台端、台甫、台安等。书信中的台，是三台的简称，三台是天上的三颗星，古人用来指三公，故也用来当作尊称。古代台与臺是两个字，后来将臺简化成台，致使许多人误以为是一个字，其实不然。所以，给港台等通行繁体字的地区的友人写信，千万不能将台甫写成臺甫，那样就会贻笑大方。

　　三、谦称

　　"朕"在中国封建社会时期，是皇帝的专用自称词。但在秦朝建立前，使用"朕"字并不表示至高无上的地位和显赫尊贵的身份，屈原的《离骚》中便有"帝高阳之苗裔兮，朕皇考曰伯庸"这样的词句，朕在此仅是一个自称词，"朕，身也"(《尔雅·释诂》)，只是在秦始皇统一六国之后，以皇帝自居，遂将"朕"作为自己的专用代称，才使之成为显示皇帝权势的标志。尽管如此，古代的帝王们在自称上仍不乏谦逊之词,即使是在与臣下的谈话中,经常使用"孤"、"寡"之类的谦称。孤,又称"孤家";寡,也称"寡人"。孤家、寡人二词都带有缺少德行之意,即指自己为少德之人。"不谷"也是帝王君主常用的一个自谦辞。谷,作为一种粮食作物,用于养人,而引申为善的意思。不谷,则是喻指自己不能像谷一样,供养人们,再引申则是说自己是不高明的人,或不能以德待人。

使用谦称来称呼自己,实际表现了说话者的谦逊和修养,也是对对方的尊敬。而出言不逊,大言不惭,则被视为无礼、轻浮,缺乏修养。古人常用的谦称词有:愚、鄙、敝、卑、窃、仆等。这些词都含有愚笨、涉世不深、阅历较浅、无知的意思。使用这些词时,当然并非自己真的无知,而是以说话者的自谦来提高对方的身份。如自称为愚兄、鄙人、敝人、卑人等;发表自己的观点时,称愚意、愚见、鄙意、鄙见等。窃和仆还有一层表示自己地位卑微的意思。窃,有私下、私自之意,使用它一般常带有冒失、唐突的含义,如窃闻、窃见、窃笑等;仆,又有仆从、仆人之意,使用时多含有愿为对方效力、服务之意。读书人或文人自谦时,除使用小生、晚学、晚生等词以表示自己是新学后进之辈外,也常用不才、不佞、不肖等词来谦指自己没有才能或才识平庸。官吏一般多自谦称作下官、小官、末官、小吏等。古人座席,尊长在上,晚辈或地位稍低者就自称"在下",而有一定身份的人则自谦"小可",意思是不足挂齿。老人自谦时,常使用老朽、老夫、老汉等词,以表示自己已进入暮年,衰老无用。此外还常使用老拙一词,更带有年迈、笨拙之意。

古人每每用"臣妾"作为谦称。古代有"男曰臣,女曰妾"之语,"臣妾"的本义,犹后世言奴才。司马迁在他的《报任安书》中自称"仆"、"牛马走"。仆也是奴仆的意思,日本人至今还以"仆"作为第一人称的谦称。"牛马走"意思是像牛马一样供驱使奔走的人。与此相类似的用法,是谦称自己的儿子为"犬子"、"贱息"等。

对自己的父母固然要敬重,但在与他人提及自己的家人时,就不能用敬称,而要用谦称,一般是在称谓之前加一"家"字,如称自己的父亲为"家父",或者"家君"、"家严";称自己的母亲为"家母",或者"家慈"。如果父母已经去世,则对人要称"先父"、"先大人"、"先母"。同样,对他人称呼自家的其他亲戚,也都要加一"家"字,如"家伯"、"家伯母"、"家叔"、"家叔母"、"家兄"、"家嫂";对比自己年龄小的,则可以称"舍弟"、"舍妹"等。自称或者用"愚"字,如愚弟。

对他人称呼自己的妻子,一定要用谦称,如"内人"、"内子"、"拙荆";或者用平称 "爱人"、"太太"。常常听到有人向对方介绍自己的妻子时说:"这是我夫人",这是非常失礼的说法,如前所说,诸侯的原配才能称为"夫人"。普通人相交,称对方配偶为夫人,略有恭维的意思。称自己的配偶为夫人,就显得自大,或者是无知。

四、正文

书信的内容各不相同,写法上也无须一律,以表情达意准确为原则。一般说来,应先谈谈有关对方的事情,表示关切、重视或谢意、敬意,然后再谈自己的事情。

正文写好后,如发现内容有遗漏,可补充写在结尾后面,或写在信右下方空白处,并在附言之前加上"另"、"又"等字样,或在附言的后面写上"又及"或"再启"字样。

五、结语

结语,即信文的结束语,理应属正文的一部分。但与"启辞"相仿,旧式书信中也形成了一系列常用结语套辞,现时各界文化人士的书简中,仍频见使用:

书短意长,不一一细说;恕不一一;不宣;不悉;不具;不备;不赘;书不尽意;不尽欲言;临颖不尽;余客后叙;余容续陈;客后更谭。

六、署名

署名,就是在正文结尾的右下方签署写信人姓名。如果是写给熟识的亲属友人的,可只写名字,不必写姓;或在名字前面,加上自己的称呼,如:弟、侄、晚等。称呼与名字之间,可略空半字地位,或者将称呼用小字写在名字的左上方。

七、启禀词

署名的后面,可加写启禀词,禀词是向上书面或口头陈述的言词,常用启禀词如下:

对尊长:叩　叩上　叩禀　敬禀

对平辈:上　敬上　谨启　鞠启　顿首　亲笔　手肃

对晚辈:字 示 白 谕 手白 手谕

八、日期及氛围等

在署名或启禀词后面,写上撰信的年月日,也可把日期写在下一行署名的右下方。另外,还可以在日期之后,写上撰信时的处所、氛围、心境等,如"舟中"、"灯下"、"万籁俱寂"之类。

九、附候或致意

如写信人的家属、近处朋友也和收信人熟悉,署名后一行或加上这些人的附候,如"某人嘱笔问候"。如应向收信人的家属、近邻亲友问候的,可加上"请向某某致意",倘是长辈,可作"请在某某前四名问安"之类。

第六章　传统人生礼

第一节　诞辰礼

儒家宣扬"不孝有三,无后为大","五世同堂,家大业大",所以必然提倡早婚,从而出现"早生儿子早得济"的说法和影响。从古到今,生儿育女一直是人们最关心最重视的人生大事。诞辰礼是中国传统的礼俗之一,由几种礼仪组成,婴儿诞生,有诞生礼;三日后,有三朝礼;出生一月,为满月礼;出生百天,行百日礼;一周岁时,行周岁礼。这样,对一个新生命的迎接过程,才算完成了。

一、诞生礼

1. 男弄璋、女弄瓦

《诗经·小雅·斯干》曰:"乃生男子,载寝之床。载衣之裳,载弄之璋。""乃生女子,载寝之地。载衣之裼,载弄之瓦。"意思是说,如果生了男孩,就让他睡在床上,给他穿华美的衣服,给他玩璋,璋即圭璋,是一种宝玉,为春秋时大臣朝见王侯时所执,使男婴弄璋,是希望他长大后做官,所以生男孩叫"弄璋之喜";如果生的是女孩,就让她睡在地上,把她包在襁褓里,给她纺织的纺锤玩,叫瓦,让女婴弄瓦,有从小就培养她勤于纺织的寓意。所以生女孩也叫"弄瓦之喜"。

2. 男悬弓、女悬帨(帨 shuì)

"子生。男子设弧于门左,女子设帨于门右。"(《礼记·内则》)若生的是男孩,则在侧室门左悬弓一副;若是女孩,则在侧室门右悬帨。帨,是女子所用的佩巾。女子出嫁,母亲也要亲自为女儿系结佩巾。显然,弓与帨,具有鲜明的性别特征。同时悬弓、悬帨具有报喜和防止不知情者贸然闯入的作用。

3. 报喜

一般是由丈夫赴岳父母家、父母家通报喜讯。宜先岳父母,再父母。应穿庄重的汉服礼服。到达后,先通报母子平安,再向岳父母(父母)行正式拜礼三次,所持喜物主要有红鸡蛋等。

相传三国时,东吴都督周瑜想用假招亲、真扣留的计策擒拿刘备,索还荆州,诸葛亮识破此计,命赵云带上大量染红的鸡蛋,护送刘备去江东成亲,娶亲的人到了东吴,逢人便送红喜蛋,消息一传十、十传百,传进深宫,吴国太大喜,命孙权立即为刘备和孙尚香举办婚礼。孙权无奈,只得假戏真做,于是就有了"赔了夫人又折兵"的结局。从此,江南添了个习俗,结婚时家家都要向客人送红喜蛋,象征着"喜庆圆满",人人都可以向主家讨红喜蛋,象征着"沾喜气"。后来,结婚送红喜蛋的习俗从江浙传到全国各地,又因"蛋"与"诞"谐音,象征着新生与希望,生小孩时也用送红喜的方式向亲友"报喜"。如今,红喜蛋不仅成为结婚、添子、祝寿等喜事的标志,就有了"有喜事吃喜蛋的习俗",又因喜蛋与喜气相连,当人们身体欠佳、心情不好时,也喜欢食红喜蛋来讨个好彩头,红喜蛋成为休闲、旅游时极具浓郁传统特色的开心美食,就又有了"吃喜蛋,有喜事"的说法。

二、三朝礼

是孩子出生三日后举行的礼仪,主要风俗有:

1. 射天地四方

"故男子生,桑弧蓬矢,以射天地四方。天地四方者,男子之所有事也。故必先有志于其所有事,然后敢用谷也,饭食之谓也。"(《礼记·射义》)男孩出生三天以后,父母抱其出外,用弓箭射天地四方。很明显,这是期待男孩长大后志向高远。对女孩子,则不行此礼。

2. 接子

婴儿出生三天后可以抱出来,俗称"接子",俗规,接子要选择三天内的吉日,天子的太子要太牢(即三牲皆备)行礼,大夫的长子用少牢,士人的长子用一猪。

3. 洗三

又叫"洗三朝"、"洗儿"等。据记载,洗三朝在唐代即已出现,宋代已很流行。这是婴儿出生三日后举行的洗浴仪式。各地做法不尽相同,但基本过程大同小异:用艾熬水,给小孩洗澡。前来祝贺的亲友拿银钱、喜果之类的东西,往洗澡盆里搁,叫作"添盆"。洗婆根据亲友所投物品不同,口念不同的吉祥话。如,"洗洗头,做王侯;洗洗腰,一辈倒比一辈高;洗脸蛋,做知县;洗腚沟,做知州"等等。洗完后,有的还用葱在孩子身上拍打三下,取聪(葱)明伶俐之意。洗三时,亲朋好友纷纷以红包贺礼,主人则以糕点等款待,并留亲友吃"洗三面"。

洗后,还有一项重要仪式,称为:"落脐炙(zhì)囟"。即去掉新生儿的脐带残余,并敷以明矾,熏炙婴儿的囟顶,表示新生儿就此脱离了孕期,正式进入婴儿阶段。

4. 开奶

这天产妇开始给新生儿喂奶。为了使婴儿将来能吃苦,喂奶前在奶头上先洒几点黄连水,抹在婴儿嘴上,边抹边说"三朝吃的黄连苦,来日天天吃蜜糖,"而后将糖等汁水用手指抹在婴儿嘴上,让婴儿吃奶。

婴儿品尝的第一口乳奶,不是自己母亲的,而是向别家的妇女讨来的,叫"开喉奶"。讨开喉奶还有讲究,生男要讨生女妇女的奶,生女则讨生男妇女的奶,还必须是别姓的,表示将来容易找到配偶。

然后,就是吃母亲的奶。母亲把奶水挤在汤匙里,再找些上好陈年香墨汁,在奶水里滴上两三滴,给婴儿喂下去,希望孩子长大后有文才。为什么要喝黑墨水呢?据说从前有个皇帝,规定在科举考试时,对一些考得特别差的考生要罚喝黑墨水。后来民间趁孩子刚出生时,就给他喝点黑墨水,希望孩子长大后聪明成才,才逐渐形成了"喝黑墨水"的习俗。

三、满月礼

又叫弥月礼,小孩出生满一月举行。

1. 满月酒

民间普遍流行的满月礼风俗。此日,亲朋好友带礼物来道贺,主人设丰盛宴席款待,称为"满月酒"。

2. 剃胎

满月时,为小孩第一次剪理头发,称为剃胎发。一般是请理发匠上门,理完后给赏钱。

3. 移窠(又叫"挪臊窝")

挪臊窝又叫"挪尿窝",是指产妇在生下小孩满月后,要带着孩子回娘家住满十天。因为产妇在月子期间有很多禁忌,生活非常谨慎,比如不能洗澡、不能洗头甚至不能刷牙,以免着凉生病,落下病根,年老的时候遭罪。往往一个月忍下来,产妇身上难免酸臭,"挪臊窝"就是要给产妇换一个环境,让她出去透透气,呼吸一下新鲜空气。

首先,民间流传着"舅妈接,外婆送,一辈子不生病"的谚语,意思是说,小孩"挪臊窝",必须是小孩的舅妈亲自去接,回来的时候必须由外婆亲自送回来,这样才符合民间习俗。其次,民间还流传着"黑狗去,白狗回"的民谣。出发前,家人要在小孩的眉心处用笔涂上一道黑色的印记,寓意"黑狗"。回来时,要在小孩的眉心处涂抹上一道白色的印记,寓意"白狗"。寓意去时黑瘦来时变白了,

"白狗"和"黑狗"是"挪臊窝"的标志,如果有人看到襁褓中小孩的额头点了"白狗"或"黑狗",就知道孩子在"挪臊窝"。一般情况下,产妇和小孩必须要在小孩外婆家住满十天,第十天方可回来。回来的时候,小孩的外婆要去街上买上三盘线,分别为一盘白线、一盘红线和一盘黑线,三盘线谓之长命线,皆挂于小孩胸前,寄托着外婆的祝福,寓意小孩一辈子都平平安安,健健康康,无病无灾。完成这一切后,孩子才能回家,到家后,家人方可取下三盘线。

"挪臊窝"这一习俗起源于何时,现在已无从考证,但千百年来,这一习俗都被人们一代代传承着。从医学的角度看,"挪臊窝"有助于产妇的身心健康,对小孩成长也是极为有利的,此外,这一习俗也包含着长辈对子女的深情祝福和浓浓爱意。

四、百日礼

小孩子在出生后的第一百天,要过"百日礼"。百日礼又叫百岁。

穿"百家衣",锁"百家锁",吃"百家饭"。"百家衣"是用各种颜色的布料缝纫而成。一般以"紫"色为好,因"紫"与"子"同音,有对生子之家再生贵子、多子多福的祈祝之意。"百家锁"多用金银制作,两面镌字,一面为"百家宝锁",一面为"长命富贵"。吃"百家饭"就是要做九十九个小动物面塑,以寓意为小孩子会长

命百岁。这些面塑通常做得都很小,以方便分给亲戚朋友、四邻及来串门的人们吃。同时,以十二属相的动物为基准,做几个大一点的动物面食,留在中午的宴会上给客人们吃。

五、周岁礼

周岁礼最普遍的风俗就是"抓周"了,抓周,又叫"试儿","抓周儿"的仪式一般都在吃中午那顿"长寿面"之前进行。讲究一些的富户都要在床(炕)前陈设大案,上摆:印章、儒、释、道三教的经书,笔、墨、纸、砚、算盘、钱币、账册、首饰、花朵、胭脂、吃食、玩具,如是女孩"抓周儿"还要加摆铲子、勺子(炊具)、剪子、尺子(缝纫用具)、绣线、花样子(刺绣用具)等等。一般人家,限于经济条件,多予简化,仅用一铜茶盘,内放私塾启蒙课本《三字经》或《千字文》一本,毛笔一枝、算盘一个、烧饼油果一套。女孩加摆:铲子、剪子、尺子各一把。由大人将小孩抱来,令其端坐,不予任何诱导,任其挑选,视其先抓何物,后抓何物。以此来测卜其志趣、前途和将要从事的职业。如果小孩先抓了印章,则谓长大以后,必乘天恩祖德,官运亨通;如果先抓了文具,则谓长大以后好学,必有一笔锦绣文章,终能三元及第;如是小孩先抓算盘,则谓将来长大善于理财,必成陶朱事业。如是女孩先抓剪、尺之类的缝纫用具或铲子、勺子之类的炊事用具,则谓长大善于料理家务。反之,小孩先抓了吃食、玩具,也不能当场就斥之为"好吃"、"贪玩",也要被说成"孩子长大之后,必有口道福儿,善于'及时行乐'"。总之,长辈们对小孩的前途寄予厚望,在一周岁之际,对小孩祝愿一番而已。

通过小孩抓周儿,在客观上检验了生母、看妈、奶妈对小孩是如何带领的,是如何进行启蒙教育的。因此,有些家长并不迷信,但仍主张让小孩抓周儿,也是这一风俗得以持久在民间流传的原因之一。

六、回族的诞辰礼

回族把出生视为一种大礼,保留着许多传统的风俗习惯。在孕育期,通常称妇女有孕为"有喜"。询问时,一般只说有喜了吗?而不能问你怀孕了吗?妇女在孕育期还有许多避讳和禁忌。如不送亲,不参加婚礼,不见已故的人,不送葬,若在途中遇见送亲、送葬的,要尽快避开,不能迎面而行。在饮食上也有一些戒律,尤其注意的是不让孕妇吃兔子肉,据说吃了兔子肉,生下的小孩嘴和兔子嘴一样是豁的,也不允许孕妇平时随意讥笑别人的小孩,更不能笑有生理缺陷的小孩。临产时,孕妇要洗大净,尽快住进产房,这叫"占房"。婴儿诞生时,产房除了接生婆外,一般连自己的丈夫也不得随意入内,门帘上要挂一个红绸或红布条条,提醒外人免进(在医院生小孩除外)。婴儿哇哇降生后,若是男孩,则在家庭或亲属、近邻中,选择一个聪明、诚实、勇敢的人首先踏进产房;如是女孩,要选择一个温柔、善良、勤快的人首先踏进产房,这叫"踩生"。回族认为,孩子出生后,谁先进入产房,孩子的气质、性质就像谁。这是回族人民一种美好的祝愿和希冀。

接生婆接完小孩以后,主人要给她散五至十元的乜(miē)贴,有的还给实一件衣服。有的月婆子在坐月子期间缺奶,就让家里人拿一个小碗收吃七家面,这叫"修渠引水"。

孩子满月后,还要举行满月礼,也叫贺满月,这天,要请剃头师理齐孩子头发,并根据头发的重量,相应地向贫穷人施散一部分钱财和物品。同时,将剃下的小孩头发,丸成一个小球,用线和纱布网住,连在小孩的枕头上,意为壮胆、吉利,健康成长。

第二节 成人礼

古时成人礼指冠礼和笄礼, 这个传统从西周一直延续到明朝。男子满 20 岁时行冠礼,即加冠,表示其已成人,被族群承认,之后可以娶妻。女子则是在满 15 岁后行笄礼,及笄之后可以嫁人。

古人认为,人来到世间,生于天地,得之父母,那么到死还要全部还给天地,交给父母在天之灵。头发是父母给的,所以人们一生都倍加珍惜。古代民间戏剧《铡美案》中秦香莲变卖青丝一绺,埋葬公婆,京城寻夫,被人们传为佳话。那是因为秦香莲的确付出了很大的代价,即用父母所给的头发来为公婆尽孝。小说《三国演义》中,曹操行军时新定律法,而自己马踏麦田,按他自己发布的律令当斩。部下苦劝,曹操斩发代首,看似虚伪,实际上在古代也算是很重的处罚了。古人终生是蓄发的,如果谁被剃去头发,那便犯了罪。古人认为,只要把冠礼办得隆重、适当,也就是抓住了"君臣正,父子亲,长幼和,而后礼义成"这个治国的根本。古人把冠礼和修身、治国、平天下联系在一起,所以才如此重视冠礼。自宋代以来,仪式简易,不宴请宾客,仅在本家或自家范围内进行,冠礼到清代被废止。

一、冠礼的过程

古代的冠礼,是以家庭为单位各自完成的。首先,要通过占卜,郑重其事地挑选举行冠礼的好日子,希望孩子有一个好的开始,一生都好。《礼记·冠义》云:"古者冠礼筮日、筮宾,所以敬冠事,敬冠事,所以重礼,重礼,所以为国本也。"主人(冠者之父)请筮人(官名,掌卜筮的人,司占卦的人)在庙门前占筮,筮人通过蓍草茎占筮来决定行冠礼的日期,这叫"筮日"。确定举行冠礼的日期后,冠者之父或兄到宾家(主人的僚友)邀请并告知行冠礼的日期,称为"戒宾"或"筮宾"。最后主人再用同样的礼仪为主宾选择一位助手,即帮助主宾行冠礼的人,称为"赞冠者"。加冠地点选在祖庙。这一切都表明冠礼是一项极为隆重的仪式活动。

冠礼之日的清晨,家里要开始做各种准备。冠礼用的三个帽子——缁布冠、皮弁、爵弁,分别放在三个竹编的盘里,由三位执事者分别捧着,从台阶上往下依次站着。与冠礼相配的三套成年人穿的衣服,在东房里顺序摆着。冠者一副儿童的打扮,穿着彩色的服装,头发梳着发髻,站在东房等待典礼的开始。

冠礼的主要部分,主要是三"加冠"、三"易服"和三"祝辞"。嘉宾请冠者过来、坐下,然后由助手把他的儿童发型弄散,按照成人的发型重新梳理,挽成发髻,用帛包好,再插上簪子。给冠者束发是加冠前的重要步骤。"冠"的本意就是把头发盘到头顶上,先从根部束住,盘成髻,然后加冠以固定,这也叫"束发",含有"约束"之意。清代以前我们的民族是留全发的,不剪头发的,或者剪一次,即小孩生下来的时候把胎毛剃掉,头发慢慢长长,最早的时候长到齐眉毛,往两边分,这个时候的孩子叫"两毛",也叫"童毛"。长成大孩子时头发更长了,往两边梳,男孩把头发盘成兽角状,叫"总角",所以男孩的儿童童年时代叫总角之时;女孩也是往两边盘成树丫状,叫"丫头",所以丫头指小女孩,也指地位低的女孩。发式的改变象征冠者的身份发生改变的同时,也象征已为成人的冠者从此之后要接受社会道德律令的规范和约束，不能再像童年那样自由散漫。

嘉宾亲自取来缁布冠，为他戴上。缁布冠实际上只是一块黑布。在远古时代，先民没有帽子，就用一块白色的麻布戴在头上，到祭祀时就把它染成黑色。到了周代，这种冠已经不用了，但为了教育孩子不要忘掉祖先创业的艰辛，在冠礼上还要用到它。嘉宾给冠者戴上缁布冠之后，要发表训诫之词，大意是说："孩子，今天是一个非常好的日子，你从此成年了，要抛弃儿时游戏之志，做一名有道德、对家庭和社会有责任心的好男子。"然后把冠仔细扶正。冠者转身回到东房，脱去儿时的彩衣，换上与缁布冠配套的衣裳，然后出门站在堂上，向来宾展示自己的成年衣冠。一加之礼到此完成。加缁布的目的，主要是要受冠者"尚质重古"，不忘本。加强自身修养，才能持家，才能治国。

接着第二次加皮弁冠，程序与第一次基本相同，先把缁布冠取下，重新梳理头发，再用帛包发，插上簪子。为什么要重新梳头呢？这是为了表示对容貌的郑重。因为礼仪之始，在于正容体。以后穿衣戴帽，都要从正容貌开始。时至今日，不少公共场所都有正容镜，容貌不正，你怎么行礼？接着嘉宾第二次加冠，加的是皮弁。皮弁冠是用白鹿皮做的帽子。这种冠，有点像今天的瓜皮帽，大多缀有玉，冠顶尖高，常用象骨做成。由于受冠者地位等级不同，因此缀合成的皮弁冠的鹿皮的块数也多寡不一。皮弁冠，古为朝服，加皮弁之前，嘉宾照例要发表训诫之词，大意与第一次所说的相似。之后，加冠者回到东房，换上与皮弁配套的另一身衣服，然后走到堂上，向观礼的来宾展示第二套成年衣冠。二加之礼到此完成。加皮弁的意义是拥有军事权，参军权，可以参军可以打猎可以打仗，因此加皮弁的同时佩剑。先秦但凡是贵族都有一把剑，贵族和平民的区别就看有没有剑，剑是身份的象征，也因此剑在古代兵器当中是最高贵的。韩信作为没落贵族，穷得叮当响，没有饭吃，但剑是带在身上的，所以才有人挑衅他，使他受到"胯下之辱"。

第三次加冠叫"爵弁冠"，又叫"雀弁冠"。爵弁冠，是仅次于冕的一种帽子，样子像酒器爵的上端，爵又形似雀，所以又叫雀弁冠。其仪式与前两次基本相同，也是要从梳头开始，三加爵弁，拥有祭祀权，代表参政权；即为社会地位的最高层次。

如果是前三等贵族(天子、诸侯、大夫)加冠以后还要加冕,(详见《嘉礼》节)"冠"和"冕"是两个词,"冠"是帽子,然后加冕,士没有冕,只有天子、诸侯、大夫才有冠有冕,叫冠冕堂皇。平民没有冠,只有帻(zé),叫包头巾,那个头巾叫纶巾。"遥想公瑾当年,小乔初嫁了,……羽扇纶巾",周瑜戴纶巾,周瑜地位很高,那是什么意思? 在那个时候是玩酷,到了东汉末年魏晋时代,这些贵族或者类似于贵族的士族系贵族喜欢穿平民服装,相当于美国总统穿牛仔裤的感觉。

三加之礼完成之后,冠者要以成年人的身份去拜见母亲,感谢妈妈的养育之恩,然后彼此行礼。这是冠者第一次以成年人的身份与母亲行礼。接着,冠者又与自己的姊妹、亲戚行礼。

行礼完毕,冠者上堂,由嘉宾为他取"字"。名和字的区别在很多文献上写得明白,如《礼记·檀弓上》所言"幼名,冠字",人在出生的时候无名无字,出生三个月之后,会起名字,这就是"幼名",而在成年之后,行冠礼,则"冠而字之",可以走入社会了。《礼记·士冠礼》中有言"冠而字之,敬其名也。君父之前称名,他人则称字也"。也就是说,一个人在成年之后,长辈们起的"名"就不适宜在社交场合直接称呼了,得取一个供平辈、晚辈人称呼的新叫法,就有了"字"。"字"是男女皆有的,不是男性独占。《礼记·内则》中说"女子十有五年而笄",这是说女子的成人礼在十五岁,之后就可以嫁人了。在这个时候,就有了自己的"字"。所谓的"待字闺中",就是来源于此。

"字"可以是一个字,也可以是两个字,但以双字者居多,更长的少见。比如屈原,名平字原,就是单字。岳飞,名飞字鹏举,就是双字。取字的方法有很多,但一定要与"名"有所关联,《颜氏家训·风操》有言"名以正体,字以表德",如常见的有按兄弟行辈中长幼排行的次第取字,如孔子排行老二,所以字仲尼,他还有个哥哥为老大,字孟跛。最典型的要属三国时东吴孙氏弟兄了。孙策为长子取字伯符;孙权为次子取字仲谋;孙翊排行老三,取字叔弼;孙匡排行老四,取字季佐,有表字和名意义相同,相通,如:屈平,字原。广平曰原;有表字和名意思相近,但不完全相同,可以互为辅助,如郑樵,字渔仲,樵是打柴的,渔是钓鱼的,常为伴侣,互相辅助;表字和名意思正相反,如:朱熹,字元晦。熹是天亮,晦是黑夜;有表字与名往往出自一句话中,意思相顺,而且字为名的意思作补充解释或修饰,如:李白,字太白。太白指太白金星,这是对太意的延伸;表字意为名字意思的延伸。如:曹操,字孟德。《荀子·劝学》篇说:"生乎由是,死乎由是,夫是之谓德操。"字和名在一句话里,合成德操,即道德操守,字对名作了修饰性解释和补充。

"名"是长辈来叫的,一切血缘长辈,都可以叫晚辈的名。自称、卑称时,也可以用名,平辈之间,如果关系非常亲近,在私下也可以直接称名。特别注意的是,在尊长之前,一切的自称都要用"名",而不能用"字"或"号"。在与一般的同辈、晚辈的交往之中,对方必须称呼我的"字",如果直接叫"名",就是冒犯。"直呼其名"、"指名道姓"一直都不是什么褒义词,就是从这里来的。而上司、领导与下级对话的时候,虽然道义上讲是可以直接呼"名",但一般也是以"字"相呼,表示客气与尊敬。

二、冠礼礼仪的文化内涵

其一,成人权利与职责的见证:加冠礼当日的三次加冠表明了对加冠者变为成人的一种见证。首先加用黑麻布材质做的缁布冠,表示从此有参政的资格,能担负起社会责任;接着再加用白鹿皮做的皮弁,就是军帽,表示从此要服兵役以保卫社稷疆土;最后加上红中带黑的爵冠,是古代通行的礼帽,表示从此可以参加祭祀大典。

其二,长者对加冠者的祝福。正宾在为冠者加冠时必须同时献上祝福语,第一次加缁布冠时说:"令月吉日,始加元服。弃尔幼志,顺尔成德,寿考惟祺,介尔景福",(在这美好吉祥的日子,为你戴上缁布冠;请放弃你少年儿童的志超,造就成年人的情操;保持威仪,培养美德;祝你万寿无疆,大福大禄)。第二次加皮弁冠的时候说:"吉月令辰,乃申尔服,敬尔威仪,淑慎尔德,眉寿万年,永受胡福"。(在这个吉祥美好的时刻,为你再戴皮弁冠,你要开始约束自己,谨守礼仪,树立威信。你要善良和顺,谨守道德。祝愿你永远长寿,享有上天赐予的福泽)。第三次加爵冠的时候说:"以岁之正,以月之令,咸加尔服。兄弟具在,以成厥德。黄耇无疆,受天之庆"。(在这吉祥的年月,为你完成加冠的成年礼,亲戚都来祝贺,成就你的美德。愿你长寿无疆,承受上天的赐福)。其实,这三次祝福语内容相近,大致包含"去除童稚之心"、"端正容貌威仪"、"慎修成人美德"和"祝愿高寿吉祥"等。另外,正宾给加冠者取的"字"也蕴含了长辈对加冠者的殷殷厚望。

其三,对养育之恩的报答。冠礼之后在品尝祭品时,醴礼的致辞说:"甘醴惟厚,嘉荐令芳。拜受祭之,以定尔祥。承天之休,寿考不忘。"(醴酒味美醇厚,干肉肉醢芳香,拜受醴荐祭先祖,诚敬以定吉祥。托庇皇天福佑,永保美名不忘) 这是在表达对祖先和父亲的感恩之情;醮礼的致辞说:"旨酒既清,嘉荐亶时,始加元服。兄弟具来,孝友时格,永乃保之。" (美酒清冽,芳香的脯醢进献及时。初加缁布冠,亲戚都来赞礼。极尽孝友之道,定可永久安保) 这是在表达对兄弟和朋友的感激之情。此后的"拜母"则是对母亲养育之恩正面报答的礼仪环节。

其四,效力于国家及乡里的愿望。冠礼最后的礼仪环节是"服玄冠、玄端、爵弁。奠挚见于君,遂以挚见于乡大夫、乡先生"。可见,周代"士"这个阶层的贵族在成年后,一个重要的礼仪形式就是拜见自己的国君和乡里的大夫和先生,该仪式表达了加冠者渴望效力于国家及乡里的建功立业愿望。

三、笄礼

笄礼即汉民族女孩成人礼,是古代嘉礼的一种。俗称"上头"、"上头礼"。笄,即簪子。自周代起,规定贵族女子在订婚(许嫁)以后出嫁之前行笄礼。一般在十五岁举行,如果一直待嫁未许人,则年至二十也行笄礼,笄礼作为女孩子的成人礼,像男子的冠礼一样,也是表示成人的一种仪式,在举礼的程序等问题上大体和冠礼相同。《朱子家礼·笄礼》"女子许嫁,即可行笄礼。如果年已十五,即使没有许嫁,也可以行笄礼。笄礼由母亲担任主人。笄礼前三日戒宾,前一日宿宾,宾选择亲姻妇女中贤而有礼者担任。"在行笄礼时改变幼年的发式,将头发绾成一个髻,然后用一块黑布将发髻包住,随即以簪插定发髻。主行笄礼者为女性家长,由约请的女宾为少女加笄,表示女子成年可以结婚。贵族女子受笄后,一般要在公宫或宗室接受成人教育,授以"妇德、妇容、妇功、妇言"等,作为媳妇必须具备的待人接物及侍奉舅姑的品德礼貌与女工劳作等技巧本领。后世改为由少女之母申以戒辞,教之以礼,称为"教茶"。笄礼的象征意义和冠礼一样重大,同样是对人生责任、社会角色的提醒——当然,这个社会责任的内涵是根据时代的进步调整了的。女子需要独立、自强,不过女子的自强不需要以男人强大的方式来湮灭自己的柔美。

第三节 婚 礼

婚礼是人生大礼,是各种礼的根本(昏礼者,礼之本也。《礼记·昏义》),是家族繁衍生息的标志。古人认为家族和血统的延续是晚辈不容推卸的重任,《孟子》中言:"不孝有三,无后为大。"《诗经》有云:"执子之手,与子偕老。"

一、婚姻之礼的由来

人类在迈入文明时代之前,曾经经历过杂交乱婚"知母而不知父"的阶段,男女的结合相当随便,甚至不需要区别辈分、血缘。随着民智的开化,人们发现,乱婚的结果,不仅出现了很多弱智或病态儿童,还造成了人们伦常关系的混乱。《礼记·曲礼》说:"夫唯禽兽无礼,故父子聚麀。是故圣人作,为礼以教人。使人以有礼,知自别于禽兽"。(当时人类的行为与禽兽并无太大的区别,甚至是到了父子拥有同一个配偶的地步,所以,当时有明事理的人就对男女的结合作出种种的限定,使人类远离于禽兽)俗话说:"礼缘人情而作。"为了引导人们正确地把握男女之情,儒家制订了婚姻之礼。男女只有经过了婚姻之礼,才能成为被人们所承认的配偶,从而才具备了一起出现在公共场合的条件。否则,就会被人们所不齿,甚至会受到社会舆论的谴责。

为什么古人把男女结合的礼称作"婚姻"之礼呢? 这与古代走婚习俗有关,这种走婚习俗是如果男子看中某个未婚女子,女方也有爱慕之意,该男子在黄昏时刻可以到女方家拜访留宿,女方父母一般不加干涉。所以,人们就把迎娶女方定在了黄昏的时候,这种方式就叫作"昏"。此时,男子到女家迎亲,女方就因之而去,所以称之为"因"。为了更清楚地表示这个词的词义,都加上了女子旁,于是就有了"婚姻"二字。

自古以来,"久旱逢甘霖,他乡遇故知,洞房花烛夜,金榜题名时"是中国人传统观念中的四大喜事,其中"四喜"之一的婚姻关系到家族的繁衍和家风的传承,所以,婚礼也成了非常郑重的仪式。

民谚常说:"天上无云不下雨,地上无媒不成亲。"古代男女方接受了成人礼后,就到了适婚的年龄,男女双方的结合从议婚、订婚到完婚全过程都需要有媒人参与。媒人扮演着牵线搭桥,撮合姻缘的角色。中国传统文化下的男女情爱素来不自由,女子待字闺中,深居简出,少有结识男子的机会,没办法挑选心上人,也不便抛头露面,更不好打听男方个人及家庭情况,所以不得不仰仗父母代劳,请出媒人协办,委定终身,所以婚姻就有了"父母之命,媒妁之言"一说。

二、婚礼的程序

众所周知,中国地域辽阔,民族众多,历史久远,婚礼样式犹如缤纷的万花筒,让人目不暇接。一个时代有一个时代的婚礼形式,一个地方有一个地方的婚礼特色,从峨冠博带到长衫马褂,再到垂地婚纱;从骑马坐轿到步行单车,再到宝马香车;从拜堂成亲到教堂行礼,再到各种稀奇古怪的个性婚礼,上下数千载,中国婚礼依然轰轰烈烈、丰富多彩。虽然中国时代不断更替,但是婚礼的演化基本上传承了古代六礼的程序:纳采、问名、纳吉、纳征、请期、亲迎等六道程序,即"六礼"。按照"六礼"依次举行的时间顺序又可以分为婚前礼、正婚礼、婚后礼:

1. 婚前礼

婚前礼是婚姻筹划、准备阶段举行的仪式礼节。婚前礼要完成"六礼"中的前五礼,包括纳采、问名、纳吉、纳征、请期。

纳采:指男方请媒人带礼提亲。这里的"采"是采择、选择的意思。只是男家一厢情愿地看中了女方,至于女方同不同意还未知。当男家看中了某家的女孩,就要请媒人带着礼物到女家去提亲。纳采通常用雁作礼。之所以选择雁,是因为雁是候鸟,它有阴阳往来之意,秋天它会飞到南方,到了春天,它又折回到北方,永远朝着向阳的地方,又名随阳鸟,用它作礼物,意为妇女服从丈夫,且雁飞成行,止成列,以明嫁娶必须长幼有序,不能逾越的意思;大雁还有一个美德,雁仅婚配一次,用它提亲,希望婚姻忠贞不渝。

问名:俗称"讨八字"、"请庚"指在女方家长允许提亲后,男方询问女家的姓氏。问其祖上原来住在哪里?跟哪些姓氏有过婚姻关系?目的是弄清彼此在血缘上是否有联系。古人对血缘关系区别很严,要求"同姓百世不婚",即不得同姓相结合。另外,男方正式询问年龄、品貌、家产、健康等。问名多以帖子的方式,女方家以帖子形式告知。后来,发展为交换写有姓名、八字及家庭的庚帖,即龙凤帖,男方拿着帖子请人推算占卜,称为"合八字",如果双方八字不相克,就继续商议。如果八字相克,则不可议婚。这显然是一种迷信,旧时拆散了许多美满的婚姻。

"八字":又叫"生辰八字",我国古代以干支纪年、纪时,干支是天干和地支的总称。甲、乙、丙、丁、戊、己、庚、辛、壬、癸等十个符号叫天干,子、丑、寅、卯、辰、巳、午、未、申、酉、戌、亥等十二个符号叫地支。把干支顺序相配正好六十为一周,周而复始,循环记录,这就是俗称的"干支表"。天干、地支相配组成的60组名目及其顺序分别指代一定的年、月、日、时。每一个人的出生年、月、日、时由4组干支指代,共有八个字,这就是"生辰八字"。此外,古人为了便于记忆,又用12种动物来配十二地支,形成了人的十二属相(生肖),即子鼠、丑牛、寅虎、卯兔、辰龙、巳蛇、午马、未羊、申猴、酉鸡、戌狗、亥猪。这样就由"生辰八字"可以知道人的属相,由属相的合与不合,就可以断定婚姻的成与不成。

纳吉:指"得吉卜而纳之",男方讨得女方生辰八字后到宗庙占卜,如得吉卜,遣使者向女家报告。"纳吉"后,婚姻关系初步确定。设计这个礼的目的,是要加强当事人对婚姻的信心,以及光明正大、谨慎隆重的意义,整个婚姻的过程,要有祖先、家族所有人的参与,

纳征:亦称"纳成"。即男家纳吉往女家送聘礼。秦汉以前的聘礼很简单,就是玄色和纁色的宽二尺二的丝帛五匹。纳征相当于后代的订婚,双方的婚姻关系由此正式确定,任何一方都不能随意反悔。

请期:俗称"送日头"或称"提日",即由男家择定结婚佳期,用红笺书写男女生庚(请期礼书),由媒妁携往女家,和女家主人商量迎娶的日期。婚期也是要通过占卜来决定的,请期的时候,媒人一定会对女方的家长说,"你看你们是不是选一个日子,看什么时候结婚、成婚比较好?"女方家都会很客气说,"不要了,整个的一个过程都是你们在主导,我们只要遵从就好了,你们来选日子"。这个时候,男方派来的使者,其实他早就把两个日子选好了,他说,"我们已经选了两个日子,你们看这两个日子哪个合适?"女方看了之后觉得,"这个日子

我们也非常满意,可以。"整个过程是男方请教,女方推辞,所以称为"请期"。

以上五礼,只有纳征不拿雁,其他环节都要送雁。五礼举行完之后,迎亲之前,女家要为女儿准备嫁妆。

2. 正婚礼

"亲迎":迎亲古时候叫"亲迎",就是先生要亲自去迎娶他的新娘。六礼的整个过程,都是由男子主动,都是男子派人到女方家提亲,这个就符合了阴阳动静的一个道理:男属阳刚,女属阴柔,阳刚所以就会主于动、主于攻、主于外,阴柔所以主于静、主于守、主于内,这就是男女与阴阳之道相合,符合自然法则。

男家迎亲前要祭拜祖先,万事俱备后待到一定时辰新郎驾着车子前往女家迎亲,随从驾着车子紧跟其后,车子到达女家门口,由新娘的父亲带领新郎入门,新娘在房内等待。此时,新娘的母亲在堂屋端坐好,等到新郎上堂后,先给岳父、岳母行跪拜礼,感谢二老对新娘的养育之恩,新娘的父亲母亲要亲自把新娘的双手,放到新郎官的手上说:"从今而后,我的女儿就交给你了,您要为她一生的幸福去考量、去着想"。就有把终身的幸福托付之意,新郎官他也会当着岳父岳母的面,来表达他内心的感恩之情,"感谢父母的养育之恩,生了这样一个好女儿,把她教育得这么有修养。"感恩之后也要表个态,"从今而后,我不仅对您的女儿负责任,我还要对你们父母、整个家族都要担负起这一份的责任,请你们一定放心。"这就就安了父母的这份心,新娘母亲在女儿的衣服上别了一块丝巾,并且语重心长地嘱咐道:"女儿,到了丈夫家里,要跟公公婆婆、妯娌们好好相处,每天要勤恳地做事,要让家里和和睦睦,千万要记住我的叮嘱!"新娘的父亲站在堂屋东面的台阶上,等女儿走过来,父亲也要对女儿进行循循教导,《礼记·昏义》,"顺于舅姑,和于室人,而后当于夫"。就是说,您嫁到别人家,首位的是要敬奉公公婆婆,要孝顺公公婆婆,要戒之敬之,这是你首要做的事。古代,士人、大夫、诸侯,他们的女儿要在出嫁前,要进行三个月的女德教育培训。培训的内容是这四德,妇德、妇言、妇容、妇功。随后,新娘跟着新郎从西边的台阶下堂。出门之后,新娘上车,新郎亲自驾车,在车轮转了三圈之后,新郎下车,另外驾驶一辆车提前赶到家,以便迎接新娘。新郎要亲自驾车轮转三圈是表示迎亲的车是由新郎亲自启动的，新娘的车随后又由新郎的随从来接手,把她送到目的地。

同牢合卺(jǐn):新娘到达夫家后,夫妇要在房内一起吃新婚的第一顿饭,夫妇对席而坐,新郎、新娘的席前,有主食黍和稷,以及调味用的酱、菹(zū,酸菜,腌菜)、醢(hǎi,用肉、鱼等制成的酱)、湆(qì,肉汤)都是各有一份,并且是对称摆放的。但是新婚的第一餐还有些特意地安排,例如:鱼俎(zǔ 盛鱼牲的器具)、豚(tún)俎(盛猪肉的器具)、腊(风干的全兔)俎仅有单独的一份,放在两人的饭菜之间,供新郎、新娘一起食用,这一安排称为"共牢而食","牢"指动物的肉。在古代男女之间授受不亲,更不用说同吃一份食物了,如今共吃一份食物,就是为了表明新郎、新娘成婚之后已经成为一家人了，从此两人就要不离不弃,共同享受食物,共同分担困苦。今天的婚礼上,总是会出现新郎、新娘一起咬苹果的一幕,就是古代"共牢而食"的遗意。新婚第一餐的吃法也是有讲究的:

首先,要吃"三饭":即先吃一口饭,吃一点菜,再蘸一点酱吃,然后喝一口汤,这是一饭。如此再重复两次,则分别是二饭、三饭。这就称为"三饭告饱",也就是说三饭后,就意味着新郎、新娘吃饱了。

其次,饭后要喝一点酒,漱漱口,即可以清洁口腔,也可以定气安神,这是古人的一种养生方法。

最后,主事的人将一个葫芦剖开,新郎、新娘各拿一半,添上酒后,同时喝下去,这称为"合卺而饮",这里的"卺"就是葫芦剖开的瓢。今天的婚礼上,我们所见的喝交杯酒,就是这个意思。"共牢而食、合卺而饮"用来表示夫妇合为一体。

3. 婚后礼

新婚当天,新娘是不能见到新郎的父母(公公婆婆)的,新娘要在婚后第二天专门去向公公婆婆行见面礼,以表达内心的尊重。初次见面,第一印象最为重要,这也是新娘取得公公婆婆欢喜的大好时机,新娘就要早早起床,精心梳洗、沐浴、装扮之后,细步走到堂屋拜见公婆,此时,公公婆婆已在堂屋正座端坐好。首先,新娘拎着一个装有枣、栗的篮子上前,恭敬地献给公公,公公用手抚摸一下篮子,表示收下,新娘拿起另外一个装有肉干的篮子献给婆婆,婆婆象征性地抚摸一下,表示收下。然后,公公婆婆让人给新娘倒一杯酒,新娘喝下,表示已接纳她为家庭正式成员,新娘已具有了参与家事的资格。最后,新娘开始伺候公婆,剖开一只乳猪的一半献给公公,另一半献给婆婆,公婆回敬,拿出礼物犒劳女家送亲的人,此时,婚礼才算正式结束。见面礼完毕,公婆下堂。以往,公公婆婆都是从东面的台阶上下的,因为那是主人专用的台阶,婚礼结束后,公公婆婆则要从西面的台阶下堂了,新娘要从东面的台阶下堂,因为婚礼过后,家庭内事主管的权利已经传承给了新郎新娘,公婆把家里所有的事情交代给新郎新娘,交接完毕,从此以后可以颐养天年。拜见公婆是必不可少的仪式,如果公婆已经去世,则就要去家庙拜祭,以告知,中国有"事死如事生"的传统,也就是说对待逝去的先人要像对待在世的人一样恭敬。古代家庙春夏秋冬每个季节都要祭祀一次,告知先人以后,新娘就被接纳为本宗族的人,以后才有了参与家族各种祭祀的资格。唐代诗人王建所作《新嫁娘》一诗:"三日入厨下,洗手做羹汤。未谙姑食性,先遣小姑尝。"这里的"姑"指婆婆,"小姑"指新郎的姐妹。这首诗,描摹一位新嫁娘巧思慧心的情态:第一次烧饭菜,为了把握婆婆的口味,先遣婆婆养大的小姑尝试。语虽浅白,却颇为得体,合情合理,新娘的机灵聪敏,心计巧思,跃然纸上。"先遣小姑尝",真是于细微处见精神。

三朝回门:即"归宁",归宁,就是回娘家向父母报平安的意思,三朝是指婚后的第三天,新娘由丈夫的陪同下,带备烧猪及礼品回娘家祭祖,然后再随丈夫回到夫家。

三、中国传统婚礼习俗的演变

中国传统婚礼一般是汉式婚礼,源自周朝,在历朝历代都有所变化,经历了一个漫长的演变过程。

1. 秦汉之前的婚礼习俗

先秦婚礼相当简朴,不仅夫妇成婚的菜肴仅有数品,而且没有庆贺和举乐的仪节,与今日竞奢斗富的婚礼相比,反差非常鲜明。《礼记·郊特牲》说:"昏礼不用乐,幽阴之义也。乐,阳气也,昏礼不贺,人之序也。"(结婚典礼上不兴奏乐,因为婚礼属于幽阴之事,而音乐则属于阳气。举行婚礼,也不邀请亲朋好友前来祝贺,因为结婚就意味着新陈代谢,下一代将要产生,上一代将要衰亡啊)。认为婚礼是异姓之间的联姻,目的是繁衍宗族,家家都有,人人必经,因此无喜可贺,无乐可举。《礼记·曾子问》则引孔子的话说:"嫁女之家,三夜不熄烛,思相离也。取(娶)妇之家,三日不举乐,思嗣亲也。"(妇家因女儿出嫁而离别,父母思念,三夜不熄烛,无心举乐;夫家则将因娶新妇而取代年老的母亲在家中的地位,不免哀戚,也无心举乐。)出嫁后的女子也不是可以像今天一样,随时可以返回娘家探望家人的,回娘家需要得到夫家的批准,所以她们会用哭嫁的歌声,来控诉古时不公平的婚姻制度。新婚夫妇没有特别的服饰。新郎穿的是爵弁服,下裳为纁色(xūn,纁色是黑色和浅红色),镶有黑色的边;新娘头戴发饰,身穿镶有黑边的纯玄色(黑色和浅红色)衣裳,都是以黑色为主调的衣服,连新郎、新娘乘坐的车,也是黑色的,这与后世婚礼喜欢大红大彩的风气完全不同。但是,从汉代起,婚礼就不断朝着奢靡的方向发展。到汉宣帝五凤二年八月,诏曰:"夫婚姻之礼,人伦之大者也。酒食之会,所以行礼乐也。今郡国二千石或擅为苛禁,禁民嫁娶不得具酒食相贺召,由是废乡党之礼,令民亡所乐,非所以导民也。"汉宣帝这一诏书的目的,就在于提倡老百姓在婚礼上设酒宴庆贺,这是中国历史上首次以政令的形式对婚礼不贺的否定,从此婚姻相贺便逐渐传袭下来。以后,帝王以及皇室成员婚礼的规格不断攀升。

2. 唐宋元时期的婚礼习俗

在唐宋时期,婚礼习俗相比秦汉时期有了一些变化,虽然唐宋时期婚礼习俗在基本形制上依然按照古六礼程序,但是相对有一些简化,迎合了社会变革和统治者需要。

上头:上头是男女双方都要进行的婚前仪式,就是择定良辰吉日,男女在各自的家中由梳头婆梳头,一面梳,一面要大声说:"一梳梳到尾,二梳梳到白发齐眉,三梳梳到儿孙满地,四梳梳到四条银笋尽标齐"。"上头"是一个非常讲究的仪式,梳头要用新梳子,且"上头"的人必须是"全福之人",即这人是六亲皆全,儿女满堂之人。

花轿迎娶:先秦时期迎娶用马车,但是大夫以上才可以平时用马车,士以下只有结婚才可以用马车,称为"摄盛",摄盛的做法在后世婚礼中不断增加,例如,一般百姓结婚这天可以穿官服,带乌纱帽,而且大家都称他"新郎官"。到了宋朝以后,就用花轿,此源起宋高宗赵构的一场历险:宋室南渡之初,高宗往宁波流窜,途中遭金军拦截,冲出包围后,人已落单,惶恐间又被一片湖水挡住去路,眼看追兵将到,高宗准备投湖自尽,正巧,有个乡村姑娘在湖边浣纱,指着湖水对他说:"这里水浅,相公快快下去,只管仰起鼻孔透气,我自有办法搭救。"高宗依言下湖,待湖水没至颈部,把头仰起露出鼻孔在水面上吸气,那村姑旋将手上的白纱迎风一抖,撒向湖面,飘飘洒洒,正好把他全遮住了。金兵冲到湖边,四望不见高宗身影,喝问村姑是否见过高宗,村姑伸手胡乱指了一个方向,称高宗已经逃跑,金兵立即调转马头,朝着姑娘所指疾奔而去。待金兵走远,姑娘收起白纱,把高宗搀上岸来,带他回家去换了衣服,并找船将其送到对岸。时隔两年,宋高宗在临安(今杭州)站稳脚跟。随后便传旨宁波府,要求寻访那个有"救驾"大功的村姑,结果无人出头领功,高宗特下圣旨一道:今后凡是宁波女子出嫁,特许乘坐四人抬杠的轿子。四抬轿子正好是皇后所坐八抬鸾驾的一半规格,所以宁波人以后一直自夸他们的花轿是"半副鸾驾"。后来其他地方的人也学了样,这个风俗就此传了下来。所以迄今还有一些老辈人管新娘乘坐的花轿叫"四明轿子",这是因为宁波别称"四明"的缘故。

撑红伞:迎亲的当天,由新娘的姊妹或伴娘搀扶着新娘,站在露天的地方,姊妹或伴娘在新娘头顶撑开一把红伞,象征着"不与天争",表示对天的敬畏,因为古时认为新娘在出嫁那天是最大的,但是再大大不过天,为图吉利,同时红色代表喜庆吉利,为了不惹怒老天,即打上红雨伞。

揭盖头:最早的盖头约出现在中国南北朝时的齐代,当时是妇女避风御寒使用的,只仅仅盖住头顶。到唐朝初期,便演变成一种从头披到肩的帷帽,一说是以遮羞。另一说法是说源自于古代的掠夺婚,表示新娘子蒙上盖头后就永远找不到回去的路了,据传说唐朝开元天宝年间,唐明皇李隆基为了标新立异,有意突破旧习,指令宫女以"透额罗"罩头,也就是妇女在唐初的帷帽上再盖一块薄纱遮住面额,作为一种装饰物。

从后晋到元朝,盖头在汉族民间流行不废,并成为新娘不可缺少的喜庆装饰,为了表示喜庆,新娘的盖头都选用红色的。新郎以秤杆或马鞭子将新娘"盖头"挑下,抛于屋顶或帐篷顶。用秤杆挑盖头取义"称心如意",同时暗示新娘做事要"掂斤两""有分寸",新郎揭盖头后,新娘才能互相看到对方的模样。

拜堂:拜堂是中国传统婚姻礼仪,是婚礼过程中最重要的大礼。拜堂之后,即正式结为夫妻。因古代婚礼中的交拜礼都是在堂室举行,故称拜堂。又称"拜天地"、"拜花堂"、"拜堂成亲"。"拜堂"并不属于古"三书六礼",南北朝时,夫妻对拜固定为婚姻礼仪,唐以前北方地区民间称"交拜礼",在特设的青庐(饰青布幔的屋子)举行。唐时"拜堂"一词正式出现,宋代以后非常流行,经过"拜堂"后,女方就正式成为男家的一员,拜堂的地方一般在洞房门前,设一张供桌,上面供有天地君亲师的牌位,供桌后方悬挂祖宗神幔,新郎、新娘就位后,由两位男宾引导,行三跪九叩礼,参拜天地、祖宗和父母,然后女东男西,行夫妻对拜礼,拜天地代表着对天地神明的敬奉,而拜高堂就是对孝道的体现,至于夫妻拜就代表夫妻相敬如宾。

3. 明清时期的婚礼习俗

明清时期,打破了传统的六礼制,尤其是到了清朝,受满族婚礼影响,传统婚礼习俗也带有一些少数民族的色彩。清朝时,汉官自七品以上共有九礼,但都拼入了成妇成婿之礼,而古代的六礼亦只余下 "议婚"、"纳采"、"纳币"、"请期"与"请迎"五礼。其他士、庶人结婚都比较简单,而民间的婚礼一般都会依朱子家法进行。

四、中国传统婚礼服饰的变迁与发展

传统婚礼服在各个朝代、时期都有所差异。经过中国服饰几千年的变革,婚礼服也有其自身的变化。自周代礼服的出现,婚礼服也应运而生,经历秦汉发展,在唐宋达到一个高峰,在辛亥革命时期出现一大演变。现阶段呈现多元化发展趋势。纵观华夏婚礼,古代婚礼服制式主要有三种。分别为"爵弁玄端、纯衣纁袡(xūn rán)"、"梁冠礼服、钗钿(diàn chāi)礼衣"、"九品官服、凤冠霞帔(pèi)"。

1. 周制婚礼服饰——爵弁玄端、纯衣纁袡

周代婚制中的礼服崇尚端正庄重,婚服的色彩遵循"玄纁制度(玄:《说文解字》中解释,黑而有赤色者为玄,纁:xūn,火色赤,赤与黄合,即是纁色)。新郎

的服饰为爵弁,玄端礼服,缁(zī,指僧人穿的黑色衣服)袘(yì)纁裳,白绢单衣,纁色的韠(bì 蔽膝,古代一种遮蔽在身前的皮制服饰),赤色舃(舃 xì,履也,即鞋子或履)。新娘在正婚礼的时候,穿玄色纯衣纁袡礼服,拜见公婆时则穿宵衣(黑色的丝服),发饰有纚(lí)、笄、次。新娘头戴"次",以"纚"(宽二尺二,长六尺,古代二尺二约50厘米)束发,有一尺二长的笄。

秦汉时皇太后、太后、公卿夫人等的婚礼服形式采用深衣制。"深衣制"是上衣下裳相连接,春秋战国时期社会上流行的最具代表性的深衣服饰。具体形制不一,但总体是要把身体包裹得比较严密。下裳宽广,任何人不分职业、不分贵贱都穿着深衣。深衣多以麻布为衣料,白布裁剪。深衣一大特点是"续衽钩边",也就是说这种服饰的共同特点是都有一幅向后交掩的曲裾。汉代深衣盛行,推测婚服也当为深衣。以玄纁二色为主的基调一直延续至隋唐时。汉代曾采用十二种色彩的丝绸设计出不同身份的人穿用的婚礼袍服。

魏晋南北朝时期有白色的婚礼服。《东宫旧事》记:"太子纳妃,有白縠,白纱,白绢衫,并紫结缨。"白衫不仅用做常服,也可当做礼服。如此大规模地崇尚白色,且与当时玄学盛行的"以无为本、返璞归真、追求清新淡雅"的风尚有关。

2. 唐代婚礼服饰——梁冠礼服,钗钿(diàn chāi)礼衣

唐朝婚礼服饰融合了先前的庄重神圣和后世的热烈喜庆;新郎服饰:"假绛公服(绛公服即红色的公服,通常是品级比较低的官员穿的朝服。绛就是一种暗红色,公服是朝廷官员穿的朝服。)亲迎",(结婚这种人生重要的大喜事,新人所穿舆服规格可向上越级,士庶亲迎可以穿低品官服。红色代表显贵的身份,以及自己的社会地位,所以当新郎穿着红红的礼服时,人们都称其为新郎官)。新娘服饰:钗钿礼衣。钗钿礼服是晚唐时期宫廷命妇的礼服,在花钗大袖襦裙或连裳的基础上发展出钗钿礼服。层数繁多。穿时层层压叠着,然后再在外面套上宽大的广袖上衣,穿着这种礼服,发上还簪有金翠花钿,所以又称"钿钗礼衣"。钗钿礼衣作为唐代的归嫁礼衣,这无疑反映了其更深层次的文化内涵与较高的地位,也是唐代婚礼中的亮点,所以通俗意义上的解释,钗钿礼衣也是一种唐代婚服。钗钿礼衣常与梁冠礼服相对,主要指新娘所穿,包含了身上所着的衣服、头饰、首饰等,成为新娘在婚礼上装扮形象与表达寓意的主要

手段。唐制士婚服也造就了"红男绿女"这个成语。钗钿礼服也是晚唐时期宫廷命妇的礼服,同深衣礼服一样端庄的同时还具备了更加绚丽的风姿。

唐以后,繁复的钗钿礼衣有所简化,成为一般意义上的花钗大袖衫,在科举制度影响下出现假服,即当时贵族子孙婚娶可以使用冕服或弁服,官员女儿出嫁可以穿用与母亲的身份等级相符的命妇服,平民结婚也可穿用绛红色公服。

3. 明朝婚礼服饰——九品官服,凤冠霞帔(pèi)

明朝由于商品经济的发展,婚礼习俗方面也有了新的变化。凤冠霞帔和九品官服是明朝的标准婚服。明代起始将男子婚娶视为"小登科",可饰九品官服,官服就是官员所穿的服装,有朝服,公服,常服之分,官服最常见的就是圆领袍加乌纱帽,此为常服。明代常服有补子,双禽。明代给每级官员都设计了一种动物图案作标志,把它绣在两块正方形的锦缎上,官员常服的前胸后背各缀一块,这种就是补子,这种官服就叫补服。补子为金线所绣,用织造和刺绣两类方法制成。补子图案为:公、侯、驸马、伯:麒麟、白泽;文官绣禽,以示文明:一品仙鹤,二品锦鸡,三品孔雀,四品云雁,五品白鹇(xián),六品鹭鸶(lù sī),七品鸂鶒(xī chì),八品黄鹂,九品鹌鹑;武官绣兽,以示威猛:一品、二品狮子,三品、四品虎豹,五品熊罴(pí),六品、七品彪,八品犀牛,九品海马;杂职:练鹊;风宪官:獬豸(xiè zhì)。除此之外,还有补子图案为蟒、斗牛等题材的,应归属于明代的"赐服"类。帽子是唐代乌纱帽式样,类似八字,韩剧中常出现。清规定禁穿明代官服但明代的补子为清代继续沿用,图案内容大体一致,但改为单禽。

新娘能用凤冠霞帔,凤冠,因以凤凰点缀得名,凤凰是万鸟之王,贵族妇女往往以凤凰为冠饰。明朝皇后至九品文官妻皆可穿着,按地位等级高低在颜色、花纹、装饰和用料上有所不同,明神宗定陵出土了四顶凤冠,龙凤数目各不相同。其中一顶为六龙三凤,龙在顶两端,口衔长串珠滴,似有戏凤之意,正面有三只展翅凤凰。冠后下方有左右各三扇博鬓,展开后如同五彩缤纷的凤尾。

霞帔也被叫做"霞披"、"披帛",帔最早是妇女用于装饰,披搭于肩的彩色披帛,以轻薄透明的五色纱罗为之,由于其形美如彩霞,故得名"霞帔",明代始为命妇品级的服饰,自公侯一品至九品命妇,皆服用不同绣纹的霞帔,它的形状宛如一条长长的彩色挂带,服用时绕过脖颈,披挂在胸前,下端垂有金或玉石的坠子。清代的霞帔虽有霞帔之名,实际是"一件带方补子,下沿缝满穗子的绣花坎肩。"

清代徐珂《清稗类钞·服饰》记载:"其平民嫁女,亦有假用凤冠者……至国朝,汉族尚沿用之。无论品官士庶,其子弟结婚时,新妇必用凤冠霞帔,以表示其为妻而非妾也。"这就说明,明媒正娶的正室新娘以及填房继位的新娘,都可以戴凤冠穿霞帔,非正室夫人的小妾、二房、三房,即使是明媒正娶,也不能披霞帔戴凤冠。

4. 近现代婚礼服饰

20世纪初,中国的结婚庆典仍保持着自明朝以来的传统风格。传统的中式婚礼服还是长袍马褂和凤冠霞帔。凤冠霞帔是豪门闺秀的婚礼服。而普通人家之女成婚时,通常只能穿一身大红袄裙,外加大红盖头和绣花鞋,并用大红花轿抬进婆家门,因为这也象征着一片吉祥,讲究的就是个"红"。

到1919年五四运动前,中国人结婚还崇尚红色,新人绝对禁止穿白色衣服。20世纪20年代,西式婚纱在中国亮相,并渐渐渗入中国的婚礼文化中。从30年代起,在上海等大城市开始流行穿白色婚纱礼服;40年代前后成为一种风尚。20—30年代起,由于受到西方的文化和婚俗的影响,新郎有穿西装结领带的,也有穿长衫同时戴西式礼帽和墨镜的,而新娘有穿婚纱也有身着用白绸缎缝制的中式旗袍。

50年代,随着政治制度的变化,婚礼服则演变为新郎穿蓝色中山装,新娘穿旗袍或红袄裙。

60年代后期至70年代,婚礼服也进行了"重大改革",新郎新娘都是清一色的蓝色制服,时髦一点儿的则穿上绿色军装,真是"革命伉俪多奇志,不爱红妆爱绿妆"。

80年代初,国门翻开、观念改变,中国人从头审察自个的穿戴,在自我质疑的目光中,逐步认同穿戴打扮是没有阶级性的。中国人深埋几十年的爱美之心,开端在服饰上得以开释……"新浪潮"大概是这个年代呈现频率最高的词汇,国际以实在的面貌呈现在中国人面前时,中国人也以极快的速度赶上了国际的潮流,被封杀多年的旗袍、婚纱、礼衣再一次唤醒了宿世的回想,旗袍、婚纱、礼衣再一次盛行。

旗袍与唐装, 对于 20 世纪 90 年代的人来说一定是印象很深入的婚礼专用礼衣,只不过那个时候的旗袍通常是运用赤色,款式也是固定的几款。

90 年代直至今日,婚礼服的品种繁复,越来越多的新人选择最能体现个性的婚礼服,无论中式或西式还是汉族或少数民族,只要是你能想到的,就一定能得到满足。盛行的新婚礼衣主要有以中国传统旗袍为代表的中式礼服和源于西方的各式婚纱, 与新娘礼衣配套的是新郎西服。在中西文化联系的布景下,现代人对婚礼服的需求已有所不同,婚礼服潮流,更讲究将中西特征的文化精粹融于一体。中国传统婚礼婚纱礼服设计有礼衣和旗袍等。礼服包含晚宴服、送客服、回门服等;旗袍讲究贴身的取舍,尽显女人的线条美。并选用织锦缎、真丝、带有吉利喜庆图文的中高档布料等。现代旗袍多样的领子袖子及精密的刺绣,闪闪钉珠图画或装饰品,都显现出民族的独特性来。

五、传统婚礼禁忌

1. 出嫁时间的禁忌

出嫁的时间要尽量避开六月,三月和七月。传统习俗认为在农历六月完婚的新娘又称"半月妻",因为六月是整年的一半,六月新娘即等于半个新娘,相当于有前无后,夫妇婚后容易离异。倘若家中突然有直系亲属辞世,那么该年均不宜办喜事也不宜去婚姻登记,否则是"生入死出"的冲犯。另外农历的三月和七月是鬼魂多出没的日子。对长辈来说,以上这几个特殊月份完婚意头都不太好,所以要尽量避开。

完婚后三日,新郎陪同新娘回娘家,俗称"回门",回门当天须在日落前赶回夫家,如果实在来不及,新人在女方家留宿,切记不可同房,必须要分开睡,以免因此给娘家人造成晦气。除此之外,新人最好不要在外过夜。新婚的四个月内也禁止参加任何的婚丧喜庆。

2. 出嫁仪式的禁忌

安新床后到新婚前夜,准新郎最好找个未成年的男童一同睡新床,否则犯了睡空床的禁忌,所谓"困空铺,不死尪,亦死某",认为是凶兆。这也是现代婚礼

"伴郎"的起源。新郎到新娘家中迎娶新娘,新娘离家时应喜极而泣,且哭的越快越大声越好,这叫留下"水头"旺女家,有越哭越发之意。迎娶途中,若花轿和花轿相逢,叫做"喜冲喜",会带来不祥。解决的办法是必需互放鞭炮,或是双方媒人各以预备的花交换,这叫做换花。

3. 出嫁方位地点要注意

安新床时要把床置放正位,不要与桌子衣橱或任何物件的尖角相对。新床也需放置一些吉利好兆头的物品在床上,例如百合、红枣、莲子,意喻"百年好合","早生贵子"等。

4. 婚礼中事物的禁忌

新娘子结婚当天所穿的所有礼服,婚纱,鞋子等都应是全新的,且礼服避免有口袋,因口袋多能带走娘家财运,所以最好选择无口袋的。新娘手捧花忌选生花,生花容易枯萎,婚事讳之。如若要选,最好选择连招花和石榴。连招花其状意喻闺女出嫁,石榴意喻多子多孙。新婚的对联最迟也要在结婚前夕挂上,完婚满一个月后要除下,且选购对联时,男女双方各自的对联要分清。

第四节　丧葬礼

丧葬礼俗根植于古代灵魂不灭的观念,认为人死后要到阴间世界去生活,因而希望已亡故的亲人在另一个世界得到幸福与安宁,并且保佑家人兴旺发达,为此尽可能对治丧和送葬大操大办,厚葬重殓,事死如事生,讲求排场,故有"礼莫重于丧"之说。因为一般的礼仪一天或者几个时辰就结束了,而丧礼前后长达三年之久,而且仪节极为复杂,内涵也相当丰富。

一、初丧礼仪

1. 复——招魂

寿终正寝:《士丧礼》的第一句话是"死于适室"。适室就是适寝之室,通常称为正寝。古代从天子到士的居室,都有正寝和燕寝。燕寝是平常居住的地方,正寝只有斋戒和生病时才用。正寝是正性情的地方,人必须死在正处,所以,自古有"寿终正寝"之说。

属纩：家中病人病重之后，首先是打扫屋宇，撤去乐器，将病人迁到正寝北面的窗户下，然后更换内衣，穿戴好内外新衣，并将尸体移到地上，用棉丝放在死者的口鼻前，以测定是否断气和何时断气，这叫"属纩"。纩(kuang)是一种极其轻薄的丝絮，放在病人的鼻孔前，只要一息尚存，纩就会飘动。

复：一旦丝绵不再飘动，即没有"一丝气"，则进入"复"阶段。所谓"复"，实际是为死者招魂，也叫"招魂复魄"。古人认为，人的生命由魂和魄组成，魂是灵魂，是一种精气，魄是躯体，是魂的寄寓之处，灵魂附着在体魄中，则生命存在，灵魂如果离开了体魄，人就会昏迷或者死亡。古人认为，人刚死的时候，魂气离开体魄不远，大声呼喊，或许能让它回复于体魄之中，使生命重新存在，因此在人刚刚去世的时候，招魂的人把死者的上衣下裳的左边连在一起，交领则和带子连在一起，从前面东边的屋檐爬上站在屋脊中央，面向北用衣服招魂，嘴里长声呼喊着死者的名字(男人称名，女子称字)，"某某，回来吧！"共三次，然后把衣服卷起来扔到屋下，由司服用箱子接住，大约箱子能关住灵魂，从东阶登堂将衣服盖在尸体身上。人们相信，这种仪式可使离体的灵魂重新回到死者身上，希冀魂能回复于体魄。招魂的习俗秦汉盛行，魏晋一直到唐宋不衰，它混合了人们对亲人的复杂感情，因此，招魂不仅是一种仪式，也是人类真实情感和信仰的流露，家属不能接受现实，不愿马上就把亲人当死者来对待的至爱之情。所以，《礼记·檀弓》说："复，尽爱之道也，有祷祠之心焉，望反诸幽，求诸鬼神之道也。"(招魂这件事，是充分表现孝子热爱父母的一种形式，就像他们病危时的祈祷五祀那样，千方百计，想要他们起死回生，盼望父母从幽暗的地方回来，这是祈求鬼神的方法)。

奠：在当今的追悼会上，亲友致送的花圈正中都写着一个"奠"字，这是什么意思？恐怕已经很少有人能说清楚了。"奠"：金文字形，上面是"酋"(即"酒")，下面"大"像放东西的基物，"双手以捧"的变形。据此，"奠"义为"双手捧醇酒(以祭)"。丧礼中把作为酒食等祭品放在地上的祭祀称为奠祭，古人把从始死到棺椁落葬之前的祭祀统称为"奠"。

2. 哭位的安排

家中发生丧事，往往会乱成一团，如此，不仅会使丧事无法顺利进行，而且族人与死者的亲疏、上下、内外关系完全被淹没,丧礼的原则也就难以体现。因此,必须规定不同身份的服丧者的哭泣之位。尸体放在室内南墙的窗下,头朝南、足朝北,丧主的哭位在尸床的东侧,丧主之妻在尸床西侧,与丧主夹床相对;两人都坐着;丧主的庶兄弟都站在他身后,面朝西;妾和众子孙站在尸床西侧,面朝东。他们都是大功(丧服,后文有述)以上的亲戚。小功以下亲戚的哭位分两处:妇人都站在室户之外的堂上,因为妇人的活动范围是在堂上和房,连送客人都不下堂;男子站在堂下,因为他们的活动范围是在堂下与门;但不管站在堂上还是堂下,都面朝北向着尸床。显而易见,哭位的安排,是依照内外、亲疏的原则安排的。

3. 报丧和吊唁——讣告

当人们确信亲人已完全死亡之后,便立即变换锦衣穿上素服,同时除下一切金玉珠翠之类的饰物。之后,将死讯讣告亲戚朋友和上司下属。讣告不仅重要而且要火速发出,不得疏漏,更不得"匿丧不报",否则不仅违礼而且失礼,将受到处罚。讣告的形式大致被固定于一定的内容。据《清稗类钞》"丧祭类"载,报丧文,"详具死者之姓号,履历及生卒年、月、日,卜葬或浮厝(fú cuò 俗称丘子。即用砖石将棺木四角垫高,离地三寸,暂不入土归葬,称为浮厝,采用这样的殡葬方式,是为了让子孙在未破土刨坟的情况下,轻易地迁葬先人。有两种情况可做浮厝处理。一是远离故土或身在异国,一时难回故里或难回国奔丧者,可作浮厝暂寄,待条件允许,可运回故里殡葬或奔丧的。一是新择茔地,妻先亡者,得将妻棺浮厝于新择茔地地面,待夫故时同时下葬。但浮厝时,一切丧事活动照常规进行。)之地及出殡日期。"以便亲戚朋友及时祭奠服丧。在当今,我国每逢国家领导人逝世,都要向国内外发"讣告"。在港澳台和海外华人世界里,丧家也一般要在报刊上发"讣闻"向亲友报丧,这些都是古代丧礼的遗风。

4. 沐浴、饭含、袭

有司(指主管某部门的官吏,古代设官分职,各有专司,故称有司。这指专职助丧人员)用煮过的淘米水为死者洗头,梳理头发,再用巾拭干水,接着,用巾为死者澡身,再用浴衣将身上的水拭干,然后为死者剪指甲,理顺胡须,就像平时为主人所做的那样。最后用丝带为死者束发,插上发笄,穿上贴身的衣服,然后在死者口中放米和贝,这一仪节称为"饭含",丧主在床边坐下,用角匙从敦中取米,放入死者口内的右侧,放三匙,再加一枚贝,接着,用同样的方法在口中间和左侧放米、贝,然后再往口内放米,直至填满口腔。饭含的仪节,表达了子女不忍心让亲人空着嘴离开人世的心情,所以《礼记·檀弓下》说:"饭用米贝,弗忍虚也"。饭含是身后得到奉养的表现,饭含有严格的等级规定,春秋时,"天子以珠,诸侯以玉,大夫以碧,士以贝。"汉代时,"天子饭以珠,含以玉;诸侯饭以珠,含以(珠)璧;卿大夫、士饭以珠,含以贝"。魏晋之后则提倡薄葬,含玉贝的习俗虽然在统治者中仍然依礼而行,但在民间则被含铜钱取代。

"袭":袭是死者穿的衣服,衣襟在左边。蛇或其他蜕皮动物有在生长过程中一次或多次脱去外皮的现象,这种现象在生物学上叫做"蜕皮"。古人把死者穿上的尸衣视为"所蜕之皮",是表明该死者的灵魂已经升天仙去,他仅留一幅皮囊和多层外衣在地上。人的躯壳连同尸衣就是"袭"。袭礼是沐浴、饭含之后为死者设掩(掩,敛也)和幎目(幎,mì,以巾覆盖死者面目)、穿鞋衣,直至加冒等等一系列仪节的总称。为了入殓的方便,死者不能戴生前的帽子,于是用一块称为"掩"的布覆盖在死者的头顶,然后将布的两端撕开,分别向前面的颐下与脑后的颈部打结。死者的两耳用丝绵填塞。然后用一块称为"幎目"的布覆盖在死者面部,将丝带向脑后系结。最后为死者穿鞋,鞋带结在足面上,再用剩余的带子将两只鞋的鞋带孔穿结在一起,以免死者的双足分开。紧接着为死者穿衣服,一共三套,贴身的衣服不在此数。然后,在三套衣之外结以大带,又将手板插入带内,在死者的右手拇指套上扳指,带子系在手腕处,在拇指根打结;再在左手缠绕一块称为"握"的布,其丝带与扳指的丝带相连结;再用"冒"(尸套)将尸体装入,冒分上下两截,先用下截从脚下往上套,再用上截从头部往下套。最后用衾被(qīn 尸体入殓时盖尸的被子)覆盖。

二、治丧礼仪

1. 设铭旌、魂帛(设重)

铭旌也称铭、旌铭,在治丧时设立,用一块一尺长的黑布,下面缀以二尺长的赤色的布,宽都是三寸;在下端赤色的布上写上:"某氏某人之柩"的旗帜,旗杆长度为三尺。出殡时张举在灵柩的前面,祭奠时倚放灵座之右,入葬时覆盖在棺盖上。铭旌的使用主要限于官员,平民之丧,不用铭旌。铭有标识之意,与名通,这种旗帜既有引魂、炫耀官职的作用,同时出殡时也可增加仪仗的气势。

魂帛,宋代以前也称"重"。重是可以悬挂重物的木架,放在中庭靠南边。丧家由祝(指主持祭祀的人)将沐浴时淘洗过的米煮成粥,装进鬲(gé 煮饭用的炊器)中,用粗布封好口,悬挂于重上。并由祝取铭旌置于重上。设重是因为按照丧礼的规定,要到棺柩落葬之后,才可以为他做"木主",也就是通常说的牌位。作为过渡,此时要在庭中立一根称为"重"的木柱,意思是让死者的灵魂有一个比较固定的依附之处。设重的制度秦汉至唐宋都相沿。但到宋代之后,被魂帛所取代。魂帛也叫"引魂幡",是一种垂直悬挂的旗子,丧葬时用以招引鬼魂。用一根长长的竹竿撑起,放在尸体旁边,一直到死者出殡。在出殡的时候,一般由长孙或长子举起引魂幡走在出殡队伍的最前列。持引魂幡的时候,其杆靠在胸前,而幡却掠过头顶。在死者被埋入坟墓后,引魂幡将被插在墓上,直到随风而去。引魂幡这一古老的风俗源自于人们认为一个人死后,灵魂却不会跟随肉体一起死去,而是在它熟悉的地方飘荡,这样的话,人就不能顺利到达阴间。于是,人们就想出并设计制作出引魂幡,用它来控制死人的灵魂,使得灵魂随肉体一起被埋到坟墓中去,或者说被送到人们心目中的天堂。

2. 吊丧,赙赗(fèng fù)

吊丧是在获悉亲朋去世后到丧家进行的吊唁慰问活动,哀悼死者称吊,安慰死者家属称唁。春秋时,吊丧须换穿吊服,秦汉之后,吊丧则皆穿素服。宋代之后,据司马光《书仪》载,"去华盛之服"即可,礼节要求趋于简练。亲朋同事吊丧时,丧家都须哀哭,吊者也哭,但以亲近旁疏,哭二三声至于一二十声不等。吊丧时须烧香致奠。清代汉人吊丧,大都"以右手从香碟里抓起几根檀香钉添往炉心,三拜三叩或四拜四叩",满人则以酒祭奠。汉代对吊丧者不仅飨以酒肉,而且娱之以音乐。清代凡汉人吊丧,灵前也设有细乐,"以小堂鼓、横笛、小锣合奏哀乐《哭皇天》,谓之"清音",也叫"清音锣鼓"。大约是娱之以音乐的遗俗。

古人极重吊丧,往往以之衡量亲朋好友与自己的关系。颜之推《颜氏家训·风操》记载:"江南凡遭重丧,若相知者,同在城邑,三日不吊则绝之;除丧,虽相遇则避之,怨其不己悯也。有故及道遥者,致书可也;无书亦如之"。(南北朝时期的江南,生活在同一城邑的好朋友,闻丧而三日之内不去吊唁,丧家就会与之绝交,日后即使路上相遇,也是回避而不打照面,"怨其不己悯也"。因有它故或者路远不能前往吊唁者,可以用书信致哀并说明情况,连书信也没有者,也与之绝交)。

赗赙礼,指因助办丧事而以财物相赠。《荀子·大略篇》曰,赠送"财货曰赙",目的是"佐生也",即帮助丧家妥善、顺利地安葬死者。汉代实行厚葬,赙礼极盛,汉代国家有法赙,在任内去世的官员,朝廷按规定赠给的治丧财物。一般规定,二千石的官吏可受法赙。

3. 小敛

小敛是死后第二天中最重要的仪节,主要内容是为死者穿衣、加衾,地点依然是适室之内。小敛时应该穿多少套衣服,因死者的身份的高低而有不同的规定,士为十九套。士平时穿的衣服,不过是爵弁服、皮弁服、褖衣(tuàn,一种边缘有装饰的礼服,"彖"本指猪嘴上吻部半包住下吻部,引申指"包边"。"衣"与"彖"联合起来表示"衣服包边"。引申为:衣服边饰)等几种,这时一定要凑满十九套。含义何在呢?郑玄说是"法天地之终数",古人认为天数一、地数二,依次往下数,最终是天九、地十;人死在天地之间,所以小敛的衣服要取天地的终数。前面说过,尸体经过"袭"之后,已经装入尸袋,实际上已经无法再为死者穿衣了。所以,小敛的所谓穿衣,实际上是将衣服裹在尸袋上下,为了保持外形的整齐,死者两肩上方的空虚处要用卷好的衣服填满。最后,要用布带捆扎,使之牢固,小敛完毕,丧主、丧主之妇在尸床两侧抚尸,顿足痛哭。由于此时还没有成服,而丧事已经开始,故不得不采取一些权宜的措施:丧主用麻挽发,袒露左臂,丧主的庶兄弟等用布束发,去冠戴免,妇人们麻与发合结。接着,有司抬起尸体,众男女则在两旁捧持着尸体,然后将尸体安放在堂上,用夷衾(yí qīn,用以覆盖尸体、灵柩的被单)覆盖尸体,等待大敛。众男女在尸周围顿足而哭。

4. 大殓

大敛也是死后第二天中最重要的仪节,主要内容是为将尸体装入棺柩。地点由适室转移到堂上,表示死者正一步一步地离开自己生活过的地方。为了便于将尸体装殓入棺,先要在堂的西阶之上挖一个称为肂(si)的坎穴,其深度以能见到棺与盖之际的木榫(sǔn)为准。然后用窆(biǎn)车将棺柩徐徐放入坎穴中,棺盖放在地上。接着在堂上张设帷幕。有司在东阶上铺席,并依次陈放敛尸用的绞带、单被、絮被、衣服,最好的祭服放在外面。将尸体抬到大敛席上,按与小敛类似的方法为死者加衣。根据丧礼的规定,士大殓所加的衣服为三十套,丧主号哭时,顿足不计次数,接着,丧主将尸体捧入棺木入殓,丧主察看坎穴中的棺木,接着在棺木四旁各放一筐放置炒熟的黍稷,这是为了吸引日后钻入棺木中的虫蚁,以免它们噬咬尸体;然后盖上棺盖,再在其上涂泥。丧主号哭,顿足不计次数。大敛完毕,撤去帷幕。丧主、丧主之妇抚尸痛哭,有司将标志死者身份的旗旌插在坎穴的东侧。大敛毕,丧主与亲属开始正式服丧,应该有丧杖(又叫丧棒)的要执丧杖。

古人把停柩称为"殡",今天,人们将停放尸体的地方称为殡仪馆,其源盖出于此。《礼记·王制》说:"天子七日而殡,七月而葬。诸侯五日而殡,五月而葬。大夫、士、庶人三日而殡,三日而葬。"意思是说,从死到停柩,天子需要七天,诸侯需要五天,大夫以下只要三天;停柩的时间,天子为七月,诸侯为五月,大夫以下只要三天。这是因为葬礼的规模不同,需赶来参加丧礼的人相差悬殊,所以需要准备的时间也就有长短。

5. 成服

成服是丧家及亲属按照与死者关系的亲疏穿上不同的丧服,叫"成服",所穿"五服"即斩衰、齐衰、大功、小功、缌麻,五种孝服,成服大致在大殓之后,因此,一般为死者去世后第三天,宋代之后则大殓之后立即成服。(五服后文有述)

三、出丧礼仪

出丧礼仪是把灵柩发送到墓圹安葬的整个过程的礼俗,也叫"出殡"。出丧礼仪包括择地择日的卜兆宅葬日、启殡、朝祖、陈明器、送葬、反哭等礼俗,属于丧葬礼制中的重要内容。

1. 卜兆宅葬日

卜兆宅葬日是指在选择墓址和出殡吉日时有一套自己的规定,兆是指坟墓的茔域;宅,此指阴宅,死者的居所。卜筮之风源远流长,古代葬时由家人

(zhǒng,官名,掌管公墓,公墓指王室的墓地)、筮者(掌卜筮的人;司占卦的人)、卜人(赞助礼仪的人,卜,通"仆")通过龟甲占卜来选定墓地和下葬的日子。在帝王则有选陵制度,官员与平民也一如陵制,汉代盛行卜兆宅习俗,魏晋相袭大盛,形成影响深远的阴宅风水习俗,对民间的葬俗影响尤深。

与择地相同的是择日的礼俗。所谓"刚柔相得,奇偶相应,乃为吉良"的观念深入人心。唐代时卜葬日的仪式极其隆重、严肃。丧家全都静候,卜命曰:"孤子某来日谋卜葬某官封某甫(母则云'为某母太夫人某氏')考降无有近悔。"意为卜得此日,魂神上下都不得怪咎后悔。卜定葬日后,丧家内外都尽哀而哭。卜葬日的礼俗对民间同样影响甚大。

2. 殡后居丧

大敛成殡之后,丧主哀毁无容,居住在门外倚墙搭建的丧庐中,晚上寝卧在草席上,用土块作枕头,首绖(dié 用麻做的丧带,系在腰或头上)和腰绖都不解下。时刻想念着逝去的亲人,悲之所至就号哭,昼夜都没有定时,与丧事无关的话不说。只是喝粥,早晨煮一把米,傍晚煮一把米,不吃蔬菜和水果,热孝在身,完全没有心思去想饮食的滋味。

3. 启殡、朝祖

启殡是将灵柩移到堂屋正中以准备出殡。启殡在天色微明时举行,殡宫门外点燃了两支烛炬,用以照明。据《仪礼·既夕礼》载,启殡和朝祖都是很肃穆的仪式。启殡礼时,有丧服的亲戚都需参加,妇人不哭,主人祖露左臂,祭奠之后,商祝(习商礼而任司祭的人)执灰理之布进来,走到西堂阶前,同三次"噫兴"的声音,然后诏告神,"要启殡了",共说三遍,命丧家哀哭,这时,两支已准备好的火炬拿进来,夏祝(习夏礼而任司祭的人)取铭旌插到重上,丧家不尽的哭踊。商祝用灰理布拂去灵柩上的灰尘,用小殓时覆尸的夷衾盖住灵柩。然后用轴车把灵柩运到祖庙。运柩时的次序是重在先,奠跟从在后,火炬在奠后,柩在火炬后,最后是主人和丧家亲属。

死者生前每逢外出必须报告长辈,是所谓"出必告"。此时人已逝世,即将葬入墓地,但行前首先要到祖庙中告别,以最后一次表达孝顺之心,这一仪节称为"朝庙"或"朝祖"。这是一种相当人性化的处理,所以《礼记·檀弓》说:"丧之朝也,顺死者之孝心也。其哀离其室也,故至于祖考之庙而后行。"周礼,朝祖由丧家奉柩到祖庙行祭奠礼,后因家庙狭小难于周转,因此,改魂帛代柩。

4. 装饰柩车

灵柩内有死人,运往墓地时恐路人厌恶,所以要加以装饰。棺饰的总体设计很像是一座屋子,分上下两部分,上部称为"柳",基部是一个长方形木框,罩在灵柩的盖上,柳上用布覆盖,形状略如尖顶的房屋,称为"荒",上面绘有文采。柳的前面和左右两侧用竹管围绕,称为"池",如同屋檐之下的霤(liù 屋檐的流水)。棺饰的下部称为"墙",指灵柩的前面和左右两侧,都用布围着,称为"帷";此时前部有一个形如屋的"池",连结棺顶及四周白布的纽扣前后左右各一,前红后黑,车顶的圆盖有红、白、青三色,四周悬挂贝。棺两侧各有两条帛带。灵柩左右设有"披",车的两边也系上了"引",(披和引的用途详见下文)。

5. 陈明器

明器是指随葬的器物,所以古人说是"藏器",后世又称为"冥器"。明器不是实用的器物,因而做工粗恶,此时陈设明器,是为落葬作准备。包裹羊肉、豕肉的苇包二个;盛放黍、稷、麦的畚箕三个。瓮三只:分别盛放醋、酱和姜桂的碎末。瓦甒(wǔ)两只:分别盛着醴和酒。每一器都有木架,器口都塞着。还有死者生前日常的器物,以及乐器和铠甲、头盔、盾牌和盛箭器等兵器,燕居时用的手杖,竹笠,雉扇。

6. 大遣奠

安葬之日,天明之时,将大遣奠的祭品预先陈设在大门外。大遣奠是为安葬遗体而设的,所以又称"葬奠"。这是最后一次为死者举行奠祭,所以特别隆重,祭品的规格超过前面所有的奠祭。

7. 发引

大遣奠完毕后,送葬的队伍准备前往墓地。有司将"重"从庙门中央抬出去,再将驾车的马匹和车拉出门,套好车,等待出发。

发引是丧葬的重要仪式,引,又写作"绋"或者称为"绋(fú)",是挽引柩车的绳索,柩车启动前往墓圹时,送丧者执引挽车走在前面,称为"发引"。《礼记·檀弓下》说:"吊于葬者必执引,若从柩及圹,皆执绋"。可见,执引是亲友表示对丧事"助之以力"的举止。

执引助葬,是古代通行的礼仪,流传很广,是人们彼此借以申述情谊,追思缅往的一种方式,时至今日,我们依然可以在丧礼中看到它的遗意。如今参加追悼会,人们在送花圈时,通常会在绶带末尾写一"挽"字,大概很少有人会想到,这里的"挽"就是"挽"的俗字。"某某挽"正是古代"执引挽车"的意思。明白了这个道理之后,我们就不难理解为什么哀悼死者的对联称为"挽联"、吊丧的布帛称为"挽幛",送葬时唱的歌称为"挽歌"。

前往墓地的道路肯定会有凹凸不平之处,为了防止灵柩倾斜、翻到,棺柩两旁在饰柩车时就已经系上了"披",披是一种红色或者黑色的帛带,每条披由两位送丧者执持,在柩车晃动时用力拉住,以保持其平衡。披的多少,表示不同的身份,天子一边六披,两边为十二披;大夫一边四披,两边为八披;士一边两披,两边为四披。柩车出宫门时,丧主想到亲人的遗体离家越来越远,悲从中来,顿足而哭。送葬的途中,柩车一般不能停在路上,只有国君派人前来赠助丧之物时,才能例外。

8. 窆(biǎn)和执绋(fú,;绳索;古同"绋")

送葬的队伍来到墓穴前,乘车、道车、稾(gǎo)车以及随葬的明器陈设在墓道的两侧,众主人面朝西排列在墓道之东,妇人面朝东站在墓道之西。为了保持安静,确保下棺时万无一失,此时男女都不得哭泣。下棺称为"窆"。为了防潮,先要在墓穴的底部垫上称为"茵"的布。茵是夹层的,中间塞进了茅秀和香草等有芳香气味的草本类植物。接着将灵柩抬下车,除去棺饰,然后在棺上系上綍。綍是指下棺用的绳索。当初在殡宫将灵柩从坎穴中托起来时用的绳索就是它,此时用它将灵柩托起时,助丧者都要执挽綍,然后将灵柩徐徐降入墓圹。古代丧葬用綍的数量有严格的等级,天子六綍、诸侯四綍、大夫二綍。灵柩落葬后,丧主哭踊,并将黑色和浅黄色的五匹帛献给死者,然后向灵柩跪拜叩首,起立后又哭踊。献毕,丧主和丧主之妇分别礼拜前来参加葬礼的宾客,然后各就其位哭踊。有司将随葬的用器、兵器、乐器等放在灵柩的旁边;接着将柳、墙等棺饰摆放在灵柩的上面;再将盛有牲肉的"苞"和盛有黍、稷、麦的"筲"等放置在棺、椁之间。摆设完毕,先在棺上架"折"。折是一块大木板,中间凿有若干方孔,形状略如窗格,纵向三条,横向五条。折的作用,是支撑上面的填土,防止棺椁被压坏。折架好后,上面铺抗席,以防灰土落入墓室。抗席上再加抗木,抗木的作用也是防止填土下压,其结构与棺底部的茵一样,也是横三、竖二,这是象征天数三、地数二,人长眠于天与地之中的意思。最后往墓穴中填土、夯实。

顺便要提及的是,上古时代"墓而不坟"地上没有隆起的封土,即后人所说的坟头。据《礼记·檀弓》载,最早在坟上堆土为冢的是孔子。孔子早年丧父,许多年之后母亲去世,于是孔子将父母合葬在一个叫防的地方。孔子终年在列国之间奔走,是所谓东南西北人也,为了准确标记墓的位置,以便不时来凭吊,便在墓地上堆起了四尺高的坟土。这是文献所见的最早的坟头。

灵柩落葬之后,将乘车、道车、稾车上的衣服等集中到柩车上带回。葬毕而归时,不驱赶车子,似乎觉得死者的精魂还要回家。

四、终丧

整个丧礼,是围绕着处理死者的遗体和魂灵两个主题进行的。如果说前三个议程是"送形而往",将死者的形体送到墓地安葬,则士虞礼就是"迎魂而返",将死者的精气迎回殡宫,进行祭祀。

亲人的躯体已经不可再见,为什么还要祭祀?儒家认为,亲人的精气与神明永存于天地之间,有着佑善惩恶的能力;子女的思念也不会因时空而阻断。祭祀是沟通生者与逝者的方式,既可以表达子女对亲人绵绵不绝的思念,同时祈求列祖列宗的福佑。因为孝子一天也不忍心离开亲人的魂神。

1. 反哭

葬事完毕,丧家男女从墓圹返回祖庙和殡宫号哭的礼节,称"反哭"。祖庙是死者生前带领家人进行各种礼仪活动的场所,如今堂室依然,而人已化去,内心哀伤无比。丧家在掩埋之后奉神主归家,轮流号哭,尽哀而止。

2. 立尸

灵柩落葬之前,对死者的祭祀统称为"奠",灵柩落葬之后,最初的祭祀称为"虞",并且要立"尸"。古代祭祀,只要受祭者是成年后死亡的,就一定要有尸。尸就是代表死者接受祭祀的人。孝子不能漫无目标地祭祀,因此要找一个人来代表死者,使生者的心意有所归属,对尸的祭祀称为"飨尸"。那么,选择尸有哪些条件呢?首先是性别。如果受祭者是男性,则尸必须是男性,如果受祭者是女性,则尸也必须是女性;其次是班辈,尸必须是死者的孙辈担任,而不得由儿子担任。如果尸是小孩,没有自我约束的能力,祭祀时就让他的父亲抱着,所以《礼记》说"君子抱孙不抱子"(不是单纯"抱着"的意思,而是抱来给自己当尸)。如果死者没有嫡孙,可以从同姓的孙辈中挑选一人,不过女性之尸的要求比较特殊,一定要找异姓之女(不同于夫家的姓)担任,所以孙女不可以担任尸,一般由孙妇为尸;又因为尸是与尊者相配的人,所以,不可以让庶孙之妾那样的地位低贱的人担任。

正常的祭祀,除了"飨尸"之外,还包括"阴厌"和"阳厌"。所谓"阴厌",是在飨尸之前,先用祭品飨神,由于祭品设在室内终年不见阳光的西南隅,所以称为"阴厌"。阴厌的仪式比较简约,以食供神而已。所谓"阳厌",是飨尸之后将祭品设在室内的西北隅,这里阳光尚能照到,故名。如果受祭者属于尚未成年而夭亡,则不能享有成套的成人祭礼,不能设尸而祭,而只能用阳厌或者阴厌。正因为如此,如果受祭者为成年人而祭祀时没有尸,就等于把他当成短寿夭亡者来对待,是绝对不允许的。对夭亡者的祭祀有两种情况:如果宗子,祭祀用"阴厌";如果是庶子,或者是死而无后者,只能到宗子家祭祀,而且只能用"阳厌"。

3. 做主与祔庙

丧礼初始时,没有神主,所以用插着铭旌的"重"代替。从虞祭起,开始立神主(相当于后世的牌位),重则埋入地下。神主有"桑主"和"栗主"两种。虞祭时用桑主。顾名思义,桑主用桑木制作,之所以如此,一是因为桑与丧谐音,可以以桑表丧;二是因为桑木粗劣,与孝子的哀痛之心正好相符。新死者的桑主要按照昭穆次序祔庙,古人祭祀,太祖的神主居宗庙之中,坐西向东;子孙的神主按照"昭穆"的次序在太祖的左右两侧排列;左面的一列坐北朝南,南方明亮,故称为"昭";右面的一列坐南朝北,北方幽暗肃穆,故称"穆"。昭穆表示辈分,父为昭则子为穆,孙又为昭,曾孙又为穆。此时三年之丧尚未结束,新死者还没有自己的庙可居,只能附在与自己昭穆之班相同的祖庙受祭,所以称为"祔祭",或者"祔庙之祭"。与虞祭不同的是,虞祭祭于殡宫,桑主也在殡宫;祔祭祭于祖庙,祭祀时桑主从殡宫移到祖庙,祭毕,桑主送回殡宫。

4. 圆坟

圆坟是一种祭奠形式。在葬后 3 日举行,家属都要到坟前行圆坟礼,为坟培土。还要烧纸钱、上供品,并由死者孙子、孙女(童男童女)绕坟正转 3 圈,反转 3 圈,谓之"开门"。人们认为开门后便可以和死者交流感情、叙述衷肠,死者也可接到晚辈们的祭奠和送去的金钱、食物等,在阴间生活富足,不愁钱花。把坟丘加高,堆实,看上去俨然新坟一样。圆坟后,丧礼基本结束。

5. 做七

治丧后,每隔七天祭祀一次,称为"做七"、"七七"为最后一个"七",称"断七"。其中"五七"一次最热闹,一般请来道士做"五七"道场。人们认为,人死后七天才知道自己已经死了,所以要举行"做七",每逢七天一祭,"七七"四十九天才结束。还有一说是源自先秦时代的"魂魄聚散说":人之初生,以七日为腊,一腊而一魄成,故人生四十九日而七魄全;死以七日为忌,一忌而一魄散,故人死四十九日而七魄散。做七的意义就是祭送死者。

6. 小祥、大祥、禫(dàn)

从反哭之祭到三年除丧,中间还要经过小祥、大祥、禫等几个重要仪节。小祥是周年之祭,在第十三个月举行;大祥是两周年之祭,在第二十五个月举行;禫,是三年之丧中的最后一个祭名。禫祭的时间,在第二十七个月,是脱去丧服之祭。

小祥之祭时,要将桑主弃埋,改用栗主,就是栗木做的神主。小祥之祭也在祖庙举行,祭前将栗主移送到祖庙,祭毕再送回殡宫。小祥之祭时,还要举行"坏庙"的仪式。"坏庙"又称"毁庙"但并非毁坏旧庙,重建新庙。而只是对旧庙作某些象征性的改变。根据昭穆制度,新主的昭穆之位与其祖父相同,三年之丧完毕,新主要迁入祖庙。如果把祖庙原封不动地让给新主,则有苟且不敬之嫌;拆毁重建,又不免造成无谓的浪费。所以采取了一种两全其美的办法,通过"易檐"和"改涂"整新旧庙。所谓易檐,就是改换屋檐的某一部分。改涂是重新涂饰祖庙。更换旧庙的屋檐,并重新涂饰一次,表示已不再是旧庙,可以视为新庙。

第五节　丧服与居丧

丧服制度是以丧服来表示亲属之间血缘关系的远近和尊卑关系的服饰制度。人死后其亲属要在一定时间内改变通常的服饰,这种礼俗起源很早。许多民俗学家认为,丧服的最初意义在于表示某种禁忌。原始社会的先民出于对鬼魂的恐惧心理,担心死者会降祸作祟,为了不被鬼魂辨识,免遭灾祸,在办理丧事时往往披头散发,以泥涂面,衣着也同平时大不一样。到后来随着伦理观念的进步,丧服的意义也逐渐演变为主要表达对死者的悼念和居丧者失去亲人的悲痛心情的一种形式,即所谓"饰情之表章"。

丧服是丧葬文化中的一种表征形式,它使家庭或家族的死亡事实以及本人与死者亲疏关系,都一览无余地给以形象地表达。如此生动而又缜密地用穿戴的衣帽、服饰、枝杖等将人们血缘、亲缘、政治等级和其他关系给出无懈可击的体系,确实是我们古人对丧葬和人事关系极端重视的结果。但是,丧服不是古人凭空的想象,丧服制度也不是先贤的个人创造,而是对现实亲缘关系、宗法制度以及丧葬习俗综合考虑的基础上演绎编制而成的杰作。

一、"九族"——以三为五,以五为九,亲属关系的确立

丧服制度的原则,《荀子·礼论》说是"称情而立文",意思是说,丧服的节文是按照生者与死者的感情深浅来确立的,而感情的深浅是由彼此关系的亲疏决定的。从理论上来说,一个家族的繁衍永远没有穷尽,因此,人的亲属系统总是在向上下、左右不断扩大。为了生活和管理的便利,需要划分家族。任何人与父亲、儿子的血缘关系都是最近,相处最为密切,恩情也最深。因此,古人将父、己、子三代作为家族的核心。以此为基点,通过两次往外扩展来确定家族的范围,这就是《礼记·丧服小记》所说的"亲亲,以三为五,以五为九"。"三",指的就是父、己、子三代。由父亲往上推一代是祖父,由儿子向下推一代就是孙子,经过这样一次扩展,亲属关系就由原来的三代延伸为祖、父、己、子、孙五代,这就是"以三为五"的意思。接着,再由祖、父、己、子、孙五代分别再向上、向下推两代,经过这一次扩展,亲属关系就延伸为高祖、曾祖、祖、父、己、子、孙、曾孙、玄孙九代,这就是"以五为九"的意思。

为什么要将亲属关系扩展到九代呢?因为人一生中能够见到的直系亲属,向上数最多不过到高祖,向下数最多到玄孙,这是一个极限范围。以此为基础,旁系亲属从兄弟开始,可以有从父兄弟(与自己同祖父的兄弟)、从祖兄弟(与自己同曾祖的兄弟),最远只能到族兄弟(与自己同高祖的兄弟)。如此,上至高祖四代,下至玄孙四代,加上自身一代,一共九代,包括从父兄弟、从祖兄弟、族兄弟等在内,构成了习惯上说的"九族",囊括了本宗家族的全部成员。"灭九族"就是家族成员一个不留。

祖宗十八代:由自己开始,上序依次为:父母,祖,曾祖,高祖,天祖,烈祖,太祖,远祖,鼻祖。下序依次为:子,孙,曾孙,玄孙,来孙,晜(kūn)孙,礽(réng)孙,云孙,耳孙。

二、丧服

五等丧服,由重到轻依次为斩衰(cui)、齐(zi)衰、大功、小功、缌(si)麻,五服之内又有细分,一共有十一种丧服的情况,这五个等级有三大区别:第一是布料不同;第二是做工不同;第三是(穿着)时间不同。其名目和服丧对象大略如下。

1. 斩衰三年

斩衰(cui):是五等丧服中最重的一等。斩衰,"衰"衰亦作"缞",是麻质丧服中披于胸前的上衣,下衣则叫做裳。斩衰上衣下裳都用最粗的生麻布制成的,裁的时候不能用剪刀绞,用刀砍,叫"斩"。斩下来以后就渐渐缕缕的,而且不能缝边,就是把这个碎穗子都留出来,就像我们现在穿的那个很酷的牛仔裤一样,那裤脚都是在上面挖个洞,在现在就叫酷是吧,当时就叫苦,表示最悲痛,悲痛的不得了,叫"斩衰"。斩衰裳并非贴身穿着,内衬白色的孝衣,后来更用麻布片披在身上代替,所以有"披麻戴孝"的说法。

凡诸侯为天子、臣为君、子为父、媳对公婆、承重孙(如嫡长子比父母先死,那么嫡长子的嫡长子在他祖父祖母死后举办丧礼时要代替嫡长子也就是自己的父亲做丧主,叫承重孙)对祖父母、妻妾对夫,父为长子,都要穿斩衰。明清二代,规定子(包括未嫁之女及嫁后复归之女)为母(包括嫡母、继母、生母)也服斩衰。"父为长子",这里所称的父,必须本身就是嫡长子,是上继父、祖、曾祖、高祖的正嫡,他的长子将来要继承正嫡的地位,是先祖正体的延续,承受宗庙付托之重。在这种情况下,嫡长子先死,父为之服斩衰,一则表示为自己的宗族失去可以传为宗庙主的重要人物而极度悲痛,二则表示对祖宗的尊敬。秦汉以后,随着典型的宗法制度的瓦解,斩衰中父为长子服斩衰这一项,一般说来也就不再实行了。

行三年之丧,三年,实际 25 个月,据说是因为"子生三年,然后免于父母之怀"(《论语·阳货》),所以,父母死后,为人子者要服丧三年以报答养育之恩。到战国时逐渐推广,而真正成为制度被社会普遍接受,则在汉代以后。

2. 齐(zi)衰

是次于斩衰的丧服,"齐":下衣的边,用粗麻布制作,有别于斩衰的毛边,缘边部分缝缉整齐,因此称"齐衰"。根据亲疏的不同,有用杖(丧杖)与不用杖的区别,丧期也有长短,总共有四种情况:

齐衰三年:适用于在父已先卒的情况下,子及未嫁之女、嫁后复归之女为母,母为长子服。《丧服四制》说:"资于事父以事母而爱同。天无二日,士无二王,国无二君,家无二尊,以一治之也。"子女对于父亲、母亲的恩爱是相同的,但在丧服上却有所不同,主要是出于家无二尊的考虑,实际上是为了突出父系的主体性。

齐衰杖期(jī,期服用杖):适用于父尚在世的情况下,子、未嫁之女、已嫁复归之女为母,夫为妻。父在为母仅服杖期,夫为妻服;丧服与齐衰三年全同,但丧期为期年(一周年)。到了唐代武则天时,规定父母之丧一律为三年。

齐衰不杖期:适用于为祖父母、伯叔父母、兄弟、未嫁之姐妹、长子以外的众子以及兄弟之子。此外,祖父母为嫡孙、出嗣之子为其本生父母、已嫁之女为父母,随母改嫁之子为同居继父、妇(儿媳妇)为舅姑(公婆)、为夫之兄弟之子,妾为女君(夫的正妻)也服齐衰不杖期。;与以上两种丧服的主要差别是"不杖"。旧时宗法制度认为,女子一旦出嫁,就脱离了父亲的宗族,而加入丈夫的宗族,妇女不能有两重服斩衰之丧的关系, 即"不二斩", 所以已嫁和未嫁有很大区别,已嫁妇女就不再为父母服三年重丧了。

齐衰三月:适用于为曾祖父母,高祖父母。此外,一般宗族成员为宗子,也是齐衰三月之服,庶人为国君也用此服。

3. 大功

大功的"大"是大略的意思,"功"指人工,也叫"大红",大功布用熟麻布,但颜色不太白。

大功殇(shāng)九月、七月:此服主要是为殇者而服。未成年(不满二十岁者)而死为"殇",按照殇者的年龄大小,殇又分为三种:19-16 岁为长殇,15-12岁为中殇,11-8 岁为下殇。为殇者服丧称为"殇服",殇服要降等,例如,为叔父应该服齐衰期年,但如果他是长殇或者中殇,就要降为大功九月;如果是下殇,就只能服小功五月。未满 8 岁而死,称为"无服之殇"。无服之殇不穿丧服,仅仅哀哭之。哀哭的时间与实际年龄相应,就是将死者的年龄折合成月数,然后"以日易月",生一月则哭一日。古礼,孩子生下来三个月才取名,如果是尚未取名就死去,则不必为之哀哭。为子、女的长殇、中殇;兄弟之长殇、中殇等服之。

大功九月、七月:为从父兄弟(指的是父亲的亲兄弟的儿子,即伯叔父的儿子,即父亲的侄子,现称堂兄弟)、丈夫的祖父母、已嫁之姑母、姊妹、女儿,未嫁之从父姊妹(伯叔父之女,即堂姊妹)及孙女,嫡长孙之外的众孙(包括未嫁的孙女)、嫡长子之妻。此外,已嫁之女为兄弟及兄弟之子(侄),已嫁、未嫁之女为伯叔父母、姑母、姊妹,妻为夫之祖父母、伯叔父母以及夫之兄弟之女已嫁者,出嗣之子为同父兄弟及未嫁姊妹等服之,也都是大功之服。

繐(suì)衰:是一种特殊的丧服,诸侯之臣为天子服之。

4. 小功

小功所用的麻布较大功更细。所谓澡麻,是指经过洗涤的较白的麻。

小功殇五月:为叔父之下殇、兄弟之下殇等服之。

小功五月:适用于为从祖父母(父亲的伯叔父母),堂伯叔父母(父亲的堂兄弟及其配偶),从祖兄弟(父亲的堂兄弟之子),已嫁之从父姊妹及孙女,长子外的诸子之妻,未嫁之从祖姑姊妹(父亲的伯叔父之女及孙女),外祖父母、从母(姨母)。

5. 缌麻

缌麻是最轻一等的丧服,因为其细如丝古故称丝麻,

缌麻三月:适用于为族曾祖父母(祖父的伯叔父母)、族祖父母(祖父的堂兄弟及其配偶)、族父母(祖父的堂兄弟之子及其配偶)、族兄弟(祖父的堂兄弟之孙),从祖兄弟之子,曾孙、玄孙,已嫁之从祖姑姊妹,长孙之外的诸孙之妻,姑祖母,姑表兄弟,舅表兄弟,姨表兄弟,岳父母,舅父、女婿、外甥、外孙。此外,妻为夫之曾祖父母、伯叔祖父母、从祖父母、从父兄弟之妻,也都有缌麻之服。

五世祖免:如果凡是占一点亲的人死了都要服丧,则人生的大部分时间都在服丧,这就很难有正常的生活,社会也就没法发展。因此,古人将服丧的范围限制在九族之内。但是,九族之内的亲疏关系有很大差别。父、己、子三代最亲,而无论向上、向下还是向旁系,亲情关系都是越来越疏远,自己与祖父、孙子不仅在血缘上隔了一层,而且相处的时间一般也比父、子少,彼此的情感自然会递衰。与曾祖、高祖就更是如此了,甚至可能从未见过面,只是听父祖说起,情感自然会再度递衰。这种递衰的现象礼书称为"减杀","杀"(shai)是减少、减损的意思。那么,出了五服的远亲有丧事时,又应该如何处理呢?《大传》说有两条原则,一是"五世祖免",就是说,五世之亲有丧事,不必为之服丧,只要在入殓、出殡时祖露左肩、著免(wen,"著免"是在头上结一条一寸宽的丧带)就可以了;二是"六世,亲属竭矣",到了六世,尽管彼此的先祖有亲缘关系,但亲属关系就此斩断,即使对方有丧事,也可以不作任何表示。可见,"五世祖免"是一种过渡性的丧饰。

绖(die):古代男子戴冠,围在丧冠之外的称为首绖。古人平时穿衣,腰间有大带和革带。大带用来束衣,革带是用皮革做的,用来系挂小刀等物件。穿丧服时大带和革带都不用,而是另外用两条麻绳代替,其中一条苴(jū)麻制作,称为腰绖;另外一条称为绞带。腰绖象大带,绞带象革带。古代男子重首,女子重腰,故尤其看重绖。绖是最重要的丧饰之一。

丧杖:与丧服配合使用的还有丧杖。上古时代的杖,原本是有爵位者使用的。在丧礼中,杖成为专门的丧具,但并非服丧者都可以使用,而主要限于以下两种情况:一是丧主,丧杖具有表示其在丧家中的身份的作用;二是年老体衰

或有病之人体力不支,需要借助于杖来支撑,具有"扶病"的作用。未成年的儿童不用杖,因为他们年龄小,还不太懂得丧失亲人的痛苦,不会因哀伤而致病。丧杖有竹杖和桐杖之别。为父亲服丧用竹杖;为母亲服丧用桐杖,就是用桐木削成的杖。丧杖的高度与心齐平,竹根一端朝下。

出服之义:亲属关系超过五代,不再为之服丧,叫做出服,也叫出五服,在婚嫁中出五服即可通婚,也有一说为:一爷之孙不出服,以下一辈一服,总计八代。民间有骂人祖宗八辈的,那意思就是把整个家族都骂了。现代人多认为五服是五代,这种说法是错误的。

农村所说的"五服",指的是九族:高祖、曾祖、祖父、父亲、自己、儿子、孙子、曾孙、玄孙。这九代以外的本家族的人是"出五服"的人,关系较远。今人以为,这一说,最正确。

三、居丧要则

在不同的居丧阶段,人的悲伤程度也不同。礼是表达情感的,因而丧礼对守丧者的起居也有许多阶段性的要求。除了上面已经提到的之外,至少还有如下几种:

1. 居处

为父母服丧,要居住在倚庐(倚墙搭建的草棚)中,室内不作任何涂饰,晚上睡在苫草上,把土块当枕头,首绖和腰绖也不脱去。服齐衰之丧,居住在垩(è)室(土坯垒砌的草屋),当卧具用的蒲席,边缘虽然剪齐,但没有扎边。服大功之丧,可以睡在席子上。服小功、缌麻之丧,可以睡在床上。此外,居父母之丧,卒哭之后,可以将倚庐近地的一边用柱子撑高,使棚内空间增大。棚顶的草也可以略作修剪,睡觉用的草苫,可以换成齐衰之丧的那种。小祥之后可以搬到垩室去住,可以睡席子。大祥之后,可以回到自己的寝室居住。禫祭之后,就可以恢复正常生活,睡在床上了。

2. 饮食

失亲之痛也必然会表现在饮食上。无论地位高低,只要是至亲去世,都会无心饮食,而以饘粥(zhān。稠的意思,饘粥之食。也指煮或吃稠粥的意思)为继,甚至不吃不喝。为了防止哀毁伤生,儒家做了许多规定。《礼记·丧大记》说,一国之中,国君去世就是国丧,世子、大夫、庶子、众士都三天不吃饭。三天后,世子、大夫、庶子可以吃粥,一般是早晨熬一把米,晚上熬一把米,不过不限次数,饿了就可以吃。众士可以吃糙米做的饭,可以喝水,也不限次数。父母之丧,孝子三天不吃不喝。三天以后,就必须让他喝粥。卒哭之后,可以吃糙米饭和喝水,但不能吃蔬菜和水果,小祥以后才能吃蔬菜和水果,大祥以后才能吃肉,并且可以有醢、酱等调味品。禫祭之后可以饮醴酒。此外,父亲尚健在,为母、为妻服期年之丧,终丧不可以吃肉、饮酒。上述关于饮食的规定,对于年老体衰者可以例外。如七十岁以上的人服丧,穿上丧服就可以了,饮食可以与平常一样。

3. 言谈

热孝在身,孝子必然沉默寡言,随着丧期的延长,才慢慢发生变化,《礼记·丧大记》说"父母之丧,非丧事不言";《礼记·丧服四制》说:"斩衰之丧,唯而不对;齐衰之丧,对而不言;大功之丧,言而不议;缌小功之丧,议而不及乐。"(居丧者应该不谈丧事之外的事情;当宾客有所询问时,服斩衰之丧者只能表示是或者不是,而不作具体回答;服齐衰之丧者可以具体回答,但不可以主动发问;服大功之丧者可以主动发问,但不得发表议论;服缌麻、小功之丧者可以发表议论,但不能有显得快乐的表情)。落葬之后,如果孝子是国君,则可以谈天子的事,而不可以谈本国的事;如果孝子是大夫、士的,可以谈本国的事,而不可以谈自家的私事。

4. 服饰(详见五服篇)

5. 行为

《礼记·曾子问》说,小祥后主人虽然改服练冠练服,但哀痛尚深,所以,不与众人一起站立、走路,也不到别人家吊丧、哭泣。《礼记·杂记上》说,在服丧期间,小功以上的亲属,如果不是有虞、附、小祥、大祥,不可以沐浴。服齐衰之丧者,若有人请求见面,要到落葬之后才可以去见,但不可以主动要求请见他人。小功以下的亲属,落葬之后可以求见他人。此外,服三年之丧者,即使过了小祥,也不到别人家吊丧。服期年之丧者,在小祥之后,就可以外出吊丧。对于国君而言,落葬之后,天子的政令才可以通行于国中;卒哭之后才可以为王事奔走。对于大夫、士而言,落葬之后,国君的政令就可以进入自己的家;如果遇到战争,还应该参加。小祥之后,国君可以谋国政,大夫、士可以谋家事。禫祭之后,一切恢复正常。

此外,在服丧期间游戏作乐、外出宴饮、嫁娶生子、匿丧求官等,都会被视为悖逆人性的禽兽之行,受到舆论的谴责。魏晋以后以礼入法,类似的行为还会受到法律的制裁。例如,《唐律疏议》规定:为父母、丈夫服丧期间,自身嫁娶者、杂嬉作乐者、提前除丧者,要被判处三年徒刑;怀胎者,判处一年徒刑;参加吉宴者,杖刑一年。

上述规定必须严格遵守,任何超越阶段的行为,都会受到指责。《礼记》中记载了许多违礼的事情,让后人谨记,切不可重犯。例如,大祥之祭后,可以穿白色、但没有鞋鼻的鞋子,冠和缨带都用白色的生绢做成,冠的镶边也用白绢。又如,小祥时,主人酬敬宾的酒,宾不饮而放在席前,宾不举杯,也就不举行旅酬(彼此劝饮),这是礼的要求。《礼记·檀弓上》说,鲁国大夫公孙蔑(孟献子)在禫祭之后,家中的乐器虽然悬挂而不奏,也不让侍寝的妇人入室,沉浸在思亲之情中。孔子赞叹说:献子真是超人一等啊!儒家认为,三年之丧漫长而复杂,能否处处守而不失,正是观察人是否具有仁爱之心、通理之智、强健之志的极好时机。

第七章 正确认识中国传统礼文化的意义与价值

对于我国的传统文化,习近平在不同场合多次强调说:"要继承和弘扬我国人民在长期实践中培育和形成的传统美德,坚持马克思主义道德观、坚持社会主义道德观,在去粗取精、去伪存真的基础上,坚持古为今用、推陈出新,努力实现中华传统美德的创造性转化、创新性发展,引导人们向往和追求讲道德、尊道德、守道德的生活,让 13 亿人的每一分子都成为传播中华美德、中华文化的主体";"对中国人民和中华民族的优秀文化和光荣历史,要加大正面宣传力度,通过学校教育、理论研究、历史研究、影视作品、文学作品等多种方式,加强爱国主义、集体主义、社会主义教育,引导我国人民树立和坚持正确的历史观、民族观、国家观、文化观,增强做中国人的骨气和底气"。(习近平 2013 年 12 月 30 日在中共中央政治局第十二次集体学习时的讲话)

"要加强对中华优秀传统文化的挖掘和阐发,努力实现中华传统美德的创造性转化、创新性发展,把跨越时空、超越国度、富有永恒魅力、具有当代价值的文化精神弘扬起来,把继承优秀传统文化又弘扬时代精神、立足本国又面向世界的当代中国文化创新成果传播出去"。(习近平 2014 年 2 月 17 日在省部级主要领导干部学习贯彻十八届三中全会精神全面深化改革专题研讨班开班式上的讲话)

"要讲清楚中华优秀传统文化的历史渊源、发展脉络、基本走向,讲清楚中华文化的独特创造、价值理念、鲜明特色,增强文化自信和价值观自信";"要认真汲取中华优秀传统文化的思想精华和道德精髓,大力弘扬以爱国主义为核心的民族精神和以改革创新为核心的时代精神,深入挖掘和阐发中华优秀传统文化讲仁爱、重民本、守诚信、崇正义、尚和合、求大同的时代价值,使中华优秀传统文化成为涵养社会主义核心价值观的重要源泉。要处理好继承和创造性发展的关系,重点做好创造性转化和创新性发展"。(习近平 2014 年 2 月 24 日在中共中央政治局第十三次集体学习时的讲话)

"研究孔子和儒家思想要坚持历史唯物主义立场,坚持古为今用,去粗取精,去伪存真,因势利导,深化研究,使其在新的时代条件下发挥积极作用"。(习近平 2013 年 11 月习近平同志考察山东曲阜孔庙时提及传统文化时指出)。

优秀传统礼文化凝聚着中华民族自强不息的精神追求和历久弥新的精神财富,是发展社会主义先进文化的深厚基础,是建设中华民族共有精神家园的重要支撑。重视优秀传统礼文化在意识形态领域的重要作用,中央领导同志有指示,做表率。接下来关键是社会各界行动起来,正视优秀传统礼文化的价值,"去粗取精、去伪存真";"坚持古为今用、推陈出新",发掘它们蕴涵的现代性力量,争做中华文化的笃信者、传承者、躬行者。

一、传统礼文化的精华

1. 确立了中华传统文化民本思想的主旋律

我国民本思想的起源,最早可追溯到"周公制礼"。公元前 1046 年发生了一场商周"牡野之战",这是一场完全因民心向背而导致以少胜多的战役:商王调集了 70 万人上阵,而周武王的联军只有 4.5 万人。由于商纣王的腐败,民怨到了极点,结果商军途中倒戈,士兵阵前起义,战斗不到一个月便结束了,周取代了商建立了周朝。据《史记·周本纪》记载,周武王和周公在"牧野之战"后两人晚上彻夜不眠,一研究如何避免重蹈商人的覆辙,实现长治久安。一个国和强大的商朝,怎么就像纸糊的房子一样,说倒就倒了?这场战争让他们看到了民心不可违,民众力量的伟大,也意识到今后治国要重视民心,于是他们确立了以德治国的思想。为了保证这一目标的实现,周公制定了一整套礼乐制度,并发表了一系列文诰,反复地强调顺民心、民意的重要性:"天聪明,自我民聪明。天明畏(威),自我民明威";"天视自我民视,天听自我民听"、"民之所欲,天必从之。"认为天道是符合民道的,民心、民意即天意。这就早史上著名的"周公制礼"。许多人都认为周人爱讲"天命",其实是误解,周人的"天命"是个幌子,周人讲的天,实际上是在指人民。周人的这种思想,把民众看做是社会之本,这就是我们今天所说的"民本主义"。这是一个非常了不起的思想,成为我国古代民本思想的一个主旋律。

2. 成为古代"以德治国"仁政思想的根源

儒家以德治国的仁政思想源于周公创立的礼乐教化之道。"不迷信天命"，靠"礼乐制度"维护统治，是促使周代产生"礼乐教化制度"的根本原因。周人重礼又重德，在他们看来二者是一致的：德是内在的要求，礼是外在的约束，礼体现着德，德规定着礼。一个人守礼即有德，有德必守礼。这种把德与礼相统一的作法，在《诗经》的宴饮诗中多有体现。如《小雅·鹿鸣》本为宴群臣嘉宾而作，但却特殊地描写了对德的向往和赞美："人之好我，示我周行"，"我有嘉宾，德音孔昭"。这反映了当时社会好礼从善、以德相勉的社会习俗。其实，礼制在周以前就已存在，其本质是君权神授、分封制和宗法制，但"礼乐教化"则是周代统治独有的特色。

3. 成为区别文明与野蛮之准绳

"礼"是区别人与动物的标志，儒家许多文献都表达了这种思想。《礼记》说："凡人之所以为人者，礼仪也。"也就是说，人懂得礼而动物不懂得礼，这是两者的根本区别。《礼记·曲礼上第一》说："鹦鹉能言，不离飞鸟；猩猩能言，不离禽兽。今人而无礼，虽能言，不亦禽兽之心乎？"人如果不懂礼，就是衣冠禽兽、会说话的畜生。"是故圣人作，为礼以教人。使人以有礼，知自别于禽兽。"儒家认为，人是通过礼来"自别于禽兽"的。所以"礼也者，理也"，"礼也者，理之不可易者也"。礼就是符合道理的行为规范。礼的精神所要体现的是一种能移易的道理，只有固守住礼的人，才算得上是一个真正意义上的人、一个大写的人、一个文明时代的人。人性原本深藏于我们的生命体内，无所偏颇。但是，当外物影响你的时候，你就会做出反应是喜还是怒、是哀还是乐等。性一旦表露出来，就称之为"情"了。儒家主张"己所不欲，勿施于人"，自己不喜欢的东西就不要强加于他人，因为"四海之内，其性一也"，人性是相通的。你不喜欢饥饿，就不要让别人饥饿；你不喜欢战争，就不要把别人推入战争。你喜欢的东西老百姓也同样喜欢，所以要"天下同乐"。从商朝把人不当人，到周公提出要尊重人，再到儒家提出要尊重人性，这是人类文明的伟大进步。不仅要把人当人，而且要尊重他的喜怒哀乐，这在思想史上的意义非常不简单。

4. 蕴涵着丰富的人文精神

中国古代礼的宗教色彩并不强,更多体现的是人文精神,它对古代社会人的道德情操的自我提升与超越有着重要作用。这种人文精神主要表现为:

遵礼精神:古代礼文化的内容十分丰富,古人认为"天下大事,非礼不成"。早在夏、商、周三代,各种礼已经初步形成,上至天子、诸侯、王公大臣,下至士大夫、黎民百姓,人人皆有可循之礼,事事皆有适宜之度。此后经历朝历代不断修订,"礼仪"更加完善,内容十分丰富,从社会秩序、人际交往到自我修养都有详尽的要求和规定,对人的各种行为给予明确指导,使人们言有所依,行有所本,襟怀坦荡,以善待人,密切关系,消除矛盾,成为人们道德修养标准。因此,遵礼守规,也是源远流长的中华传统文化之一。

敬礼精神:《礼记·曲礼》开头就说"毋不敬",郑玄为此作注:"礼主于敬"。唐朝学者孔颖达在《礼记疏》中也说过:"古人把礼分成吉、凶、军、宾、嘉五大类,五礼的实质,无一不是通过"礼"的形式来表达"敬"的。夫妇相敬,君臣相敬,士与士相敬,对自己的亲人就不用说了,哪怕已经逝去,依然要保持敬意。由这个"敬"字,可以衍生很多东西。所以朱熹说"毋不敬"是一部《礼记》的纲领。敬还应不分贵贱。《礼记》说:"礼者,自卑而尊人。虽负贩者,必有尊也。"所谓礼,就是通过自我谦卑的方式来尊敬他人,即使是一个肩挑背负、沿街叫卖的商贩,也一定有值得他人尊敬的地方。这段话告诉我们,即使是弱势群体,他们也有人格,它不应该受到贫富和地位这些因素的影响。因此,我们人人心里都应该有一个大写的"敬"字,时时要想到尊重自己,尊重同学,尊重老师,尊重学业。

修身养德:中国古代的礼仪是以修身作为基础的,《礼记》说,只有"德辉动于内",才能"理发诸外",你内心树立了德,德辉动于内,并表现在行为上才是合于理的礼。也就是礼要和修身结合起来,如果离开修身,行为即使中规中矩,也不能叫礼,而只能叫仪。

儒雅风度:我国古代有追求"雅"的文化传统。比如先秦的智者文化,魏晋的狂士文化,唐宋的诗词文化,明代的绘画文化,以及日常行为"雅"化所形成的酒文化、茶文化、艺伎文化、园林文化、居室文化等,都是"雅"文化的表现形式。文雅是古人追求的一种生活方式,一个生活文明而又有教养的人,言谈举止必然都很文雅的,以至于用餐、坐姿、站姿、服饰等都有严格的要求。

君子风骨:"天行健,君子以自强不息。"两千多年前,《周易》中的这句古训所诠释的是一种奋发有为的主体精神和独立不惧的君子人格。正是这种君子人格所展现出来的强烈主体意识和主体精神,使得中华民族在历史发展的关键时刻、在天灾人祸的危难之陆,无论是个人、集体还是民族、国家,都将刚健有为、自强不息作为毋庸置疑的正确抉择。尽管在漫长的封建专制时期,这种主体精神常常遭受打击和压制,但始终不失为君子之追求。

二、中国传统礼文化的糟粕

1. 烦琐的程式与严格的封建等级制

一提起古代的"礼",我们往往想到的是电视里的三跪九叩,口口声声喊"奴才"、"奴才不敢"、"奴才该死"之类的画面,尽是一些尊卑分明的东西,这是因为儒家礼乐思想是在发展过程中被程式化和封建意识形态化的产物。其实原生态的儒家礼乐思想是非常讲究互相尊重的,等级制并非主要方面。从中国传统礼仪的发展历史可知,礼的发展也是曲折的,在孔子和他的弟子在世的时期,他们把礼仪怎样教化人、怎样做最有成效已经发挥到了尽善尽美的地步。可是,治国的权力却是在统治者手上,统治者是否采用他们的理论,要看各方面的情况而定。孔子生前,曾经周游列国,希望能有君王采纳他的治国方案,结果是到处碰壁。直到汉初叔孙通制礼开始,礼才又真正被统治者所重视。但经叔孙通改造过的礼,已不是孔子的礼了,从此封建社会的礼走上了程式化和意识形态化发展的道路。儒家的礼本来是为了改造人性,使人与人相互尊重,但叔孙通这套礼,却是投帝王所好。也正因为帝王喜欢,这套东西后来才越来越发展、越来越重要。尽管孔子和他学生的那套理论一直在被研究和倡导,但却是慢慢地被边缘化了,一讲到"礼"就是朝廷的礼仪,天子的威仪。这一点从《左传》、《战国策》等先秦文献记载中可知,当时的朝仪,君臣是互相对坐的,可是,汉以后臣就不能坐了,得站着。最后还不能站着,得要跪着。这种仪式和思想与孔子的礼乐教化的思想是大相径庭了。宫廷礼仪下沉到官方和民间,进一步强化了封建礼仪的等级和特权观念,把礼仪推向了严格的等级制度和封建意识形态化的发展轨道。

儒家礼乐程式化的结果使得宫廷礼仪式越来越烦琐，越来越远离德的内核。原生态的儒家礼仪，"礼"是指内容，德是其内涵，礼是有思想的。"仪"是指仪式，亦是有思想的仪式。但经过朝廷礼仪的改造，就只剩下形式了。汉代的《礼仪志》中礼仪包括的内容不外乎几品官穿什么衣服，戴什么帽子，衣服是什么样子、什么颜色等，根本没有孔子思想的味道。

2. 宋明理学对人性的压制

宋明理学亦称"道学"。过去人们常用"道学"专指"封建礼教"，足见宋明理学与封建礼教关系密切。事实上，宋代以后的封建礼教的主要理论支柱就是"道学"。宋明理学是指宋明(包括元及清)时代占主导地位的儒家哲学思想体系。代表人物有宋代的程颢、程颐、朱熹、陆九渊和明代的王阳明。其中，对封建礼教最为给力的是"二程"(程颢、程颐)和朱熹，因此后人也将理学称为程朱理学。二程认为，由于"天理"在人身上的折射，人性的本然状态是至善的，人性善是"天理"的本质特征，恶则表现为人的不合节度的欲望、情感，二程称之为"人欲"或"私欲"是"天理"的对立面，二者具有不相容性，"天理"盛则"人欲"灭，"人欲"盛则"天理"衰。由于二程在"天理"学说的基础上大肆宣扬封建伦理道德，提倡在家庭内形成像君臣之间的关系，尤其是反对妇女改嫁，宣称"饿死事极小，失节事极大"，流毒颇深。朱熹是宋朝理学的集大成者，他继承"二程"的理学，认为理是世界的本质，"理在先，气在后"，提出了要"存天理，灭人欲"——这是一个至今为人诟病的口号。程朱理学在中国古代思想史上具有重要地位，对我国古代政治思想和哲学思想都产生了重要而深远的影响，并受到了后世历代封建王朝的尊崇，以致逐步演变成为我国古代封建社会后期近千年的占有统治地位的道学思想。

3. 封建礼教对妇女的压制

礼教毕竟是建立在以男权主宰和维护封建等级制为特征的封建社会基础上的，不可避免地带有压迫妇女、压制人性的机制。《诗经》时代的男女恋爱还是相对自由的，汉以后的封建礼教对男女之爱的摧残和夫妻之爱的压制之事就比比皆是了。梁山伯与祝英台；《孔雀东南飞》中的刘兰芝与焦仲卿；《钗头凤》中陆游与其表妹唐琬的故事都是典型例证。《礼记·内则》中有这样一段话："子甚宜其妻，父母不悦，出；子不宜其妻，父母曰日善事我，子行夫妇之礼焉，没身不衰。"意思是说,儿子很爱妻子,如果父母不喜欢,那么儿子也只好离婚;如果儿子不爱这个妻子,父母却说这个女人服侍我们很好,那么儿子也要结婚,而且要在一起过一辈子。说明儿子的爱情、儿子的终身大事完全决定于父母。

唐以后的封建统治者推行"贞节牌坊"旌表制度,客观上形成了对妇女残酷的性压制。封建礼教规定,妻子要为丈夫恪守贞操,不仅要在丈夫生前,还要在丈夫死后,就是夫死守节,不可再嫁。有的女子守寡时还不到 20 岁,也要一辈子守空房。有的妇女守寡了五六十年,如果儿子又做了官,就可申请朝廷旌表,立一个贞节牌坊。明清时期,随着性禁锢的愈演愈烈,这种事也越来越多,据《古今图书集成》中《闺节》、《闺烈》两部记载,唐代只有"节妇"、"烈女"共 51人,宋代增至 267 人,明代竟达 3.6 万人,而到了清代,仅安徽省休宁县就有2200 多人。在中国大地上,除民居外,另有两种建筑几乎是无处不在,一是庙宇,二是贞节牌坊。至今在安徽歙(shè)县还有一个牌坊群,有明、清时代的牌坊近 20 座,其中大部分与贞节有关,并建有烈女祠。在这些牌坊下面,不知埋着多少女子的血和泪。

还有"三纲"、"三从"、"四德",即:"君为臣纲、父为子纲、夫为妻纲","未嫁从父,即嫁从夫,夫死随子","妇德、妇言、妇容、妇功"。这些都是维护封建统治、压制人性、残害妇女的封建糟粕。在这"三纲"中,哪一"纲"对维护封建统治都是至关重要的,不然,如果突破一个缺口,整个封建社会的架构全要坍塌了,君权就摇摇欲坠了。所以,在封建社会中,对父权、夫权要求极严,丝毫不得逾越。

此外,在封建传统礼节中还有一些糟粕成分是需要指出的。例如建立在封建等级制之上的跪拜磕头礼(其实,这种礼仪本身并没有对和错的问题,问题在于对谁行跪拜礼。在特定的场合对自己的父祖必须行跪拜礼,对特别崇敬的人和有大恩之人也可以自发行使,但如果是畏权媚上,则是奴性人格体现,极具猥琐心态)。还有愚忠、愚孝、封建迷信思想等,都是不合时宜的封建糟粕。这些是当今学习和研究传统礼仪时必须甄别的。

三、中国传统礼文化对当代的借鉴

1. 中国传统礼文化的当代精神价值

其一,倡导"以人为本",关注自我与人生:关注人生和人的自我完善是礼文化的重要内容。礼文化的人文精神集中体现为以人为本的思想。孔子最早就明确要把人界与神界分开，并把注意力完全放在人界，季路问怎样去侍奉鬼神。孔子说："未能事人，焉能事鬼？"(《论语·先进》没能事奉好人，怎么能事奉鬼呢？)在孔子看来，人应知与能知的是人自己，关注人事才是人的本分。"敢问死。"曰："未知生，焉知死"("请问死是怎么回事？"孔子回答说："还不知道活着的道理，怎么能知道死呢？)真切地反映出孔子对人的极大关爱。孔子的"以人为本"思想对其后的儒家及中国文化影响很大。

人生的重大问题之一是如何完善自我以成就个人的价值。先秦时期的礼学家们探索出了一条解决该问题的有效途径，即以礼乐为中心的道德教化。他们认为，人之所以为"贵"，在于人有道德，并能"参天地之化育"。荀子说："礼者，谨于治生死者也。生，人之始也；死，人之终也。终始俱善，人道毕矣。故君子敬始而慎终，终始之一，是君子之道，礼义之文也。"也就是说，一个人从生到死，只要谨慎地按着"礼"的规定去做，一生始终俱善，这就是人道或人文的完成("人道毕矣")。荀子把儒学的中心观念——礼、乐、仁、义等作为"人文"的基本内涵。因此，在儒家这里，人文主义基本上是指礼乐之教。而礼乐之教的意义，则在于让具体生命中原有的情感、欲念得到提升，使之达到道德理性化的境界，这些礼文化中的以人为本的人文精神，对当代精神文明建设具有重要意义。

其二，尊重人性人情，重视生命价值：儒家礼仪文化具有浓厚的伦理道德色彩，礼既基于人性和人情，又用以规范和限制人性和人情。《礼记·中庸》将人的仁义本性与礼的起源相连，"仁者人也，亲亲为大；义者宜也，尊贤为大。亲亲之杀，尊贤之等，礼所生也。"("仁"是人的类本质，是以亲爱亲人为起点的道德感。"义"是合宜、恰当，尊重贤人是社会之义的重要内容。"亲亲之杀"是说"亲亲"有亲疏近远等级上的差别，"尊贤之等"是说"尊贤"在德才禄位上也有尊卑高下的等级。"礼"就是以上"仁"(亲亲之杀)和"义"(尊贤之等)的具体化、形式化。) 在敦煌壁画的人物形象中，被古人奉为礼的创始人的伏羲和女娲人首蛇身交缠在一起，伏羲持矩，女娲持规，意味深长地要为人世立规矩。也就是说，礼的养欲给求功能源于礼能分界、弥乱、制欲，这就深刻地揭示了礼与人性的辩证关系，即礼弘扬人性中善的一面，抵制人性中恶的一面。因此，礼所捍卫的秩序不是与人对立的管制力量,而是一种社会的节制与平衡机制。儒家礼乐文化的另一个重要特征是具有强烈的生命意识和人道精神。丧礼仪式从始死到葬后,围绕死者埋葬问题所举行的一系列繁复的仪式,目的是贯彻儒家"敬始而慎终"、"事死如生"、"象生饰死"原则,其更深层的意蕴则是从情感上、心理上培养世人重视生存意义、尊重生命价值的观念和意识。这种"敬始慎终"的人生态度以及与之相关的礼仪原则和仪式,贯彻和渗透着人道精神和人文关怀。在今天看来,这种礼仪精神在人的本性中也表现为内心深处的情感与追求;在行为上表现为理智与节制,在社会中表现为以尊贤、敬长为中心的爱心,这些都是当代人所需要的精神。

其三,弘扬人的主体精神,塑造独立的君子人格:"天行健,君子以自强不息。"两千多年前《周易》中的这句古训所释出的是一种奋发有为的主体精神和独立不惧的主体人格。儒家礼乐文化体现了人的主体精神的觉醒。在王权交更过程中,周代统治者充分认识到了人民的力量,意识到世上的事不能都归于天命,人的主观能动性实质地着历史的全过程,周公民本思想的提出,正是人的主体精神觉醒的标志。孔子主张通过主体自身的意志力量来改造人性,当仁德与利欲发生冲突时,主体运用意志力量克服感性利欲的诱惑,遵循仁德的要求,这就是要体现主体的自由意志和人格力量。任何一个人只要充分发挥主观能动性,致力于道德实践,就能使自己的道德境界不断提高,孔子始终认为这就是解决礼崩乐坏局面的唯一有效途径。

人格尊严是人之为人的重要标志,君子人格是与孔子和儒家文化密切相连的一个概念。孔子认为人格有高有低,从低到高依次为小人、君子、贤人、圣人,其中君子人格是孔子为社会民众树立的人格标准。荀子认为,君子入仕之道在于持守社稷大义,做到"从道不从君"。君子一旦入仕,就应以国家民族利益为重,在其位而谋其政,推贤举能,不计较个人得失,做到"推贤而进达之,不望其报。君得其志,苟利国家,不求富贵"。君子从政的态度是既不清高遁世,也不降志辱身,而是根据具体情况,可仕则仕,可止则止,但保持独立人格始终是"现"与"隐"到舍的前提。

我国当今社会主义市场经济建设,所欠缺的恰恰是传统礼文化的精神价值。改革开放之初,有许多人认为,只要全面实行了市场经济,一切问题都能迎刃而解。可是,随着市场的开放,随之而来的是商品的假冒伪劣等问题。于是,又有一些人认为,只要全面实行法制建设,一切问题都能迎刃而解。可是,法虽然越来越多,而不法分子钻法律空子的水平也越来越高,令人穷于应付。事实证明,许许多多的问题都出丑在道德上。现在越来越多的人意识到,社会的发展需要道德的引领。法律是维持社会秩序的底线,而不是做人的标准。不能说不犯法就是好公民,真正的好公民必须要有道德情操和人生境界。而两千多年来,中华礼乐文化所追求的,正是这一点。我们今天最需要的,或许正是我们昨天亲手抛弃的。

2. 保持民族性,体现时代性,再造礼文化大国

中国曾是以"礼仪之邦"著称于世界的礼仪文化大国,今天我们如何重塑这一失却了的文化大国形象?十七大报告中提出的"要全面认识祖国传统文化,取其精华,去其糟粕,使之与当代社会相适应、与现代文明相协调,保持民族性,体现时代性"。十八大报告又提出"建设优秀传统文化传承体系,弘扬中华优秀传统文化。"正是我们再造礼文化大国的方向。

其一,保持民族性,让中华礼仪文化走向世界:20世纪以来,人民对待传统文化的态度受到了各种理论与主义的直接影响,其间纷争十分激烈。但由于对现代化及富国强民的急切要求始终占据着意识上的主导位置,而这种主导意识从一开始便以排斥传统作为先导,自然而然,传统也就成了守旧僵化的代名词了。也许,现在该是我们开始回顾传统文化的时候了。曾经有一位韩国的文化官员说过这样一句话:"19世纪是军事征服的年代,20世纪是经济征服的年代,而21世纪是文化征服的年代。"由此可见文化的重要性,这里的文化强调的是民族文化,一个民族必须要有自己的特色文化,否则必将成为外来文化的俘虏与附庸,最终在这个世界上消失。要保持自己民族的特色,那就要求一个民族在自己的文化构建中必须从传统文化中吸收思想成分,也就是说,传统文化作为一种渊源的东西,是被任何一个继之而起的新的文化所对接和承袭的。我们只有在这个基础上才能更新和超越,否则新的文化就会成为无源之水、无本之木。因此,在现代文化建设上,我们应当回溯到我们民族所有优秀的传统文化中去,并立足于这个深厚的根基之上努力开掘其适应现代的当代意蕴。正像歌德所说的那样"民族的才是世界的",只有这样我们的文化才能走向世界,而不至于被世人忘却;也只有这样我们的民族才不会成为别人的附庸。

但是现实并非我们想象的那样乐观,与提倡吸取传统文化力量相比,"西学中用"之类的言语当今或许更有诱惑力。之所以会出现"西化派"这样的思潮,是因为在这些人的心中,中国的传统文化一无是处,甚至认为中国传统文化导致了我们的落后与退步,有人甚至胡说八道:"中国之所以落后是汉字惹的祸"。其实,传统文化究竟是否导致社会落后,我们最大的问题并不是要不要传统文化,而在于能否辩证地看待传统文化,能否把传统文化的现代意义充分发掘出来,从而创造出一种既适应于现代化建设,又能积极推动精神文明进步的新文化。从传统的本质上讲,传统既是前代人同后代人在文化继承上的中介,又要靠后代人根据时代的需要与时俱进地进行自觉的扬弃,这样才能得以继承和发展,而并非全盘地抛弃或者是盲目地复古、大加推崇。

其二,体现时代性,再造中华礼文化大国:继承传统文化要取其精华,去其糟粕,为当代社会建设服务,这话一点不错。问题是我们经常所奉行的"取其精华,去其糟粕"原则,也有人会出现理解的偏差,总认为只要是今天的需要,只管从古代里面抓取东西就行。其实,这是一种错误的抓取,正确的方法应该是拨开传统文化的种种旁枝蔓叶,从根源深处去探索其蕴涵的深厚意蕴,才能取到"真经"、"正果"。现在,我们社会中所流行的很多有关传统的东西并非我们先人秘要表达的东西,而是在流传的过程中被一些人进行了篡改与歪曲。比如我们经常所说的"中庸"之道,按照孔子的解释,中庸的"中"有中和、中正、不偏不倚等含义,"庸"字是用的意思。所以,中庸意即把两个极端统一起来,采取适度的中间立场,既不能过,也不能不及。在政治上,表现为既不能一味宽容、宽厚,采取无为的态度,也不能使政策过于刚猛,刑罚过重,二者要相互协调,相互补充,以中和的态度处理政治问题。在经济上,要给予百姓实惠,但不能浪费;要使百姓勤于劳作,但不能过渡压榨,使它们产生怨恨;要允许各种欲望的满足,但不能鼓励贪婪、没有限度等。中庸即使在今天也很有现实意义。但是在一些人的"抓取"过程中,中庸竟变成了折中主义、明哲保身的处世哲学,一直到现在从其反面成就了一门"伟大"的学问——厚黑学。我们可以清楚地看到,阻碍我们社会进步的并非是一些真正的传统文化,而是那些被篡改和歪曲的东西,这就像是一条河,当河水从源头流出的时候,可谓是纯洁的东西,但是在它流经的过程受到了严重的污染,这直接导致的结果就是下游的人总认为源头就是那样的肮脏,也正如朱熹所说的"问渠哪得清如许,为有源头活水来",我们只有从中国传统文化的源头去汲取其中的精华,中国传统文化才会有强大的生命力!

同时,我们也应该清醒地认识到,反对"全盘西化"并不是拒绝西学、摒弃西学。恰恰相反,我们在充分发挥中国传统文化的通融性的同时,应注重吸纳和融合西方的先进文化。在这一方面,似乎要求我们要有大唐帝国那样的气魄。回顾历史,唐代文化之所以繁荣就在于它靠着自己传统文化对于外来文化非凡的吸纳力和交融贯通性,敞开自己的胸襟,广泛地吸收外来的文化,形成了中国化的文化。仅宗教方面而言,在这一时期,不仅来自印度的佛教逐渐地中国化,佛教文化成为中国文化的一个有机组成部分,而且基督教、伊斯兰教、犹太教也开始传入中国,使唐文化呈现一派胡曲雅乐互放异彩的繁荣景象。但是,也有一个前提就是要保持中国传统文化的独立性。中国传统的发展历程表明:既吸纳和通融外来文化作为本民族文化的组成部分,同时又保持本土文化的主体性地位,才能不断地发展中国文化。

发展中国礼文化,使当代中国礼文化成为世界礼文化的重要一员,必须既要有自己的民族特色,又要符合世界礼文化发展的潮流。因此,在对待中国传统礼文化的态度上,我们既不能妄自菲薄,搞文化虚无主义,抛弃自己的优良传统文化,又不能妄自尊大,把腐朽作神奇,故步自封,一概排斥外来文化。要重新打造一个强盛的礼文化大国形象,既要批判性地继承中国传统礼文化,又要选择性地吸收世界各国先进的礼文化,并把优秀的中国传统礼文化和先进的外国礼文化与当代中国的精神文明建设实践相结合,使之现代化和本土化,并在这基础之上不断创新,才能创新出既适应现代化中国所需要又为世界所接受的当代中国礼文化。

第二篇

公务礼仪

第八章 公务礼仪概述

习近平说:"读书是学习,使用也是学习,并且是更重要的学习。领导干部要发扬理论联系实际的马克思主义学风,带着问题学,拜人民为师,做到干中学、学中干,学以致用、用以促学、学用相长,千万不能夸夸其谈、陷于'客里空'。"(《在中央党校建校 80 周年庆祝大会暨 2013 年春季学期开学典礼上的讲话》)对公务礼仪我们要学以致用。

一、礼仪及公务礼仪

礼仪是人们在社会交往过程中,约定俗成并共同遵守的来表现律己敬人的各种行为规范。礼是内在的尊重,仪是外在的表现。礼仪就像润滑剂一样,车子有了润滑剂,车子跑得更快;人与人之间多了一点润滑剂,会让人与人之间的关系更加和谐。在西方,礼仪一词源于法语"Etiguette",意思是法庭上的通行证。后来,礼仪这个外来语融入英语,就变成了"人际交往的通行证"。而公务礼仪是礼仪的一个重要组成部分,有特定的含义。它是党和国家机关的工作人员在公务场合应恪守的有关人际交往的行为规范与准则。公务礼仪又叫政务礼仪,与商务礼仪、社交礼仪、服务礼仪、涉外礼仪相比,公务礼仪的特殊性就在于公务人员行使国家权力和管理职能,它时刻代表党和政府的形象,所以,无论执行公务,还是日常生活都应以礼为先,这样才能赢得人们的尊敬。

二、公务礼仪的内涵

公务礼仪的核心是要求公务员真正自觉地恪守职责,勤于政务,廉洁奉公,忠于国家,忠于人民,严格要求自己,规范自己在公务活动中的行为。其根本目的是提高整个国家行政机关的工作效率,维护国家行政机关的形象和个人形象。每一名公务员在履行职责、执行公务时,都必须自觉地遵守公务礼仪。

1. 人格平等,尊人自尊

无论是我们强调的礼仪是自律还是敬人的行为，它都限定了一个前提，即:双方的人格是平等的,无论职务高低,彼此人格上没有高低贵贱之分,通过对别人人格的尊重来实现自尊和别人对自己的尊重。尊重上级是一种天职,尊重下级是一种美德,尊重同事是一种本分,尊重竞争对手是一种风度,尊重所有人是一种教养。《新世说·宠礼》上有一个小故事:说大学士阮元刚刚退休回乡,去一个寺院游玩,方丈正在写字,见阮元一身布衣打扮,就以为是普通村民,礼节怠慢,漫不经心地说:"坐!具茶!"就头也不抬,仍写他的字。写完问道:"贵姓？"阮元说:"姓阮。"这个方丈以为是阮元的族人,于是加礼说:"请坐,泡茶!"方丈又问问了他的字,阮元如实相告。方丈一听,大惊失色。"惶遽失措,拂炕,请上座"亟令泡好茶,待以上宾之礼。因为阮元是当时非常著名的大文人,方丈乞求墨宝。阮元沉默了一会儿,挥就一联:"坐,请坐,请上坐;茶,泡茶,泡好茶。"这个故事提醒我们对人的尊重,不仅是对领导、贵宾的尊重,更包括对同事、朋友、下属及弱势群体的尊重,可以说,人格平等和尊重是礼仪精神的实质所在。

2. 共情包容,真诚适度

礼仪不是机械的客套或应酬,而是发自内心的一种行为。"十里不同风,百里不同俗。"可以说,分寸感是礼仪的最高技巧,过和不及都不能表达敬人之意。有些朋友在学习礼仪的过程中,过分地追求礼仪的规范和标准,结果表现出千人一面的刻板形象,甚至走进了"邯郸学步"的死胡同。比如,有些礼仪初学者要求微笑时必须露出八颗牙齿,站立时双手一定要放在大腿外侧裤缝处,握手时一定要控制在几秒钟,结果弄得自己和对方都很紧张,所谓"礼仪使人接近,礼仪也使人疏远。"

3. 以人为本,体现关怀

在充满人性关怀的理念下,设身处地地为对方着想,来弘扬人类的大爱至善。作为公务员,更要时时刻刻体现这种对人的关怀,而且要让老百姓感受到这份温暖。

三、公务礼仪的基本特征

1. 系统性

公务员礼仪规范,主要包括职业道德规范、公务员形象礼仪规范、公务员活动礼仪规范、公务仪式礼仪规范、政府外事礼仪规范、公务迎送礼仪规范、公务社交礼仪规范等内容。这些内容有着详尽的规定。因而,它具有较强的系统性和完整性。

2. 严肃性

公务员礼仪另一个非常明显的特征就是严肃性。我们一直强调政府是有权威的,政府没有权威,难以确保政令、政纪的严格执行。因而,公务员礼仪的制定和操作不仅要有严肃的系统规定,而且在执行公务员礼仪时,还需要强调严肃性。

3. 实践性

国家公务员礼仪规范虽然以各种条款与准则为表达形式,但更重要的是要学以致用,只有将之运用于工作与生活之中,才能真正体现它存在的价值与意义。

四、学习公务礼仪的意义

我国素有礼仪之邦的美誉,礼文化源远流长,并有着完备的礼仪体系。"中国有礼仪之大,故称夏,有服章之美,故称华"。随着社会的进步,市场经济的发展,人们对内外交往的日益频繁,礼仪成为人们社会生活中不可缺少的内容。

1. 学习遵守公务礼仪,有助于提高和改善个人素质

从字面上看,讲公务礼仪是要求公务人员在工作场合要共同遵守一些行为规范,实质上从自身来看,一个良好的公务礼仪的遵守者,它一定是公务员人格自律的显现,同时也一定反映了公务人员内在的道德与精神。康德说:"这世界上只有两样东西让我终生景仰和敬畏:一个是我头顶的苍穹,而另一个就是我内心的道德准则。"现在,国家积极倡导"公务员要内强素质,外塑形象"。素质和形象是什么关系?素质简而言之就是道德品质;素质的外衣就是领导干部要讲述的礼仪修养,点滴言行。所以公务员学习礼仪,不仅提升形象,更能强化领导干部的素质。这也是公务礼仪的第一点,它有助于提高和改善个人素质。

2. 学习遵守公务礼仪,有助于提高人际交往与沟通的能力

礼是尊重,仪的规范,尊重与规范之间要有个桥,就是交往与沟通能力,体现为对别人的善意和礼貌要恰到好处地表现出来,并且别人还愿意接受,做到"问题最小化,效益最大化"。美国的学者布吉林提出人际交往的一个 3A 法则,也就是学会"接受对方","重视对方"和"赞美对方"(accept,appreciate,admire,)赞美对方用中国文化来理解其实是肯定对方。亚里士多德说一个人不和别人打交道,不是一个神就是一个兽,领导干部公务礼仪的学习过程也是对他人理解和认同的过程,也是人际交往能力提高的过程。

3. 学习遵守公务礼仪,有助于改善和维护国家的形象和政府服务形象

在群众眼中,公务员是政府的化身。过去,老百姓去政务服务窗口办业务经常会遭遇"门难进、脸难看"的"非礼"待遇,十八大提出"建设学习型、服务型、创新性的马克思主义政党,确保党始终成为中国特色社会主义事业的坚强领导核心",随着党的群众路线教育活动的实施,提升公务服务水平,公务人员也开始意识到"热情服务、笑脸相迎、以礼待人"的重要性。习近平总书记多次提到"打铁还需自身硬",公务人员自身的素质修养是实现服务型政府的核心生产力。通过礼仪学习能够提高公务人员自身道德修养,并通过个人行为来体现政府服务形象。因此,礼仪不仅是个人智慧的外延,是内在素养的体现;也是组织文化和精神的重要内容,是组织形象的重要附着点。

第九章　公务人员礼仪形象的塑造

"腹有诗书气自华",可许多人读了很多书,却没显露出气质来。其实,要把我们内在的东西表现出来,就要懂得形象塑造的学问。礼仪是塑造形象的重要手段。在人际交往活动中,交谈讲究礼仪,可以变得文明;举止讲究礼仪,可以变得优雅;穿着讲究礼仪,可以变得大方;行为讲究礼仪,可以变得美好……只要讲究礼仪,形象就会改变。形象的塑造包括仪容、仪表和仪态。

一、修饰仪容

仪容就是一个人的精神窗口, 是形成一个人优美良好礼仪形象的基本要素。从礼仪的角度看,除了面部外,还包括头发、颈部、手部等部位,这些应该是交际活动中最引人注目的部位。修饰仪容主要是要勤于洗理、善于美化、长于保养。

1. 勤于洗理

人的身体是一架复杂的机器,随时随地都在进行着新陈代谢,要做到身体干净清爽,就要养成坚持不懈、勤于清理的好习惯。具体来讲:

一要勤洗澡、勤洗脸、勤洗头,勤刷牙,并经常注意去除眼角、口角及鼻孔、耳孔的分泌物。

二要勤于修剪。比如说头发、指甲,不管是男士、女士,都要勤于修剪。还有,男士需要剃胡须,这应该是男士每天必做的工作。有的男士的鼻毛很长的,长到鼻孔外面,一定要定时修剪。女士,要处理的部分就更多了,包括眉毛啊,包括有的女士会有淡淡的小胡须,都要处理的。到了夏天,女士喜欢穿漂亮的连衣裙,但是腋毛没有处理,就成了一个很大的败笔,所以女士一定要修理腋毛。要求的更严格一点,就是女士小臂、小腿上,也不可以看到毛发的,要定期进行一个清洁和处理,有很多超市会买一些脱毛膏、刮毛器,会帮助我们处理这些部位的毛发。

2. 要善于美化

发型美化:通过发型,可能判断出他的身份、生活状况、精神面貌等等许多的内容。

发型要适合不同场合:男同志的发式要整洁,规范,长度适中。在公务场合,男同志头发不要太长,也不能剃光头,原则是,"前不附额、侧不掩耳、后不及领"。

女同志应为自己设定两三种理想的发型,以适合不同场合:工作场合、重要场合,女同志发型要长发不过肩。如果我们要留长发的话,上班的时候,重要场合,头发最好束起来。而在其他的一些场合,比如,社交场合,发式可以时尚一些。而出席朋友聚会时,发式应看起来平易活泼一点。

发型要注意适合自己:比如长脸型,可以让两颊的头发蓬松一点,起到拉宽整个面颊的作用,还可以用上面的刘海遮去一部分脸庞。圆脸型,如果留短发,吹风时可以将头顶部分吹得高一些,蓬松一点。这样脸看起来就会长一些。方脸型,可以利用波浪形卷发来增加脸部的温柔感。倒三角形脸型,上窄下宽,可以把上面的头发做的蓬松些,下面的头发削得薄一点。三角形脸,因为它上宽下窄,上面这一部分就千万不要搞得太蓬松,如果烫发的话,可以让下面一部分蓬松一些,这样看着下面这部分会丰满一些。

发型要根据体型选择:高瘦身材的人,发型就不适宜剪得太短,也不适宜太蓬松,而适宜于把头发留得稍长一点、稍蓬松一点。个子矮小的人,就不适宜留长发,发型适宜做得精致一些。高大型的人,应该比较适合梳直发,或者是大波浪卷发。短胖型的人给人一种健康的印象,应该充分利用这一点造成一种有生气的健康美,譬如选择运动式发型,还可以梳盘辫、挽髻,因为这样能使人看上去有增高的感觉。

面容美化:面部美化是仪容修饰的重点。公务人员在修饰面容时,总的要求是端庄、大方、文雅、简洁。

男士以整洁干净为基本要求,内容是早晨起床四件事:刷牙、洗脸、剃须、梳头。

女士化妆。女士的妆容,有浓妆、淡妆的区分。浓妆,在晚宴、演出等特殊的社交场合可以使用。但在公务中,职业女性适宜画淡妆。略施粉黛,会给人大方、清新、淡雅的感觉。

化妆的 4 种境界:

林清玄先生写过一篇"化妆哲学"的散文,题为《生命的化妆》。文章向我们深刻揭示了化妆的三种境界:"三流的化妆是脸上的化妆,二流的化妆是精神的化妆,一流的化妆是生命的化妆。"同时极富智慧地道出了化妆的最高境界乃是无妆,乃是自然。自然才是最真实的东西。能真实、自然地展示自我就是最美丽的。

作为女人外表的美丽会随岁月的流逝而改变,内在的美丽会因为岁月的沉积而长久,内心的充实和丰富,会让女人更成熟更有韵味。书是最高档的美容品,最有效的营养剂。就像女人护理自己的容颜一样,读书修缮了我们的灵魂,是心灵面貌日益变得健康阳光。的确,人外在的形貌基于遗传是难于改变的,但人的精神却可因读书而蓬勃葱茏,气象万千。那些历经时间沉淀依然流光溢彩的文字,在我们的心灵中留下缤纷的映像,让我们内心气象漫卷云舒。

文学家的境界我们难以达到,但是工作生活中我们可以领悟。

化妆的最高的境界:"大势无形,自然而然"。真正会化妆的人是悟透了化妆的精髓——那就是"自然",最高明的化妆术,就是已经做了非常细腻、精巧的化妆,外人却感觉不出来,看上去就像一点也没有化妆,妆容与自己的身份完全一致,自然而然地衬托出这个人的气质和特性;

次一级的境界:"重点突出,点到为止"。这种化妆是把人的妆容醒目化,扩大被化妆人的优势,补充其不足,让人一看,会觉得妆化的恰如其分,多一分过重,减一分过欠,让人觉得妆化的非常合适,非常美;

再次一级的境界:"浓妆艳抹,不着边际"。这种化妆如同戏妆,老百姓讲话,担心她一笑脸上擦的粉都会掉下一片。这种化妆完全遮盖了这个人的缺点和年龄,倒也可以勉强接受,特别是对那些不这样化妆就掩盖不了自己缺欠的女士(如脸部雀斑很重)来说,也不失为一个方法;

最次一级的境界:"狗尾续貂,画蛇添足"。就是完全不顾及自己的容貌、个性、气质、风度,为化妆而化妆,为美容而美容,严重破坏了五官的协调性和美感。

二、仪表

俗话说:"佛要金装,人要衣装。"如果把人比喻成一本书的话,服装就像一本书的封面。上面清楚地写明了这本书的书名和内容简介。服装又是一面镜子,它反映的是着装者的情趣和爱好。在日常工作和交往中,尤其是在正规的场合,穿着打扮的问题已经越来越被人重视。

1. 公务人员着装的基本要求

服装有三个功能,第一个功能是实用,第二它可能表示一个人的身份和地位,第三呢,就是表示审美,就是一个人的品位。我们应根据需要,力所能及地对服装进行精心的选择、搭配和组合。着装要把握住以下几点:

着装要整洁

基层公务员的服饰整洁,具体来讲应注意这样几个方面。一是忌肮脏;二是忌残破;三是忌折皱;四是忌乱穿。整洁的服装必须要勤洗、勤换,不能有明显的油渍、污渍;任何有开缝和撕裂的地方都应该缝好;外衣的衣扣要扣好;白色的衣服要洗涤干净。

服饰要庄重

在公务中,着装必须要做到庄重。服饰庄重,应该是公务人员着装的一项基本要求。在 1983 年,里根访问欧洲四国,当时,他曾经因为穿了一套格子西装,而在舆论界引起了轩然大波。就因为这套格子西装,有人就认为里根是个很不严肃的人;也有人认为里根带有大国的傲慢,不把欧洲伙伴放在眼里,等等,引起了很多不必要的揣测。因为按照惯例,总统在正式外交场合应该穿黑色礼服。

我们一定要把公务服装与生活服装区别开来。生活服装,样式可以丰富多彩;工作服装则应该以严肃、庄重为主。

服饰要素雅

公务人员的服饰,一定要合乎身份,素雅大方,表现公务员队伍的整体形象。具体来讲,也就是要做到色彩少、质地好、款式雅、做工精、搭配准。这几点做好了,一定会让我们自己感觉自信,让别人感觉愉悦。

着装要体现个性

世界上每一片树叶都不会完全相同,每一个人也都具有自己的个性。那着装呢,也要体现个性。也就是每个人的服装要分别适合每个人。每个人都与他人有重要的区别,身高、体重、性别、肤色、长相等等都不相同。比如,瘦高个的人,在颜色上就要避免穿颜色暗深的收缩色,在服装面料上,就要选用面料稍厚一点的,这样会显得比较丰满、精神。身材比较矮小的人,服装从上至下就应该有一个基本的色调。我们不妨穿里外衣反差明显的衣服,例如:黑色高领羊毛衫,黑色裤子,外面一件黄色的外套,但是不要穿上下颜色反差很大的衣服,例如:白衬衣,黑裙子,这会给人一种两段的感觉。身材高大的人,服装要以一个基本色调为主,并加上适当的色彩点缀。服装不宜采用大面积的鲜艳色彩,一般也不宜穿上下一色的套装。体型较胖的人,服装款式要力求简洁、朴实,衣服要宽紧适度,不宜穿过分紧身的服装,也不适合穿大花、横条纹、大方格图案的服装。腿较短的人,可以选择较短上衣,稍长裤子来进行组合。腿较粗的人呢,宜穿上下同宽的深色直筒裤、过膝的直筒裙。脖子长的人,应该穿高领衫。脖子短的人,适合穿U形领或者 V 字领的服装。肤色白净的,适合穿各色服装。肤色偏黑或发红的,就不适合穿深色服装了。

着装要适合年龄特点

"少要知少,老要知老",这是人类的自然规律,要是在这一点上错位的话,是很滑稽的。

着装要区分场合

第一,办公场合。办公场合指的是我们上班的时间,以工作为目的是选择服饰的先决条件。它的基本要求是:"庄重保守、端庄大方、严守传统",不能强调个性、过于时髦、显得随便,最好穿深色毛料的套装、套裙或制服,不允许运动装、健美裤、背心、短裤、旅游鞋和凉鞋,衣服不能过于肮脏、折皱、残破。

女士办公场合着装注意"五不":不穿皮裙,尤其是黑皮裙,黑色皮裙在国际社会,尤其在某些西方国家,被视为一种特殊行业的服装,说白了皮裙者妓装也;不光腿;不穿戳破的袜子;鞋袜不配套;不能三截腿(就是穿半截裙子的时候穿半截袜子,袜子和裙子中间露段腿肚子)。"六忌":忌过于杂乱;忌过于鲜艳;忌过于暴露;忌过于透视;忌过于短小;忌过于紧身。

第二,社交场合。社交场合指的是工作之余的交往应酬的时间。基本要求:"时尚个性",如果说工作场合不能时髦,不讲个性的话,社交场合就是要时髦个性,可穿时装、礼服或民族服装,最好不要穿制服或便装,女士在一般社交场合可以穿各色连衣裙。

第三,休闲的场合。这个场合穿着打扮的基本要求是:"舒适自然"。这是最不该讲究穿着打扮的地方。

2. 男士公务正装

所谓正装,就是正式场合的装束,而非娱乐和居家环境的装束。主要有西服、中山装、民族服饰等。随着改革开放的深入,西装已经代替中山装成为我国公务人员的首选正装,少数民族在正式场合有其独特的民族服饰。

男士正装从上到下包括"七大件"。且遵循"三色原则":即穿西装的时候,全身的颜色是不能多于三种的,包括上衣、下衣、衬衫、领带,还有鞋子、袜子等等在内,全身颜色应该在三种之内。还有"三一定律":就是重要场合,你穿西装套装外出的时候,鞋子、腰带、公文包是一个颜色,而且首选黑色。

西装

广义的西装指西式服装,是相对于"中式服装"而言的欧系服装。狭义指西式上装或西式套装。其拥有深厚的文化内涵,主流的西装文化常常被人们打上"有文化、有教养、有绅士风度、有权威感"等标签,"西装革履"常用来形容文质彬彬的绅士俊男。其外观挺括、线条流畅、穿着舒适。若配上领带后,则更显得高雅典朴。在日益开放的现代社会,西装作为一种衣着款式也进入到女性服装的行列,体现女性和男士一样的独立、自信,也有人称西装为女人的千变外套。

19世纪40年代前后,西装传入中国,留学的中国人多穿西装。1911年,民国政府将西装列为礼服之一。1919年后,西装作为新文化的象征冲击传统的长袍马褂。新中国成立以后,占服饰主导地位的一直是中山装。改革开放以后,随着思想的解放,经济的腾飞,以西装为代表的西方服饰以不可阻挡的国际化趋势又一次涌进中国,人们不再讨论它是否曾被什么阶级穿用过,不再理会它那说不清的象征和含义，欲与国际市场接轨的中国人似乎以一种挑战的心理来主动接受这种并不陌生但又感到新鲜的服饰文化，于是，一股"西装热"席卷中华大地，中国人对西装表现出比西方人更高的热情，穿西装打领带渐渐成为一种时尚。

西服套装上下装颜色应一致，都是素色的，通常以黑色、藏蓝色、灰色、深咖啡色为主，且必须用同一种面料做成，连纹路的方向都要讲究一致。

西服纽扣有单排、双排之分，纽扣系法有讲究：双排扣西装应把扣子都扣好。单排扣西装：一粒扣的，系上端庄，敞开潇洒；两粒扣的，只系上面一粒扣是洋气、正统，只系下面一粒是牛气、流气，全扣上是土气，都不系敞开是潇洒、帅气；三粒扣的，系上面两粒或只系中间一粒都合规范要求。公务正装一般选择两粒扣和三粒扣的，单粒扣和双排扣都不是标准的公务正装。

西装的上衣口袋和裤子口袋里不宜放太多的东西，最简单的办法就是西装上衣的口袋不拆封，穿西装内衣不要穿太多，春秋季节只配一件衬衣最好，冬季衬衣里面也不要穿棉毛衫，可在衬衣外面穿一件羊毛衫。穿得过分臃肿会破坏西装的整体线条美。

西服袖口的商标牌应摘掉，否则不符合西服穿着规范，公务场合会让人贻笑大方。当然高素质的营业员在你买西装付款之后一般会拆掉商标。

穿西服套装必须穿皮鞋，便鞋、布鞋和旅游鞋都不合适。

衬衫

中国周代已有衬衫，称中衣，后称中单。汉代称近身的衫为厕褕(cè yú)。宋代已用衬衫之名。现称之为中式衬衫。19世纪40年代，西式衬衫传入中国。衬衫最初多为男用，20世纪50年代渐被女子采用，现已成为常用服装之一。

正装衬衫应该是纯色无条纹的，颜色多为白色或淡蓝色，而白色比任何颜色都更正式一些。公务人员称为"白领"，领子当然是白色的，正装衬衣的领型有大尖领、尖领、平角等，通常不宜选用领子上有明扣的，也不能选用那种立式无翻领的衬衣。

衬衫的长度以平伸胳膊时衬衣袖口长出西服袖口1~2厘米为宜。衬衫领子的大小，以打完领带以后两个手指可以自由伸进为宜。脖子细长者尤忌领口太大,否则会给人羸弱之感。衬衫领应高出西装领1厘米左右。不系领带配穿西装时,衬衫领口处的一粒纽扣绝对不能扣上,而门襟上的纽扣则必须全部扣上,否则就会显得过于随便和缺乏修养。配穿西装时,衬衫的下摆忌穿在裤腰之外,这样会给人不伦不类,不够品位的感觉;反之,则会使人更显得精神抖擞、充满自信。

领带

公务人员穿正装西服时,再系上一条漂亮的领带,既美观大方,又给人以典雅庄重之感,然而,象征着文明的领带,却是从不文明中演变而来的。最早的领带,可以追溯到古罗马帝国时期。那时的战士胸前都系着领巾,那是用来擦拭战刀的擦刀布,在战斗时把战刀往领巾上一拖,可以擦掉上面的血。因此,现代的领带大多用条纹型的花纹,起源在于此。

领带在英国经历了漫长而有趣的发展过程, 英国原来是一个长期落后的国家,在中世纪,英国人以猪、牛、羊肉为主食,而且进食时不用刀叉或筷子,而是用手抓起一大块肉捧在嘴边啃,由于那时候无刮胡子的工具,成年男子都蓄着乱蓬蓬的大胡子,进食时,弄脏了胡子就用衣袖去擦抹。妇女们经常要为男人洗这种沾满油垢的衣服。在不厌其烦之后,她们想出了一个对策,在男人的衣领下挂一块布,可随时用来揩嘴,同时在袖口上钉几块小石块,每当男人们再按老习惯用衣袖擦嘴时,就会被石块划伤。日久天长,英国的男人们改掉了以往不文明的行为, 而挂在衣领下的布和缀在袖口的小石块自然也就成为英国男式上衣的传统的附属物。后来,就演化为受人欢迎的装饰品——系在脖子上的领带和缀在袖口的纽扣,并逐渐成为世界流行的式样。

西服、衬衫和领带的搭配是一门学问,若搭配不妥,有可能破坏整体的感觉,但是如果搭配得巧妙,则能抓住众人的眼光,在服装搭配之道中,简单永远讨好。如果你对自己选择领带的品位不那么自信,就不要企图标新立异。要知道,多数男人对于图案的感觉都不怎么样。不仅如此,你永远不知道自己"与众不同"的品位可能会引起什么人的反感。衬衫与领带的搭配在某种程度上还反映着你为人处世的老练程度。

公务人员的领带的选择原则是"既要跳出来又要融进去",这既是着装搭配规则的体现，也是中国传统文化精神的体现，像中国人为人处世的原则一样:既要"出世"，又要"入世"，"出世"就是悟道明理、与众不同，"入世"就是要不露声色、回归现实。

公务人员领带的选择，应该注意三点:

第一，颜色的选择:领带的色彩既要从西服的颜色中跳出来，又要保持与西服相似的色调，一般公务人员领带以蓝色或者紫色为宜，特别提醒的是，纯红色的领带可以在喜庆场合佩戴，但是在正式的公务活动中只有一号领导才可以佩戴纯红色的领带，其他领导的领带可以是红色的但是最好有点图案，这样才可以彰显一号领导的突出形象。

第二，图案的选择:公务人员的领带图案，最好选择斜纹、正纹、三角、圆点等平缓过度的图案，这些图案称为几何图案，而那些花鸟虫鱼、飞禽走兽类的图案，不适合公务人员。

第三，长度的把握:领带系好以后的合适的长度，在于正好处于腰带扣的上下沿之间为宜，太下显得有点儿邋遢，太往上显得小气。

腰带

腰带应该选择和皮鞋、西服同色系的，最好是黑色。男士正装的三件皮具应该保持同一颜色，均为黑色，没有第二种颜色可以选择。腰带扣选择自动扣为宜，夹扣的显得较随意，不要选择较为夸张的造型。

袜子

俗话说:"鞋袜半身衣"，就是说，光有好看的衣着是不够的，还要配上合适的鞋袜。公务场合，白色的袜子和尼龙袜子是和西装不搭配的。白色袜子是运动袜，一般在公务场合，男士穿黑色系皮鞋、深色袜子，能适应各种衣着。袜口应适当高些，应以坐下跷起腿后不露出皮肤为准。

皮鞋

皮鞋一定要选择黑色的，其他颜色的都太好，公务场合的皮鞋要求鞋面光亮、造型规整，一个"亮"字很重要，晚上擦皮鞋效果最佳。

3. 女士公务正装

着装对于女性来说，绝不仅仅是一种包装，也是提高自信心、满足感和幸福指数的重要手段,更是生活品位的真实体现,孩子在家里着装知识的获取主要来自于母亲,因此女性提高着装品位,其受益者远不止自己一个人,而是一个家庭,俗话说娶一个好女人旺三代! 一个衰女人败六代"。

西服上衣

女式西服的上衣以"时尚、温馨、漂亮"为原则,其款式、色彩和面料等可比男士的多多了,大领、小领、圆领、方领、鸡心领、平领、无领都可以、长领、中领、短领都可以,深颜色、浅颜色、彩色都可以;精致的方格,印花的条纹也可以;可以用化纤面料,也可以用毛料。上衣讲究平整挺括,较少使用饰物和花边进行点缀,纽扣应全部系上。女士选择正装的时候应该注意是否符合自己的气质、体型、肤色为标准。而且可以多准备几套,以避免与人"撞衫"。

西服套裙或者长裤:套裙必须与西服成套,要上下相同的材质、纹路、款式,年轻女性的裙子下摆可在膝盖以上 3 厘米—6 厘米,但不可太短;中老年女性的裙子应在膝盖以下 3 厘米左右。裙子里面应穿着衬裙。真皮或仿皮的西装套裙不宜在正式场合穿着。有些女性腿过于粗短不适宜穿套裙的可以穿长裤,但是必须长至脚后跟,正装长裤不要过于短小和紧身。

衬衫

以单色为最佳之选。穿着衬衫还应注意以下事项:衬衫的下摆应掖入裙腰之内而不是悬垂于外,也不要在腰间打结;衬衫的纽扣除最上面一粒可以不系上,其他纽扣均应系好;穿着西装套裙时不要脱下上衣而直接外穿衬衫。衬衫之内应当穿着内衣但不可显露出来。

鞋袜

鞋子应是高跟鞋或中跟鞋,鞋面光亮,袜子应是高筒袜或连裤袜。鞋袜款式应以简单为主,颜色应与西装套裙相搭配。以黑色和肉色为主,腿较粗的人适合穿深色的袜子,腿较细的人适合穿浅色的袜子。一般不要选择鲜艳、带有网格或有明显花纹的丝袜。穿丝袜时,袜口不能露在裙子外面。

4. 锦上添花的佩饰

打扮犹如作画,虽然整幅画可能都十分精彩,但如果缺少画龙点睛之笔的话,就会显得呆板、无生气。我们可能会发现有人装束得大方得体,但总感觉缺少点什么提神的东西,这时,如果配上一些精巧的小佩饰,比如说,一朵胸花,眼前可能就会为之一亮。这个小饰物可以说就是一个点睛之笔。但这个点睛之笔必须点在关键之处,意在精妙,贵在精华。

戒指

戒指以小巧、精致颇受女士们的喜爱。戒指的佩戴可以说是在表达一种沉默的语言,往往暗示佩戴者的婚姻和择偶状况。所以,佩戴的方法要按照习俗。

项链

项链也是受到女性青睐的一种首饰。项链的佩戴要适合自己的年龄、体型,也应和服装相协调。比如:身着柔软的丝绸衣裙时,可佩戴精致、细巧的项链;穿单色或素色服装时,可佩戴色泽鲜明的项链。这样,在首饰的点缀下,服装色彩会显得丰富一些。

耳环、手链

耳环也是女性的主要首饰。佩戴时应根据脸型特点来选配耳环。如圆形脸不宜佩戴圆形耳环;方形脸也不宜佩带圆形和方形耳环。年轻的女士可以戴手链,手链最好只戴一条,而且应戴在左手上。

胸针、手表

胸针男女都可以佩戴。当穿西装的时候,应别在左侧衣领上。还有手表,在正规的社交场合,手表往往被看作首饰。在正式场合佩戴的手表,在造型上要庄重、保守。

丝巾

丝巾是女士的钟爱。确实,利用丝巾来做点缀,会让我们的穿着更有味道。但选择丝巾时一定要注意与服装的搭配。如花色丝巾可配素色衣服,而素色丝巾则适合鲜艳的服装。

手提包、公文包

手提包、公文包既是办公用品,又是公务人员、工作人员不可缺少的饰物。女性的手包要小巧、精美,但公务人员的手包可以略微大些,以便装笔记本、钢笔等一些东西。手包要与服装颜色搭配,随时携带。男性公务员外出可带公文包。公文包要随身携带,可以提在手中,也可以跨在肩上,但不能夹在腋下。还有,在与尊贵的客人会面时,向上级汇报工作时,都不可以携带公文包,尤其不能把公文包放在上级的办公桌上,打开去寻找材料。

饰物佩带和使用的原则

第一,以少为佳。一般来讲,女同志一般场合身上的饰物三种之内是最好的,每一种不多于两件是最正规的。我们有些女士身上佩戴了太多的首饰,使人看起来既累赘又缺乏品位。其实,饰的作用不是为了显示珠光宝气,而是要对整体服装起到提示、浓缩或扩展的作用,以增强一个人外在的节奏感和层次感。所以,佩戴首饰第一个规则,就是以少为佳。

第二,要注意搭配。首先要和服装和谐,当穿职业装时最适合佩戴珍珠或做工精良的黄金白金首饰,穿晚装时可以戴宝石或钻石首饰,穿休闲装时比较适合戴个性化或民族风格的首饰。其次要和其他的首饰和谐,就是要注意"同质同色",就是色彩和款式要协调。比如穿旗袍裙参加社交场合,黑色旗袍,戴黄金的胸针,戒指或者项链就应该首选黄金。

第三,要符合习俗。入国而问境,入乡而随俗。

第四,要适合自己。比如脖子较短的人,适合戴细长的项链;脖子细长的人,适合佩戴多层次或较短的项链。

三、仪态

仪态通常被称为"人体语言",就是人的体态姿势、动作表情。良好的仪态、举止是一种修养,与容貌和身材的美比较,它是更深层次的美,更富有魅力,因此,讲究仪态,也更能够展现一个人健康的身体、心理和人格,从而树立起良好的礼仪形象。仪态、举止的一般要求是:

1. 仪态、举止要优雅

举止优雅,是有修养的表现。优雅的仪态、举止是脱俗、高贵、坦诚、文明与自信的完美体现。优雅的举止来源于高尚的心灵和良好的教养,来源于日积月累的追求和学习,是文明动作的极致。优雅的举止体现在平时的站、立、行、走,以及吃饭、穿衣等各种形态上。

坐如钟:俗话说"坐如钟",就是说坐姿应该做到稳重、挺直、端正。坐时双手可以放在膝盖上或沙发的扶手上,也可以双手相叠或相握。双腿可以并拢,女士可以双腿并拢斜向一侧,男士则可以平踏地上,双膝稍微分开。不论男女,不能翘起"二郎腿"或抖动双腿。

站如松:俗话说"站如松",就是说要做到头正、肩平、臂垂、胸挺、腿拢。站立时双手可以自然下垂,正式场合一般不要叉腰、抱肩或者把双手插在口袋里,要站有站相,坐有坐相。

行如风:俗话说"行如风",这里的"风",应该指的是轻风,而不是大风,就是说走路要像风一样轻盈。要稳健、敏捷、轻盈,做到头正、挺胸、收腹、直腰,步位直,步伐适度,步速平稳,甩手自然。不要弯腰驼背、不要迈八字步,也不要扭腰摆臀、大甩双臂,或者是左顾右盼。在公共场合,遇上急事,我们可以适当加快步伐,但轻易不要表演"百米冲刺",这都是非常不雅的。

蹲姿:下蹲的动作尽管使用频率不高,却很能体现一个人的举止修养。弯腰下蹲,很容易前俯后撅,出现不雅。尤其是穿着裙子的女士,要特别注意。下蹲时,要注意两条腿紧靠,前脚可整个脚掌着地,另一脚在后,要提起脚跟,臀部向下,上身稍向前倾。男士下蹲双腿可以有一定的距离。

手势:手势要求自然、流畅、优美、协调,要避免做作、僵硬、夸张。在公务活动中表示"请进"、"请随我来"、"再见"等一些含义时,都有规范的手势。例如,表示"这边请"的意思时,应右手五指并拢、伸直,掌心向上,腕关节伸直,手掌与前臂成一直线,以右手掌尖微指被"请"之人,然后指明方向。在这里,掌心向上,向人表达了虚心和待人的敬意,若是掌心向下,则有傲慢无礼之嫌。

2. 仪态、举止要得体

公务人员的举止,代表单位的形象,有时甚至代表国家、民族、地区的形象,所以,一举一动必须符合身份,要做到不亢不卑,落落大方,表现出中国人应有的气质和风度。狂妄自大、举止轻浮,是浅薄无知、缺乏教养;卑躬屈膝,唯唯诺诺,也会招人鄙视,都不足以代表我们应有的人格、国格。

3. 仪态、举止要自然亲切

自然最美,自然有如行云流水,行止自如,是举止的首要要求。不矫揉造作,不局促呆板,不装腔作势,就是自然。举止自然,其实显示出的是待人的真诚和朴实。可许多人在与人交往中,因为太在意自己的一言一行,反而弄巧成拙了。比如：有的人在"亮相"时总要昂首阔步，在与人握手时，手掌就像钳子一样有力，跟人说话时，眼睛会一直死死盯着对方……这样的姿态，让自己和别人都不不舒服。其实，要做到举止自然，最好的办法就是放松心情，保持自然本色。

举止还要亲切真诚。在与人相处时，不论对方身份如何、年龄大小，我们都要真心诚意地对待对方。对人的尊重常常表现在眼神上，真诚的目光带来的是真诚的心理沟通。那我们该如何用目光来表达友好真诚呢？用眼睛表情达意时须注意两个礼仪方面的问题。

第一，注视的时间。交谈过程中，有些人让人感觉舒服，有些人则令人不自在，甚至让人感觉不值得交往，这主要与注视的时间长短有关。一般来说，当你和一个人交流的时候，比如两个人在一块儿坐上 30 分钟，你注视对方的时间应该是多长呢？1/3 到 2/3 时间之内比较好，比如聊 30 分钟，注视对方应该是 10–20 分钟比较好。你要少于 1/3 的时间，可能让人感觉是蔑视或轻视人家，你要百分之百地都看着人家呢，也不正常，这可能说明两种情况了，要么就是太重视人家了，要么就是敌视人家了。

第二，注视的位置。不同的场合和交往对象，目光所及之处应该有差别。在公事活动中，我们的目光应停留在额头至两眼之间的这个三角部位。这种注视，我们叫它公事注视。如果同对方谈判，看着这一三角部位，会显得认真、严肃、有诚意，并可能会把握住谈话的主动权。还有一种注视叫社交注视，这是在舞厅、宴会及朋友聚会时常用的，区域是在两眼到嘴之间。这种注视往往会营造出一种自然轻松的社交氛围，令人感到舒服，也很有礼貌。

第三，微笑。微笑是一种人人皆知的世界语，也是人际交往中的润滑剂。日本航空公司的空中小姐，仅微笑一项，就要训练半年之久。我们的微笑一定要发自真心，亲切自然，使人如沐浴春风。

第十章　公务会见礼仪

一、迎客

公务活动和社会交往中,迎客到门口迎接是最有礼貌的,有人去单位,你到单位楼下门口等他,他会非常感动,坐在自己房间里面,秘书把客人带进来,客人会有被冷落的感觉。

怎样迎接,注意五点:

一是确定迎接规格。通常遵循"身份相当原则",即主要迎送人与主宾身份相当,当不可能完全对等时,可灵活变通,由职位相当的人或由副职出面。其他迎送人员不宜过多。

二是掌握到达的时间。准确掌握来宾到达的时间,及早通知全体迎送人员作好准备。迎接人员应提前到达迎接地点,不能太早,更不能太迟,甚至迟到。

三是适时献上鲜花。迎接普通来宾,一般不需要献花。迎接十分重要的来宾,可以献花。所献之花要用鲜花,并保持花束整洁、鲜艳。忌用菊花、杜鹃花、石竹花、黄色花朵。献花的时间,通常由儿童或女青年在参加迎送的主要领导与主宾握手之后将花献上。可以只献给主宾,也可向所有来宾分别献花。

四是不同的客人按不同的方式迎接。对大批客人的迎接,可事先准备特定的标志,让客人从远处即可看清;对首次前来,又不认识的客人,应主动打听,并自我介绍;而对比较熟悉的客人,则不必介绍,仅向前握手,互致问候即可。对于一些比较重要的客人,如果与之邀约了一次会见,那么就应该主动安排车辆上门去迎接,比如到酒店,机场,或者客人家里去迎接;对于一些一般性的客人,我们可以在办公楼门前、电梯口,或者是在办公室的门口迎接。也就是说,根据客人重要性的不同,我们采取不同的迎接方式。如果是在办公室里迎接客人,客人来了你一定要起身相迎,即使工作再忙,站起来迎接客人也是最基本的礼貌。

五是留下一定时间。客人抵达住处后,不要马上安排活动,要给对方留下一定的时间,然后再安排活动。

二、问候,寒暄

音乐始于序曲,会晤起于问候。问候和寒暄是会晤和公务活动中的重要内容,是人与人之间表达情感的一种方式。寒暄是会客中的开场白,是坦率深谈的序幕,是人们互相接触交往而进行的谈话,它是人们增进了解和友谊的重要方式。寒暄是人们传递信息、交流感情的重要形式,要使寒暄与言辞达到预期的交往目的,就必须遵循一定的礼节。

问候、寒暄是会晤双方见面时以相互问候为内容的应酬谈话,属于非正式交谈,本身没有多少实际意义,它的主要功能是在打破彼此陌生的界限,缩短双方的感情距离,创造和谐的气氛,以利于会晤正式话题的开始。

说第一句话的原则应是:亲热、贴心、消除陌生感。

1. 寒暄方式类型

攀认型寒暄:俗话说:"山不转水转,水不转路转。"人际互动中的关系也是这样。在人际交往中,只要彼此留意,就不难发现双方有着这样那样的"亲戚"、"朋友"关系,如"同乡"、"同事"、"同学",甚至远亲等沾亲带故的关系。在初见时,略事寒暄,攀认某种关系,一见如故,立即转化为建立交往、发展友谊的契机。三国时,鲁肃见诸葛亮的第一句话是:"我,子瑜友也。"(子瑜就是诸葛亮的哥哥诸葛谨)这短短一句话,就奠定了鲁肃与诸葛亮之间的情谊。在现实生活中这种攀认型的事例比比皆是。"我出生在武汉,跟您这位武汉人可算得上同乡啦!""您是研究药物的,我爱人在制药厂工作,咱们可算是近亲啊!""唉,您是北大毕业的,说起来咱们还是校友哩!"这些事例,说明在交际过程中,要善于寻找契机,发掘双方的共同点。从感情上靠拢对方,是十分重要的。

问候型寒暄:问候寒暄的用语比较复杂,归纳起来主要有以下几种:表现礼貌的问候语,如"您好"、"早上好"、"节日好"、"新年好"之类,这些是受外来语的影响在近几十年中流行开来的新型招呼语。过去官场或商界的人,初交时则常说:"幸会!幸会!"表现思念之情的问候语,如"好久不见,你近来怎样?""多日不见,可把我想坏了!"等等。表现对对方关心的问候语,如"最近身体好吗?""来这里多长时间啦? 还住得惯吗? ""最近工作进展如何,还顺利吗?"或问问老人的健康,小孩的学习等。表现友好态度的问候语,如"生意好吗?""在忙什么呢?"这些貌似提问的话语,并不表明真想知道对方的起居行止,往往只表达说话人的友好态度,听话人则把它当成交谈的起始语予以回答,或把它当作招呼语不必详细作答,只不过是一种交际的触媒。

敬慕型寒暄:这是对初次见面者尊重、仰慕、热情有礼的表现:如"我可久仰大名了","早就听说过您! ""您的大作,我已拜读,得益匪浅! ""您比我想象的更年轻! ""您也精神多了! ""小姐,您的气质真好,做什么工作的?""您设计的公关方案真好"。寒暄语或客套话的使用应根据环境、条件、对象以及双方见面时的感受来选择和调整,没有固定的模式,只要见面时让人感到自然、亲切,没有陌生感就行。

2. 寒暄应注意的事项

态度要真诚,表情要生动,语言要得体:在待客的过程中,主人应该表现出充分而有度的热情。日常工作和生活当中,我们不需要时时刻刻都在微笑,但是面部表情一定要生动,或关切,或愉快,或同情,或轻松,总之不要在待客过程中面无表情、心不在焉。过分的谦卑和傲慢都是不可取的。我们要用自己的真实感把对别人的尊重坦诚而自然地表现出来, 这才是真正的待客之道。比如,在说话的过程中,我们要看着对方的眼睛;如果对方正说一些高兴的事,我们可以跟着笑一笑、乐一乐;如果对方遇到一些不开心的事我们可以替对方排解一下忧郁的情绪。总之,以一种真诚的心态呈现自己,以换位思考的方式与对方在感情上产生共鸣, 这才是一个生动的人, 这样的人走到哪里都受人欢迎。"一张笑脸,一杯热茶",这也是咱们中国人的符号和标志。客套话要运用得妥帖、自然、真诚,言必由衷,为彼此的交谈奠定融洽的气氛。要避免粗言俗语和过头的恭维话。如"久闻大名,如雷贯耳"、"今日得见,三生有幸",就显得不自然。更不可用以戏弄对方,"来了","瞧您那德行","喂,您又长膘了"等等。

肢体动作大方得体,轻松自然:这是符合公务人员身份的做法。不论我们在哪里迎接客人,都要大大方方地伸出手来,做一个简单的引领动作;不论是与对方交谈,请对方就座,还是给对方递一杯茶,抑或是给对方递其他物品,眼睛都要看着对方;递接物品的时候,要尽量使用双手或者右手。在正式的场合,如果迎面遇上一位一般性的领导,错身而过的时候无须减速,只需身体转向对方点头致意即可;如果遇上高级的领导,错身而过的时候应适当减速,身体转向对方,点头致意;遇上首长级别的领导,错身而过的时候就应该停下脚步,把身体转向对方,点头致意。

要看场合,在不同的地方使用不同的寒暄语:拜访人家时要表现出谦和,不妨说一句"打扰您了",接待来访时应表现出热情,不妨说一句"欢迎"。庄重场合要注意分寸,一般场合则可以随便些。有的人不分场合,甚至在厕所见面问别人:"吃过没有?"使人啼笑皆非。当然,也有适合较广的问候语和答谢语,如"您好!""谢谢!"这类词,可在较大范围,也可在各色人物之间使用。

北方人爱问别人:"吃过饭了吗?"其实质就是"您好!"您要是答以"还没吃",意思就不大对劲了。若以之问候南方人或外国人,常会被理解为:"要请我吃饭"、"讽刺我不具有自食其力的能力"、"多管闲事"、"没话找话",从而引起误会。

在阿拉伯人中间,也有一句与"吃过饭没有"异曲同工的问候语:"牲口好吗?"你可别生气,人家这样问候您,绝不是拿您当牲口,而是关心您的经济状况如何。在以游牧为主的阿拉伯人中间,还有什么比牲口更重要的呢?问您"牲口好吗?"的确是关心您的日子过得怎么样。

要看对象,对不同的人应使用不同的寒暄语:在公务场合,男女有别,长幼有序,彼此熟悉的程度不同,寒暄时的口吻、用语、话题也应有所不同。跟初次见面的人寒暄,最标准的说法是:"你好!""很高兴能认识您"。"见到您非常荣幸"。比较文雅一些的话,可以说:"久仰",或者说:"幸会"。要想随便一些,也可以说:"早听说过您的大名"、"某某某人经常跟我谈起您",或是"我早就拜读过您的大作"、"我听过您作的报告",等等。跟熟人寒暄,用语则不妨显得亲切一些,具体一些,可以说"好久没见了"、"又见面了",也可以讲:"你气色不错"、"您的发型真棒"、"您的小孙女好可爱呀"、"今天的风真大"、"上班去吗?"如中国人过去见面,喜欢用"你又发福了"作为恭维话,现在人们都想方设法减肥,再用它作为恭维话恐怕就不合适了。西方小姐在听到人家赞美她"你真是太美了"，"看上去真迷人"，她会很兴奋，并会很礼貌地以"谢谢"作答。倘若在中国公务人员面前讲这样的话就应特别谨慎，弄不好会引起误会。

3. 问候、寒暄的次序

公务活动中如果同时遇到多人，特别在正式会面的时候，宾主之间的问候要讲究一定的次序。

一对一的问候：一对一，两人之间的问候，通常是"位低者先问候"。即身份较低者或年轻者首先问候身份较高者或年长者。

一对多的问候：如果同时遇到多人，特别在正式会面的时候。这时既可以笼统地加以问候，比如说"大家好"；也可以逐个加以问候。当一个人逐一问候多人时，既可以由"尊"而"卑"、由"长"而"幼"地依次而行，也可以由"近"而"远"依次而行。

4. 称谓

称谓，也叫称呼，人际交往，礼貌当先；与人交谈，称谓当先。使用称谓，应当谨慎，稍有差错，便贻笑与人。

公务活动中的称谓就是用所担任的职务作称呼。这种称谓方式，古已有之，目的是不称呼其姓名、字号，以表尊敬、爱戴，如对杜甫，因他当过工部员外郎而被称"杜工部"，诸葛亮因是蜀国丞相而被称"诸葛丞相"等。现在人们用职务称谓主要有三种形式：

用职务呼，如"李局长"、"张科长"、"刘经理"、"赵院长"、"李书记"等；用专业技术职务称呼，如"李教授"、"张工程师"、"刘医师"。对工程师，总工程师还可称"张工"、"刘总"等；职业尊称，即用其从事的职业工作当作称谓，如"李老师"、"赵大夫"、"刘会计"，不少行业可以用"师傅"相称；行业称呼，直接以被称呼者的职业作为称呼。例如：老师、教练、医生、会计、警官等等。当称呼年长者时，务必要恭敬，不应直呼其名，也不可以直接呼"老张"、"老王"等，尤其是年龄相差较大隔代人之间，更不可以直接呼"老张"、"老王"等；"老张"、"老王"只能是一种称谓，不应当是称呼；可以将"老"字与其姓相倒置，如"张老"、"王老"，或"王老先生"、"张老先生"，总之，要有尊敬长者之意。

5. 使用称谓的注意

不能把剥削阶级道德观念当成社会新潮流，如称"掌柜的"、"财主"、"马夫"、"少爷"等。有的人对这些称谓不以为耻,反以为荣,沾沾自喜,这显然是不正确的;不礼貌的称谓在公共场所不要用,如"老头"、"老婆"、"小子"等,而这些称呼在家庭中或亲朋好友之间使用,反会产生亲昵的效果;青年人称呼人要慎用或不用"哥儿们"、"姐儿们"之类的称谓,以免给人以"团伙"之嫌;不使用庸俗低级的称呼。如"瓷器"、"死党"、"铁哥们儿"等称呼;不使用绰号作为称呼,不随便拿别人的姓名乱开玩笑;对年长者称呼要恭敬,不可直呼其名;

陌生人之间的称呼,一般有以下两种方式:

第一,根据人的具体年龄、性别、职位称其为"同志"、"朋友"、进入机关单位可以称"领导",学校称"老师",医院称"大夫",遇到不熟悉的女同志可以叫"美女"。2013年7月22日上午,习近平总书记视察武汉市民之家,与市民郭婷婷握手时,竟然来了一句:"美女,你好!"周围的人都笑了:没想到,习大大还真会聊天! 回到单位后,郭婷婷对着同事高喊:"看你们以后谁还敢说我不是美女,习大大都说我是美女了!

第二,基层公务人员到乡下下队遇到农民群众可以用亲属称谓,不但显得有修养,而且一下子会拉近与人民群众的距离。如"大伯"、"阿姨"、"老爷爷"、"叔叔"、"大嫂"、"大哥"、"大姐"等。

三、握手

握手作为西方礼节,其起源有多种说法。一说最早发生在人类"刀耕火种"的年代,那时在狩猎和战争时,人们手上经常拿着石块或棍棒等武器。遇见陌生人时,如果大家都无恶意,就要放下手中的东西,并伸开手掌让对方抚摸手掌心,表示手中没有藏武器。这种习惯逐渐演变成今天的"握手"礼节。

另有考证说握手起源于中世纪战争期间。骑士们身穿盔甲,除两只眼睛外全身都包裹在铁甲里,随时准备冲向敌人。如果表示友好,互相走近时就脱去右手的甲胄,伸出手握手言好。后来,这种友好的致意方式流传到民间,就成了握手礼。今天人们初识、再见时行握手礼,也要先脱去手套,以示对对方尊重。

中国古人见面的抱拳之礼至今未废。武术散打开打之前,选手必定是抱拳示意的,相声演员出场也多是向观众抱拳问候。古装电视剧中,男女演员抱拳的镜头比比皆是,只是常常让人啼笑皆非。因为古人抱拳作揖很有讲究,作为男子的见面礼仪,且中国传统尚左,抱拳是以左手抱右手是谓"吉拜",松紧自然适度、拱手于胸前微微晃动,不宜过烈、过高。用右手抱左手则是不尊重对方的"凶拜",多用于吊丧。

让今人颇感意外的是,中国古代礼俗中"握手"曾经和丧葬有着直接联系。《仪礼·士丧礼》中记载:"握手用玄纁裹,长尺二寸,广五寸。"指的是古人要让死者手中拿着玉或其他物品,以示不是两手空空前往另一个世界,此物就被称作"握手"。这种风俗被后世沿袭,

1905年,孙中山在日本组织同盟会时规定入盟"同志相见之握手暗号",并亲自教导会员如何行握手礼。孙中山认为,在我国流行了数千年的跪拜礼,是封建等级礼教制度的象征,推翻清封建统治,一定要摧毁它的礼制。用新式的体现平等理念的握手礼取代跪拜礼,是辛亥革命任务的一部分。

1. 握手的场合

握手是人们日常交际的基本礼仪,在必须握手的场合如果拒绝或忽视了别人伸过来的手,就意味着自己的失礼。具体说来,应该握手的场合至少有以下几种:在被介绍与人相识时;与友人久别重逢时;社交场合突遇熟人时;客人到来与送别客人时;拜托别人时;与客户交易成功时;别人为自己提供帮助时;劝慰友人时。此外,还应本着"礼貌待人,自然得体"的原则,灵活地掌握与运用握手礼的时机,以显示自己的修养与对对方的尊重。

2. 握手的主动权

谁先伸手握手,要看具体场合。一般遵循"尊者决定"的原则。如果是社交场合,则以女士为尊,要等女士先伸手,因为有些女士不愿意跟对方进行肢体上的接触,所以要不要握手由女士说了算。而公务场合则不同。在公务场合是不论男女的,论的是级别高低,此时应该是由位高者先出手,位低者随后伸手。师生之间、长辈晚辈之间,都可以按照这个原则来做。在这里,也提醒各位,如果在一个正式会见的场合,你是位尊者,你就要当仁不让地主动把手伸出来跟对方握手,如果伸手动作不明显,或者明明不想握手而又有伸手动作,会让对

方感到尴尬。

在平辈的朋友中,相见时先出手为敬;在长辈与晚辈之间,在上级与下级之间,应是前者先伸手,后者先问候,待前者伸手后,后者才能伸手相握;在男士与女士之间,女方伸手后,男方才能伸手相握,如女方无握手之意,男方可点头或鞠躬致意;倘若男方已是祖辈年龄,则男方先伸手也是适宜的。在主宾之间,主人应先伸手,客人再伸手相握,表示对客人的一种欢迎,但客人辞行时,应是客人先伸手表示辞行,主人才能握手告别。如要同许多人握手,应当先同性后异性,先长辈后晚辈,先职位高者后职位低者,先已婚者后未婚者。当别人不按先后顺序的惯例而已经伸出手时,都应毫不迟疑地立即回握,拒绝他人的握手是不礼貌的。虽然握手的礼讲究位尊者先伸手,但是,非正式场合例外。在轻松愉快的休闲场合、社交场合、生活场合,这时候谁先伸手都可以,不必太刻意。比如,你在大街上见到一位领导,你可以大大方方地走过去先伸出手来和他握手,因为在非正式场合,握手是一种友好的象征,所以谁先伸手都是无所谓的。

3. 握手的尺度

一次友好大气的握手,可以给对方留下一个非常好的印象。男士的握手有5个尺度。第一,要虎口对着虎口,满握;第二,手指要弯曲过来握住对方,而不是伸直了手指头,等着对方来握;第三,要有力度,我们中国人的性格比较含蓄、内敛,有些人跟别人握手的时候,只是轻飘飘的一握。这样,即便是我们内心是想传达对对方的尊重,但实际上对方感受到的是无力,是怠慢,甚至是轻视;第四,握手的时间可长可短。但在握手的前几秒钟一定要看着对方的眼睛,不要上下打量,也不能一边握着手一边跟第三方说活,因为这样虽然看起来很自然,但实际上没有表达出对对方的尊重;第五,在正式的场合,或者领导者之间在主席台上握手,两个人之间的距离要合适,我们不必用尺子去量,因为当两只手握在一起的时候,两条胳膊会形成一个 V 字型,而且穿正装的时候白衬衫的袖子会从西服的袖口漏出来,此时这种握手的场景就会形成一幅很美的图画。我们把这五个握手的尺度记住了,尤其是男士,以后握起手来大气从容,自然美观。

女士的握手相对来说要求没有那么严格，女士们可以选择含蓄的握手方式，尤其是我们中国女性。握手的时候可以只握住四个指头，不必握满，但是要注意，握住对方四个指头的时候，大拇指也要合到对方的手指上去。我们经常看到许多比较含蓄、文雅的女士，尤其是女孩子跟被人握手，直愣愣地就把手伸出去了，也不管对方握住她还是没握住她，手都是一个僵直的姿势，这好像传达出了"您可以握我的手"的意思，但这样不够，你应该同时回握对方，因为握手不仅是对对方的尊重，对对方的友好，更是相互的尊重，相互的友好。中国女性公务人员，在有些政务场合应该选择第二种握手方式，那就是国际上通用的男士的握手方式—满握。实际上，世界上绝大多数国家的女士，都像男士一样握手，只是我们中国的女士在握手问题上，稍微有一些含蓄罢了。

4. 握手十忌

一忌不讲先后顺序，抢先出手；二忌目光游移，漫不经心；三忌不脱手套，自视高傲；四忌掌心向下，目中无人；五忌坐着握手，除非残疾；六忌左手相握，有悖习俗；七忌"乞讨式"握手，过分谦恭；八忌握时过长，让人无所适从；九忌滥用"双握式"，令人尴尬；十忌"死鱼"式握手，轻慢冷漠。

四、鞠躬礼

这里特别强调一下鞠躬这个动作。公务人员，特别是领导干部，在众人面前讲完话走下台之前，一定不要忘记给现场的观众鞠一个躬，这是现代礼仪的基本要求。鞠躬动作有两个极端不可取：一个极端是过分的谦卑，头垂得太低；另一个极端是抬着头鞠躬，这样有点儿点头哈腰的感觉。比较得体的鞠躬姿势，应该是头颈跟脊椎基本上在同一条线上，身体微微的前倾，头部微微的地下，轻松自然地完成鞠躬。

公务场合常见的鞠躬有两种尺度，一种是以简单的致敬或告别为代表的浅度鞠躬，只需要15°鞠躬即可；另一种以致歉或者感恩为代表的深度鞠躬，以45°鞠躬为宜，不需要90°。

五、介绍

有一次到一个朋友家里去串门，大家坐在一块儿吹牛，过年过节大家在一块儿吹牛，男主人女主人当时忙着给我们做饭，就顾不上张罗照顾我们这些客人了,而我们这些客人来自不是一个单位不是一个部门,大家在那儿自己吹,吹着吹着就说到职业的问题了,吹到儿女考大学报专业的问题了,有一个女同志,差不多四、五十岁样子,在那儿发感慨,说现在当爹妈不好当,就这一个宝贝马上考大学了,这选什么专业不好说,边上有一个同志他认识我,他就把话往我这儿引,因为我在党校当老师,他说我觉得你们家那是男孩还是女孩,这个男孩女孩报专业不太一样的,那女同志就讲说我家是姑娘,他说那你家姑娘要可能的话报个师范专业,将来当老师的专业好,说当老师既有社会地位而且有教养,而且作为女同志来讲还不累,收入还可以,诸如此类讲了很多老师的好话,没想到那个女同志听了半天之后就讲什么,说我们家孩子当什么都行,就是不当老师,老师多辛苦啊,你看那臭老九,社会上人都看不起,说完了之后才问我,您是干什么的? 我说我就是你说的那个老九,这就是缺少介绍,专业的说法,叫做介绍人不到位,所以:"介绍是交际之桥"。

1. 自我介绍:三要素缺一不可

公务接待过程中,如果彼此不认识或者身份不明确,应该主动向对方作适当的自我介绍。关于自我介绍,中外有不同的处理方式,很多公务人员可能都有这样一些经历:当领导干部去基层,工作人员会热情地进行接待,可是接待了半天,接待者是谁,是什么职位,身处什么工作岗位,领导并不知道;领导干部在办公室接见下级人员,但自始至终也不知道下级人员的具体身份,这些现象都源于下级没有向上级作出完整的自我介绍,都源于我们中国人具有含蓄内敛、低调、沉稳的性格,这种不过分张扬自己的民族性格,我们应该予以坚守,但是在公务场合,过分含蓄和低调,则不足以表现公务人员应有的大气和从容,因此,见到不认识的领导,你应该主动向对方作自我介绍。如果是有职务的人,自我介绍的时候三个要素是缺一不可的,姓名、单位和职务,尤其是职务。交际场合的自我介绍一般介绍自己的姓名和单位,一般不说职务,否则有炫耀之感。自我介绍后应稍作交谈再离开,而别人谈话时,不可打断他们以作自我介绍。年轻的女士遇到陌生男士,不可主动介绍自己,可以打个招呼,等对方自我介绍后再作自我介绍。

据《南方周末》报道:2008 年 5 月 12 日,时任北川县政法委书记的张周凯,地震发生那一刻,他和两个同事被压在县政府大楼废墟下,14日,贺一民(注:救援者)带着人到县委勘察,爬上县委倾斜下陷到地面的屋顶,隐约听到里面有人呼救。他要求呼救者大点儿声,于是从下面传来了一个清晰的声音,"救救我,我是张书记!""救救我,我是张书记!"——这个带有黑色幽默意味的句子随即在网上广为传播,被称为"史上最牛官腔"。

2. 居中介绍:位尊者有优先的知情权

公务会见过程中, 熟悉情况的人一定要主动为互不相识的双方作居中介绍。没有居中介绍,或者居中介绍不主动,会引起双方人员的尴尬甚至不满。那么,居中介绍时,应先介绍谁后介绍谁呢? 由于我们中国人奉行的是"长者先,幼者后"的儒家文化, 会有不少人理所当然地认为应该先介绍长者或者位高者。试想一下这种情景, 一个单位的部门领导引领一位新员工去拜见单位领导,部门领导需要作居中介绍,他面对的一边是他的上级,一边是新员工。如果他先介绍单位领导,然后介绍新员工,那么恰恰是这位新员工优先了解单位领导的身份,而这位领导只能随后了解对方的身份。部门领导的原意一定是想要表达对单位领导的尊重,可他实现这种尊重了吗? 答案是不言而喻的。他没有让自己的领导优先了解新员工的身份, 因此也就没有把对领导的尊重恰当地表现出来。公务礼仪要求在作居中介绍的时候,恰恰应该是先介绍下级,后介绍上级,因为上级具有优先的知情权。最完美的介绍方式应该是称呼着上级,去介绍下级:"王局长,给您介绍一下,这位是刚毕业的大学生张××"

在两个群体之间做居中介绍, 也应该是先把级别低的一方介绍给级别高的一方,在介绍某一方具体成员的时候,应该职务由高到低的介绍。

在把某位领导或者嘉宾介绍给众人的时候,应以群体为尊者,也就是说,要把个人介绍给群体。

六、递接名片

我们中国传统的名片和现代社会上通用的名片样式是不同的, 现在我们所用的名片也和握手礼一样,是从国际社会上借鉴而来的。递接名片的礼仪,是人们在见面初期颇需留心的一种待人接物的方式。千万不要小看递接名片的礼仪,它包含了很多行为的通用规则。递交给别人名片时应该注意哪些礼仪呢？双手拿着名片，身体前倾，面带微笑，看着对方的眼睛，说几句客气、寒暄的话，把名片的正面朝向对方。这些行为在递交名片的过程当中缺一不可，无一不表现着对对方的尊重。

递交给别人名片的时候，要把名片的正面朝向对方，而不是朝向自己。不仅递交名片，给别人递交文件时也要把正面朝向对方；领导们在主席台上发奖状、发聘书、发合格证书的时候，也要把正面朝向对方。再有，递交给别人一支笔时，要让笔的尾部朝向对方，因为我们中国人的传统是用毛笔，如果将笔尖朝向对方，第一，感觉是对对方的一种冒犯，第二，有可能甩对方一身墨。这样的例子还有很多，比如，给别人敬一支烟，要把烟嘴朝向对方；给别人递一双筷子，要把粗头部分朝向对方；给别人递一把剪刀，要把剪刀的手柄朝向对方；给别人递一个手提包，要把提手朝向对方；军人递交一把手枪也要把枪柄朝向对方……这些都是我们在日常生活、工作当中经常遇到的情况。所以我们应该形成一个理念，这也是待人接物很重要的一个原则，就是要把正面朝向对方。

收到对方名片时，身体前倾、双手相接、面带微笑、说些客套话，但是有一点不同，就是收到对方的名片时不要马上收起来或者直接搁到桌子上，而应该对对方的名片表示关注。最简单的办法就是仔细地看一看名片，哪怕你已经知道了对方名片上的内容，也还是应该把名片拿在手里认真、仔细地看一看，或者默读一下，或者向对方做些简单的询问。因为对对方名片的关注，能表现出你对对方的尊重。

七、敬茶

我国自古以来就有来客敬茶的传统，在人际交往中敬茶成了一种礼节。茶具要统一的、干净的、完美的，比较讲究的茶具是陶制品、瓷制品的，这样更能保证茶水的原汁原味。一次性纸杯子不适合公务场合使用。

茶叶不要用手直接抓，而是要倒，我们有"茶满欺人"的说法，所以倒茶的时候，茶水有七分满就行了。敬茶的时候，应该是在客户落座之后，还没开始洽谈之前，不能在客人正前方或正后方上茶，可以在客人的右侧，杯耳朝向客人，方便客人端、接，敬茶的时候要双手端茶杯，和颜悦色地说声："请用茶"，不可以一只手送茶或用手握杯口端茶。

当会议进行的时候,要在客户的肩与肩的狭窄空间递茶,同时小声说:"对不起,请用茶"、"打扰了"等礼貌用语来提示。不声不响地递茶,很可能被突然转身的人碰翻。如果是用暖瓶斟茶倒水要远离桌面,并在距离杯口十厘米左右的位置来操作。

人多的时候,敬茶的顺序可以以顺时针或逆时针方向依次进行,当只有领导和客人的时候,应先给客人敬茶再为领导敬茶以示对客人的敬意。敬茶后也要礼貌的告退,要先后退一两步再转身离去。转身时要向人多的一侧或离出口近的一侧转体,不要给大家一个背影。

许多单位提供的也有可能是其他饮料,比如矿泉水、可乐等多种饮料,这种情况下,就要征求客人的要求,以便提供他所需的饮料,在询问的时候,要注意一个技巧问题,即一定要用封闭式问题提问,也就是说你有哪几种饮料都给客人说一遍,由客人在现有条件下选择其中一种。而不要来一句"喝什么",万一客户要了一种你没有的饮料,反而尴尬。

八、送客

送别客人是接待工作最后的也是非常重要的一个环节,要想真正做好接待工作,使接待工作有始有终,善始善终,就应该对待送别像对待迎宾一样,予以高度的重视,如果处理不好将影响到整个接待工作的效果。送客礼节,重在送出一份友情。送客通常应将其送至门口、电梯或楼梯旁、大楼底下、大院门外,如果将客人送至门口,应在客人的身影完全消失后再返回,否则,当客人走完一段路再回头致意时,发现主人已经不在,心里会有些不是滋味,如果对方是初次来访的贵宾,则还可陪伴对方走得更远一些。主人若当时难以抽身,还可以委托他人代为相送。另外,送客人返身进屋后,应将房门轻轻关上,不要使其发出声响,那种在客人刚出门的时候就"砰"地关门的做法是极不礼貌的,并且很有可能因此而"砰"掉客人来访期间培养起来的所有情感。到车站、码头或机场送客时,不要表现得心神不宁,以使客人误解你在催他赶快离开,送客到机场,最好等客人通过安检后再返回。因为也许有些物品不让带上飞机而需要你保管。如果客人"比较坚决"地谢绝主人相送,则可遵循客人意思,不必"强行送客"。

第十一章　公务座次礼仪

传统礼文化讲究的是尊卑有序,现代公务场合依然很重视座次礼仪,座次礼仪纷繁复杂,要求颇多。以左右、前后为区分的座次礼仪是为了体现对尊者的尊重,所以公务人员应该也必须掌握。不过,在此要强调的是一旦尊者的个人意愿与礼仪规范产生偏差或者冲突,那么顺从尊者的个人意愿会比坚持礼仪规范更重要。礼仪在特殊情况下,会有也应该有一定的变通性。

一、引领、引进、楼梯和电梯的位次礼仪

在实际工作中,我们也经常会遇到一些并没有那么正式的场合,但也存在排序的问题,比如在进行过程中或者在楼梯电梯中,对此,彼此之间的相互位置也是有礼仪可循的。

1. 引领者的方位

单位来了一位贵宾,派出一名工作人员前去引领,引领者应该走在贵宾的什么方位呢?答案是左前方。因为在引领过程当中,在路上行走要靠右,左边有过往行人或者车辆,把客人放在右边,有安全感,略在前,引领方便,便于客人及时清楚行进方向,因此引领者应该在左前方引领,把贵宾让到右后方的适当位置上。应该指出的是,目前很多的引领者经常会跟在贵宾的后方行走,实际上这是他扮演了一个指挥者的角色,并不利于简单、明确地实现引领的作用。

2. 引领者的方位

一般情况下,会由单位的领导亲自陪同贵宾行进或者参观,为贵宾做介绍,那么陪同者应该走在贵宾的什么方位呢?答案是左边。因为陪同场合虽然也涉及领导之间的排序,但这毕竟不是官方内部会议领导之间的排序,所以应以主客之分来表现尊重。陪同的主人要在行进过程中与贵宾进行交流,同时又应遵循公共场合行进靠右的原则,因此应与贵宾并排行走,并行走在贵

宾的左手边。

3. 楼梯内的引领

楼梯可以分为宽楼梯和窄楼梯，行进时对于这两种楼梯的处理方式有所不同。对于宽楼梯,同行者可以与客人或领导(以下统称为尊者)并排着上下楼梯,在这样一个过程中,应把为尊者让到一个既安全又省力的方位,也就是楼梯的内侧,靠着内侧扶手的一边,因为把安全的位置留给了客人。如果需超越前方人员,礼貌的做法是从楼梯的外侧行进。如果是在公共场合(比如百货商场)的楼梯间,两排行人相向而行的时候,则应该遵循右行原则自然通过。

对于窄楼梯,同行者无法与位尊者并排行进,只能保持一上一下、一前一后的走法,那把为尊者请到楼梯的上方行走,下方有人进行安全防护,这样位尊者就会处于一个安全的位置。而下楼梯时恰好相反,应是位卑者先行,这样同行确保了下方有人进行安全防护。

不过有一个特例要予以注意：如果一位男士陪同身穿短裙的女贵宾上窄楼梯,男士应该行走在前面,也就是走在楼梯的上方,以免引起女士的尴尬。

4. 电梯内的引领

电梯门打开了谁先进入电梯？如果有司梯员的话,应该请为尊者先进入。如果没有司梯员的话,则要视情况而定。如果是主人客人之间,则应由主人先进去操控电梯;如果是上下级之间在本单位的办公大楼里候梯,则应该由领导先进。如果没有司梯员,但电梯里恰好有其他乘客站在操控电梯的位置,应该视为电梯有司梯员。

电梯到站了谁先出呢？首先要看电梯是否是专梯，在接待高级贵宾的时候,清空一部电梯,里面安排一个司梯员,专供接待使用,这就是专梯,如果是专梯,原则很简单,贵宾先进入,贵宾先出来;如果不是专梯,而是公共电梯,原则就更简单了,谁在外面谁先出来。因为在公共电梯里,考虑到还有其他不相识的乘客的方便,最好不要有人可以挡在电梯口不动而等待里面的人出来。

另外需注意的是,在电梯间应面向电梯门,避免大声喧哗、接打电话、直视其他乘客。

二、乘车座次的礼仪

1. 小轿车的座次

由专职司机开的公车,如果是小轿车,领导的专座在后排右座。这个位置处于非车行道的位置,和方便迎接,这个位置叫做领导席或贵宾席,后排左座叫做陪同席,而前排副驾驶的位置是工作人员席位。后排比前排舒服,右边比左边上下车方便。训练有素的司机开车到酒店一停车,后排右座一定正对着门,这个位置的人伸腿下车,抬腿上车,非常方便,而副驾驶的座位是"随员座",所以酒店的门童都不会给副驾驶座开门,其实,在非正式场合,领导坐在那里都可以。但是,如果在仪式性场合,有人来列队欢迎,有人来开车门,而且有摄像摄影人员,领导或贵宾一定是坐在后排右坐的位置,接待人员也应该率先打开右后车门迎接。

小轿车座位排序

社交场合或者非正式场合,主人亲自开车,则副驾驶座位是一号位,因为不能用安全与否进行评判了,而是要体现平起平坐,体现彼此的相互尊重,而且这个位置能和主人方便的交谈。如果这时你坐在后排,就有把主人当成司机的嫌疑。我们经常看到有些人在搭领导的车时,上车就座到了后排,领导请他到前排就座,他还坚持坐在后排,他认为这样才是对领导的尊重,其实,客气之余,他已经把自己置于不恰当的位置上了,这是一件有失礼仪的事。

还有一种情形需要注意:如果一个非专职司机开车,带着分别坐在副驾驶和后排座的两个人外出办事,坐在副驾驶位置的这个人中途下车了,坐在后排的人要继续坐车前行,出于对开车者的尊重,坐在前排的人下车的时候,坐在后排的人应同时下车移到前排副驾驶的位置上去,这是现代人的一种文明。

如果专职司机独自去机场接人,见到客人应主动做自我介绍,除了介绍姓名和单外之外,还要把自己的司机身份告诉对方,这样,客人就可以坐到后排右座上。如果司机不主动介绍自己的司机身份,客人就只能坐到副驾驶的位置上了。当然,即使介绍了自己的司机身份,客人也可以坐到前排副驾驶的位置,这就意味着客人对司机的格外尊重。同样自己本单位的公务车,如果一个人乘车的时候一定坐副驾驶座位,要体现出对本单位同事的尊重。

有人下车关车门的时候,总爱大力,车身受到震动,车门这样长时间大力开关,也对车有损伤。特别是很少坐车或自己没车的人,那更是就像关的士的车门一样,用最大力的力气,关的车主那叫一个心疼啊,而车主如果对别人说:"你轻点关啊!"又伤人,又伤车,可是太轻了,又关不上,怎么办?当有人大力关车门时,不要说你轻点,而是说:"我告诉你一种关车门的方法",不然碰到心疼车的人,肯定会要你轻点。那么怎样才能最好的关好车门,如果是在外面,就是下车后,当车门关到离车身10CM的时候,再用力关上车门,如果是上车后,就是在里面关车门的时候, 是离车身15CM处再用力关好车门。这样撞击力减小,也不会发出"通通"的声音,而是很清脆的"砰砰"声。因为在车外关门,重心点是在站立的整个身体上, 而从车内关门,重心点是在坐着的上身上,所以发力距离会远一点,不信大家可以试试,在这两个点,用再大的力气关门也无妨。

2. 越野车的座次

如果是由专职司机开的越野车,领导的专座,是前排副驾驶的位置。因为,越野车源于战争时期,是军事首长的指挥车,坐在前排视线最好,因此,前排副驾驶位置为尊位。礼宾人员在迎接这种车时,应率先打开副驾驶位置的车门迎接。

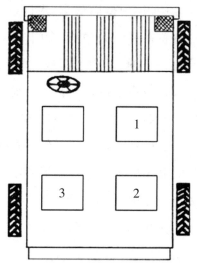

越野车座位排序

3. 商务车的座次

三排座的商务车,最尊贵的位置,是打开车门面对的位置,也就是,就是商务车上最尊贵的位置,随车的陪同者可以坐在中间一排的司机正后方的位置,工作人员坐在前排副驾驶的位置。后排可以座主人,也可以做客人,级别低于中间一排,但是应先上车、后下车。(见图)

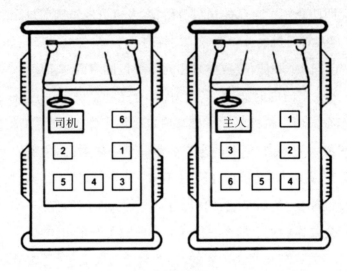

商务车座位排序

4. 中巴、中型面包车、大巴、大客车的座次

中巴、中型面包车、大巴、大客车上最尊贵的位置在哪里呢?打开中门,正对着的那一排位置比较方便,是中巴车或中型面包车、大巴、大客车最尊贵的位置。有些高级中巴车经过了特殊的改装,在前两排之间加装了一张桌子,此时桌子后的那个位置便是领导专座。如果领导或贵宾并不知道应该往哪里就座,可以安排一人先行上车引领。

中国是礼仪之邦,礼仪之邦的要义用八个字就可以概括:尊卑有序,各归其位。尤其在公务座次中,这个理念体现得非常明显,谁先说话

中巴、中型面包车、大巴、大客车座位次序

谁后说话,谁居左谁居右,谁在前谁在后,都是以尊卑来归位的。当然,在待客过程中,我们也会发现并不是所有的客人都应该知道他们在什么位置,这或许是因为不懂,或许是因为客气。这时主人就应该尽量向客人做出解释,并把客人请到尊位上。但是,如果客人固执己见,坚持坐在一个不恰当的位置上,主人该怎么做呢？我们应该意识到,安排座次原本就是为了体现对尊者的尊重,凡是尊者坚持选择的位置,那就是最尊贵的位置。过分地拘泥于礼仪的规矩,反而会有损于对他人的尊重。

三、会议与宴席不同方位的尊卑之分

1. 面门为尊

在这个会议室里,房门开在平面图的正中下面位置。如果我们请客人或领导就座,应该把客人或领导请到面对着房门的位置,(A 排,或者主席台)因为面对着门的位置可以让人有一种安全感、踏实感,有一种统揽全局的感觉。这就是座次礼仪的第一条原则:面门为尊。(图 1)

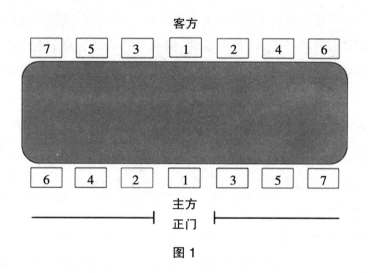

图 1

在这样的会议室里,领导有时会选择坐在会议桌顶头(一号位)来主持会议,但是这仅限于坐在两边的人都是领导的下属。如果在座的是平级的客人或者是外单位的客人,领导就要选择与尊者面对面就座,而且要把客人请到面对着门的位置。(图 2)

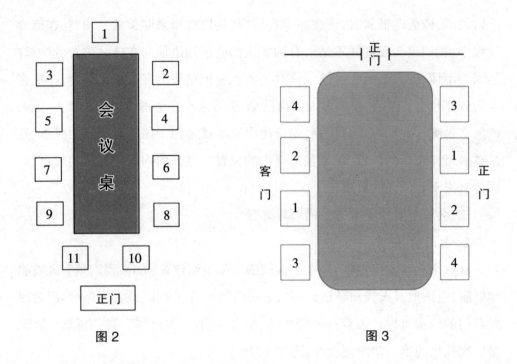

图 2   图 3

在办公室里会客是常有的。如果你坐在办公室自己的办公椅上，请客人坐在办公桌对面的椅子上，这是可以的，但这仅适合于比较轻松的气氛，或者坐在对面的人是你的下属。如果对面坐的是一位远方客人或者是你的平级同事，甚至是你的上级领导，那么这种坐法就显得不够礼貌了，因为这会给人以居高临下的感觉。遇到这种情况，应该把对方请到沙发上与其肩并肩地坐下，或者与其到旁边的椅子上面对面地坐下。对于那些不太熟悉或者比较重要的客人，最好不要在办公室里会见，应该把客人请到会议室里去，而且请客人坐到尊位上去。(图 3)

2. 远门为尊

在这样一个宴会厅里面，摆放着 3 张或者 4 张典型的中国圆桌，我们应该把主桌安排到 1 号桌，因为 1 号桌离门最远，她在最里边，最有统揽全局的感觉，而且请尊者坐在这张桌上，相对来说尊者不易受到打扰。这就是座次礼仪的第二条规则：远门为尊，离门越远的位置，越显得尊贵。

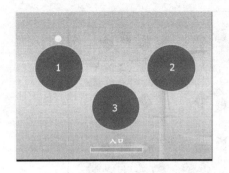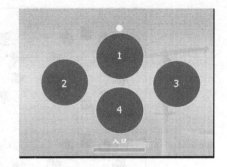

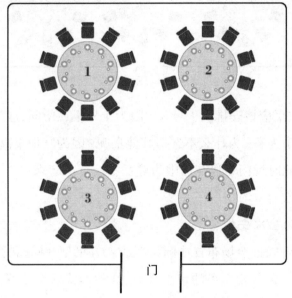

3. 居中为尊

把前图稍加调整,变成 5~7 张桌子,如图所示:

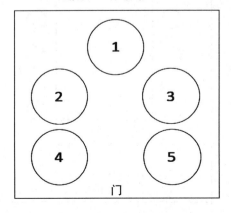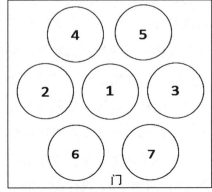

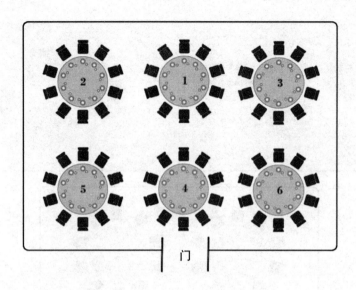

这个时候主桌应该安排到 1 号桌。因为 1 号桌在中间,这就是座次礼仪的第三条原则:居中为尊。为什么不选择其他桌呢?因为其他桌离门近,容易受到打扰。实际上,此时远门为尊与居中为尊互相结合了起来。

四、会议座次

1. 小型会议座次安排

小型会议,可以把会场布置成圆桌型或者方桌型,领导和会议成员可以互相看得见,大家可以无拘无束的自由交谈,这种形式适合于召开 15 人至20 人左右的小型会议。如工作周例会、月例会、技术会议、它的主要特征,是全体与会者均应排座,不设立专用的主席台。小型会议的排座,目前主要有以下两种具体形式。

面门设座:它一般以面对会议室正门之位为会议主席之座,即尊位。通常会议主席坐在离会议门口最远的桌子末端。主席两边是为参加本单位会议的客人和拜访者的座位,或是给高级管理人员、助理坐的,以便能帮助主

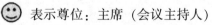

表示尊位:主席 (会议主持人)

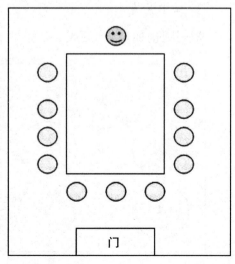

席分发有关材料、接受指示或完成主
席在会议中需要做的事情。

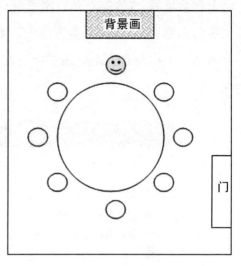

　　依景设座:所谓依景设座,是指会
议主席的具体位置,不必面对会议室
正门,而是应当背依会议室之内的主
要景致之所在,如字画、讲台等。

2. 大型会议座次安排

　　主席台排座:大型会场的主席台,
一般应面对会场主入口。在主席台上
的就座之人,通常应当与在群众席上
的就座之人呈面对面之势。在其每一
名成员面前的桌上,均应放置双向的桌签。主席台排座,具体又可分作主席团
排座、主持人座席、发言者席位等三个不同方面的问题:

　　主席团排座:主席团,在此是指在主席台上正式就座的全体人员。按照我
国官方惯例排定主席团位次的基本规则有三:一是前排高于后排,二是中央高
于两侧,三是右侧高于左侧。判断左右的基准是顺着主席台上就座的视线,而
不是观众视线。主席台座次排列,领导为单数时,主要领导居中,2 号领导在 1
号领导左手位置,3 号领导在 1 号领导右手位置;领导为偶数时,1、2 号领导同
时居中,2 号领导依然在 1 号领导左手位置,3 号领导依然在 1 号领导右手位
置。这是当今中国官方主席台上最严谨、最规范的排序方式。我们用一句话就
可以对这种排法做出总结, 这实际上也是官方内部会议主席台人物排序的二
号原则:不管单数双数,2 号位始终在 1 号位左手边。几个机关的领导人同时上
主席台,通常按机关排列次序排列。可灵活掌握,不生搬硬套。如对一些德高望
重的老同志,也可适当往前排,而对一些较年轻的领导同志,可适当往后排。另
外,对邀请的上级单位或兄弟单位的来宾,也不一定非得按职务高低来排,通
常掌握的原则是:上级单位或同级单位的来宾,其实际职务略低于主人一方领
导的,可安排在主席台适当位置就座。这样,既体现出对客人的尊重,又使主客
都感到较为得体。

对上主席台的领导同志能否届时出席会议,在开会前务必逐一落实。领导同志到会场后,要安排在休息室稍候,再逐一核实,并告之上台后所坐方位。如主席台人数很多,还应准备座位图。如有临时变化,应及时调整座次、名签,防止主席台上出现名签差错或领导空缺。还要注意认真填写名签,谨防错别字出现。

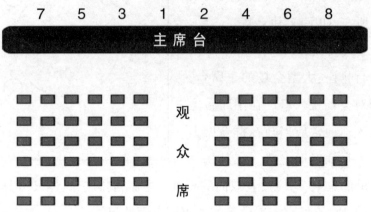

主持人座席:会议主持人,又称大会主席。其具体位置之所在有三种方式可供选择:一是居于前排正中央;二是居于前排的两侧;三是按其具体身份排座,但不宜令其就座于后排。

发言者席位:发言者席位,又叫做发言席。在正式会议上,发言者发言时不宜就座于原处发言。发言席的常规位置有两种:一是主席团的正前方;二是主席台的右前方。

群众席排座:在大型会议上,主席台之下的一切座席均称为群众席。群众席的具体排座方式有二:其一,自由式择座,即不进行统一安排,而由大家各自择位而坐。其二,按单位就座:它指的是与会者在群众席上按单位、部门或者地位、行业就座。它的具体依据,既可以是与会单位、部门的汉字笔画的多少、汉语拼音字母的前后,也可以是其平时约定俗成序列。按单位就座时,若分为前排后排,一般以前排为高,以后排为低;若分为不同楼层,则楼层越高,排序便越低。在同一楼层排座时,又有两种普遍通行的方式:一是以面对主席台为基准,自前往后进行横排;二是以面对主席台为基准,自左而右进行竖排。

第十二章　办公礼仪

遵守办公礼仪,是基层公务人员的必然要求,否则在人民群众眼里基层公务员的形象就有可能受到损害。办公礼仪是基层公务员礼仪的核心内容,是每一名基层公务员都应优先掌握的最重要的礼仪规范。

一、办公室的环境:卫生、文明、高效、庄重

1. 环境整洁卫生

办公室是工作的地方,一定要注意时刻保持环境整洁卫生,不仅要打扫,还要刻意去维持清洁。大多数机关单位都有一项老传统,早晨上班前要擦桌子、扫地、拖地板。甚至还要擦玻璃,这些体力活年轻人应该多做一些,最好适当地早到一会,将办公室打扫干净。这也体现了年轻人尊重老同志的优良传统。

办公室里不要过多地摆放私人物品,适当地摆盆花,摆张照片,这些都是可以的。但私人物品,如鞋子、衣服或者个人卫生用品应该收在柜子里。集体办公室里一般不允许吸烟,需要吸烟时应在吸烟区或室外进行。

2. 举止文明礼貌

文明礼貌是对公务人员的基本要求,公务人员在办公室里应注意以下几条礼仪细节:

第一,不要大声说话,隔屋叫人。有些人的嗓门比较大,容易喧哗,有的人喜欢隔着屋子叫人,或是在走廊里大呼小叫,这些都是不礼貌的行为。接打电话或是谈论事情,也要放低声音,如果别人都在工作,接打电话最好用手遮住话筒,这样既不影响别人,又可以提高通话的音量。

第二,不要长时间占用办公设备。电话、复印机、电脑、传真机等都是众人共同使用的办公设备,除非工作确实需要,否则不应该长时间占用。办公室里应该形成一种相互体谅、多为别人着想的工作氛围,公用设备应尽快用完后留给别人。公务人员最忌讳的是"煲电话粥",拿着电话说个不停。如遇重大谈判或合作细节问题,要尽量当面会谈或者以文字形式进行交流,这既是为保密,也是因为电话交流很容易遭到对方的拒绝或者误解。

第三,不要在办公室里吃零食。公务人员的办公室,应体现庄重和整洁。因此不要在办公室里用餐,更不要在办公室里摆放一些有异味的食品。窗口工作人员要禁止当着来客的面吃零食。

第四,不要过度蛮横。对待来人、来客,要以礼相待,不可表现得傲慢、冷漠,或者给人一种爱答不理的感觉。不管是接待来客、领导,还是接待下级,都要起身相迎,起身相送。与人说话的时候,眼睛要看着对方,态度要温和一些,语气要客气一些。

3. 工作有序高效

保证工作顺利完成,是公务人员的第一要务。因此公务人员应做到以下四点:

第一,遵守时间。不管是汇报工作,还是正常上班,或是开会、会客,都要遵守时间,这是公务人员最基本的素养。

第二,办公室里不要多谈私事,不要闲聊天,不要玩游戏,尽量少会私人朋友。

第三,坚持保密制度。不该知道的不要去问,不该说的一定不要说,如果权限不够一定不要翻看别人办公桌上的公文、信函、签报等。

第四,收发文件及时准确。该是谁的信,一定要及时转交,传达信息尽量迅速有效;替别人做的电话记录,一定要及时地放到对方桌上去。

4. 同事关系和谐融洽又不失快乐

与上级交往的主题词是"尊重":进入领导房间,要事先敲门或者事先打电话,进屋要打招呼,出屋要告辞。与下级交往的主题词是"体恤":要理解下级的难处,多为下级着想,年长者要主动关心年轻人。与同事交往的主题词是"友爱":与同事相处得如何,直接关系到自己的工作、事业的进步与发展。如果同事之间关系融洽、和谐,人们就会感到心情愉快,有利于工作的顺利进行,从而促进事业的发展,反之,同事关系紧张,相互拆台,经常发生摩擦,就会影响正常的工作和生活,阻碍事业的正常发展。

二、处理好同事关系,在礼仪方面应注意以下几点:

1. 尊重同事

相互尊重是处理好任何一种人际关系的基础,同事关系也不例外,同事关系不同于亲友关系,它不是以亲情为纽带的社会关系,亲友之间一时的失礼,可以用亲情来弥补,而同事之间的关系是以工作为纽带的,一旦失礼,创伤难以愈合。所以,处理好同事之间的关系,最重要的是尊重对方。

2. 物质上的往来应一清二楚

同事之间可能有相互借钱、借物或馈赠礼品等物质上的往来,但切忌马虎,每一项都应记得清楚明白,即使是小的款项,也应记在备忘录上,以提醒自己及时归还,以免遗忘,引起误会。向同事借钱、借物,应主动给对方打张借条,以增进同事对自己的信任。有时,出借者也可主动要求借入者打借条,这也并不过分,借入者应予以理解,如果所借钱物不能及时归还,应每隔一段时间向对方说明一下情况。在物质利益方面无论是有意或者无意地占对方的便宜,都会在对方的心理上引起不快,从而降低自己在对方心目中的人格。

3. 对同事的困难表示关心

同事的困难,通常首先会选择亲朋帮助,但作为同事,应主动问讯。对力所能及的事应尽力帮忙,这样,会增进双方之间的感情,使关系更加融洽。

4. 对自己的失误或同事间的误会,应主动道歉说明

同事之间经常相处,一时的失误在所难免。如果出现失误,应主动向对方道歉,征得对方的谅解;对双方的误会应主动向对方说明,不可小肚鸡肠,耿耿于怀。

三、处理好上下级关系,在礼仪方面应注意以下几点:

1. 尊重领导

单位的领导,一般具有较高的威望、资历和能力,有很强的自尊心。作为下属,应当维护领导的威望和自尊。在领导面前,应有谦虚的态度,不能顶撞领导,特别是在公开场合,尤其应注意,即使与领导的意见相左,也应在私下与领导说明。

2. 听从领导指挥

领导对下属有工作方面的指挥权,对领导在工作方面的安排,指挥必须服从,即便有意见或不同想法,也应执行,对领导指挥中的错误可事后提出意见,或者执行中提出建议。

3. 宽容领导

对领导的工作不能求全责备,而应多出主意,帮助领导干好工作,不要在同事之间随便议论领导、指责领导。当然,对个别品德很差、违法乱纪的领导,另当别论。

4. 提建议要讲究方法

在工作中给领导提建议时,一定要考虑场合,注意维护领导的威信。提建议一般应注意两个问题:一是不要急于否定原来的想法,而应先肯定领导的大部分想法,然后有理有据地阐述自己的见解;二是要根据领导的个性特点确定具体的方法。如对严肃的领导可用正面建议法,对开朗的领导可用幽默建议法,对年轻的领导可直言建议法,对老领导可用委婉建议法。

四、快乐工作

追求快乐是人的本能,每个人都会发自内心,愿意接近那些能给自己带来快乐的人,远离那些整日愁眉苦脸的人。这就是快乐吸引快乐法则。所以首先要让自己快乐起来,然后给别人带来快乐,做一名办公室情绪环保者:

1. 学习讲一些幽默的笑话

幽默的天赋不是任何人都可以具备的,但勇于讲话是第一步。办公室那个幽默的人,总是成为更多人关注的中心。如果不会,至少要勇于参与办公室的笑话场。

2. 笑迎同事让自己阳光灿烂

每天都学习寻找一种方式,让自己快乐。比如穿搭漂亮被同事夸奖一下,比如中午能吃上自己最爱的饭菜。从一些生活的小细节中寻找快乐的来源,知足常乐。并且快乐的时候一定要和同事分享,即使是一个阳光灿烂的笑容,也可以照亮同事,照亮整个办公室。

3. 强化自我消化情绪垃圾的能力

心中不爽,发泄是必要的。发泄完了,自己当然轻松了,但是,要记住人际关系必然有其必要的距离感。负面情绪像流行性感冒一样,会传染给别人。如果你真有不快,至少找值得依赖的好朋友聊聊,或者找专业的心理医生聊聊。多选择那些独立自我超越郁闷的能力,比如出外吹风,运动等,这样会锻炼你自我消化情绪垃圾的能力。

4. 学会感恩珍惜、知足常乐

如果你总是把自己想成是全世界最悲惨的人,你是办公室里的"女窦娥"的话,那么你就会总有冤屈在心里,久而久之,你自己可能都有一种错觉,你就是全天下最悲惨的人。为什么不想象着自己是那个幸运的人?学会感恩和珍惜,这样你看上去是不是气色好多了?你的脸上是不是充满由心里所生发来的知足和快乐?

5. 让办公室像家一样欢声笑语

环境破坏者们有这样一类人,他们经常收拾自己的家时,干净整洁,不留一丝瑕疵。但是在公众场所,他们往往肆无忌惮地破坏环境。职场中的人非环保者,常常也认为工作场合是一种公众环境,因此需要自己好好爱护啊?是的,我们喜欢让自己的家充满欢声笑语,觉得那才是幸福,为什么不让办公室也像家一样,总是欢声笑语,阳光明媚?毕竟,你一天有大部分的时间是在办公室度过的。

五、打电话和发短信都有"礼"可循

电话是公务机关最重要的沟通工具之一,接打电话的不少细节都是有礼仪可循的。公务机关对社会公开的电话号码,应视为窗口电话。

1. 接听电话前应该准备好记录工具

如果没有准备好记录工具,那么当对方需要留言时,就不得不要求对方稍等一下,让宾客在等待,这是很不礼貌的。所以,公务人员在接听电话前,要准备好电话记录本;停止一切不必要的动作;不要让对方感觉到你在处理一些与电话无关的事情,对方会感到你在分心,这也是不礼貌的表现;使用正确的姿势;如果你姿势不正确,不小心电话从你手中滑下来,或掉在地上,发出刺耳的声音,也会令对方感到不满意;带着微笑迅速接起电话:让对方也能在电话中感受到你的热情。

2. 接听电话

三声之内接起电话,这是公务人员接听电话的硬性要求,否则打电话者认为你可能不在办公室。电话接通后主动问候,报部门介绍自己;以问候语"你好",加上单位、部门的名称以及个人姓名,它最为正式;以问候语加上单位、部门的名称,或是问候语加上部门名称,它适用于一般场合;以问候语直接加上本人姓名。它仅适用于普通的人际交往。需要注意的是,不允许接电话时以"喂喂"或"你找谁呀"作为"见面礼"。特别是不允许一张嘴就毫不客气地查一查对方的"户口",一个劲儿地问人家"你找谁"、"你是谁",或者"有什么事儿呀",这样一来,别人在厌恶之余就会很难接受你,如果想知道对方是谁,可以说"请问您哪位"或者可以礼貌地问,"对不起,可以知道应如何称呼您吗?"注意接听电话的语调,在你的声音当中能听出你是在微笑;注意语调的速度;注意当电话线路发生故障时,必须向对方确认原因;当听到对方的谈话很长时,也必须有所反应,如使用"是的、好的"等来表示你在听。

当手机出现未接电话时要及时回复短信或者电话,询问是否有要事等。

3. 拨打电话的时间

工作电话最好在上班时间拨打,但像星期一早上刚上班、星期五下午下班之前,或者午饭前后最好不要在电话里谈重要的事情,因为这段时间可能是工作最忙乱的时候,这时拨打的电话往往得不到满意的答复。当然,紧急的事情除外。

4. 工作时间拨打对方电话的顺序

工作时间拨打电话,最好先尝试拨打对方的座机,只有确定对方不在办公室的时候才可以拨打对方的手机。因为手机毕竟属于个人用品,而办公时间当然首选拨打办公电话。

几次拨打对方办公电话、手机无人接听时,应补发短信说明事由,而不是简单的请对方速回电话。利用手机发短信的最大好处在于对对方的"零打扰",在对方方便查看手机的时候,不但可以知道未接电话来自何人,还可以凭借短信内容决定是否予以回复。特别是对待工作繁忙的贵宾和领导,应尊重他们是否马上回复的自由。

5. 电话掉线后的回复

在通话过程中,由于电话线路问题或者其他原因导致电话中断的,应由位低者主动拨打电话再次连接。不管是哪一方主动拨打的电话,也不管是什么原因导致的通话中断,位低者都应主动回拨电话,这是对位高者的基本尊重。

6. 移动电话的使用

第一安全使用。比如开车的时候不打手机,空中飞行时手机要关机,加油站、病房之内手机不使用,这个问题其实也是个安全使用问题。

第二文明使用。比如公众场合要养成手机改成振动或者静音甚至关机的习惯。不要在大庭广众之前手机频频地响起,更不要在人多之处接听电话,会议上,单位里面,手机响声随时响起的状态在文明程度较高的地方是比较少见的。

在参加重要会议、正式会客或者听讲座的时候,手机应调成无声状态。公务人员由于公务在身,在这些重要场合不一定非得关掉手机,但至少应该将手机调成无声状态,以免电话铃声对别人造成打扰。对于一定要接的电话,也不一定非得走出会场接听,可以用手适当遮挡住手机,低声通话。你或许见过这样的情景:有些朋友在会场接听手机时,觉得不太好意思,于是弯腰躲在会议桌底下说话。这虽然是处于自律之心,但其实大可不必如此,只需遮住话筒小声接听即可。

7. 发短信的礼仪

只要不确定对方手机号码簿里是否保存了自己的号码,给对方发短信时就一定要署名;给上级领导、高级贵宾和长者发短信,不管对方是否储存了自己的手机号码,每条短信都应前带称呼、后带落款。其实,发短信也像正常交谈一样,开口要有尊称,前面要有问候,结尾要有祝愿,最后要有署名,这才是周到的礼仪。

六、收发电子邮件礼仪

1. 发电子邮件的礼仪

第一,发电子邮件一定要加主题,这是对别人的一种尊重。

第二,发电子邮件一定要有正文。我们经常会收到一些邮件,完全没有正文,只有一个附件,发这样的邮件是不礼貌的。应该在正文里前带称呼,后带落款。

第三,邮件正文不要全部都是用黑体字,或者全部都使用下划线,或者全部都使用斜体字。这些标志都是用来强调或者增强语气的,全部使用即可理解为在冲着收件人大声喊叫。

2. 收电子邮件的礼仪

第一,及时回复。收到重要的电子邮件,需要即刻回复;受到一般性的电子邮件,最好不要超过两个小时回复。这是对发件人的一种尊重。

第二,回复要有针对性。回复提问的电子邮件,答案要有针对性,可进行必要的阐述,以便对方一次性理解,避免反复发送邮件,浪费资源。

七、请柬礼仪

请柬是私人和公务场合中广泛使用的一种文书形式。是人们举行吉庆活动或某种聚会时,为表示对客人的尊重和邀请者的郑重态度,专门向邀请对象发出的邀请文书。

请柬的内容由标题、正文、结尾及落款和时间几部分组成。标题写在封面上,如"请柬、请帖"。正文是请柬的主体,要写明受邀请人的姓名,拟举行的活动名称,活动的时间、地点及注意事项等。要尽量做到用词准确、精练、恳切、得体。结尾处空两格写上"敬请、恭候"等字样,再另起一行写上"光临、莅临"字样。落款写在下方由发柬者署名。再另起一行注明日期。

请柬写好后,最好提前一段时间发出,以便受邀者安排时间的余地。

八、办公室的禁忌

党的十八届四中全会提出全面推进依法治国,但公务人员个人行政水准仍然主导着官方的行政水准,公务人员的个人修养仍然对社会起着至关重要的示范作用。因此,公务人员应要求自己具有更高的社会道德和个人品质。作

为公务人员,办公室应该注意以下五大禁忌:

1. 切忌夸夸其谈

有些人喜欢当众显摆自己各种各样的能力,说一些不切实际的话题,这样的人在我们中国是不受欢迎的,因为中国人还是喜欢自谦、内敛、含蓄以及低调的人。尤其是窗口单位的工作人员,切忌当着客人的面与同事高谈阔论。

2. 切忌个人意识过强

有些人做事不是从工作角度来看应不应该办,而是从个人角度来看应不应该办,这就过分强调了个人意识。公务人员的工作原则性很强,制度性很强,个人意识应服从大局意识。

3. 切忌不守时间

约定的时间不能够遵守,而且总是各种各样的理由来做解释,这样的公务人员会给人以不可信之惑。遵时守信是有素养的公务人员的基本底线。

4. 切忌打探隐私

办公室里主要的人际关系是同事关系,要与同事保持一定的距离。随着社会文明的发展,越来越多的人开始保护个人隐私,所以出于礼貌,尽量不要打探别人的隐私。

5. 切忌议论他人

捕风捉影的议论领导,议论同事,热衷于谈论家长里短等等,这是现代文明人所不齿的行为,更不能在公务人员身上出现。

第十三章　与基层群众沟通的礼仪

党的群众路线教育实践活动于 2013 年 6 月 18 日启动，活动紧紧围绕保持和发展党的先进性和纯洁性，以"为民、务实、清廉"为主题，按照"照镜子、正衣冠、洗洗澡、治治病"的总要求，按照"一切为了群众，一切依靠群众，从群众中来，到群众中去"的内容自上而下在中共全党深入开展，作为一名党员干部，我们要立足理论视角，运用科学思维，全面、准确地理解和把握它的精神脉络、理论精髓和实践要义。

基层干部要发挥领导作用，一刻也离不开与基层群众进行及时有效的沟通。只有具备出色的沟通能力，才能更好地宣传党的理论、路线、方针、政策，善于发动、组织、团结广大群众为实现"两个百年"的目标而奋斗。

但是，在实际工作中，一些基层干部却感到"老办法不管用，新办法不会用，软办法不顶用，硬办法不能用"，习近平同志在接受新闻媒体采访时说过这样的话："我们有些领导干部不会说话，主要表现在：与新时代群众说话，说不上去；与困难群众说话，说不下去；与青年学生说话，说不进去；与老同志说话，给顶了回去。"可见领导干部与群众沟通最基本的就是要使用大众化的语言，要让人家听得懂，听得进去。

在新形势下，基层公务人员应当如何提升与群众沟通的能力呢？

一要尊重群众，摆正位置，越是架子大，群众越是不买账；二是要入乡随俗，使用群众的语言，听取群众的呼声。实践证明：和群众打成一片首先要融入群众中，这样的干部最受群众欢迎。具体来说：

一、放下架子，和群众真心地沟通交流

放下架子、俯下身子，走进基层，走到人民群众当中，和群众真心交流，这是做好群众工作的基石。

公务人员只有放下架子,话才能说到人的心坎上,让人听得懂、喜欢听,这样才能温暖人、打动人、感染人,达到讲话的目的。而要做到这一点,最关键是干部心里要有群众,真正做到执政为民。怎么可能打动人,又怎么可能让群众尊敬和欢迎呢?

"密切联系群众"不是一句空泛的口号,而是一个具体细致的实践问题,领导干部能不能和基层群众真心交流,会不会讲群众喜闻乐听的"大白话",是能否做到以人为本、以民为先的具体体现之一。

江苏省华西村已逝的老书记吴仁宝讲话最大的特点就是"说大事如拉家常",再宏观的政策、再高深的理论,他都能"翻译"成农民听得懂、学得会的"土话""家常话"。在讲到社会主义新农村时,他说:"什么叫社会主义新农村?首先到底什么叫社会主义?那么我们是一句话:人民幸福就是社会主义。幸福我们有三条土标准:生活富裕、精神愉快、身体健康。那么我们要求98%的人要幸福。因为还有2%的人,他们自己不要幸福。如果要100%的人都幸福,这个我看是违背客观的。一千年以后也最多是99%的人,最好是百分之一百,100%以后呢,我们很多部门都不需要了。但这是客观存在的,所以我们要求98%的人要幸福。这个就叫社会主义。什么叫新农村?我们叫'三化三园',就是美化、绿化、净化;远看像林园,近看像公园,细看呢,农民生活在乐园。我们是这样的土标准"。"我们在建设过程当中,还要听各级领导的话。因为我们是村级,我们的领导比较多,我们的上面有5级领导,领导对我们这个土标准的要求就是不土不洋。有的领导说,你这个土标准好;有的领导说,你这个土标准搞得太洋了;还有的领导说,你这个土标准搞得太土了。那么我们怎么办?我们打算要建设一个不土不洋,不城不乡,有华西特色的社会主义新农村。李瑞环同志来了,要亦城亦乡、亦土亦洋。你们到华西去看我们的建设,我们有两个公园,一个叫世界公园,这个是不土的;一个是农民公园,这个公园是不洋的;我们还有华西金塔,你从外面看呢,是不洋的,到里面看,是不土的。这样呢,哪个领导他说我们洋的,我们就给他看不洋的;哪个领导说我们土的,我们就给他看不土的。所以呢这样我们就不管哪一级领导讲的话,都听。为什么,因为不管哪一级领导讲的,都是对的,因为领导呢,错的一般是不讲的。我们怎么听,比如领导讲的,我们已经做好的,不要重复再做;比如领导讲的,我们还没有这个条件去做,那就不要勉强去做。那么你不是说,说领导讲的都是对的,那么你们华西村为什么有些事情不做?因为领导不是对我们华西一个单位讲的。我们华西做不到的,其他单位可以去做,所以还是领导讲的是对的"。在讲到发展时他说"邓小平同志讲,发展是硬道理。我们靠发展来钱。硬道理这几个字是对县级以上的领导讲的。作为我们乡村来说,主要落实'硬道理'。怎么落实呢?我们有两句话,叫有条件不发展是没道理,要没有条件创造条件发展才是真道理。我们华西就是创造条件来发展的。"由于吴仁宝多年来与乡亲百姓结下的深厚感情,所以他才能"吃透两头""两头一致":"吃透党和国家的大政方针政策,吃透本村的实际情况;一头与中央保持一致,一头与老百姓保持一致"。因此,他深受村民的爱戴。

在今天的领导工作中,不少干部下基层驻村蹲点后感慨地说:"只有贴近群众,真心与群众交流,才能形成一种干群之间的深厚感情,有了这种感情,在老乡家拉家常与在办公室接待群众来访不一样了。睡在农家硬板床上思考问题与坐在办公室沙发上思考问题不一样,能够发现平时在办公室看不到、听不到的问题,学到在办公室学不到的新思想、新话语,想出在办公室想不到的新思路、新举措。"

二、做群众的忠实听众,听取各方面的意见

对基层干部而言,要做群众的忠实听众。基层干部是公共事务的管理者和公共利益的维护者,在日常工作中,只有广开言路、认真倾听群众各方的心声,才能真正维护群众的利益,处理好错综复杂的公务关系。

做一个忠实的听众,认真倾听群众进言,就能够了解群众的需求和意见,不仅获得更多的信息,还能使单位团结、干群和谐。优秀的领导干部平易近人,他就能够认真地倾听基层群众的意见,对基层群众的情况充满了关注,优秀的领导干部要做一个最佳的倾听者。

作为基层干部,和群众谈话时要等他把话说完,清楚了其谈话的真实意图后,再有目的、有针对性地做出决策。俗话说得好"会说的不如会听的。"从群众讲话中可以发现他们存在的问题,了解他们的情绪、意见、建议等,以便做相应

处理,从而避免问题积压而难以解决。作为基层干部最应该警惕的就是利用干部地位所带来的优势,以自我为中心,旁若无人,高谈阔论,不给别人说话的机会,堵塞交流渠道。如果基层干部在工作中经常听取群众的谈话,就可以获得更多信息,知道自己的不足,更好地了解群众,从而也就减少不必要的麻烦、误解和摩擦,创造和谐的干群关系。

一些领导干部把听和倾听混为一谈,认为倾听是很简单的。其实倾听同样需要思考,需要付出情感上的努力。当然倾听也并不等于一言不发的沉默。与群众交谈时,倘若"金口不开",很容易使气氛沉闷,让人尴尬,大家也会因领导的无动于衷而心生疑窦,不好意思再讲下去。相反,领导干部如果能主动、迅速地对他人的讲话做出反应,则会极大地鼓舞群众的谈话热情。所以,作为领导干干部,在倾听群众谈话时,一定要注意力集中,主动及时地予以响应。在适当的时候,插问一两句,表示在倾听他的言论,如"你说得对""应该是这样""是吗""以后怎样了呢"或者采用"嗯"等话语。

三、善用"群众语言",多说一些"大白话"

领导干部与群众沟通、交流,需要多用"群众语言"而少说和不说官方语言。群众语言是最实在、最鲜活的语言也是最生动的语言。领导干部只有将党和政府的一些专业术语用群众语言浅显地表达出来,让群众听得懂,愿意听,这样才易为群众所接受。

毛泽东同志讲话非常注意用群众的语言。正如郭沫若所说的"听了毛主席的讲话,好像热天吃了冰激凌,又好像疲倦后喝了一杯热茶"。有一次,毛泽东来到红军大学作关于和平解决西安事变的报告。有人问:"如果蒋介石不谈判,不接受张学良,杨虎城的抗日主张怎么办? 蒋介石心狠手辣,毫无信义,放了他,他会抗日吗?"毛泽东说:"你们看,陕北的毛驴很多。毛驴驮了东西是不愿上山的,但是陕北老乡让毛驴上山有三个办法,一拉、二推、三打。蒋介石是不愿意抗战的,我们就采取毛驴一样的办法,拉他、推他,再不干就对他打。当然喽,要拉的很紧,推得有力,打的得当,驴子就被赶上山了。西安事变就是这样。当前,日本帝国主义和中华民族的矛盾是主要矛盾,我们党领导全国人民抗战是主要矛盾的主要方面,决定作用的是我们,国共合作一致抗日是大势所趋。但是,驴子是会踢人的,我们要提防它,这就是即联合又斗争。"

领导干部要想与群众多沟通交流,及时了解群众的意愿和需求,就必须学会和运用群众语言。遇到问题的时候,要多使用群众的交流方式,尽可能多地使用群众语言。只有这样才能贴近群众,获得群众的信任和好感,避免"假、大、空"的官话和虚话。很多场合,有些领导干部就是出于一种失语的状态,怎么能使群众信服呢?所以首先就要了解听众的特点。群众受文化水平的限制,往往更喜欢直来直去,更喜欢快刀斩乱麻地解决问题。有些人觉得群众工作难做,给群众讲话讲不进去,就是因为他们没看听众的特点,无论对谁讲都是那些机关语言,就会出现"小老虎拉大车—不听那一套"的难题。

现在老百姓听领导干部讲话的机会比较多,但除了短话、真话外,群众还喜欢听大白话。领导干部面对群众要讲有用的话,讲群众喜欢听的"大白话"。

国家税务局原局长(后又担任财政部部长)谢旭人在回答新华社记者提问时,这样介绍自己:业余爱好是登山,坚持每周拿出半天时间去爬香山。在财政部时管过"花钱",在农业发展银行时管过"用钱",在国家经贸委是时管过企业"挣钱",现在管"收钱"了。"花钱""用钱""挣钱""收钱"非常口语化,又很贴切,仅用8个字,就高度概括了多年的工作经历,新颖独特,通俗而不庸俗。

所以,应该提倡领导干部多讲些"大白话",有的领导干部看不起"大白话",所以不屑讲、不愿讲"大白话",认为很不符合自己的身份。也有领导干部以为唯有讲"官话",才能显示出自己的水平。这是一种认识的误区,其实,讲"大白话"不是去讲庸俗的话。恰恰相反,"大白话"通俗而不庸俗。他是正真的大众话,质朴、纯洁,富有极强的感染力和生命力,因为直接来自民众,能更准确的反映民意。

四、敞开心胸,让群众敢讲真话和实话

作为基层干部,要敞开心胸,广开言路,听取各种声音,不管它是否"逆耳",甚至骂人的话也要听得进去。作为基层干部,尤其应当对来自各方面的意见都能兼容并包,这不仅是具有博大心胸的重要表现,而且是确保干部获得下属的衷心拥护和成就一番事业的必然要求。基层干部如果"偏听偏信",甚至"闭目塞听",那就一定不可能有什么好结果。这样的领导干部,实际上等于作

茧自缚,自毁前程。唐太宗问魏征:"历史上的国君为什么有的明智,有的昏庸?"魏征回答说"兼听则明,偏信则暗。"接着,他列举历史上的人与事说:"秦二世只听赵高的,隋炀帝偏信虞世基,结果耳目闭塞,导致国家灭亡。国君如果能多听各方面的意见,采纳下面的正确主张,下情上传,就会明智;如果只听单方面的话,就会被蒙蔽,就昏庸。"太宗听了魏征的话,连连点头称好道:"明主思短而益善,暗主护短而永愚。"(英明的君主总是想着自己的短处,所以更加明智;昏庸的君主总是掩盖自己的短处,所以永远愚昧。)"知屋漏者在宇下,知政失者在朝野"。(要知道房屋是否漏雨,人要在屋下,要了解政绩有何缺失,要深入民间。) 认真倾听群众的意见和呼声,是了解社情和民意、衡量为政得失的有效途径。当然,今天的情况同古代大不相同了,但干部需要倾听百姓意见和呼声,这一点没有变,

良药苦口利于病,忠言逆耳利于行。作为一名领导干部要能够听得进群众的真话、实话,甚至是骂人的话,这是一种政治品德和责任,是一种对人民、对历史负责的表现。以全心全意为人民服务为根本宗旨的各级领导干部,很有必要经常问一问自己,对群众的意见和呼声倾听了没有,听到了什么,又做了什么。当然,听骂人的话心理是不好受的。善于听骂人的话,没有广阔的胸怀不行,没有睿智的理性不行。俗话说得好,"将军额上能跑马,宰相肚里可撑船。"一个优秀的领导干部要拥有一个豁达的心胸, 要把组织和人民群众的监督当做一种警戒、一面镜子,经常想一想、照一照,检查自己的缺点和不足,以"立党为公、执政为民"的宽广胸怀和"有则改之,无则加勉"的态度,真心诚意地接受监督,工作中就会少走弯路,少犯错误。

五、在和群众说话时,少说"我",多说"你"

基层干部在和群众说话时,要坚持"少说我,多说你"的原则。要使对方始终成为你们谈话的重心,你可通过表示欣赏、求教等方式来显示你对对方的由衷赞叹。要善于分享他的欢乐,肯定他的成功,为他所骄傲的事情喝彩。总之,你要使他得到某种心理需求的满足,使对方感到被关怀,自我价值得到某种实现。其实,这个原则不只是在表扬人时,在一般谈话时使用起来也会很有效果。

《红楼梦》中的王熙凤作为贾府"通天"级的人物,她说的话有着一定的艺

术水平,值得我们借鉴。

在林黛玉初入贾府时,曾有这样一段描写"这熙凤携着黛玉的手,上下细细打量了一回,仍送至贾母身边坐下,因笑道:'天下真有这样标志的人物,我今儿才算见了!况且这通身的气派,竟不像老祖宗的外孙女儿,竟是个嫡亲的孙女,怨不得老祖宗天天口头心头一时不忘。只可怜我这妹妹这样命苦,怎么姑妈偏就去世了呢!'说罢便用帕拭泪。"当贾母笑着让她别再提及那些让人伤心的话题时,"这熙凤听了,忙转悲为喜道:'正是呢!我一见了妹妹,一心都在她身上了,又是喜欢,又是伤心,竟忘记了老祖宗。该打,该打!'又携着黛玉之手,吁长问短,吩咐婆子们去准备房间"。这里,王熙凤做事真可谓滴水不漏。她善于赞美,明里她夸了黛玉的容貌和气派,暗里则又迎合了贾母疼爱外孙女的心态。不但如此,她还善于同情,为对方的命运的不幸而伤心落泪。并且,自称一心都在了黛玉身上,为她喜,为她悲,竟忘了别人的存在。最后,她还特别留意在生活上关照黛玉,处处显示对对方的关心与爱护。

王熙凤在谈话中是很少提及自己的,始终是把黛玉放在了谈话的核心,并处处留意贾母的情绪和反应,他表扬的功效可以说是"一箭双雕",事半而功倍,处处说在了贾母和黛玉的心坎上。难怪贾母一向对她那么喜欢呢!领导干部在和他人谈话时,也要多学习他这种说话艺术。

六、听话听音,探寻对方的内心世界

有些人在与人交流中常用这样的口头语,"你懂不懂?""你明白吗?""我跟你说"。根据这些口头语就可以初步断定,这些人有可能总是自以为是、骄傲自满、看不起别人。有的人喜欢说"说真的""老实说""的确这样""不骗你",这样的人很可能总是担心对方误解自己,性格有些急躁,有博取对方信赖的愿望。有人好说"我听说""听别人讲",这样的人说话总是给自己留有余地,不肯显露自己内心的想法,处世比较圆滑。有些在说话时老爱用"本人""我看"之类的词,这种人都期待对方能附和,比较独裁。对说话者的性格特征有了了解后,自然就会给相互交往提供很多方便。领导干部善于倾听对方说话,不但可以把自己投入到角色中,还可以在听的同时激发对方的热情,使对方心情愉快。

如何倾听才能洞察对方的心里呢?

1. 捕捉对方的意图

尽快发现对方谈话的真实意图，你就可以胸有成竹、从容自如的跟随对方，对方也会因为你敏锐地洞悉他的想法而对你表现出由衷的敬佩，否则，不仅会影响沟通的顺利进行，而且容易产生误解。

一位年轻人在非正式的场合向领导说起工作量大，任务重，平时加班也干不完。这位上司误以为部下在叫苦，于是说了一大通要吃苦耐劳、要无私奉献的客套话，还有 20 世纪 50 年代人们如何艰苦奋斗的"故事"。结果哪位部下气得七窍生烟，当即愤然离去。

其实这位部下只是顺便反应一下情况，让别人知道他工作的辛苦，希望肯定和承认他在工作中的地位和作用。如果那位领导能体察其意，说些得体的安慰话，表示一下作为领导干部对部下辛苦工作的关心和肯定，那位部下不但不会愤然离去，而且有可能更加卖力地工作。由此可见，抓住对方说话意图是何等重要。

2. 反应适度

要听出对方的真实意图，除了掌握对方的个性以及心理等特征以外，还必须对对方的言谈有所反应，比如，恰当的插话、点点头、眨眨眼睛等。适度的反应是对对方莫大的鼓舞，是促进对方进一步说话和深刻暴露其内心真实意图的"润滑剂"。

与人交流，倘若"金口"一味不开，未免会使对方显得尴尬，对方会因你毫无反应而大生疑窦，不好意思再滔滔不绝。但若是中途打岔，给人留下一个能言善辩的形象，最终不但不能洞察对方的真正意图，反而还会招来对方的厌烦，使你落得个"没修养、不知趣"的不良形象。

正确的做法应该是，认真倾听对方的谈话，在不打断对方说话的原则下，在关键时刻说明重点或明确表达自己的见解。这样可以把自己的想法清楚地传给对方，使话题朝着双方共同关心的方向发展，并进而洞悉对方的真实心理。

由此看来，要做到"一语识人心"，并不要求表现你精彩的说话术，而是要给对方产生一种"谈得拢""一见如故"的感觉。

3. 善于进行心理互换

心理互换,是社会心理学的一个名词,通俗地说,就是将心比心,善于站在对方的角度想问题。一个人说什么话,不仅与交谈对象、时间地点、环境、气氛有关,更重要的是与说话者当时的情绪心境有直接的关系,心境好时说话往往是兴高采烈、笑容满面、兴致较高,所谓"人逢喜事精神爽"。心情坏时谈话的调子则随之暗淡低沉。这时,说话者往往会有一种希望听者能体察自己内心的痛苦并真心地希望对方能帮助自己想想办法,摆脱困境的心理。因此,作为听者就要随时调整好自己的心境,尽可能进入对方的角色,设身处地的替别人着想,将心比心,不妨顺水推舟或避其锋芒,等时过境迁之后再慢慢诱导出对方的真实动机和意图。

4. 维护对方自尊

认真仔细地聆听对方所谈的话是尊重对方的前提条件,热情友好的对待对方和及时肯定对方所说的话,是尊重对方的重要内容。"人怕伤心,树怕伤根。"自尊是每个人都渴望获得的心理需求。积极地肯定对方,即使一个词,也能使对方感到欢喜,对你产生好感,继而进一步激发起谈话的兴趣。只有你表现出尊重对方的意思,才能造成一个良好的交谈氛围并获得对方的尊重,然后,对方才可能对你以诚相见、肝胆相照,从而表露出自己的内心。对于有些自尊心特强的人,有时还得原谅宽恕他们的清高和狂妄。反之,则会使交谈半途而废或带上一层无形的受压抑的阴影。有很多人之所以不善于走进别人的内心,就在于他们不知道维护对方的自尊是诱导对方暴露内心的重要前提条件。试想一下,一个人怎么会向不尊重自己的人说心里话呢?

5. 善于运用肢体语言

有人做过一个实验:如果让学生在听课时表现出一副心不在焉的样子,结果上课的教授照本宣科,不看学生,无强调,无手势;如果让学生积极投入,认真倾听,开始使用一些肢体语言、适当地身体动作和目光的接触,结果教授的声调开始出现变化,并加入了必要的手势,课堂气氛因而活跃起来。

由此可见,肢体语言是无声的语言,能向对方传递"你的话我很喜欢听"的信息,引导对方进一步展开话题。

因此,一个沟通高手也是一个善于运用肢体语言的高手,他在倾听的过程中善于用眼神交流,善于做一些合适的"小动作",与对方保持同步,从而激发对方的热情。

七、认真地倾听群众的抱怨

作为基层干部不能忽视群众的怨言。群众虽然不会在心存抱怨的情况下采取过激的行动,但在抱怨无人听取又无人考虑的情况下提出就难说了。群众的怨情积压到一定程度,会爆发群众事件。如果事情弄到这一步就难以处理了,因为他们会感到令他们无法忍受。

作为基层干部,要舍得花时间听一听群众的抱怨,不满意并不意味着不对。一般人的观点认为,对某一事情不满的人一定对政府充满怨恨,这是极为荒谬的。实际上,正是这种抱怨和不满,才使干部意识到工作中的不足,进而改进工作。

如果干部能随时处理群众的不满,解决他们的问题,他们就会心存感激,因为他们会彻彻底底地感到干部对群众利益是重视的,就会提高党政机关的威信,以后的工作也会更加顺利。

干部处理抱怨时应注意的几点:

1. 不要忽视

不要认为对出现的抱怨不加理睬,他就会自行消失。不要误以为对人奉承几句,他就会忘掉不满,事情绝不可能如此简单,没有得到解决的不满将在群众心中不断发热,直到沸腾。忽视小的问题,结果会恶化成大问题。

2. 认真倾听

认真倾听群众的抱怨,不仅能够表明领导干部对群众的尊重,而且有可能发现新的问题。例如,一个村的村民抱怨"一事一议"做得不好,而他们真正抱怨的是村委会班子的作风不正。因此,要认证地听人家说些什么,要听出弦外之音。

3. 掌握事实

要在对事实进行充分调查之后再对抱怨做出答复,要掌握事实——全部事实,要把事实了解透了,再做出决定。只有这样,才能做出正确的决定。群众小小的抱怨加上领导干部匆忙的决定,可能变成大的冲突。

4. 不偏不倚

掌握事实,分析事实,然后做出不偏不倚的公正的决定。做出决定前要弄清楚下属的观点。基层干部只有对抱怨有了完整的了解,才能做出科学的决定。事实上,许多基层干部尽管才干不出众,却仍然能有效地掌握人心,其关键在于他们能首先考虑群众的利益和要求。

第十四章 接待群众信访的礼仪

基层干部在处理群众信访的过程中，要始终牢记党的宗旨，树立公仆意识，同时更要文明有礼，尊重和善待群众，以实际行动维护好基层政府和基层干部的形象，做到群众满意和信服。

一、基层干部接待群众信访应具备的基本理念

1. 要有稳定的理念

要进一步强化宗旨意识，为党分忧、为民解难。具体到工作中，就是要有危机与责任意识。群众是社会的基本组成部分，也是社会家庭的根本，人民群众的利益能不能保证，关乎社会的稳定。

2. 要有服务的理念

服务的理念，具体到工作，就是要有换位与服务意识。每一个基层干部，在面对群众反映的问题时，换一种思维的方式，换一下位子，看看这个问题，如果是自己或者自己的亲人遇到的问题，又怎样呢？我们自己的心情与群众的心情是否一样？在工作中，如果这样经常将心比心，设身处地地站在信访群众的角度去换位思考，就能解决我们的心态问题，就能够满腔热忱去帮助他们解决实际问题。而不是推诿扯皮，绕着走，或者不闻不问，以至于小事拖大，大事拖难，难事拖乱，给社会带来极大的危害。

3. 要有解决的理念

信访工作的根本，就是解决实际问题。要真正地做到解决实际问题，就要树立起扎扎实实地解决问题的理念，在协调受理、排查化解与跟踪督办上下功夫。不论有多少方法，说得怎样好，采取怎样的措施，问题不解决，就不能平息群众上访事件，就不能让群众息诉罢访。因此说，解决问题，是做好信访工作，搞好接待的根本。我们的接待，其目的也是为了解决问题，如果失去了解决问题这个重要落脚点,信访接待工作就是一句空话,群众也就不会信任信访部门以及各级职能部门的信访机构。说得严重一点,就不信任当地的党委政府,自然就会发生越级上访的问题。我们每一个人都清楚,信访问题大多发生在基层,理应在基层就能解决。但是,由于客观与主观的种种原因,信访问题在基层常常是得不到及时的解决,或者基层根本就把群众反映的问题,没有重视起来,从而才拖成了越级上访。说句主观的话:天下真想永远吃上访这碗饭的人并不多,绝大多数的人都是想解决问题安安稳稳过日子的,除非基本思维已经走进了死胡同。这就需要我们扎扎实实地在解决实际问题上下功夫,在实践的问题上下功夫。

4. 要有学习的理念

作为一名信访接待人员,必须有学习的习惯,这样才能真正地掌握政策、法律、法规以及人文社会自然科学等方面的知识。基层信访干部,要成为一个杂家,而不是一个专家。说实在的,接待人员很难成为一门学科的专家。因为本身信访工作就是一个大杂烩式的工作,不可能单打一,而是涉及社会生活的方方面面,我们遇到的上访群众也是各种各样,工农商学兵各行各业的人员都有,中国的,外国的,我们都有可能遇到。而且,遇到的问题也是五花八门,千奇百怪。因此,这就要求我们的信访接待人员什么都要懂一点,什么都要知道一些,这样才能够完成信访接待工作,才能与形形色色的群众打好交道。学习,不单单是向书本学,而且也要向群众学、向实践学、向优秀典型学,更要向社会各行各业学,不断积累自己的知识,不断提高业务水平和综合素质。这样才能建立起完善的心智体系,从而达到有条不紊、从容不迫的工作。

二、信访接待人员应具备接待的基本技能与技巧

信访接待,其实就是一个察言观色的过程,见什么上访者说什么话,这是一条最好的经验,即不但能迅速拉近与上访群众的距离,而且还能取得群众的信任,从而达到控制局面,把握接待的主动权。当然,说什么话,这可大有玄机,根本的一点就是要注意一个度,不能把自己至于尴尬的地位,也不能给继续或者今后处理案件带来不良的影响。下面,从五个方面综合性的谈谈信访接待的技能与技巧问题:

1. 控制局面

群众来访,一般的情况下,上访人员都是带着怨气、不安的心态来的,在情绪上不会很好,他们有请求解决问题的心态,但是在言语上比较激动。这就需要我们的接待人员学会控制情绪,控制局面,以便坐下来认真的接待。一是要学会察言观色。有些来访人性格暴躁,情绪激动,心里气愤,加上他们对法律政策不是很了解,态度会很不好,对于这些人我们更是要耐心一点,和蔼一些,多一些理解,多换位思考,不厌其烦,你的接待态度对群众是重要的,态度决定信访接待成功与否。对反映的问题或诉求无论是有理或无理的都要认真听取,约定解决期限,提高期望值。二是要带着感情接待。与信访者要善于交心谈心,善于交不愿意交的朋友,对待他们的感情要真,不持漠不关心、冷若冰霜的态度,把与信访者之间的感情作为"软化剂"、"推动剂",打动其心,主动帮其想办法、出主意,让信访者愿意找你反映问题,也愿意采纳你对其问题的处理意见。三是要善于抓住主要人物。集体访都有一个或者几个头,要观察与了解,找出上访群众中的关键人物,做好这些人的思想说服工作,并取得他们的信任,就能够控制住局面。

2. 接谈梳理

第一,聆听诉说。接待来访者,主动倾听群众的呼声,弄清群众反映的问题。"倾听"是矛盾纠纷化解工作顺利开展的有效途径和必经渠道。在调处矛盾纠纷过程中,克服"教育者"的角色,变"教育"为"倾诉",借助言语的引导,耐心认真地倾听当事人的诉说,真正"听"出对方所讲述的事实、感受和当时的心情,分析问题的深层次原因,避免主观臆断和推测,将矛盾纠纷当事人内心的"结"解开。特别是处理涉及弱势群体的矛盾纠纷时,给予当事人必要的话语权利,尊重、关心和理解他们。

上访群众只有感受到亲切与温暖,才能敞开心扉。如果表现出对上访群众的生产、生活不够关心,对上访群众的呼声和疾苦置若罔闻,运用一些生、冷、硬的语言,不仅会引起上访群众的心理对抗,还有可能使事态恶化。

第二,梳理问题。怎样才算是梳理?我想关键有两点:一是听明白了,把事情的原委问清了,在自己的心中已经有了一个清晰的脉络,有了一个大概的是非曲直的判断,初步知道了怎么办、怎么处理。二是抓住问题的实质,以及背后的主要焦点,明白了怎样与群众沟通,梳理的重点问题是什么,而且又能够适时的把群众反映的重点问题重复出来,并及时敲定主要诉求,并加以文字化,记录在本子上或者电脑上,让群众进行必要的认可。这一切都做了,我们就能在心理上、感情上、工作上与来访群众达到沟通,取得信任。接下来就是按照程序进入办理阶段。这些工作做到了,群众对于我们的接待就会基本上满意。

梳理问题,这是一门学问,反映了平时接待的基本功,也反映了一个人的心理素质。在实际工作中,要想做好梳理,就要对相关的政策以及法规明白。我们说信访工作人员,不要求是专家,但一定要是一个杂家,拿起枪,能打鬼子;放下枪,能够种地养孩子。这样才能够应对现在的接待工作。政策明白,梳理就会痛快,处理就会得当迅速快捷。反之亦然,不明白政策,自然就会答非所问,左右围堵,避重就轻。因此说,梳理的基本功,就是平时的学习与积累。知识与经验,积累得多了,就能做到快刀斩乱麻。梳理,也是一种学习与实践的过程,更是一种对解决问题研究的过程。梳理的好坏,关乎立案交办案件的质量,关乎群众对接待人员的接待的满意程度。通过梳理,对问题进一步加深了认真,通过梳理进一步了解了案情,也实现了与群众的再沟通。

3. 办理

我们都知道,凡是群众信访诉求问题,不是为利,就是为理,群众利益无小事,"利"要依法依规解决到位,"理"要合情合理说到位。

第一,底数要摸清,情况要搞准。就是要准确掌握来访者反映的问题,记录时要特别细心,力求详细、清楚、准确、有选择、有重点,关键的地方要尽量详细。根据信访人反映的问题,联系相关单位和部门,依据法律法规的规定,要给信访人按有关规定作出准确书面答复,不说模棱两可和不负责任的话,细心给他们讲解、分析他们反映的问题,让信访人心中明明白白,使他们担心而来,放心而归。

第二,小心归类,明确告知。

是按照有关规定,以及群众反映的问题,当场进行梳理后,做好告知前的自梳理。小心归类,之所以叫小心,因为这种归类涉及受理还是不受理,怎样接待的问题。在接待的现场,梳理完了,就要对于群众反映的问题,进行当场归类,并向群众说明归类的情况。明确告知群众信访部门受理的信访事项的范围。

4. 分类解决

分类解决问题,首先必须做好解释问题,其次才能做好解决问题。这是接待过程中必不可少的两项工作。

第一,解释问题。就是针对上访人关心并感到疑惑的问题,进行解释。在解释的过程中,可以运用理论政策以及相关专业知识,加以分析、阐述、说明,以达明晰事理、释疑解惑、依法维权的目的。这就需要对政策、法规以及专业知识的熟知,而且还要能够灵活运用。

第二,解决问题。就是对群众提出的问题,按照政策,结合实际,加以解决,达到化解矛盾的效果。嘴把式,能说会道,不解决实际问题也不行,群众也是不买账,使得解释问题的效果大打折扣。解决问题是解释问题的目标指向,不能有效地解决问题,对问题的解释就会失去意义和价值。因此,接待工作的最终目的,就是为了解决问题而作的,这就需要我们要分清情况,把握好问题的实质,运用各种手段在解决问题上下功夫。

5. 思想疏导

一次成功的信访接待,本身就有大量的解决问题与思想疏导工作同时并举的问题,我们接待的人员,一定要把握火候,适时做好思想疏导工作,稳定群众的情绪,为解决问题赢得时间,为社会的稳定打好良好的基础。思想疏导要注意:

第一,解释恰当得体。接待过程中,要给群众讲明信访部门的职能以及权力,取得群众的理解。在接待完毕之后,还要明确的告知群众受理的方式,联系电话等。对于不属于信访事项的群众来访,要做好接待工作。这里有一个原则就是:法律范围内的,能够依法解决的,不适于信访事项,不立案受理。但是,要认真地做好接待工作,给群众讲明怎样找部门或者法律程序解决。必要的时候,可以主动联系相关部门,或者开具介绍信,方便群众到有关部门去反映情况。

第二,克服厌战情绪。信访接待工作任务繁重,常常是面对复杂的局面,难免情绪有些急躁,这就需要接待人员及时调整自己的心态与情绪,不与群众起争执,千万记住:不要一看是涉法的案件,就把群众简单的推出去,让群众产生错觉——认为找党委政府反映问题无门,就越级上访告御状。

第三,思想疏导跟上。接待完毕了,最好紧跟着说几句知心的话,最好从关心生产生活方面入手,谈谈心,这样容易与上访人在心灵上沟通,产生一种意想不到的稳定效应。总之,要让群众感觉到你的接待是很有耐心,很认真的,很负责任的。

6. 信访接待中忌讳的话语

第一,忌语言情绪化,使工作陷入被动。信访人员在接访过程中,常常遇到一些当事人情绪非常激动,往往说出一些不切实际的过激语言。如:"我要告你""凭什么不给我解决问题"、"我要到公安部上访"等等,此时,信访人员如果控制不住自身情绪,就会说出一些过激的语言,如:"有本事,你去告"……这些不恰当的语言往往会成为当事人可利用的"话柄",导致矛盾激化,致使信访人员与当事人之间发生争吵、纠缠,甚至出现肢体接触等,使工作陷入被动。

第二,忌语言简单化,让信访群众产生误解。信访人员在接访过程中,语言表达简之又简。不向信访群众解答、解释有关问题,使信访群众产生误解,留下"冷、硬、横、推"的印象。例如:涉及非管辖、咨询类信访事项时,信访人员解答问题语言简单,"这事不归我们管,该找谁找谁去",群众询问具体原因,信访人员答复"你这事归谁管,自己去问"……或不再理睬信访群众等等。

第三,忌言语随意化。信访人员在接待工作中,有时以管理者自居,语言上逐渐形成一种讯问式、责问式的语气,语言随意,使听者寒心,造成隔阂和障碍。"你来干什么?有事快说!""简单点,别啰唆"……把本来能缓和的场面变得人为紧张起来,甚至造成群众反过来投诉我们信访人员。

7. 接访人员在语言运用中应掌握的技巧及对策

第一,稳定人心的劝说,把握一个"缓"字。

在接访过程中,大多数信访人都是带着怨气来的,情绪非常不稳定,有的粗暴蛮横,有的急躁不安,有的郁闷苦恼,往往会提出一些不切实际的问题和过高的要求，这时接待人员应该把握好，尽量缓和自身与信访群众的对立情绪。要利用法律知识和和善的态度耐心说服，设法使对方的情绪安定下来，表明自己是真心愿意帮助他们解决问题的诚意。通过温和的语言来"缓和"当事人的情绪。如"我们理解你们的难处"、"会把你们的问题交有关部门妥善处理"、"你的信访事项我们正在督办过程中，请你耐心等待"等。

第二，恰如其分的表达，把握一个"准"字。

干部应在接访过程中，根据信访人的叙述和提供的相关材料，迅速找到信访问题产生的根源，把握住矛盾的焦点，不能漫无目的地"空谈"、"乱谈"一番，必须在信访人提出主要诉求后，分析其心理状态，把握一个"准"字。要根据上访人的年龄、性别、性格、文化、职业等不同特点，有针对性地运用角色语言，"准确"进入主题，围绕诉求的焦点进行评说，帮助信访人分析利弊，算准"三笔账"，通过论危害、讲感情，化解矛盾分歧，找"准"切入点，用动之以情，晓之以理的语言，达到让信访人理性反映问题的效果。

第三，宽严相济地评说，把握好一个"度"字。

在信访事项没有结息前，不能随意说出"你就是个无赖、是个刁民"、"你连规定都不懂，还告什么告"等这样的"过头话"。同时，对法律不允许或法律允许而无法做到的事情，信访干部决不能轻易许诺。对有些求助、咨询、非管辖类信访事项，信访人员可以提出适当的建议和意见，告知信访人"你的信访事项不属于我们管辖，应向有关部门反映"、"你的信访事项根据有关法律、法规的规定，应通过诉讼、复议、仲裁等方式解决，请向有关部门提出"等规范语言，而不能大包大揽，授之以柄。

第十五章　公务人员的社交沟通礼仪

人具有社会属性，凡是人都需要与其他人交往。只有具备良好的沟通能力，才可以真正融入社会，享受人际交往带来的快乐。对于公务人员来说，则更需要掌握人际沟通礼仪，因为礼仪绝不是单独存在的，而是要配合恰当的沟通行为，才能完美地展现出来，达到尽善尽美的效果。一个不懂的沟通的公务人员绝不是合格的公务人员，也不可能真正的掌握公务礼仪的精髓。

一、真诚的态度是人际沟通的先决条件，"意识"比"仪式"更重要

公务人员在与人交往过程中，首先要具备良好的心态及诚意，要本着换位思考的原则，多从对方的角度想问题，多点尊重，多点谦逊，多点儿赞美。英国礼仪专家约翰·洛克说过："离开了真诚，一切礼仪都将是傲慢的、虚伪的。"所以，礼仪不应该是虚伪的谦恭和礼节性的微笑，而应该体现在发自内心的、真诚的态度上。真诚的态度是良好沟通的基础，他一定能助你成就最完美的礼仪行为。

一位公务人员要想表现得体，并不是把这些礼仪原原本本地展现出来那么简单，也不是礼仪越多越好，而是更应关注对方是否完全明白自己的这份尊重之心。我们经常听到有人这样抱怨：我还按照礼仪的要求去做的，可对方却不懂礼仪。比如，陪客人下楼梯，为了保障他的安全我走在了前面，可对方以为我在抢先反而生气；再如，一个无人值守的电梯，我率先进入为对方按住开门键，可是对方却觉得我不礼貌。之所以出现这样的情况，是因为你的礼仪没有被对方理解。怎样才能让对方明白你的礼仪呢？实际上，现实生活中并不是单靠礼仪就可以完全表达自己，行使礼仪的过程一定要配合以人际沟通。人际沟通，并不一定非得通过语言来实现，可以通过一个简单的肢体动作，还可以通过一个简单的眼神，甚至可以通过一言不发来倾听，比如，在引领客人下楼梯时,你只需微笑着用手指一指脚下的楼梯,说:"我给咱们带路",客人就自然明白你走在前面是为了他的安全。进入电梯后除了按住开门键,你还可以腾出另外一只手放在电梯门上,做出防止电梯门关上的姿势,客人就自然明白你先进入电梯是为了防止他被电梯门夹住。你看,这就是礼仪之外的沟通,这样就可以使礼仪全方位地实现了。

二、人际沟通先从赞美开始

俗话说:"良言一句三冬暖,恶语伤人六月寒。"俄罗斯有一句谚语是这样说的:"语言不是蜜,却可粘住一切东西"。讲的是语言的魅力。人际交往过程中,除了要保持适当的谦恭之外,还要学会适当地赞美别人。实际上,喜欢被别人接受,被别人赞赏,这是人之常情。交往的一方在得到对方的认可后,会迅速拉近与对方的心理距离,交往的气氛会变得融洽。因此,要想成就完美的交流和沟通,就要善于发现对方身上的闪光点,然后发自内心地去赞美对方,或者说,人际沟通要先从赞美开始,赞美不是讨好,更不是屈就,而是表达一种尊重之心,只有尊重别人,才会得到别人的尊重。

人际交往要遵循"3A 法则"。3A 是指三个"A"打头的英文单词的组合,分别是 Accept(接受),Appreciate(欣赏)和 Admire(赞美)。人际交往过程中,要把3A 原则作为一种习惯,甚至要把他当成是自己的常规心态。

第一个 A:Accept(接受)

每个人都有自己个性,每个人的常规思维和习惯做法都会有所不同。只有这些各自不同的人组成的社会才是绚丽多彩的社会。因此,我们不能希望别人都和自己一样,更不能强求别人和自己一样。相反,我们应该主动地去接受这种不同,去接受对方的特点。对于别人身上与自己不同的特质,如审美观、价值观甚至世界观,只要不是太过分,就不要过多的挑剔和苛求,更不能以我为中心去排斥自己不喜欢的人,而是要真诚的接受对方与自己的不同之处。当然,接受不意味着认可对方的做法和观点,而是接受对方与自己不同的这个事实。这就是古语所说的"君子和而不同"的境界。尤其是对于广泛接触社会的公务人员,面对大众,在履行自己工作职责的时候,不要过多的把个人感情掺杂进来。毕竟,宽容是一种美德。

第二个 A：Appreciate(欣赏)

孩子的功课不错,父母要予以夸奖;别人为我们做了一件事,我们要表达感谢之情;下属的工作很尽心,领导要予以表扬。要让别人在我们面前总是受到鼓励,要让别人为我们做的任何一件事,哪怕是微不足道的事都会得到感谢,要让别人在心情不畅的时候会想到找我们聊天。懂得欣赏对方的人,总会得到对方的欣赏,这样的人走到哪里都会受到欢迎。

第三个 A：Admire(赞美)

如果说欣赏是别人示好在先,我们回应在后,那么赞美就是主动的示好行为。每个人都有自己的优点,都有值得别人赞美之处,这是客观事实,我们必须承认这一点。我们要学会并且习惯发现对方身上的亮点,让彼此的交流从真诚的赞美开始,这样做有利于营造良好的沟通氛围。

有位大学生去向一位心理学家请教与女朋友第一次约会的技巧,心理学家的回答是:如果你与女朋友交谈都已经超过十句话了,而其中连一句赞美的话都没有,那你大概就不会赢得她的芳心了。有些人苦于交谈没有话题,其实发自内心的赞美就是最好的话题;有些人苦于无法消除与朋友之间的隔阂,其实真诚的赞美就是消除隔阂最好的开始。

喜欢被别人赞美,期待被别人接受,这是人之常情。戴尔·卡耐基把这归为人性的弱点,其实这也恰恰可以归为人性的优点:期望得到对方的好感与赞同,这才是具有真情实感的人,才是有血有肉的人。

三、交流要面带表情

高水平的交谈,并不在于说多少话,而在于是否真正形成了内心的沟通。我们的表情是会传达情意的,尤其是我们的眼睛,是会说话的。与别人说话的时候,一定要看着对方的眼睛,看着别处是不礼貌的做法,也无法真正理解对方话语的全部含义。眼睛里的神采随着交流的气氛对话题做出自然地回应,是对对方说话的鼓励,会令对方兴致大增,而麻木、漠然的表情会令对方感到索然无味。赞同对方的话语,要适当地点点头;说到高兴之处,应自然微笑;说到伤心的事情,要表现出同情的眼神。总之,交谈过程中,一定要以真实自然的表情表达自己的真情实感,而对对方的话语一定要给予回应。中国人性格含蓄内敛,有些人会刻意地掩饰自己的真实情感,这没什么不对,但含蓄不是面无表情,更不是麻木、漠然。很显然,面带表达情的谈话者更容易与人进行良好的内心沟通。

四、倾听的艺术

交谈过程中,绝不是话越多越能表达自己,倾听有时比表达更为重要。交谈的最终目的是彼此沟通,只有认真听懂对方所要表达的内容,自己的表达才有意义。

有人这样评价心理咨询师,说他们是世界上赚钱最容易的人,因为他们只需要静静地倾听就可以了,很多时候我们是连说话都不必的。人们烦闷时、失意时,总想找个人聊聊天,对他来说,她就是想把一肚子话说出来,可能并不指望得到你的建议。这个时候,最合适的聊天者就是一个倾听者。当然,倾听绝不是一言不发,而是在对方说话过程中,适当地插句话表示赞同,或者追问细节,这会令对方感到自己受到了关注和尊重。有时候,我们在没有完全了解对方的想法之前最好不要急于表态,会令我们的话更有实际意义。倾听时注意:

1. 不打断对方

也就是说不要轻易插嘴,你有说话的权利,对方也有说话的权利,别轻易打断别人,打断别人是没有教养的标志。

2. 不补充对方

有的人有这么一个缺点,就是好为人师,总显得比人家懂得多。其实,十里不同风,百里不同俗。每个人考虑问题的角度都是不一样的,所以真正有教养的人在别人说话的时候,不轻易去补充,有人就不懂这个,你说白菜一块二一斤,他非说,不对,一块三。你说,今天是阴天,他偏要说,不对,是阴天有小雨。他就这样跟你过不去。

3. 不纠正人家

不是原则问题,不要随便对对方进行是非判断,大是大非该当别论,小是小非得过且过。比如说,我说我考了80分,事实上是79.8分。这个时候,你不要去纠正:不对,80分,还差2厘,这样令人不爽。

4. 不质疑对方

别随便对别人谈的内容表示怀疑,你那心里头掂量掂量、衡量衡量、评估评估倒也可以。害人之心不可有，防人之心不可无，但是有句俗话：别把聪明全放在脸上了。

5. 适时提问题

根据研究，别人在讲话的时候，如果你时而提问题，会让他认为你在注意听他讲话，觉得话题非常有兴趣。人讲话时最害怕的是对方一点声音都没有，弄得自己都不知道别人对这个话题有没有兴趣。所以与人交谈时，不要只会听，不时地提问一两句，这样他会非常愿意一直往下讲，而且会讲出你想知道的内容。

五、适度谦恭透露出的是高贵

中国人一直尊崇的为人原则是温良恭俭让，是具有适度的谦虚和恭敬之心。过分狂傲和张扬的性格不会给人留下好的印象。其实，本书所讲述的礼仪内容，无一不是在讲如何把自己对别人的尊重外在地表现出来，无一不是在讲面对贵宾和领导要表现出适度的谦恭。或许有人会问，这些谦恭的做法，会不会使得我们失去了高贵，失去了自尊呢？我想用一个假设的情景来回答这个问题。

比如，我们去拜访领导，按照礼仪的要求，我们应该见到领导后主动做自我介绍，主动双手奉上自己的名片，主动坐到背对正门的会议桌那边，把文件正面朝向对方递交过去，公文包放在脚边，谈话过程中看着对方的眼睛，身体适当前倾，等等。总之，整个拜访过程中，我们已经按照礼仪要求把对对方的尊重都表现出来了，而领导也一定明白了我们对他的尊重之心。于是我们的心态就会很自然，很平和，也很从容，这便是高贵。相反，如果拜访领导时的心态不是谦恭而是狂傲，那很可能是自卑心理在作怪，这时我们的心态就不会平和，更不会从容。从心理学角度来看，极度自卑的人往往会表现的极度自大，而高度自信的人却会表现的谦虚谨慎。

以适度的谦恭之心对待他人，不但没有失去自尊，反而收获了高贵，这也是文明的标志。我们要记住，有一种高贵叫文明，有一种财富叫精神。

六、规范和美化我们的语言

在中国传统文化中，一直有"巧言令色，鲜矣仁"（《论语·学而》花言巧语，装出和颜悦色的样子，这种人的仁心就很少了）的观点，这主要是针对那些别有用心、工于心计的人而言的,绝不是说能说会道、能言善辩有什么不好。实际上,对于公务人员来说,提高语言技巧,增强表达能力是干好本职工作的重要指标。

我们的语言技巧可能掌握的不多,也可能永远无法达到语言大师的水准,但让自己的语言美化一些,一定可以做到。不让自己的语言带脏字,不说那些惹人不快的话语,慎重说出自己的每一次承诺,这样的人比单纯地追求语言技巧的人更值得尊重。

尊重是相互的。我们尊重别人,别人也会尊重我们。对待别人的尊重,我们,要以更尊重的方式予以回应,这就是所谓的“礼尚往来”。尤其是经常挂在嘴边的一些客气语,怎样回应得更得体是有学问和技巧的。比如,别人对我们说“你好”,我们怎么回应呢?当然是同样回复“你好”,仅简单的回应以“好”,显然是不够礼貌的。再如,别人对我们说“谢谢”,我们就回应一声“不客气”吗?事实上,我们还可以回应的更得体,我们可以说:“您太客气了”。

这就是关于客气语的学问。客气语在古代包括敬语、谦语、雅语等,现代社会中人们已经做了简化,客气语不必过度文言化。现代人也有现代人的规则,尤其是代表官方的国家公务人员,客气语如何表述也是有礼仪可循的。接下来,我们简单地介绍几句最常见的客气语。

1. 如何回应别人的欢迎

在高级的接待场合,贵宾都会受到热情欢迎和周到接待,这就是礼遇,是对贵宾的尊重。普通人走到高级的场所,礼仪小姐的鞠躬、问候、开门、引领,也都属于礼遇。那么,需不需要对服务人员的高级礼遇进行回应呢?有些人或许会这样想:我是领导,你就应该为我服务;或者我是顾客,你的服务是我花钱买来的。这样的理解从功利角度来看,可能没有什么不对,但人和人之间的第一关系绝不是功利关系,而是人文关系。人文关系意味着人人平等,彼此尊重,维护彼此的尊严。从这样一个角度来看,即使是上级领导,即使是消费者,也应该尊重提供服务的人员。这不是在唱高调,而是真实的表现了人的思想境界,是一种文明精神。

我们曾经看到有些高级官员对服务人员颐指气使,很多顾客对礼宾人员的热情礼遇不理不睬,他们或许以为这种高高在上的感觉就是高贵。其实,这是只高不贵的做法,真正的高贵是对人的尊重。因此,面对礼宾人员、引领员、门卫,如果有充分的时间,应向他们问声"你好",或者说声"谢谢",如果没有充分的时间,那也至少应该回之以微笑,点头致意。

2. 如何回应别人的一声道谢

面对别人的一声"谢谢",不少人会不假思索的回复一声"不客气",或者"不用谢"。这样的回应是否得体呢?我们来看一个案例:一位学者到学校去进行公益性演讲,演讲完毕之后这位学者对学生们说了一声"谢谢",现场的学生们齐声说了一句"不客气"。那么,学生们的回应到底符合不符合礼仪?如果这是从学生们嘴里说出来的,我们应该原谅他们,因为他们从小到大都接受这样的教育:别人说声"谢谢",就回复一声"不客气"。可是,如果是学校领导或者老师说了这句话,那就不符合礼仪了。其实,如何回应别人的一声"谢谢",要看具体的人物关系。我们分别从四种人物关系来看:

第一,下级对上级的一声"谢谢":比如,下属把一份方案交给领导,领导看后很满意,对下属说了声"谢谢",下属该怎么回答呢?这时,最好的回答是"这是我应该做的",或者简而言之"应该的",或者"这是我分内的事",或者"这是我的工作"。语言的措辞各种各样,但表达的意思一定要是"这是我应该做的"。

第二,上级对下级的一声"谢谢":比如,领导对下属的工作进行了褒奖,下属对领导说了一声"谢谢",领导该怎么回答呢?最好的回答应该是"继续努力!"或者是"这是你应该得到的!"在这种温情脉脉的居高临下的言语中,始终包含着两个关键词:欣赏与勉励。

第三,平等双方中一方对另外一方施以单方向的恩惠,恩惠的受益者说声"谢谢":比如,有人在路边摔倒了,你把他扶起来,他对你说了声"谢谢",你该怎么回答他呢?这时,最好的回答应该就是那些最常见的礼貌用语:"不客气","不用谢",或者"没关系"。

第四,平等双方中彼此都具有相互的恩惠,一方说了声"谢谢",另一方该怎么回答呢? 比如,商品推销者成功地把一件商品推销给一位顾客,顾客在拿到商品后对推销者说了声"谢谢",推销者该怎么回答呢? 很明显,在这个交易过程中,双方都是受益者,他们之间的恩惠是相互的,因此推销者最好的回答自然就是"也谢谢您",或者"我应该谢谢您才对"。再比如,大夫给病人看完病,谁应该向谁说一声"谢谢"? 病人当然应该感谢大夫,大夫也应该感谢病人,大夫最好的回复应该就是"祝你早日康复"。

3. 如何回应别人的赞美

当我们受到别人赞美的时候,该如何回应呢? 坦然接受还是说声"谢谢"呢? 我们先要分清赞美的深度再回答,对于深度赞美和一般赞美的回答是不一样的。

美国第 24 任联邦劳工部部长是位华人女士,叫赵小兰,2001 年 1 月乔治·布什总统期间当选,她是美国历史上第一位进入内阁的华裔,同时也是内阁中的第一位亚裔妇女。有一次接受中央电视台的采访,记者用英文问道:"您是很多海外华人的偶像,海外华人都为您能够达到今天的高度感到骄傲和自豪,您到中国来有什么感想?"面对这样的赞美之词,赵小兰的回答不是简单的"谢谢",而是用中文说了句"不敢当"。节目播出之后,很多人对赵小兰赞赏有加,恰恰是因为这一句谦逊的话, 让人们感受到了她身上依然保留着中国人特有的文化素养。

面对别人的深度赞美, 最得体的回答应该是谦逊式的, 可以回答 "不敢当",或者"过奖了",或者"哪里哪里"。当然,如果是特别熟悉的朋友之间,面对这样的深度赞美,还可以回答的更加口语化,比如"你别开玩笑啦",或者"别捧我了"。这些都是最自然的回答。

如果只是一般性的赞美,比如,"看看,大美女来啦",或者"你真有品位"。受到这样的赞美你该怎么回答呢? 面对别人的一般性赞美,回答也应该是一般性的,这时候,一声"谢谢"就足够了。如果过分地谦逊,会显得像煞有介事,会不合时宜。

4. 如何回应别人的自谦,或者自贬

自谦和自贬是我们中国人特有的语言表达方式, 是为了表现对对方的尊重。一次,在一个文化站举办的笔会上,一位老书法家被邀请现场挥毫。旁边站了一位小伙子现场求字,老先生写完之后,非常客气地把书法作品交给这位求

字的小伙子,说了一句:"小伙子,我老了,写得不好,让你见笑了。"小伙子拿过这幅字,高高兴兴地回了一句:"没关系,没关系。"在场的人听了这句话,都觉得不对劲。老先生的话是客气,是自谦甚至是自贬,这个时候最得体的回复,应该是先反驳对方的自谦,再予以赞美,而不是顺着对方的自谦说下去。对于这位小伙子来说,他的想法其实很简单:我很尊重对方,所以才会顺着对方说。但他却不知要表现出对对方的尊重,有些话不能够顺着对方说,恰恰应该先反驳对方,再加以适当的赞美。

面对别人的自谦和自贬,忽略了反驳而只是赞美也是不得体的做法。曾经听到这样的对话:某人说了一句"我很丑",他身边的朋友接了一句"可是你很温柔"。听起来这是一句赞美的话,但实际上是把人家的自谦认可并接受了。

有些人可能会想,如果对方真的很丑,我再去反驳这不是在说谎吗?社会生活中,追求真实固然是对的,但是给那些没有自信或者初出茅庐的人以适当的赞美,会提高他们的自信心,鼓励他们的奋斗精神,会让他们开心一整天,甚至受益一辈子,这是善莫大焉的一件事。这可比简单地追求真实更为可贵。

5. 如何得体的使用请求语

在向别人提出请求的时候,要使用得当的请求语。请求领导快一点儿批复文件,说一句"您能早一点儿批复吗";向别人索求一张名片,张口就问"您可以给我一张名片吗";请别人让一下路。说一句"您让一下好吗"……以上这些说法其实并没有错,可是如果换一种文法,是不是更好呢? 比如,"我能早一点儿拿到批复吗","我可以跟您要一张名片吗","我过去一下好吗"……显然,这样的请求语更得体。前后请求语的区别在哪里呢? 在于人称的不同,前面几句话的人称是对方,具有命令和祈使的语气,而后面几句话的人称是自己,是谦恭的请求语气。因此,得体的请求语的说法很简单:少用命令句式,多用请求句式。也就是应该少说"你怎么怎么样",多说"我想怎么怎么样",这样的请求语会显得更加客气。这就是请求语的使用技巧。就避免了可能引起对方不快的祈使或命令的口气,而仅仅是单方面提出请求。

类似的例子有很多:售货员应该把"你买什么呀"换成"我能帮你什么吗",把"你听明白了吗"换成"我说清楚了吗";提醒来宾时把"请到某地方集合"换成

"我们在某地方等您"……简单的人称变换,会使对方感到更加的舒心。

6. 如何得体地表达不同意见和拒绝

公务人员面对领导或长者,要表达不同意见或者拒绝,不适合直截了当或斩钉截铁地表述,应该注意说话的技巧。这里有两个技巧,我们可以借鉴。

第一个技巧,缓冲式拒绝:即在拒绝语言中增加一些缓冲和含蓄的用词。比如,把"您的说法是错的"加上一个缓冲词"可能",从而变成:"您的说法可能是错的";把"这件事没法办"加上一个缓冲词"恐怕",变成"这件事恐怕没法办"。使用了这些缓冲性的词汇,可以避免生硬,而又不影响拒绝明确性。执法场合、窗口服务不需要如此含蓄,但对于上级领导和高级贵宾,最好使用缓冲性表达方式, 这样的做法会给对方留面子。西方人常说 "I am afraid the answer is wrong",意思就是"恐怕这个回答是错的"。其实,说话者已经明确地知道回答是错误的,但加上"恐怕"就使得表达变得委婉了。

第二个技巧, 预先式拒绝: 即在对方提出请求之前先把拒绝的理由说出来。假如你的老领导来找你办事,在他说出正式的要求之前,你已经明白了他想要你做什么,而这恰恰是你办不了或者不能办的事,你可以在对方说出这个要求之前就不漏声色地把拒绝的理由表达出来。不要等对方正式说出自己的要求你再去拒绝,这样就可避免正面拒绝的尴尬了。使用这个技巧的关键在于不漏声色的拒绝。

上述六种客气语的应答,都是生活中最常遇到的,也最能体现一个的语言水准。其中有些答话很客套,但不要觉得那是废话,因为客套语也是文明。

七、改掉不合适的口头语

我们说话时或多或少都会有一些口头语。口头语并不是都不好,但一些不太好的口头语最好要改掉。比如,随口说"不"字,或者轻易说对方"错",习惯于否定别人的人是不受欢迎的;再如,"你明白吗?""我告诉你吧!"这些都是不好的表达方式,总给别人一种居高临下的感觉;又如,"真没意思","真没劲",这样的话说多了,会给人以索然无味的感觉。

有些口头语属于忌语,是人们比较忌听到的语言,也应该尽量避免。比如,"你有病",这不但是对别人的否定,甚至还会被理解为恶意的诅咒;再如,"你糊涂了吧", "你脑子不好啊", 这些都是令人不快的忌语; 听别人说事情或讲故事, 不要张口就说"我听过了", 或者还没等别人把事情或故事讲完, 就马上把结尾或者谜底说出来。

餐桌上的忌语比较多, 比如问别人"你完了吗", 或者"你要饭吗", 或者用餐快要结束的时候, 看到有人从厕所回来问一句"你吃完了吗", 都是不得体的。在平时的交流中, 应该避免这些忌语。

八、传达信息尽量准确到位

与人交谈的时候, 要让自己变得更加睿智。凡是对方说过的话, 或是提及的事情最好都要用心记住。尤其使对方的姓名, 年龄、职业等个性化问题, 一定要一次性记住。反复询问, 或者需要重复多次才记住, 会被看作对对方的不重视。如果不是初次见面, 可以把以前见面时得到的关于对方的某些信息重提一下, 这样会让对方感受到了重视。

我们都曾见过这样的人, 在记录对方电话号码的时候, 需要对方重复几次才能记下来, 在别人看来, 这样的人很迟钝。对方在报电话号码的过程当中, 你一定要认真听, 而且争取一次就记住, 千万不要对方报一个数字你记一个数字, 即使一次记不全, 最多两次就应该全部记下来。向对方报电话号码时, 不要一次报出 11 个数字, 最好是前面 7 个数字放在一起, 后面 4 个数字放在一起, 这样的报法有一种节奏感, 对方更容易记住。

九、言出必行

言出必行是一种美德, 也是每个人塑造自己形象的方式。不要轻易做承诺, 但只要是自己做出的承诺, 就一定要去实现它。当你对上司说"方案我会在三天之内完成", 那就必须三天之后交上; 当你对客户说"我今天忘了带名片, 明天给你", 那明天一定要给他。有些朋友把随口许诺当成了家常便饭, 这样会给人以言而无信的印象。说到底, 人际沟通是一种心灵的沟通, 如果没有起码的信任感, 任何技巧都无法实现真正的心灵沟通。

其实, 我们在生活和工作中的每一个细节, 都是在树立自己的品牌。这个品牌不一定非得有多大的经济价值, 但它远比经济价值更值得我们去追求, 而这个品牌的第一要义就是要有诚信。

第十六章　公务餐饮礼仪

　　"八项规定、六项禁令"规定"严禁超标准接待",但是工作中的正常接待还是要有"礼"可据。

一、菜单的安排

　　菜单安排是一项复杂的工作,要考虑的方面也很多。首先要以主要客人为重点考虑对象,他是否有饮食禁忌、是否有宗教禁忌、是否有健康禁忌、是否有饮食偏好等等,尽量投其所好,提高主宾满意度。除此之外还要考虑菜肴的量不能太少,但也不必过多,现在倡导"光盘行动",反对铺张浪费;另外菜点口味、烹调方式、食物材料、菜肴摆设、制作精细度、盛装餐具等,都要有所变化,才不会单调乏味;最后要考虑所选菜肴的价格是否合宜,会不会超出预算额度？应该搭配何种饮料酒水才适当并且相得益彰？

　　如果主宾没有任何饮食禁忌,也没有特别的饮食偏好,那么安排菜肴时,可以优先考虑选择具有地方特色、餐厅特色或是主人拿手的菜肴,让主宾品尝当地招牌菜, 尤其对他而言是新鲜没吃过的餐点, 保证会让他留下永远的回忆。

二、用餐时间和地点的选择

　　用餐时间的选择应该主随客便,先与主要客人商量,以其方便的时间定用餐时间,可以是早餐,也可以是午餐或晚餐。一般而言,工作餐常选择在午餐时间,用餐时间控制在一个小时左右,正式宴会则多为晚宴,所需时间为 1.5 小时至 2 小时。

　　挑选用餐地点要考虑许多方面, 首先要选择一个档次较好、环境优雅安静、食物质量佳、餐点口味好、价格合宜、服务优良、卫生条件好、能容纳所有客人的餐厅或酒店;其次考虑对客人尤其是主要客人,交通是否便利,距离以越接近主要客人越好为原则,并考虑是否有附设停车场等设施。用餐地点还必须选择容易找到的地方,有的酒店居于巷弄深处,必须左弯右拐才能到达,对于不熟悉当地的客人,天黑后寻找正确地点可能造成困难。最安全的选择方法是,请熟人先去尚不熟悉的餐厅,先探路考察尝新;请不熟的人去熟悉的餐厅,各方面状况事先了解清楚,这样才能避免意外尴尬的情况发生。

三、公务宴会餐桌座次安排(参见公务座次礼仪章)

四、餐桌礼仪从筷子开始

中国的筷子是十分讲究的,"筷子"又称"箸(zhù)",远在商代就有用象牙制成的筷子。《史记·宋微子世家》中记载"纣始为象箸"。用象牙做箸,是富贵的标志。做筷子的材料也不同,考究的有金筷、银筷、象牙筷,一般的有骨筷和竹筷,现在有塑料筷。湖南的筷子最长,有的长达两尺左右;日本的筷子短而尖,这是由于吃鱼片等片状食物的缘故。筷子传入日本是唐代,现在它是世界上生产使用筷子最多的国家,日本人还把每年的8月4人日定为"筷子节"。

中国使用筷子,在人类文明史上是一桩值得骄傲和推崇的科学发明。李政道论证中华民族是一个优秀种族时说:"中国人早在春秋战国时代就发明了筷子(其实商朝就有了)。如此简单的两根东西,却高妙绝伦地应用了物理学上的杠杆原理。筷子是人类手指的延伸,手指能做的事,它都能做,且不怕高热,不怕寒冻,真是高明极了。比较起来,西方人大概到16世纪、17世纪才发明了刀叉,但刀叉哪能跟筷子相比呢?"日本的学者曾测定,人在用筷子夹食物时,有80多个关节和50条肌肉在运动,并且与脑神经有关。因此,用筷子吃饭使人手巧,可以训练大脑使之灵活,外国人对这两根神奇的棍状物能施展出夹、挑、舀、撅等功能钦羡不已,并以自己能使用它进食而感到高兴。

用餐时,客人和晚辈不可以先用筷子,需等主人、长辈拿起筷子后随之动用,即表示用餐开始了。

虽说中餐选用餐桌上的菜肴和食品时多为自便,但在使用筷子的动作上也是有讲究的。俗语说"忌八筷",讲究礼仪才不会使旁人生厌:

一忌敲筷。即在等待就餐时,不能坐在餐边,一手拿一根筷子随意敲打,或用筷子敲打碗盏或茶杯。

二忌掷筷。在餐前发放筷子时,要把筷子一双双理顺,然后轻轻地放在每个人的餐桌前;距较远时,可以请人递过去,不能随手掷在桌上。

三忌叉筷。筷子不能一横一竖交叉摆放,不能一根是大头,一根是小头。筷子要摆放在碗的旁边,不能搁在碗上。

四忌插筷。在用餐中途因故需暂时离开时,要把筷子轻轻搁在桌子上或餐碟边,不能插在饭碗里。

五忌挥筷。在夹菜时,不能把筷子在菜盘里挥来挥去,上下乱翻,挑肥拣瘦地翻乱食物。遇到别人也来夹菜时,要有意避让,谨防"筷子打架"。

六忌戳筷。在说话时,不要把筷子当作刀具,在餐桌上乱舞;也不要在请别人用菜时,把筷子戳到别人面前,不要用筷子指向别人,戳戳点点地与别人讲话。

七忌剔筷:用筷子当牙签剔牙缝。用舌舔筷子。

八忌迷筷:用筷子夹选食物又不知选哪道菜,在餐桌上来回晃动。

五、在恰当的时机转动转盘

中式餐桌还有一个转盘,使用时也要注意礼仪。大家都知道,有些朋友在用餐的时候想要转动转盘就转,忽略了旁边还有人在取菜,这是一种不符合礼仪的做法。关于转盘,有三条礼仪:第一,转动转盘之前一定要先看看有没有人正在取菜,如果有人正在取菜,应等对方取完菜再转;第二,一道新的热菜上来之后,第一位取完,应把转盘转一格给下一位取菜,下一位取完再转一格,知道桌上的每一位都取到菜了方可自由转动,否则中间打乱顺序随意转动是不礼貌的行为,当然,也可以由一位主人为大家转动转盘,依次取菜;第三,转动转盘过程中,如果有人中途取菜,应停下来等片刻,待其取完后方可继续转动。

职场八大傻:领导夹菜你转盘;领导发言你唠嗑;领导报停你自摸;领导隐私你乱说;领导小蜜你乱摸;领导没醉你先多;领导开门你上车;领导年轻你当哥。

六、自助餐

自助餐讲究"三不混"原则。

1. 冷菜、热菜不混装

取完了冷菜端回去放在桌上,用完了之后,拿一个新盘子再到公共区域去取热菜。有些朋友说,为什么要用新盘子,现在都不是讲究绿色用餐吗?让餐厅少洗一次盘子有多好。这听起来好像很有道理,但是仔细一想,端着一个已经用过的盘子,到公共区域去取菜,是对别人的一种不尊重,因此要换一个新盘子。自助餐厅的服务人员应该是眼观六路、耳听八方的,只要有人离开座位,他们就应该保证在那人回来的时候,桌上的旧盘已经清理完毕了。

2. 菜品、主食不混装

南方人爱吃米饭,北方人爱吃面食。在自助餐上,有些朋友会端着一个盘子,取完了菜把米饭扣在上面,或者把馒头、饼扣在上面,这样的做法不够体面。应该是把主食放在独立的菜碟或者小碗里面。

3. 菜品、水果不混装

菜品是正式用餐过程中取用的,水果是用餐的最后一个环节,用完了水果就表示此次用餐结束了,而不是在同一个菜碟里既放菜品又放水果,这样做不体面,而且菜品和水果之间也会串味。菜品和水果应分别取用,多取几次没关系。要尽量避免一次盛取的食物很杂乱、盘子太慢或者盘子太多等情况。当然,有些单位在中午提供自助餐的时候,允许有例外,因为这样的用餐方式等同于食堂用餐。实际上,这种情况下,不必太多讲究,毕竟这不是公务宴请。

自助餐还有个特殊礼仪,就是关注彼此的用餐进度。这是非常容易被忽略的一个细节,因为自助餐不像桌餐,有上菜的先后顺序。在自助餐上,每位用餐者的食量和进餐速度不同,这很容易造成用餐进度大不相同的情况。在陪同领导或贵宾用自助餐的时候,我们应该关注一下用餐的进度,尽量不要出现有人率先用餐完毕后静静地等待他人的情况。

七、工作餐

工作餐应该注意以下三大原则。

1. 简单快捷

工作餐往往都是安排在工作间隙进行,因此不必讲究排场,菜品数量可以适当少些,进餐速度应适当快些,最多四菜一汤,以不饮酒为好。十八大之后大力倡导"光盘行动",公务人员应该是这方面的倡导者和实践者。过度的铺张、过长的时间,在工作餐场合都是不适宜的。

2. 适度交流

工作餐是公务活动的延伸,是上下级和主宾之间进行交流的机会,因此在用餐时进行适当的交流和沟通, 而不是把重点放在用餐本身上。另外还要注意,不管是工作早餐还是工作午餐,都离不开工作,因此用餐环境要适当安静一些,人数适当少一些。

3. 吃相优雅

这事用餐时永恒的主题,尤其是面对领导或贵宾,公务人员一定要注意吃相,不可以狼吞虎咽,不可以杯盘狼藉。

八、敬酒的礼仪

1. 敬酒的次序

宴会上谁应该率先敬第一杯酒? 一个基本的原则是,谁坐在 1 号主人的位置上,就由谁来率先敬酒或者是领酒。

我们经常看到这样的情况:宴会开始时,主人还没有敬酒,就有客人率先向主人敬酒,或表示感谢,其实这都是喧宾夺主的表现。在宴会上,应由主人率先领酒或敬酒。

宴请上级领导或父母师长的时候,宴请者应坐在主宾的位置上,而把尊者请到主位就座。在这种情况下,也应该是由坐在主位的尊者率先领酒,而不是由坐在宾位的宴请者率先敬酒。如果是接待上级领导,可以由坐在主宾位置的接待方领导率先致祝酒词,然后再请坐在主人位置的上级领导率先领酒。只有在上级领导领酒结束后,接待方领导才可以敬酒。这就是所谓的尊卑有序。

至于敬酒以几杯为宜,要看具体的场合和当地的风俗,应以适量为宜。一般来说,应一至三杯为好。这就是礼仪的从俗行性。也就是说,礼仪在一般情况下要遵从当地的风俗习惯。

2. 敬酒的举止要求

敬酒分为正式敬酒和普通敬酒。正式敬酒是指宴会一开始的时候,主人先向大家集体敬酒,并同时说标准的祝酒词。这种祝酒词内容可以稍长一点,但也就是在五分钟之内讲完。

无论是主人还是来宾,如果是在自己的座位上向集体敬酒,就要求首先站起身来,面含微笑,手拿酒杯,面朝大家。

当主人向集体敬酒、说祝酒词的时候,所有人应该一律停止用餐或喝酒。主人提议干杯的时候,所有人都要端起酒杯站起来,互相碰一碰。敬酒不一定要喝干。但即使平时滴酒不沾的人,也要拿起酒杯抿上一口装装样子,以示对主人的尊重。

除了主人向集体敬酒,来宾也可以向集体敬酒。来宾的祝酒词可以说得更简短,甚至一两句话都可以。比如:"各位,为了以后我们的合作愉快,干杯!"

平时涉及礼仪规范内容更多的还是普通敬酒。普通敬酒就是在主人正式敬酒之后,各个来宾和主人之间或者来宾之间可以互相敬酒,同时说一两句简单的祝酒词或劝酒词。

别人向你敬酒的时候,要手举酒杯到双眼高度,在对方说了祝酒词或"干杯"之后,再喝。喝完后,还要手拿酒杯和对方对视一下,这一过程才结束。

敬酒的时候还要特别注意。敬酒无论是敬的一方还是接受的一方,都要注意因地制宜、入乡随俗。我们北方地区,敬酒的时候往往讲究"端起即干"。在他们看来,这种方式才能表达诚意、敬意。所以,在具体的应对上就应注意,自己酒量欠佳应该事先诚恳说明,不要看似豪爽地端着酒去敬对方,而对方一口干了,你却只是"意思意思",往往会引起对方的不快。另外,对于敬酒的来说,如果对方确实酒量不济,没有必要去强求。喝酒的最高境界应该是"喝好"而不是"喝倒"。

干杯的时候,可以象征性和对方轻碰一下酒杯,不要用力过猛,非听到响声不可。出于敬重,可以使自己的酒杯较低于对方酒杯。如果和对方相距较远,可以以酒杯杯底轻碰桌面,表示碰杯。

敬酒一定要站起来,双手举杯。可以多人敬一人,决不可一人敬多人,除非你是领导。下级给上级敬酒时,切不可比对方喝得少。如果碰杯,一句"我喝完,你随意",方显大度。多给领导添酒,但不要瞎给领导代酒,除非领导明确表示想找人代,并且代酒时要表现出是自己想喝而不是为了给领导代酒而喝酒。如果领导不胜酒力,可以通过旁敲侧击把准备敬领导的人拦下。端起酒杯(啤酒杯),右手扼杯,左手垫杯底,自己的杯子永远低于别人。如果是领导,则不要放太低,给别人留点空间。碰杯、敬酒、需要有说词,这样有举杯的理由。

3. 幽默诙谐的敬酒词

激动的心,颤抖的手,我给领导倒杯酒,领导不喝嫌我丑。——女士给领导敬酒。

心儿颤,手儿抖,我给这位爷端个酒,这爷喝了俺高兴,这爷不喝俺不走,就是不走,就是不走!——女子给男士敬酒

领导在上我在下,您说来几下就几下。——女士和领导碰杯

万物生长靠太阳,没有太阳,就没有光芒,没有您的领导,就没有人民的富强,我代表大家敬您一杯。

地方发展靠政府,政策还要领导给,待到全民共富时,人民永远感念您,杯中美酒表敬意,愿您事事顺心。

应该知道党的号召,一个中心,两个基本点,为此咱们三位共同举杯,愿官运、财运、平安运,样样亨通。

美酒倒进白瓷杯,酒到面前你莫推,酒虽不好人情酿,远来的朋友饮一杯。——内蒙古草原人的敬酒歌

感情深一口闷,感情浅舔一舔。——给朋友敬酒

结识新朋友,不忘老朋友。——与新老朋友共干一杯

朝辞白帝彩云间,半斤八两只等闲。——劝好酒量之人

危难之处显身手,妹妹(兄弟)替哥喝杯酒。

危难之处显身手,该出手时就出手,兄弟我替她喝个酒。——这一经典酒令多用于英雄救美者

路见不平一声吼,你不喝酒谁喝酒?——令当酒领官的人喝一杯

要让客人喝好,自家先得喝倒——用于本单位自家人饮酒。

女有貌,朗有才,杯对杯,一起来——与女士饮。

床前明月光,疑是地上霜,举杯约对门,喝酒喝个双。——与对面朋友饮

感情铁就不怕胃出血!感情深就不怕打吊针!——敬朋友

春眠不觉晓,处处闻啼鸟,举杯问小姐,我该喝多少?——小姐说了算

少小离家老大回,这杯我请小姐陪。——与在座小姐对饮一杯

经典挡酒词：

甲：酒量不高怕丢丑，自我约束不喝酒；

乙：相聚都是知心友，放开喝杯舒心酒；

甲：万水千山总是情，这杯不喝行不行？

乙：一条大河波浪宽，这杯酒说啥也得干！

甲：来时夫人有交代，少喝酒来多吃菜。

乙：酒壮英雄胆，不服老婆管。

君子之交淡如水——以茶代酒

我为大家唱支歌，唱完不好再说喝。

锄禾日当午，汗滴禾下土，连干三杯酒，你说苦不苦？

九、注意餐桌吃相

餐桌礼仪的最后一条，但也是最重要的一条，就是吃相。吃香优雅与否，关系到一个人的品位甚至尊严。我们或许都有这样的经历，在宴请中，如果有一位朋友大声喝汤，或是咀嚼时发出声音，在座的几乎所有人都会皱眉，甚至有人会提前离席，原因仅仅是这个人的吃相让他无法忍受。

1. 咀嚼食物一定要闭嘴，不要发出声音，即"吧唧嘴"

宴会桌上如果有人在吧唧嘴，会严重影响别人用餐的兴致和心情。只要食物送到嘴里咀嚼就要闭着嘴。有些朋友说，我虽然张着嘴咀嚼，但没有发出声音，这样可以吗？不可以。因为张着嘴咀嚼就会漏出嘴里的食物，这样很不好看。尤其是女士，咀嚼速度要适当小些。

餐后有些朋友为了清除口腔异味，喜欢吃口香糖，这没有什么不妥，但一定要闭口咀嚼，并且不可出声。我们在外出旅行的时候，经常看到有人一块口香糖能嚼上三个小时，这会引起周围人的反感。一块口香糖咀嚼的时间不要太长，用完后吐在餐巾纸里包起来，扔到垃圾桶里。

2. 喝汤一定不要出声

不仅是喝汤，包括喝茶、喝水、喝饮料、喝酒，也应该不要出声。有人趴在桌上旁若无人的大声喝汤，这样的人不会给人留下好印象。冬天的时候，有些朋友一进入办公室就会泡上一杯茶，然后大声地吸溜着喝茶，这会令其他人感到不快,当然也是不体面的做法。除非在茶室里品味茶道,否则喝茶时一定不要出声。

3. 不可以下咽的食物,一定不要入口

餐桌上带皮的、带毛的、带刺的、带骨头的都有,有的也是原生态地端上来。这样做味道当然很好,但是对使用技巧的要求比较高。像骨头之类的不可下咽的残余物,应该先用筷子剔除,再把可食用的部分送入口中,一定不要把整个骨头全部塞入口中再往外摘。当然,鱼刺可以例外。如果不小心把实在不能吃的东西吃到嘴里了,这个时候该怎么做?最好的做法是:用一张餐巾纸接住吐出的东西,低调、含蓄地把它处理掉,一定不要当众从嘴里扯出来,直接放到眼前的盘子里。

4. 要保持桌面的干净,先保持公共盘里干净

公共区域里的菜品,一般是要讲究色香味俱全的,以给用餐者美的享受,因此,我们不要急于破坏其造型和色彩,更不可以搅得乱七八糟。我们还要保持取菜过程中桌面的干净,如果担心中途滴汤,可以适当地用碗来接一下。此外,要保持自己眼前的小碟里干净。用餐过程中的残余物应该搁到小碟里还是其下面的大盘里?当然应该搁到小碟里。因为小碟需要经常换,而大盘一般不换。有些朋友口味比较重,喜欢往食物里加辣椒、酱油及各种各样的调料,把自己的小碟搞得乱七八糟。这样不好,干干净净的桌面才好。

5. 用餐过程中要谈笑风生,保持轻松愉快的气氛

有些朋友在比较饥饿的时候,会始终把注意力放在眼前的饭菜上,不交流、不停顿,这是一种不体面的行为。有些朋友比较敬业,会把工作带到餐桌上来。在工作餐中谈工作当然可以,但正式的宴请上,最好避免不停地谈论工作。一次高级的公务宴请,如果话题始终停留在繁杂的工作上,那就失去了轻松的气氛。如果一定要谈工作的话题,可以等用餐到七八成饱之后进行。

6. 用餐时要注意体态

我们或许都曾见过这样的情景,当餐桌上摆上了汤的时候,有些人会把椅子往后一挪,撅着屁股趴在桌子上喝汤,这可是不体面的。参加正式宴请的时候,应该尽量直着身子就座,先把菜取到眼前的小碟里,低头送入口中,然后再

把身体坐直,胳膊肘放在桌上也不好看,会显得很慵懒。即使你再喜欢一道菜,也不要连筷,一筷子接一筷子地吃,这样有失体面。

有一位老汉进城吃了一顿饭,回去就跟乡亲们开始炫耀,城里吃饭可好了,服务员漂亮,餐具漂亮,菜也好吃,就是有一点不好,最后一道菜味道有点差。乡亲们赶快就问,最后一道菜是什么呀?老汉说,我也不知道,这最后一道菜是用一个小碟盛了一些小木棍就端上来了,我看每个人都取了一个,我就也取了一个。我当时很奇怪,这个小木棍也可以吃?但还真是很多人都拿起来吃。我想别人能吃,我也吃吧,于是就想看看他们是怎么吃的,但是他们都不让我看,全都用手挡着,那我也就这么吃吧,就把这个小木棍吃下去了。除了这道菜味道不怎么样,其他都不错。

当然这是一个笑话。虽然几乎所有的人都知道这是一种礼仪,但是在餐馆门口,在正式的宴会厅门口,我们还是会经常看到有些人一边走路一边剔着牙就出来了,这对公务人员的形象是极大的损害。

吃相展现了一个人的总体形象,能反映出一个人的个人修养。做到吃相优雅是在表达对别人的尊重。

第十七章　公务人员家庭礼仪

　　家庭礼仪,指的就是人们在长期的家庭生活中,用以沟通思想、交流信息、联络感情而逐渐形成的约定俗成的行为准则和礼节、仪式的总称。"不幸的家庭有各自的不幸,幸福的家庭却一样幸福。"这里所说的幸福是建立在礼仪的基础上的。"相敬如宾、白头偕老"阐明的就是夫妻间也要有礼节才能幸福一辈子的道理。"父子和而家不败,兄弟和而家不分,乡党和而争讼息,夫妇和而家道兴",可见"和"是关键,这个"和"用今天的话来解释,也就是相互谦恭有礼而又和睦的意思。家庭是社会的基本细胞,没有家庭和睦文明新风的倡导,也就没有了整个社会的稳定与和谐。没有家庭和睦,公务人员在本职岗位上也不会安心工作。

一、夫妻相处的礼仪

　　在接待外人的时候,我们一定会以礼相待,但对待自己的另一半,有部分人认为,和这么熟悉的人在一起还注意礼仪,那简直就是多此一举的事情。礼仪是尊重对方最起码的表现,也让夫妻生活更加的和睦。那么,夫妻和睦相处需遵循的礼仪有哪些呢?

1. 夫妻相处"八互"原则

　　第一,互相尊重:尊重是夫妻恩爱的前提,相互尊重,相敬如宾。夫妻虽是一家,但相互间多说几句"谢谢"、"请帮帮忙"或鼓励之类的话,并不是多余的。这样做既体现了尊重对方,又能加深彼此的感情。

　　第二,互相爱慕:互相体贴,温情脉脉不仅是一种礼仪,更是感情的延续。俗话说:"知夫莫若妻"、"知妻莫若夫"。夫妻在一起生活,相互了解彼此的性格、爱好和生活习惯等。丈夫不要在婚后变得粗暴,妻子也不要在婚后变得俗气。夫妻虽然不常有恋爱时花前月下的浪漫,但体贴对方的话要常讲,关心对方的话要常说,不要忘了感情交流,一个眼神,一个手势,一声亲切呼唤,无不包含深情厚谊。

第三,互相学习:在日常生活中,夫妻本身就是一个整体,所以更要重视互相学习,取长补短。夫妻俩各有长处,不论在事业上还是在日常生活中,均要多看对方的长处,学习对方的优点,弥补自己的缺点,不断进步。切忌互相妒忌,互相诋毁。

第四,互相赞赏:人人都有自尊,夸奖和鼓励能满足对方的虚荣心,夫妻间也一样,彼此都有优点,当妻子又所成绩,丈夫就应该真诚的赞美几句,虽不费太大事,效果却不可估量。男人天生比女人爱面子,当着朋友的面时,一定要给足对方面子,即便对方偶尔的吹牛,也要迎合对方,而不是拆台,这样的你,对方一定会感激在心的。

第五,互相谦让:互相谦让、切莫唯我独尊是夫妻双方和睦的关键。在生活中难免有产生矛盾的时候,在这个时候夫妻之间就要提倡平等,遇事多商量。丈夫不要以"大男子主义者"自居,妻子也不要让丈夫"下不来台","你敬我一尺,我敬你一丈",彼此多给对方一些理解和自由,夫妻感情会更加深厚、牢固。在现实生活中,许多夫妻不懂得礼让,结果造成感情破裂,家庭破碎,仔细想想又何苦呢?"退一步海阔天空",家庭生活也同样如此。

第六,互相谅解:夫妻双方都要有宽容、包容对方的心。俗话说:"金无足赤,人无完人"。谁都可能有犯错误的时候,如果在生活中,丈夫做事较粗心,妻子要能够容忍;妻子或许比较啰唆,丈夫要予以谅解,彼此求同存异,互相靠拢。

第七,互相安慰:人生的道路曲折、漫长,不可能事事称心如意,一帆风顺。当一方在前进的道路上遇到挫折时,另一方不要讽刺、挖苦甚至奚落,而应当多安慰对方,一起分析受挫的原因,总结经验教训,让失败变为成功之母。

第八,互相鼓励:俗话说"人活一世,不如意十之七八"。但如果夫妻间能够互相鼓舞、互相勉励,往往会在精神上给予对方莫大的帮助。当一方取得成功时,另一方应表示热烈祝贺,并一起分享成功的欢乐,同时激励对方再接再厉,不断开拓、前进。夫妻不论在顺境,还是在逆境,都要互相理解、互相信任、互相支持、携手并肩，一步步走向胜利的彼岸。

2. 避免夫妻争吵的原则

第一，不要责备对方：家庭生活中，当对方犯了错误还未认识到之前，责备是没有用的。因为此时不仅对方不知道自己错了，自己也没有完全正确的把握。所以聪明贤能的丈夫或妻子会力求了解对方，说服对方。要设身处地站在对方的立场上考虑问题，充分地理解和尊重对方。在批评对方时，态度要和蔼、谦虚一些，对方就容易接受。否则双方互相指责，矛盾就会因此而升级。

第二，不要自以为是：夫妻间应该学会自责，自责就是自我批评。当知道错误时，最好在别人指责之前，抢先认错。这会使双方都感到愉快，因为自责本身既承认了对方的正确，又维护了自己的自尊。贸然指责对方是不对的。虽然有时候是一片好心，但因为指责本身否定了对方，是对对方尊严的伤害，就有可能因此而遭到"反抗"。所以，自责是解决矛盾，消除隔阂的虽好办法。

第三，不要讨论功劳大小：对于夫妻间的小家庭，是要通过夫妻两人共同努力共同经营的。想让自己的小生活蒸蒸日上的话，付出和奉献是不可少的。那么既然付出了，就不要去计较得失，更不要计较谁付出得更多。如果有人不理智说了类似的话，其实是在把原本合二为一的夫妻，再次强行单独分开，这是不利于夫妻感情的。

第四，不要动辄出手打人：家庭暴力是婚姻幸福的第一杀手，在很多农村家庭中尤为严重。家庭的幸福需要共同创造。丈夫大打出手，严重伤害了妻子的自尊，也剥夺了本人的幸福。如果失手打坏了妻子，倒霉的还是自己。当今社会，丈夫必须更新观念，消除封建制度下婚姻观念的影响。心里不舒服，事业不顺心就拿妻子撒气，是懦夫的表现。

第五，不要说对方家人的不是的话：结婚成家以后，就不再是两个人的事情了，而是两个家庭的事。谁家过得不好了或者需要帮忙了，小两口要竭尽所能，能帮就帮，千万别端不平一碗水，对于对方的家人，一定要采取包容忍让的态度，目的很简单，为了整个家庭的和睦呗，千万不要在夫妻间讲对方家人的不是。说得再有理，也会伤了对方的心，毕竟有血脉亲情啊。

第六，不要猜忌对方的忠诚：对于夫妻间的忠诚，是要靠身在其中的两位当事人,用身心去细细体会和品位的,而不是单单靠嘴巴说耳朵听的。形容夫妻间的关系,就好比是在放风筝。绳拉得太紧了,就会断掉,拉得太松了,就会飞不高。最好少说猜忌对方忠诚的话语,不然的话,即使真相大白蒙冤得雪后,还是会令夫妻感情受伤的。

第七,不要过分羡慕别人:过分羡慕别人的钱财或者美貌,会让夫妻的另一方产生压力,认为这是在怀疑自己的能力,因为此时的羡慕,和上学时候的羡慕还不是一回事,羡慕成绩好的同学,努努力就赶上了。30岁后再去羡慕别人,只能说明自己没有追赶别人的方法和途径。

3. 夫妻吵架中的"八忌"原则

如果没有把握好感情,使摩擦冲突升级,造成双方的争吵,将积攒下来的怨气宣泄出来让对方了解也未尝不是件好事。但必须注意的是,吵架中有些需要绝对避免的行为,千万不要因情绪失控而为之,否则往往会造成严重的后果。

第一,忌互相谩骂:生活中夫妻间争吵,可以据理力争,但决不能出口伤人。有些夫妻在争吵中相互咒骂,甚至进行人身侮辱,把对方所有生理缺陷都搬出来,是非常影响双方感情的。因此,夫妻争吵,切忌口出秽言。

第二,忌老账重翻:夫妻间发生争吵,说话应注意分寸,要尊重对方,宽宏大量,不要"翻箱倒柜"地翻旧账,否则只能激化矛盾,扩大事态,导致夫妻关系的破裂。

第三,忌离家出走:有些妻子一与丈夫吵架,就会跑回娘家,一住多日不归,丈夫不请不回家,这本身是一种"示威"的行为,同时也会让娘家绝对尴尬。在丈夫看来,如果到岳母家去请,有伤自尊。因此,丈夫宁愿在家死守,也不愿去"请"。女方也不好意思自己回去,于是事情往往发展为僵局。本来夫妻吵几句,没什么大不了的事,相互礼让就过去了,这样反而使矛盾更加激化。所以夫妻吵架,盛怒的妻子切忌离家出走。

第四,忌拿离婚威胁人:和自己的爱人相处时间久了,对方身上的脾气性格就会暴露无疑。遇到难以沟通的事情,或者生气吵架时,萌生离婚的念头是很正常的情况。但想想可以,千万别说出来。说出来一次就会重伤一次感情,相处多时好不容易积攒的感情,会因为闹离婚而荡然无存,想要再次挽回就难了。所以说，不理智的时候，就赶紧远离战场，或者尽情发泄，千万别提"离婚"的字眼！

第五，别拿家居用品当发泄工具：有的夫妻吵架，爱摔东西、砸家具，如此作为"制服"对方的手段。爱摔东西的夫妇，多数是脾气暴躁，蛮不讲理的人。这种人是"四肢发达，头脑简单"，只图一时的泄愤，而忘记了家产是夫妻的心血，是夫妻二人千辛万苦、省吃俭用、一滴血一滴汗积攒起来的，因此在任何情况下都不能以摔砸家具来发泄。不仅自己的家被折腾得不像样，摔砸发出的"交响曲"也会向四邻宣告争吵的"战果"，弄得脸上无光。

第六，忌说厌恶的话：厌恶的话会伤及对方的感情深处，有些夫妻在争吵时总喜欢讲："我怎么会找你这种人，既没修养又没素质，当初我真是瞎了眼，嫁给你这种人"，还有人会说："嫁给你是我今生最大的耻辱，倒了八辈子霉才嫁给你"。这些语气明显流露出对婚姻的厌恶之意和对爱人的不满之情，让人听了，怎能不感到寒心呢？夫妻感情很可能由此一落千丈。

第七，忌说过于挑剔的话：挑剔并不是对对方要求高的表现，而是一种嫌弃与藐视，容易使对方产生逆反心理，夫妻间不可讲一些过于挑剔的话，比如不是这做得不好，就是那合心意，总之，无论做什么事情都不会得到赞美。例如，家里来了客人，你辛辛苦苦地做了一桌子菜，客人还没有说什么，爱人却挑剔你这做得不好，那做得不对，此时原本开心的你也会自觉没趣，认为爱人对你产生厌烦感，时间长了，势必会影响夫妻间的感情，甚者造成家庭破裂，夫妻分道扬镳。夫妻之间要学会欣赏对方，用宽容大度包容对方的缺点和不足，用赞美的眼光欣赏对方的优点。

第八，忌说贬低对方的话：夫妻吵架是很自然的事，有些夫妻在吵架时喜欢说些贬低的话，特别是在人多的场合更是如此，以为这样可以批刹对方的锐气，可以降服对方，殊不知，这会严重地伤害对方的自尊心。比如：老公对老婆说："女人嘛，工作能力再强也不如嫁个好老公，你看你工作了那么长时间还只是个小职员，每月拿那么一点的工资，要不是嫁给我，你哪能过的这般滋润，这么尊贵？""别以为你拿了大本文凭就有什么了不起的，别人不知道我还不知道，不就是用钱买的嘛！照你这样我还能买个硕士、博士文凭呢！"这些话说者可能没有恶意,只是说说而已,可听者却感觉自尊心受到了伤害,会感到无地自容,从而对爱人产生看法,也为感情破裂埋下了一颗定时炸弹,说不定什么时候就会爆炸,将二人的感情炸得支离破碎。

二、婆媳和睦相处的礼仪

从古至今,婆媳关系就是非常微妙的。它既不像夫妻那样有亲密的姻缘关系,又不像母子那样有稳定的血缘关系。结婚前,婆媳之间很少了解;结婚后,由于要经常接触,又觉得自己是"外人",婆媳之间很容易互相猜忌,因此,婆媳相处起来要难得多。而对于已婚的男士来说,一方是养育自己的母亲,另一方是与自己患难与共的妻子,这两方如果发生矛盾,是非常令人头疼的,然而,如果处理得当,婆媳之间也可以产生深厚感情。

1. 婆媳相处要坦诚相待

媳妇进了婆家的门,和婆家的人打交道就多了。懂事明理的儿媳待公婆会像对待自己的父母一样周到。公婆不喜欢冠冕堂皇、油嘴滑舌,他们需要的是坦诚。所以平时在与婆婆相处的过程中,媳妇要对婆婆坦诚相对,让婆婆感觉你就是当婆婆是自己的亲妈,有什么事情都会找老人商量。久而久之,婆婆也会被你的孝心打动,也会真的当你是自己的亲生女儿一样疼爱。

2. 相互理解是关键

婆媳间贵在相互理解,相互尊重。婆婆有些习惯不够讲究,不够卫生,儿媳不要嫌弃,应尽量忍耐宽容。而儿媳的某些习惯如果婆婆看不顺眼,作为婆婆也应为儿媳设身处地地想一想。如果必要,可让儿子出面,从中调解,而且还要策略一些,否则婆媳间难免产生猜疑。对于知识层次越高的婆婆,在很多儿媳看来,关系越不好处。实际上,婆婆懂得多、教养深、见得广,儿媳应不耻多问,热情顺应,这样处好关系就不难。知识层次高的婆婆也应该注意,不要自以为是、指手画脚。如果不注意自己的言行,对儿媳冷冷漠漠、居高临下,只能刺伤儿媳的自尊心。知识层次高的婆婆应该懂得,和儿媳相处好的关键不是自己的学识,而是对家庭的关怀和对儿媳的爱心。

3. 放松心态,切莫"处处设防"

婆媳相处,彼此间都应持一种宽松的心态,不要有见外心理。如果婆婆认为儿媳是外人,难以与之真心实意地相处;儿媳认为自己与丈夫过日子,婆婆是另外一层,这样处处设防,就会埋下矛盾冲突的导火线。由于种种原因,婆媳间总会存有一定的差异。婆媳双方都要对自己有所约束,婆婆不能要求儿媳完全按自己的一套行事,儿媳也不能奢望婆婆完全认同自己的意愿,互相不要强求,这样做可以避免不少矛盾和冲突。

4. 婆媳间要互相体谅

婆媳间遇事要多考虑对方的情况,不要责怪。如婆婆要儿媳去做的事,儿媳一时未能做到,婆婆应该想到儿媳的难处;儿媳上班,如果委托婆婆照看孩子,一旦孩子碰伤或生病,儿媳应体谅婆婆年事已高,精力有限,难免在带孩子时出现差错,不要为此埋怨婆婆。婆婆年纪大,经历多,深知生活艰辛,往往对年轻儿媳大手大脚花钱、美容化妆、进出舞厅看不惯。儿媳则认为婆婆观念陈旧、思想保守,不懂得年轻人的生活情趣,不体谅现代人追求时尚的心情,对婆婆爱答不理。对此应注意以宽松的心态相处,婆媳不必过多干涉对方的生活爱好,求同存异,多交流,取长补短,就能进一步融洽关系。

5. 婆媳之间要相互交流

现在老人都不喜欢太聪明的儿媳妇,表面一套背后一套,这样被老人知道反而更伤害老人的心。儿媳在公婆面前,不可能保证不出差错,而对这些差错,公婆往往又比较敏感,这就要求儿媳及时弥补过失。公婆能够真心实意把儿媳视为亲生女儿,以情换情,儿媳自然也会把婆婆当作亲生母亲。聪明知理的婆婆还要注意尊重儿媳妇的人格,讲究说话技巧,学会运用夸奖这一魅力无穷的艺术。当然,婆媳接触频繁,儿媳有欠缺之处,婆婆说几句也未尝不可。但要记住,怒气冲冲的批评可能会伤害对方的自尊,而情热语妙的批评却能感化对方。总之,坦诚是亲情相处的重要基础。

6. 彼此帮助、促进和睦

婆媳相处,双方都要有互助的意识,儿媳敬重婆婆,婆婆爱护儿媳,以心换心,婆媳才会相处得和睦融洽。作为晚辈,儿媳要注意礼貌和分寸,不可口是心非,出言不逊。遇事多与婆婆商量,在婆婆比较关注的事情上,尽可能尊重婆婆的意见。婆婆上年纪了,干活吃力,儿媳应尽量承担家务劳动,以减轻婆婆的劳累。即使与婆婆不住在一起,也应抽空去帮婆婆干些家务。此外,孩子也是婆媳关系的关键,儿媳在婆婆面前最好少打骂孩子,更不要借打骂孩子发泄对婆婆的不满。

7. 唠叨是关系拉近的信号

婆婆年老,行动不便,与外界接触少,与别人交流少,只能跟家人唠叨。做儿媳的应明白这一点,耐心听婆婆唠叨,满足其倾诉的愿望,而不是一听就烦,一烦就顶。再说婆婆喜欢与儿媳唠叨,说明她把儿媳视为知心人,做儿媳的应该为此高兴。婆婆遇事要与儿媳商量,如添置家电、赠人礼品、招待亲友、教育孩子等,要协调一致,把事办好。特别是在对孩子的管教上,要与儿媳口径一致,不要在儿媳批评教育孩子时袒护孩子。

8. 尊重为本

无论何时,都要以尊重为前提。老人年纪大了,难免有些事情会想得比较偏执,要学会多理解和体谅老人。老人小孩儿嘛,都是喜欢被她所爱的人哄的。你年轻,你是晚辈,在老人面前低个头并不丢人。

中国自古有句俗语:"百年修得同船渡,千年修得共枕眠,万年修得好公婆。"这形象地说明了好的婆媳关系来之不易。处理得好,可以为婚姻添砖加瓦,处理不好,很可能严重影响和破坏你们千年修来的好姻缘。

三、教育孩子的方法

孩子的健康成长是父母都很关注的一个问题,父母也是都希望孩子能够健康快乐地成长,对于孩子的教育也是不能忽视的一个问题,孩子教育也是要有正确的方法的,下面介绍下正确教育孩子的方法。

1. 好孩子是夸出来的

很多家长都懂得"好孩子是夸出来的",越来越重视对孩子的赞美教育。夸奖孩子是一门学问,需要家长谨慎使用,

第一,夸具体不夸全部:总是笼统地表扬孩子,比如"你真棒",会让孩子无所适从。也许孩子只是端了一次饭,妈妈与其兴高采烈地表示"好孩子,你真棒",不如告诉他"谢谢你帮妈妈端饭,妈妈很开心"。有针对性的具体表扬会让孩子更容易理解,并且知道今后应该怎么做,如何努力。

第二，夸努力不夸聪明："你真聪明!"——又一个家长惯用的评语。家长对孩子的每一个进步如果都用"聪明"来定义，结果只能是让孩子觉得好成绩是与聪明画等号，一方面他会变得"自负"而非"自信"，另一方面，他们面对挑战会采取回避，因为不想出现与聪明不相符的结果。

美国的研究人员让幼儿园孩子解决了一些难题，然后，对一半的孩子说："答对了8道题，你们很聪明。"对另一半说："答对8道题，你们很努力。"接着给他们两种任务选择：一种是可能出一些差错，但最终能学到新东西的任务；另一种是有把握能够做得非常好的。结果2/3的被夸聪明的孩子选择容易完成的；被夸努力的孩子90%选择了具有挑战性的任务。

第三，夸事实不夸人格："好宝宝"这样的话是典型的"夸人格"，家长们会无心地将其挂在嘴边。但"好"是一个很虚无的概念，如果孩子总被扣上这样一顶大帽子，对他反而是种压力。

为达到激励孩子的目的，真正做到"夸具体"、"夸努力"，家长首先要对孩子做事情的整个过程有所了解。有的时候可以亲眼看见孩子的良苦用心和付出的努力，当你在总结孩子成绩的时候，不妨详详细细把自己的所见所闻描述出来。

比如孩子写完作文之后，你可以说："文章的开头很好，你能想出这样的开头实在不容易；中间的描述能感觉出你经过了仔细地观察。结尾的一句话也比较精彩，用它来点题很恰当……"这样，你把孩子在作文上所花费的辛苦一一说了出来，愉快自信的笑容立刻就会洋溢在孩子的脸上。

如果你没有亲眼见到孩子的努力也没关系，你可以用提问的方式让孩子自己说出努力的过程，这中间不失时机地加以适当的点评，同样可以给孩子一个有益的赞美。

2. 如果想要改变孩子的行为，父母应先改变自己

教育孩子就是教育自己的一个过程，孩子的不良行为，往往是从环境或父母那儿直接传授下来的，身教胜于言传，因此，我们不可以让孩子去做我们不愿意的事，也不可以自己做一套，让孩子去做另一套。只有我们以身作则，注重孩子价值观与礼貌的培养，才能教育出品德高尚的下一代。

3. 合理的管束

管束孩子是告诉他们行为的标准,即什么样的事情可以去做,什么样的事情不能做,当孩子可能要犯错误,我们不得不进行管束的时候,一定要有权威性。让孩子知道你是严肃的,而且你们提的要求是将伴随惩罚或奖赏的。合利地限制孩子可以培养孩子的纪律观念,当然,对孩子的管束必须是负责任的,而且要告诉孩子你提出要求的原因。父母在管束孩子时保持一致,这样孩子可以建立统一的行为标准。即使对爸爸的管束有异议,也最好在以后孩子不在场时,再与他进行讨论。这样做,也可以树立起父母双方的权威性。不要惩罚得太多,不可从生理和心理上虐待孩子,要把孩子管好,上策就是对他好的表现进行奖励。

4. 设立明确的家规,定期召开家庭会议

孩子需要知道界限在哪里,哪些是该做的,哪些是不该做的,没有规则孩子反而没有安全感。家规不超过5条到6条,应适合于家里的特定需要,而且必须用肯定句来陈述,将家规贴出来。如果违反家规应明确相应的处罚措施。一旦建立,就应坚决执行,每隔一段时间,应对家规作调整和修补。定期召开家庭会议,使全家一起分享生命发展的过程,发展民主,相互尊重,享受爱的氛围。

5. 在一定范围内给孩子选择权

在一定范围内给孩子选择权,通过提供选择,可以避免紧张气氛,给孩子提供做决定的实践机会。如"睡觉时间到了,你是要听昨天的故事呢,还是想听一个新的故事?""你今天是想穿粉红色的上衣,还是蓝色的 T 恤?(如孩子两者都不选,父母可问:"是我帮你选,还是你自己选?")做选择并让孩子负责任都是日常的行为,对于发展孩子的自我价值观是至关重要的。

6. 游戏是儿童的主要活动,儿童通过游戏学习

游戏使儿童放松且发展专注的工作态度。在5岁之前不应过早开始对字母数字等符号的专门练习,这样会限制孩子的思维,因为幼童的心智还没成熟,对抽象的概念还无法理解。

7. 正面告诉孩子应该做什么,而不是不该做什么

传统型教育者的居高临下的姿态,总是对孩子说"不准打人,不准在沙发

上吃东西"等等,这种负面的口气只会将注意力引向并集中于负面的行为;而孩子仍然不知道好的行为是什么,自己应该做什么。积极的说法是用美德修正孩子的行为,如"你忘记了与人和平相处"或"我们是在餐桌上吃东西的!"

8. 每天抽时间跟孩子单独相处,共同做点双方都感兴趣的事情

每个孩子都需要从父母那里得到足够的重视。在每天工作之余,我们要腾出一些时间参加孩子的游戏。要为孩子提供各种各样的经历,尽可能让孩子接触到各类东西。父母作为孩子的倾听者、支持者、精神的陪伴者,当孩子遇到挫折时,应尊重孩子的感受,以超脱且同情的态度陪伴在孩子的身边。

四、常见家庭教育的误区

1. 反复唠叨式

孩子在家里总是不停地被数落:"你怎么不好好学习啊?""你怎么不做作业啊?怎么只知道玩啊?""你怎么总看电视啊?""你这次考试怎么考这么点分啊?"这种唠叨常常带有谴责性质,破坏孩子的学习状态,把孩子积极性的火苗扑灭了。

2. 训斥打骂式

训斥是大多数家庭的主要教育方式,动不动就训孩子,"怎么这么不用功,考试不及格?""笨蛋,滚出去!别在家待着!"这种粗暴的语言严重地影响孩子的自尊心。打骂式的家长数量不多,但是还少量存在,家长一定不要动手打孩子,要加以适当的语言引导。

3. 催促疲劳式

不断催促孩子,你该做作业了,你该复习了。很多孩子说,我本来准备做作业了,父母一催我反而不想写了。你本来主动要做的事情,本来还想得到别人欣赏的事情,别人一催,你反而不想做了。是啊,在别人的催促下干,你还有什么意思啊?学校搞题海战术,家长再额外增加学习时间和学习内容,会使孩子更疲劳,这样影响课上听课的效果。

4. 包办陪读式

孩子的学习你都替他操心到,没完没了地辅导,一天到晚陪着孩子学习,还有的请家教帮助学习,这都是错误的方法。使孩子没有养成良好的学习习惯,没有一定的学习方法,只能在大人的看管下,按着大人规定的内容复习,这样的孩子在小学与初中学习成绩还可以,但是到了高中,不知道如何去做,成绩一下子就会下降。作业是对所学知识的巩固,是掌握知识不可缺少的环节。老师在设计作业时会考虑到今天所学的内容,都是有目的的,虽然有些时候作业多一些,但对于学生来说都是可以完成的。有的家长反映孩子做作业一直做到很晚,其实经过调查发现,学生写不完作业虽有种种原因,但把这些原因归结起来,就是在家学习时效率不高。有的家长因为不想孩子负担太重而替孩子写作业,这种做法就会失去作业的作用,并且很容易使孩子产生惰性和依赖性,一旦造成这种局面,再想让孩子转变过来就很困难了。有些家长反映孩子不能吃苦,想把他送到环境艰苦的地方去磨炼,其实,吃苦耐劳的精神在平时生活中就可以养成,只靠短时间的苦环境是没有用的。学习本身就是一种对意志的磨炼。父母应该从旁指导孩子做作业,但不能替孩子写作业。

5. 愁眉苦脸操心式

父亲母亲的面孔对孩子有最大的影响。一个很好的孩子回到家里,面对的是一张数落的脸,一张唠叨的脸,一张训斥的脸,一张打骂的脸,一张愁眉苦脸的脸,一张催促的脸,孩子在家中从根本上失去了学习的乐趣。相反,如果家长赞赏的目光下,学习热情会非常积极的。

6. 过度放养式

有些家长,白天上班,下班后玩手机、看电视、逛街,对孩子不闻不问,过度的放养会让孩子没有约束。

7. 金钱物质诱导式

很多家长在不听话的时候,爱给孩子钱,孩子马上就变得听话,给孩子适当的肯定和奖励,是让孩子对自己行为正确错误的判断,但是一些家长使用金钱奖励的方法,往往让孩子过早的沉迷金钱物质,所以提醒广大家长想要奖励孩子,必须要懂得正确的方式方法。

第三篇

会宁礼俗

第十八章　会宁民间婚礼习俗

会宁是一个美丽的名字,是一片神奇的土地,会宁历史悠久,文化底蕴深厚。早在新石器时代,就有人类生息繁衍,长期以来,勤劳聪慧的会宁人民在生产生活中创作出了内容丰富的礼仪习俗文化,这些文化精髓已成为会宁人民自信心的源泉和建设全面小康社会的活力所在。会宁地方婚俗在沿袭传统婚礼仪式的基础上又具有浓郁的地方特色。

一、提亲(纳采、讨八字)

提亲在会宁方言叫"攀媳妇",大概有高攀之意。男方打听到谁家有未嫁之女,就委托一个双方家庭都熟悉的人去说媒。当然要给媒人好吃好喝,俗话说"媒婆婆,来来去去油馍馍"。媒人到了女方家中,详细介绍男方的家庭情况,当然女方不会立即答应,还要四处打听男方的家庭经济情况和为人,但是会给出是否进一步发展的意愿,如果女方答应进一步了解,就算这门亲事有了良好的开端。则媒人告诉男方的生辰八字甚至父母亲双方的生辰八字,同时委婉的了解一下女方的生辰八字,媒人的第一步工作就算完成,接下来男女双方都去找阴阳"合八字",看看两个孩子的命相合不合。盘知男女生年八字,写在红纸上即"庚帖"亦称"红帖",挂于灶头前,定期内无碎碗破碟等不顺心的事,说明可以成亲,无论男女,总有一些命相不好。命运就是他出生时间决定,命运不好的人,可能影响自己未来的配偶。这种命运八字极其不好的人,叫什么"铁扫帚"、"三进水"、"破家月"等等。所谓"铁扫帚"者大概是他(或她)就像天上的扫帚星一样给配偶家庭或个人带来晦气,甚至家破人亡之危,"三进水"大概是说有些人会克夫,让至少三个对象头脑进水甚至祖坟进水,从而带来灭顶之灾,当然这样的人如果能够"三进三出"(娶嫁三次),则三进水之晦气就会自动消除。如果被对方合八字发现有这样命运的人,那这门亲事可能就黄了。过去农村人有时候很固执,如果女孩子的命相不好,命中克夫,那么即使儿子态度如何坚决,父母也要坚决阻拦。当然现在大多数情况下,都是孩子们自己做主,家长只好听之任之。如果八字相合,则进入下一程序——相亲。

二、相亲(接准心)

双方家庭经过合八字,阴阳说双方八字相合,则告诉媒人,可以继续发展了,一般由男方选择吉日,带上礼品,20世纪九十年代以前人们生活拮据,相亲礼品简单,两个大馒头,男方另外准备一双袜子或者一只手绢作为信物,当然现在礼品最低不低于一千元。女方也准备一件信物,双方见面,如果男方满意则把自己准备好的信物交给女方,女方同意则收下信物,并回赠信物,"准予以心相许","接准心"成功,如果不满意则拒绝收信物,这门亲事到此结束,女方甚至连两个馒头也退回来,当然也有少数男方因为不满意不给信物者。

三、定亲

男女双方同意,就要由男方择吉日举行定亲仪式。又叫"动酒"、"喝酒"。男方父亲及男孩子领上媒人,再带一个有头有脸的亲戚朋友,凑够双数人口,带好酒,肯定是双数,用红头绳拴着,拿着备好的新衣服,背着蒸好的馒头(俗称"大馍馍",北部地区是花馍馍)到女方家里去。有的家庭还要给媒人也送一幅"大馍馍",数量一般是八个或者六个,不但意味双方"发"或者"六六顺",而且八和六都是双数,定亲仪式带去的所有礼物必须是成双成对的。酒瓶上要贴喜字,动酒仪式上,女方家里把这件事看得慎重,那就要请上祖宗牌位,把女孩子母亲的娘家人,以及村庄里各个家族的老人们请到家里来喝喜酒,以此证明自家的女儿已经说好人家了。当然本家叔伯、亲房兄弟都要请到。这个仪式上,男方的代表要把红头绳拴到女孩子头上,叫"栓媳妇",有的还将订婚钱拴于女子项间,故又称订婚为"拴锁儿"或"挂锁儿",喝酒后,两家互称"亲家"。

四、行礼

定亲之后男方又要择吉日进行行礼仪式,当然彩礼的多少一般在定亲仪式上双方协商好了,也有行礼之前再双方议定,有一些双方家庭情况优裕者顾及面子,不在众亲戚朋友面前谈论彩礼之事。只是说由男方"看着办",这样的人会得到乡邻亲戚朋友大加赞赏,当然也有因为双方彩礼数量难以达成一致而挣得面红耳赤不欢而散,甚至亲事破裂者,当然这种情况发生对双方都会留下不良口碑,也有极少数某一方中途有了异心,女方想方设法抬高彩礼,男方借机打压彩礼者大有人在。

时代在进步,人们对结婚彩礼的选择,既间接体现一个时代的社会风尚与价值观,同时也体现了人们生活质量的变迁。所谓结婚"三大件",就是结婚必需品,各个年代结婚三大件都在不断变迁:

20世纪80年代——手表、自行车、缝纫机

80年代,在改革开放的推动下,人们有了消费的欲望。要结婚就要购齐手表、自行车、缝纫机,当时还有另外加一个收音机,称为"三转一响"。手表要"上海"牌,是当时托人在供销社要了票才买到的,那时候,戴了手表的人喜欢卷起左袖子习惯性地将手腕抬得高高的再看表;自行车要"飞鸽"牌、"永久"牌。还进行精心打扮,车座罩上带穗的套子,车梁用布或彩纸裹起来;缝纫机要"蜜蜂"牌、"上海"牌,价格100余元,放在家里擦得一尘不染,还要做个很讲究的布套罩起来。那时候一家有好几个孩子,买一件新衣服,老大穿完给老二穿,依次轮流穿下去,"新三年,旧三年,缝缝补补又三年",那时候的女孩子大多都会自己做衣服,扯一匹布,量了尺寸,比出样子,就可以自己动手了。所以缝纫机是那个时代的新娘子最想得到的物件。

20世纪90年代——摩托车、电视机(录音机)、洗衣机

随着改革开放的深入,人们的收入明显增加,自行车、缝纫机和收音机这曾经让一代人为拥有它们而倍感骄傲的"三大件"早已变得不再稀奇。在家庭建设上,开始向电气化迈进,追求的"三大件"又变成了摩托车、电视机(有些农村接收不到电视信号,以录音机来代替)、洗衣机。那时,如果谁家的柜子上摆上了一台黑白电视机,可是一件了不起的事情。

00年代——电脑、电话、电冰箱

到了21世纪初,随着社会主义市场经济的建立和发展,人民生活"芝麻开花节节高",家庭建设又向新的现代化目标迈进,"三大件"又变成了电脑、电话、电冰箱。外加"三金",金戒指、金耳环、金项链等一些首饰。

现在——房子、车子、票子

进入高科技发展的新时代,家庭消费也随之向高科技和高消费迈进。要说现在的"三大件",得数房子、车子、票子了。尤其是房子,更是"三大件"里的重中之重。没有一套像样的婚房,结婚日期就得推一推了。如今,不少年轻人相亲结缘,而第一次见面前,不少人会先问对方的客观条件,男方如果没有房子,一些女孩甚至连面都不想见。彩礼讲究"万紫千红一片绿",即1万张5元紫色钞票,共5万元,1000张红色百元大钞,共10万元,50元绿色钞票,彩礼15万元起价司空见惯。难怪一些年轻人说"爷爷和奶奶结婚只要了半斗米,爸爸妈妈结婚也只要了半头猪,而现在结婚却会要了爸妈半条命"。

彩礼准备好了,则择吉日进行行礼仪式。吉日必须征得女方的许可,当然女方也会"合吉日"(检验吉日是否吉利),吉日一到,男方家照例要背上蒸好的大馍馍,一副送给女方家,另一副送给媒人,烟酒,婚装数套以及彩礼,携媒人一同去行礼。姑娘家行礼,照例要邀请同村的街坊邻居们来参加。姑娘的舅舅、姨母、姑姑、姐妹理所当然来祝贺。要是姑娘的外祖父、外祖母在世,身体尚且康健,那必定是最尊贵的客人。当然给最尊贵的客人少不了准备见面礼。

五、提话

提话即打招呼,于婚前10日内举行。男方家长带两匹土布(称"插袋布")、一只公鸡,还有烟酒,首饰等,前往女家告知具体迎娶时间,商定喜客人数,给多少"开箱钱"等。公鸡是提话的必需品,"雄鸡一叫天下白",全村人都知道这家姑娘要出嫁了,女方家也要准备添箱了。提话还要带上新娘子的上马裤子,新盖头等。

六、添箱

提话的人回去了,女方家长就积极行动起来准备添箱仪式,会宁农村人嫁女儿,娘家为女儿准备一个木箱子,后来条件好了就变成两个,大红漆的底色,描画上些鸳鸯戏水或者喜鹊弹梅之类的彩画。女儿出嫁的时候箱子里装满各种嫁妆,出嫁前一天娘家举行隆重的添箱仪式,邀请亲朋好友前来一则喝酒吃席,二则箱子还没有添满,请亲朋好友帮助添满,故称"添箱",添箱是女方一家之事,不需要男方参与,不过会宁农村习惯认为添箱之礼没有男方结婚之礼隆重,添箱当天还要组织第二天送亲的喜客,喜客也叫"尊客",言下之意最尊贵的客人,喜客一般都是姑娘的近亲,但老习俗是要出嫁的姑娘的嫡亲父母不能做喜客的。其中的原因说不清楚,但是现在这种现象也改变了,有些姑娘的亲生父母也开始做喜客。喜客中要有一个男孩子,由姑娘的弟弟或者侄儿担当。这个孩子叫"押马娃娃",是专门刁难男方家的娶亲者的。会宁北部地区的风俗是喜客中一定有一个女客,这个女人可能是姑娘的伯叔婶娘、嫂嫂。这个尊贵的女客叫"送女客",担负陪同出嫁姑娘的任务。如果姑娘的奶奶在世,有时候也可以亲自送孙女出嫁。

七、迎娶、哭嫁

男方的迎亲团成员一般由三人组成,去的时候三人,接上新媳妇就是四人,成双成对,其中一人叫"拉马娃娃",必须是那一年属相吉利的用相之人。当然现在娶亲的车队司机就8人甚至以上了,但是去的时候单数,回来是偶数的习俗没有变,媒人是必须参加的,这也是媒人最后一次,也是最重要的一次执行婚务。俗话说"媳妇娶进门,媒人撂过墙"。媳妇没有进门前媒人还是吃劲呢,背箱子的也是迎亲团成员之一。乡里人迎亲一般要用雄性的牲口做新媳妇的坐骑。村上有公马就用公马,公马叫"骚马"。如果没有公马就用公驴,管公驴称"叫驴"。骚马和叫驴必须是这一年没有接过亲的,要是用过了就不能再用,接亲的牲口拉回来临出发前要在牲口头上拴上红彩绸,还要配上鞍子,拴上马镫。当然现在全部换成宝马奔驰了,但是接过亲的小轿车也不宜使用。

除了上马裤子,盖头,骚马,男方在迎亲前还要准备足够多的红包,当然红包里面的钱都是些零钱,耍笑钱,还有一件最重要的——离娘肉,因为新娘是娘身上的一块肉,现在离开娘了,娘万分悲痛,男方在娶走前要给新娘的妈妈一块肉以弥补妈妈的离别之痛,现在离娘肉变成了离娘钱,总之,这一样不能少。还有一样叫"路贴",上面写着"花红盖子大吉"等字样,迎亲团回来的时候由最前面的人一路撒在路上,路贴具有引路和辟邪的双重功能。

迎亲团成员一到,女方家的大门就是不开,要从门缝里往进递红包,递的差不多了才开门。会宁南部有这样的习俗,门开了,同时一脸盆的水就泼了出来。娶亲者倘若提前不注意往往就要被泼一身水。娶亲者一进门,牲口的鞍子、笼头、马镫都马上给女方家的大姑小姨们藏起来,要等新媳妇上马的时候,再来刁难娶亲者。

这时候,女方家早就备好了简单的饭食招待娶亲者。当着姑娘的父母面,上马裤子、离娘钱交割了,就开始帮新媳妇上马。按照乡俗,娶亲者进门以后,要出嫁的姑娘就开始哭嫁。姑娘哭嫁其实是一种有趣的风俗,如果姑娘出嫁不哭,则可能导致娘家财富的流失,新娘通过哭嫁,以表感激父母养育之恩和亲友难舍难分之情,具有孝、义的伦理意义,即将远嫁他方,新娘首先想到的是离别亲人,依依难舍之情油然而生。因为要离别,平日不曾给予过多关注的亲情,此刻历历凸现。回顾往事,新娘悲从中来,用哭泣的歌声表达对闺门生活的不舍,对父母恩情的感念。十月怀胎的辛苦、养护的艰辛,件件往事、点点细节都浸润着父母的深情,做女儿的对父母的感激之情从内心深处溢出。由于母亲对女儿的恩爱最深,所以这时候新娘想得最多的是母亲:“天上星多月不明,爹娘为我费苦心”,“勤耕苦种费尽心,娘的恩情说不完,一教女儿学煮饭,二教女儿学结麻,三教女儿学背柴,四教女儿学挑花,五教女儿学写字”,“你把女儿养成人,你把女儿白抱了,你把女儿白背了”,都表现了母亲千辛万苦把女儿养大成人而女儿无法报答、又伤心又惭愧的感情。但是现在这种风俗几乎消失了,现在说起姑娘出嫁之前要哭嫁,有些准新娘子就很惊讶,说喜悦还来不及,哭什么。

新媳妇上马,会宁风俗是不能带走娘家的一点土,所以从前是娘家人抬着她上马的。要出嫁的姑娘是最纯洁的,所以就用乡里人吃饭时的小炕桌抬。铺上红纸或者红毡、红毯子,姑娘坐在上面,由姑娘的兄弟们抬到马前。这时候一定是娶亲者已经将鞍子、马镫、笼头早就从姑娘的三姑六婆手中赎了回来。上马的时候还要讲究马头指向的方位方向,即喜神所处之地,这些都是男方家长之前已经向阴阳先生讨问好的。现在的宝马奔驰也讲究车头的方向,新娘子上马的时候还有许多忌讳的说法,这就是按照十二生肖,有些属相是“用相”,这些属相可以作为伴娘,伴郎等司仪人员,而那些属于这一年相属相克的人是“避相”,就要离开新娘子上马的现场,按照迷信的说法,新娘子马前不吉利,有煞气,“避相”的人会被煞气冲撞,给他带来晦气。

娶亲的队伍前面也有煞气,俗话说"宁可遇上送丧的,不可遇上娶亲的"。但是阴阳卜的良辰吉日肯定会重叠,所以有时候娶亲队伍会迎头遇上另一家娶亲的,那么按照风俗,两个新媳妇应该交换一下小礼品,一个小手帕或者一个普通的手镯都行。有些地方娶亲的队伍还有唢呐吹鼓手一路吹吹打打,一直到新郎家。风俗中还有新娘子路途不能下马的说法,所以出嫁并且要走远路的新娘子前一天就要在饮食上注意,少吃喝,出嫁路上是不能随意方便的。

娶亲队伍到了新郎家门前,新郎家的大门上早就贴上大红的对联,沿途的树木上也贴上了红喜字,一些水窖,井盖上都蒙上了红纸或者红地毯。新郎家里执事者远远看见迎亲队伍来了,炮仗就鸣放起来,正式的婚礼才算开始。

新娘子下马的马头朝向也要面对喜神方向,新娘子下马一般都是要新郎抱下来。这时候押马娃娃就讨要红包是难免的,下马之后新郎新娘就牵着一匹红绸布或者一根红丝线的两头往家里走,这时候姑娘一般不能揭开盖头,所以新郎前面走,跟在后面的新娘往往要晕头转向。这时候"伴娘"就登场了,伴娘一定也是"用相",而且要生过娃娃,最好儿女双全品貌不错。伴娘快步上前,把新娘子导引着进入新郎的家门。如果新郎新娘在属相上有不太严重的相克。则进行适当的"禳攒",办法是用麦豆草芥什么的,迎头撒向新娘子,这样就算把新娘子身上的煞气打掉了。新娘进新房的时候,由新郎破窗一格,踢毁糊炕眼洞的红纸,象征处女已婚。新娘进了房门上炕就要背靠在写有"狮王在此,凶煞远避"几个大字的红帖子坐下。

关于用红纸糊炕眼洞的风俗,来源于一个传说:话说王母娘娘的第八个女儿思凡心切,有一天她偷偷下界,寻找自己的如意郎君,挑来选去却错嫁给了麒麟精,后来生下了一个八角怪物。这个八角怪物,虽然面容丑陋,但一身五彩绒毛金光闪闪,却也异常美丽。

八角怪物非常骄傲,自以为天地之间自己最美,没有谁能比得上,只要听说谁美,它就想尽一切办法去比赛。有一天,它听说人世间洞房里的新娘子最美,八角怪物心里很不是滋味,于是便寻找机会想把新媳妇害死。但是新婚大礼的时候,主人家里宾客如云,八角怪物难以下手,无奈之下,便悄悄地将头伸进洞房的窗子里,想害死新娘子,新娘子一见进来个怪物,吓得魂飞魄散,大声喊叫,众人一见怪物,都拿起棍棒将八角怪物赶跑。

八角怪物没有得逞,不甘心失败,害人之心不死,继续寻找办法。后来它发现娶新娘的前一天晚上,主人家里客人稀少,亲朋好友大多都在主房和客房里,洞房里几乎无人,于是便悄悄溜进洞房里,但是新娘的洞房没有藏身之地,后来八角怪物发现钻进炕洞里倒是个很好的办法,于是它灵机一动,就钻进去悄悄藏了起来。

迎娶新娘的这天,主人家里热热闹闹,新婚大礼正在举行,这时候有个女人突然从炕眼洞里发现了八角怪物,这个女人吓坏了,但新婚大礼正在举行,她又不敢乱喊,怕影响了婚礼,情急之下心生一计,赶紧跑到厨房,拿来了一些红辣子塞进炕眼,想要刺激八角怪物的眼睛,让它看不见东西,然后又用红毯堵住炕眼洞,再安排了一个用相婆婆,坐在洞房的炕沿上,八角怪物最终没有机会下手。

后来这个办法便逐渐流行开来,人们用红纸代替红毯,娶亲的时候,都要将炕眼洞用红纸糊住,新娘子上炕的时候新郎用脚踢破红纸,再放进一把火,意思是烧死八角怪物。城里楼房上没有土炕,人们怕八角怪物藏在下水道里面,于是就把下水道的井盖也用红纸糊了,有的人凡是见到有窟窿洞洞的地方都要用红纸糊住,这是取其吉祥之意。这便是新婚的时候红纸糊住炕眼或者井盖的原因。

新娘进门,娶亲人家就开始了乡村婚礼的第一个程序吃"下马面"。下马面一般是白面做的酸长面,也有做成臊子面的。下马面也就是给喜客亲戚吃的第一顿饭。吃过下马面,祝贺的亲戚朋友陆陆续续到了,就开始摆宴席恭喜,婚礼的高潮也就到了。

八、拜堂、招待喜客

尊客到来后有一个开箱仪式。新娘子的陪嫁箱子或者柜子上的钥匙一般是由送亲的至亲带着,举行开箱仪式的时候,新女婿要端上开箱钱。新娘子的哥哥或者弟弟收了开箱钱,就背着身子打开箱子上的锁子,把开箱钱也放到箱子里。姑娘出嫁的时候陪嫁的红木箱中有压箱钱,据说开箱钱如果不够压箱钱的数,那娘家兄弟是不会打开锁子的。当然数量提话的时候早已商量过了,开锁之后,展示了娘家的陪嫁,新娘子也拿到了正式婚礼上的衣服,去准备行礼。

"洞房花烛夜,金榜题名时。"是人生最得意的时候,婚姻大事一定要祷告列祖列宗,要得到祖宗的认可,否则就被认为是苟且从事,新媳妇迎进门,前来祝贺的亲戚朋友也大都来了。来祝贺的男宾客都先到上房里向这家人的祖先牌位上香叩头。祖宗的牌位前一天傍晚专门请来的。

一般农村婚礼的大总管兼职婚礼司仪,现在大部分有专门的职业司仪。总管高喊着安排婚礼仪式,安尊卑顺序依次入席,最尊贵的就是新娘子的娘家人喜客,其次就是新郎官的娘舅家的来客,被称为喜姑舅,还有新郎官奶奶的娘家人被尊称为重姑舅。

新娘换上了拜堂专用的大红衣衫,在"用相"伴娘的引导下,在亲朋好友的簇拥下走出新房来到庭院,站到院子当中的大红毛毡上。执事者在总管的口令声中向正屋中的祖先牌位,上香焚黄奠茶奠酒。仪式的第一项是新郎的舅舅还有重舅舅给两位新人挂红,主持的总管(或者司仪)说什么"天上雷公最大,地下舅公最尊"。

第二项是向坐在承喜位子上的长辈敬酒,称为"看盅酒"或者"改口酒",一边敬酒一边按照旁边人的介绍,新娘子要把这些长辈称呼出来。会宁好多地方有给公公婆婆画戏剧脸谱的习俗, 在会宁, 公公与儿媳妇发生不正当关系叫"倒处",这一天公公也就被戏称为"处长",公公婆婆这这时候画了脸,还要穿上戏剧演员的长袍,戴上纱帽,意味着升格为处级县太爷,甚至在纱帽上写着"处长"字样,其实这也是间接地教训公公和儿媳妇,以后家庭生活注意掌握分寸,否则会被邻居笑话,而且无颜面对亲戚邻居,只好画了脸,"看盅"是婚礼仪式的高潮,新郎的爷爷奶奶和爸爸妈妈这时候一般会装聋作哑,直到新娘以最大的声音喊出"爷爷"、"奶奶"、"爸爸"、"妈妈",长辈们才答应。因为这次如果新娘子的声音不够响亮, 以后在家里对公公婆婆喊叫爸爸妈妈的声音也就不会响亮,甚至叫不出口,当然新媳妇叫了"爷爷""奶奶""爸爸""妈妈",长辈们肯定要红包表示, 主持说"叫的甜不甜?""甜——""甜就快给钱","叫得响不响?""响——""响就快奖赏"。

第三项是拜天地,大总管高声叫道:"一拜天地,谁是天?谁是地?今天在座的各位嘉宾就是天,就是地。来,向来宾深深地三鞠躬!一鞠躬,感谢大家来光临,二鞠躬,感谢大家的厚爱,三鞠躬,希望大家以后继续关爱;二拜高堂,请新娘和新郎转身,一鞠躬,感谢父母养育之恩,再鞠躬,感谢父母抚养成人,三鞠躬,永远孝敬老人;夫妻对拜,请二位新人鞠一躬,向前走一步,一鞠躬,互敬互爱,二鞠躬,白头偕老,三鞠躬,永结同心,头碰头,碰响头,恩恩爱爱到白头"。

接下来喝交杯酒来庆贺这美满幸福的一天,这终生难忘的一刻。工作人员上酒。主持说:"这杯酒是世界上最喜庆、最醇美的酒。交杯酒,酒交杯,点点滴滴入心扉。酒不醉人人自醉,今生今世永相随。珠联璧合秦晋好,恩爱鸳鸯比翼飞。"二位新人,双臂接环,原地旋转,边喝边转。主持继续说"喝了交杯酒,恩恩爱爱到白头!喝了交杯酒,生生世世一起走!"仪式结束新人才算正式入洞房。当然不同地方也有差别, 还有的地方有来宾和主人讲话仪式。婚宴酒席正式开始。酒宴之间,新郎官的家人要一一敬酒。新郎官和新娘子也要去敬酒。

酒过三巡,菜过五味,送亲的喜客准备回家,临走之前尊客中的长者代表到新娘洞房里再一次教导新娘以后"好好过日子,要孝敬老人,勤俭持家,干好家务活,处理好亲戚邻里的关系"等等。尊客临走前还有一个仪式叫栏门,意思是拦挡喜客不要急着走,留下来,如果喜客执意要走,栏门的时候在门口再一次摆上酒席,意思是喜客没有吃喝好,临走前再补充一点,当然这是典型的"形式主义",客人们知道,也不会坐下来用餐,但是桌子上的小食品之类的客人必须带上,新女婿还要跪下相送,送亲的喜客中的送女客还要答谢,掏出准备好的一双袜子或者一副手套送给新女婿。会宁南部乡镇有的喜客会偷偷拿一双桌子上筷子或者酒盅的习俗,当然还有烟酒是必须要给喜客带的,意思是让客人在路上继续享用。栏门的时候总管及主人会谦虚地说没有招待好,尊客中的长者代表在栏门时给总管等新郎家的主要人员如新郎的爷爷奶奶爸爸妈妈还有厨房的大师傅等敬酒,说什么"娃娃在家里娇生惯养的,什么都不懂,什么也不会干,犯了该打的错误了你们骂着,该骂的时候你们说着,该说的时候你们忍着"等等,栏门的时候北部地区的新娘会出来相送,南部的则不出门。

九、入洞房,安床,听床

一对新人在洞房里,入夜之后还有许多仪式。过去姑娘出嫁之前要一个手巧的年老妇女为姑娘开脸,就是用线绳把姑娘脸上的绒毛绞去收拾干净。现在要做新娘的姑娘大都到理发馆去盘头,理发师做了这个工作。其实从前这个仪式是婚礼当天入夜后洞房里举行的,有的叫梳头,有的叫安床。就像以前的童养媳,很早就已经生活在这个家庭里了,只有举行了拜堂仪式,晚上举行了梳头安床仪式之后,才能夫妻同房。从前农村贫困人家的姑娘的笄礼很简单,就在新婚当夜。由伴娘把姑娘的小树丫子一样的头发梳起来,称"结发",完成从丫头到夫人的转换,这就是"结发夫妻"。还要在亲房族内选一个"用相"男孩子,用相伴娘负责梳头,其他人比如小男孩或者用相男子就是在安床仪式上念叨念叨的。安床仪式有些简单有些复杂,会宁南部靠近通渭一带有一项仪式是伴娘把提前准备好的两个馒头拿到一对新人面前,让他们选择,馒头里面一个藏有顶针(做针线活用的),一个里面是一枚硬币,选了顶针的将来可能以做家务活为主,选了硬币的则会执掌"家庭财务"与"行政大权",所以有些人家怕自己的儿子运气不佳,选择顶针,提前在馒头上做手脚暗示儿子。还有一项仪式是要把一对新人卷在红毛毡或者红毯子里面,在床上或者炕上滚来滚去,然后在新婚床上撒上五谷粮食核桃枣儿之类。撒的时候就念诵开了,什么"扬上一把莜麦子,养个娃娃夹个牛牛子"(期盼生男孩儿);什么"扬上一把核桃枣儿,娃娃养得巧儿"等等。安床仪式结束之后,别人离开了,那个小男孩可不许离开,据说那个孩子就叫"隔床娃娃",也叫"拨灯娃娃",新房里的灯火一般要长明到天亮,那个隔床娃娃的职责就是负责把这盏灯拨亮,不能半夜熄灭,如果半夜熄灭了,那就认为不吉祥,同时负责睡在新婚夫妻之间,阻止夫妻同房,其科学的解释是因为经历了一天婚礼的夫妻两个都精力有限,尤其是新郎还喝了一定量的酒,这时候夫妻交欢生育的孩子不健康。实际上"隔床娃娃"只是象征性的睡一下,拨一下油灯的灯芯子,有许多夫妻成婚之后就有了性事,孩子出生后,别人掐指一算,就是这对夫妻结婚当晚做的好事情,这样结婚当晚怀孕生下的孩子,就叫"蹬床娃娃"。

在新婚夫妇尚未成眠时,同辈好事者潜伏洞房外,窃听小两口私语,侦查小两口的感情情况,旧俗认为人不听则鬼听,故若无人听时就立一扫帚吓鬼。此俗流传至今,专为耍笑而已。

十、新娘的试手面

古人诗句中有"三日入厨下,洗手做羹汤。未谙姑食性,先遣小姑尝(唐代王建《新嫁娘词三首》)"。其实农村的新媳妇那里等到三日才入厨下。第二天,送亲的、贺礼的亲戚朋友都走了,只有嫡亲留下来,就等吃一顿新媳妇做的试手面。试手面往往是新人进门的第一次做饭。婆婆早就把一切准备好,就叫闺女或者早进门的大儿媳妇,把一把红筷子,分开在一对新婚夫妇的新房门上一根一根丢,一直丢到厨房门上。然后新媳妇被唤出门,一看到红筷子就要一根一根捡起来,一直捡到厨房门上,进去放在灶台上。这时婆婆辈的,妯娌辈的都要验看筷子收拾的怎么样,如果筷子大小头整齐捋顺,那就说明这个新媳妇是个有条理处事有章程的人,否则大家嘴上不说,心下的评议也就有了。背后也许就窃窃私语:"这个新进门的媳妇大概是一个拉撒人"。新媳妇进厨房门的时候,有些人家就在厨房门口特意放置上火盆,要新娘子从火盆上跨过去,不能绕过去,其大概意思是去晦气,求吉利的意思。厨房里当然也就故意弄的凌乱不堪,柴火满地,这时候如果新媳妇懂事明理,则放好筷子拿起笤帚洒水扫地收拾干净,然后把碗筷案板、切刀擀面杖都收拾捋顺。如果对这些不屑一顾,那就又要被七姑八婆的私下述说一番。新媳妇做好了厨房里的事情,就在妯娌姐妹们的簇拥下,到公婆的屋子里去问安打招呼,并提着暖壶端着茶食小吃,有些腼腆的新娘子往往不好意思开口,有些也就大大方方的口里叫着"爸爸""妈妈"敬上茶点,然后请示婆母第一顿饭做什么。

会宁人最讲究的就是长面,因为长面寓意长寿、长久之意,谁家新媳妇的长面做得好就赢人,所以婆婆尽量配合新媳妇做好这顿饭。在众目睽睽之下,新媳妇洗手和面,揉面、擀饭,切面、抖面,烧水下面。一路做下去,端到客房里,叫爷爷、公公尝,众人屏气凝神,只等听上房里怎样评价,"这娃娃的饭做地还中!"家里男掌柜的话音落地,新娘提悬的心才算落地。七大姨八大姑就忙着讨要试手面吃。当然会来事的公公婆婆吃了这试手面都会说做得好。

十一、回娘家、躲花灯

前一年结婚的一对新人,第二年正月里去回门,这是陇右许多地方的风俗。会宁、靖远、通渭、定西、陇西都有这一现象。不过会宁南部许多地方,回门的日子,是一对新夫妻结婚后的第三天。

刚过门的媳妇头一年不在婆家过正月十五,就是要躲灯,正月十五是上元节,村庄里办起社火,挂红灯,舞狮子,撑旱船,舞龙灯,跑社火,唱大戏,都要闹腾半夜,这一天,要起居生活在亲戚朋友家,直到第二天,正月十六日了才回到婆家。

躲灯原因迷信的说法是不躲灯婆婆要失明,从科学角度解释是为了保护新婚不久已经有身孕的新媳妇,正月十五人多拥挤,出去看灯可能遇上一些不安全的事情,甚至会碰到邪气,会动了胎气,伤了孕妇。

第十九章　会宁民间丧葬习俗

一、寿衣、寿材的准备

老人到了七八十岁，生命进入倒计时，儿女都会为老人准备寿衣、寿材，寿衣也称"老衣"，寿者，顾名思义，长寿、永生也，先人死后，孝子忌讳言死，而将死人所着衣服冠以"寿衣"之称。若生前没备好寿衣，儿女们则要临时赶制，但是眼泪不能落在寿衣上，否则，死者将不安宁。如果老人亡后赶作，则眼泪难免会落到衣服上，故寿衣一般要提前做。

做寿衣一般要在古历闰年做，因古历闰年比平年多一个月，闰年做寿衣，可以为老年人增寿，故作寿衣又称为"添寿"。寿衣一般上下衣总数合起来是奇数，因为死不成双，同时其量词亦有不同，上衣不称"件"而曰"领"(古时候寿衣皆有领)，有三领、五领、七领之别；裤不称"条"而曰"腰"，有三腰、五腰之别。上衣的数比裤子的数要多，如总数为七，则上四下三。但是九件以上的寿衣老百姓是不能穿的。"九"是《易经》中的至高至极之数，皇帝为"九五之尊"，只有皇帝驾崩之后，寿衣是15件套，就是9领5腰加披风(也是寓意"九五之尊")；王室贵族是13件套，大臣是11件套，富贵人家是9件套，布衣是7件套。寿衣外衣里子用红布做，寓意子孙后辈会红火。帽子上边缀红顶子，亦象征后辈儿孙红火。男人寿衣外面多为杏黄色，女人外衣多为青蓝、古铜色为主。寿衣无论内外衣，一律不用纽扣，只用小条布带，以带子代替纽扣，暗喻会带来儿子，后继有人。寿衣材料用真丝绸子，忌讳用缎子，因其谐音"断子"，寿衣一般也不用皮毛做，怕来生变成兽类，多用绢棉做成，取"眷恋"、"缅怀"意。寿衣绝对不可以用化纤材料制作。衣袖要长而掩手，寿衣衣袖短，后人会伸手要饭，寿衣不封口袋，否则会装走儿孙的财产和好运。

如今所谓寿衣款式，原是明代一般人平时穿用的衣裤，后来因清朝统治者不让汉人穿明代的服装，人们只好改变原来的习惯。据说有人向清政府提出"生变死不变"的要求。即生时穿清朝的衣服，死时穿明代的衣服。清政府见民众要求强烈，只好答应下来，于是明代服装便成了死人的寿衣了，并在脸上蒙一块白布，表示无颜见地下的列祖列宗。后来用白纸代替，称为"扇脸纸"。虽然清政府后来被推翻了，以明代衣服为寿衣的习俗却一直传下来。

除了寿衣，还要为他们准备褥子被子，叫"铺晗"。风俗是男铺女盖，也就是老人的儿子准备褥子，已经出嫁的女儿就准备被子。

寿材的选用，过去经济条件差，而且交通运输不便，故寿材多用本地出产的老榆木或者白杨木，一般不用柳木椿木之类，现在以杉木松木为主，也有比较珍贵的柏木。

做寿棺的吉日一般选择阴历闰年的正月进行。寿棺一般也就一套，会宁北部靠近靖远一带的棺木一般是拱形盖子，梯形梆底，会宁南部的棺木和北部稍有不同，没有拱形盖子，其他基本是一样的，漆画上以朱红为主，棺盖以蓝色底子画日月星辰，两梆有百寿图，有麒麟送子，有龙凤呈祥，也有写一百个篆书"寿"字，棺木底子上连接着一圈特意敞开的木圈叫"煞土"，棺木正前方是一个准备好的牌位，只有老人去世入殓出殡的时候才签，棺木后档上画寿桃。

老人生病了，儿女们为老人准备好寿衣寿材，不久老人的病好了，这就叫"冲喜禳攒"。儿女们把什么都准备好了，有些老人就戏谑着说："你看娃娃们把嫁妆都给置办好了，可这阎王爷把我忘了。"他们把自己的寿衣、寿棺这些谑称"嫁妆"，好像他们不是将要死去，而是要到另一个世界，另一个家庭里去过日子，看来他们深受轮回学说的影响。

二、寿终正寝

老人在生命最后的时刻，一般是有些先兆的，家人请娘家人探视，并为其穿好寿衣，如果咽气后再穿衣，则认为"失了衣"，是光着身子走了，寿衣穿好后不再脱下，男理发女梳头，谓之"小殓"，病人处于昏迷状态时，子女不可哭啼喊叫，以防"迷路"，等呼吸逐渐减弱，慢慢停止，请村邻老者准备一碟子酒，浸上黄表，把蘸酒的黄表蒙到逝去者的嘴唇上，然后逝者的子孙后代就跪倒炕头，哭声一片，烧些冥票，称"烧倒头纸"，并在院子的出水口烧掉一个画在纸上的黑驴,有的地方杀一只老公鸡,称做"引路鸡",或者"守灵鸡",据说阴间的路,昏暗难行,如果没有引路鸡,亡故者的灵魂就上不了奈何桥过不了鬼门关,到不了阎王爷前面,就不会马上超生转世,也有些说鸡能驱邪,防止邪恶的鬼神侵犯亡灵。

烧完"倒头纸",献完"引路鸡",就要"停尸"、"收尸",把亡故者要从炕上挪到堂屋正中停丧,这时候要在停尸的地上铺上黄土,放上谷草和三条用麻丝编制的带子,然后把逝者遗体搁置其上,现在有许多人家就直接把逝者遗体停在租来的水晶棺里,其实就是一个透明的电冰箱,停尸后用冰块或凉水立即覆于死者腹部使尸体变硬,称为"收尸",收尸越快对生者越吉利。同时,灵前放一陶瓷盆,内放少许面团或酵子,供烧纸盛灰用。这个瓷盆叫"孝子盆"。

接下来就进行丧礼的准备,首先请"房下",房下就是请来干活的邻居朋友,丧礼、出殡、下葬许多劳务活计,都要房下担当。然后布置灵堂,用白纸条缠绕绳子,挂上写着凄楚哀婉言辞的挽幛,做成一个灵棚。在逝者侧旁摆一个灵桌连接白灵棚遮挡住人们的视线,还要做一个白色的寿禄树,就是将枸杞树枝,用白纸缠绕,挂上棉花或者白面揉的小球。正堂和院落门上贴上白纸写的挽联。这些准备工作做好了,便拉开了丧葬礼仪的序幕,此后的一切仪式都按部就班的一一举行,直到把逝者入土为安。

三、领羊

"领羊"是流传在会宁北部、靖远、景泰等地,在老人去世、烧期数周年纸时,祭祀祖先的一种仪式,用肥大的白色绵羊(最好是羯羊,jieyang,即被阉割后的公羊)来办丧事,仪式过后宰杀此羊并煮熟,祭献亡灵并招待前来吊唁者,因为此仪式庄严、肃穆、古朴,能使丧事办得比较稳妥,还能充分流露并检验儿孙辈们的尽孝情结,所以,是丧事中的"重头戏"。此习俗在会宁北部地区沿袭已久,南部乡镇没有此风俗。

一般是逝世者埋葬前一天,即开吊(追悼会)当日举行。也有在逝世者三、七、九周年烧纸活动中举行的,献羊次序是,首先献祭的是逝世者的姑舅,若逝世者是男的,姑舅即为其母亲的娘家人,若逝世者是女的,姑舅即为其娘家人。若姑舅没拉来羊,就用自家的羊顶替,一是为姑舅争脸,二是给自己撑场面。接着是房族(房下)献祭,在会宁人家的红白事之中,房族的力量不可小觑,大多数事情就是他们操办。接着是家亲,即该家的新旧姑爷。最后才是孝子孝孙(儿孙)献祭。

通常在开吊日中午后举行献祭,院子搭灵棚,逝世者遗体停留堂屋。献祭开始时,奏乐,活羊(当地人认为羊乃洁净之物)拉到灵柩前,给羊耳、鼻、尾、蹄等部位洒酒祭奠。民间有说法,此刻羊是通阴阳两界的,似乎,此时的羊被赋予了某种神性。

在这种场合下,这只羊就成为亡者灵魂的附着体,它的举动就代表了亡者的意愿。据说老人对献羊的人满意或走得安详放心,羊就会在很短的时间内浑身抖动,毛发蓬松,表示亡者已认可通过了。如果不这样,执事者把羊抓起来,在耳朵里灌些凉水,再朝羊的背上撒上冷水,一放开,那羊如果就地打一个大大的毛颤,就被叫做开毛大领,那羊就算被受祭者领受了,俗话说"摇头不算,伸腰打战才算"。

"领羊"虽说是一种丧礼上的仪式,有着深刻的文化内涵意义:一是亡者的亲人借葬礼表达对亡者去世的悲痛和对亡者尽孝之意;二是亡者去世后,亲人们借给亡者"领羊",召集所有的孝男孝女和亲朋好友在场,以长者吩咐的形式,向其亲人和家族成员发问,就亡者生前关注的人和事进行祷告,以这种方式将亡者的所思、所想,以及生前的关注、要求、对人事的看法在大庭广众面前提出来。最后达到使亡者生前的意见、愿望、关注的人和事得到延续的目的;三是对孝男孝女和亲朋好友起到一个启发和警示的作用,从而形成一种丧葬文化的传承和延续的作用。

"领羊"作为极有地方特色的祭祀文化习俗是由游牧民族那里留传而来的。宁夏、甘肃的老百姓人家广泛的采用这种祭祀方式,其中甘肃的靖远、会宁两县主要受蒙古族祭祀影响,因为这两个县有很多蒙古后裔。古代的祭礼中有所谓的太牢、少牢之礼,牛、羊、豕(shi,猪)三牲全备为"太牢"。因为古代祭祀所用牺牲,行祭前需先饲养于牢,故这类牺牲称为牢,少牢只有羊、豕,没有牛。特牢只有羊或者猪,天子祭祀社稷用太牢,诸侯祭祀用少牢,大夫用特牢,这都是要一定的品级的人才能享受的。而会宁、靖远的老百姓人家也广泛的采用这种特牢的祭祀方式,可能有点僭越吧。

四、祭奠礼

"跪孝":老人去世之后,停丧几天要根据阴阳风水先生的安排定夺。停丧期间,子孙必须在地下铺上麦草,男左女右跪地守灵,叫"跪孝",二十四小时不离灵堂与亡人左右。跪孝期间,孝眷手拄哭丧棒,不能吃荤、大笑、高声言语,否则,不合礼仪,会招致亲朋好友村邻的非议,更严重的是会招致亡人的不快而降灾。

"破孝":就是去世老人的所有内亲都开始为老人戴孝的仪式。首先是为赶来吊唁的姑舅和房族代表破孝,也就是在他们头上搭上一块白布。其次是孝眷,这时候老人的长子长媳长孙要穿长孝衫戴麻孝,也就是孝衫上要有大麻纤维编织的长带子缠绕。孝帽子上也要用针线缝上麻丝小绵球之类。这就是传统嫡长子的"斩缞服",鞋要缦白布,所有孝女要除去头饰,长子长孙破孝后就一切外事不理,专心专意守在丧铺里,照看去世老人的尸骸。其他人的破孝就简单,老人的亲生子女,孙子,亲侄儿也就穿半身孝衫。有重孙的,那些重孙娃娃往往要在孝帽上缝上一朵花,乡里人称"花花孝"。乡里人有句顺口溜说:"死爷爷,欢孙子,重孙子跳到墙上撩奔子",大概就是这个意思。一般的远方侄子,远孙,还有内亲(也称家亲)也就扯一绺子白布搭在肩上。当然也有些人家破孝的时候所有内亲外亲一律是孝衣孝帽。破孝仪式之后便是领羊仪式。

"出诰牌":正式的丧礼就是择吉日吊唁的日子,阴阳先生要出诰牌,诰牌用白纸写明去世老人的生卒年月,家族成员,以及勘定的出殡下葬日期,地点,写好了平铺贴在一块狭长的木板上,用麻丝绳子捆绑,由长子背着木板送出大门,倚着庄院的墙壁竖立。

"烧纸":举行丧礼这天,会宁北乡靖远一带叫"客到"、会宁南乡、定西、通渭一带叫"烧纸"。总之这一天四邻八乡沾亲带故的人们都要来悼念去世的老人。

"迎纸":正式的丧礼之前还有一个到村庄庙堂迎接纸火明器的仪式,从前这些人马钱筒、金银斗,旗幡伞扇之类都叫祭祀用的明器。所有彩纸买来之后不能光摆一摆,还要到庙堂去迎接一下,这就是"开光"。开光之前是纸人纸马,开光之后的纸人马到了阴间才有灵性,在丧礼吊唁仪要进行的头一天傍晚或者当天早上,把要在坟茔前焚烧的明器都拿到土地方神庙去。到了庙堂,一般要献上给土地方神的祭品。献祭之后由祭官宣读一篇早就写好的祭文。这祭文内容主要是祈告当地神灵对纸扎进行保护。

"安纸":迎纸回来还要举行安纸仪式,也就是把祈求神灵保佑的纸扎重新摆放好。迎纸礼结束,为全体房下准备一顿臊子面,叫"迎纸面"。

"开吊":客人来了带挽幛的,那就要鼓乐唢呐去迎接。参加悼念仪式的姑舅来了,不光鼓乐班子,连全体孝眷都要出丧丧铺,签写好的灵牌由孝长孙或者其他孝子捧着。姑舅还要把孝子手中的灵牌接过去,亲自放到灵堂。悼念仪式差不多要举行一天,这一天也叫开吊。这当中正午的时候,有些人家还要举行家祭仪式。家祭仪式上家族成员都有一份祭文,祭文内容无非表示后辈儿孙对于已经去世老人的感恩恋念之情,有些祭文就写成忏悔书的形式,祭文一般由礼宾先生代替孝子或者孝孙诵读,也有由孝子、孝孙亲自读文的,读完之后就在灵桌前的孝子盆里焚烧。(后附祭父文和祭母文例文)。

会宁南部地方重视家祭仪式,北部地方重视堂祭。堂祭仪式就是吊唁仪式之后的当天晚上举行的,也就是一个追悼会,是庄重严肃地对逝者进行礼赞的时候。堂祭开始时首先请礼宾,礼宾的房门口上挂上了红布或者红色被面。礼宾们穿好长衫戴上礼帽披上大红彩带,出门向众人施礼,然后缓步行至祭祀礼堂。这时候祭祀活动就完全在礼宾先生的指挥下进行,仪式主要内容是读祭文,献祭品,行三跪九叩的拜祭仪式,身份不同,祭品有差别。祭品都要顶在头上,行动也要求躬身哈腰,出厅堂的时候还要求躬身退出,不能直挺挺的走来走去。演奏低沉、悲伤、哀婉的音乐。

诵读祭文之后进行"诗歌三章乐走三堂"仪式。之前礼宾先生已经将《诗经·蓼(lù)莪(é)》中择选的三章抄录交给孝子中认识文字的一个,叫他加以预习。内容主要是"蓼蓼者莪,匪莪伊蒿。哀哀父母,生我劬(qú)劳。""蓼蓼者莪,匪莪伊蔚。哀哀父母,生我劳瘁。""父兮生我,母兮鞠我。拊我畜我,长我育我。顾我复我,出入腹我。欲报之德,昊天罔极"等等。

祭祀仪式虽然有一些古老迷信的成分,但作为流传民间的风俗习惯,主要还是有教化的作用。起码叫后代能够明白先辈们为了后辈,为了这个家庭付出了艰辛劳作。也教育后代明白一个家族、家庭要和睦幸福的存在,就要有担当,有责任。

五、送葬礼

"出殃":就是送亡人的灵魂出阳间到阴间去报到的仪式,到了提前卜定的出殃时刻,阴阳风水先生手里摇着铜铃,口里念念有词,助丧者敲锣打鼓,拿着笤帚,把中药泡成的药水洒在灵堂四处,阴阳风水先生在停丧屋子的后墙上,贴上画着符咒图案的黄表,再在屋子外边墙上贴一张符,就是所谓的"殃状"。内容大概是告白阴曹地府的阎王鬼神,有一位灵魂要到那里去报到。将画上神秘符号的瓦片和写有文字的桃木放在路口,孝眷在起灵送葬的时候带到坟茔上。并大声吆喝那些正走在路上的人暂时躲避。据说"殃"落在任何生物上面,生命就会停止,甚至草木枯萎。

"大殓":出殃完就该大殓,就是先在棺木内铺上铺晗,年轻力壮者提着先前铺在亡故者身下的麻丝绳索把亡故者的遗骸提起来放入棺木。由孝子仔细地把亡故者的容装整理好,然后合上棺木盖子抬出灵堂,暂时搁置院子当中的木凳上。

"出殡":卜定出殡时辰一到,助丧人员协助孝子将棺木抬出院子,出了院子,就要把灵柩棺木捆扎好抬杠,或者在准备好的胶轮车上捆扎好。

"摔盆":起杠时,由杠头喊道:"本家大爷,请盆子!"于是,跪在棺前打幡的长子(或亡人幼辈)将灵前祭奠烧纸所用的带孔的瓦盆打碎(父死用左手摔,母死用右手摔,摔不碎者忌摔二回),谓之"摔盆儿"。这个盆叫"阴阳盆",俗称"孝子盆"、"丧盆子",不过也有叫"吉祥盆"的。这个仪式很重要,摔盆者一般是死者的长子或长孙,是关系非常近的人,如果无儿无孙,而不得不由别人来摔盆。摔盆讲究一次摔碎,甚至越碎越好,因为按习俗,这盆是死者的锅,摔得越碎越方便死者携带。

为什么要摔盆?其说法不一,流传较广的说法是:阴间有位"王妈妈",要强迫死者喝一碗"迷魂汤",使其神智迷糊,以至不能超生。儿子准备这一有孔的瓦盆,可使"迷魂汤"漏掉,并打碎瓦盆,以免死者误饮。还有的人说,人生不免要浪费一些水,如果阎王爷罚喝脏水时,用这个带孔的瓦盆去舀,可使脏水漏掉。旧时,亡者的财产继承人,必须给亡者摔盆,摔盆的也一定要继承亡者的遗产。因此,死者无儿孙而侄子多的,就会出现争抢打幡摔盆的现象,目的是为了争遗产。

瓦盆一摔,杠夫起杠,正式出殡,接着便高高扬起了纸钱,谓之洒"买路钱"。所有彩纸也要一并带到坟场去。孝眷们在灵柩之前挽上几丈长的一条或者两条白色扯丧布,就是传统的"挽带"长子或者长孙还要手里打着阴阳分水先生签画过的引魂幡。明器纸扎里有纸做的墓碑,那长子长孙有一个就要背着那纸碑。言外之意就是龟儿子驮碑。送葬中灵柩不得落地,否则亡者魂魄不走。送葬队伍一般行进很快,路过村中每一家的门口,那家人就在门口放一堆火。也有些人家在路口摆上饭菜,表示献祭。南部许多地方,送葬队伍行进很慢。据说这个行进速度全由走在棺木前面的那个孝长子把握。走慢点表示对老人恋念不舍。

"安葬":到了坟茔地,抬棺绕墓穴一周,然后将灵柩停在墓穴正前方,举行下葬仪式,首先是"看茔",姑舅、房族、家亲看茔,到墓穴口上往里观看,然后抛下准备好的钱物,看茔撒钱人物最终的是女婿外甥,因为女婿外甥是挖新坟墓的主要劳力,但是往往房下代替了他们的劳动,所以看茔时如果女婿外甥撒钱不足,挖坟的房下会再一次请求,当然是半开玩笑半认真的。

看茔完毕,礼宾先生们祭祀土神的仪式,一般先祭祀后土神,再祭祀幽堂神祇。祭文内容是新坟地"山形雄伟","地脉旺盛"之类。

土神祭祀完毕则等待吉时下葬,时辰一到,把灵柩棺木慢慢掉下墓穴去,棺木沉下后还要派孝子中身体好的儿子或者孙子下去整理棺椁,称为"清棺",清棺者下到墓穴底,要打开棺木盖子,把亡故者的衣服被褥加以整理。这时候墓穴之上的人就可以最后瞻仰一下去世者的遗容。阴阳风水先生在墓穴口上拉起一根线在针盘(阴阳专用的指南针)进行目测,使其遗体中轴线和墓穴之上的红线平行,然后掩上棺木盖,把引魂幡放在棺木盖上,把准备好的那片画了符咒字号的瓦片以及其他镇丧用物放进墓穴,最后清棺者还要在墓穴中灵柩正前方已经挖好的小洞里放上食品罐,点燃长明灯,再用一块墼子(jī 未烧的砖坯)铲削之后堵上洞口。清棺之后墓穴之内绝对不能留下人的脚印。会宁南部一些地方清棺、掉线、安正亡故者这些事儿都在下葬之前做好,做完清棺,这时总管吆喝一声,所有房下、家亲以至部分孝眷都拿起铁锹铲土埋葬亡故者。在填埋同时就点燃了彩纸、纸人纸马等明器祭品,孝眷们也就开始号啕痛哭起来,以此表达他们对去世亲人的最后思念。俗话说,"亡人奔土如奔金",掩埋的时间越短越好。很快墓穴被土填满,最后挖墓穴掘出的泥土在平地上堆出一个土丘。一个新的坟茔形成的,标志一个生命的结束。

所有送葬者离开后,孝眷们还要赶回家去,在大门口跪接姑舅、房下,送葬回来者都要在大门口用浸泡了中药的水洗手洗脸。当然这时候因为铲土埋坟,许多村邻房下都灰头土脸,洗一洗很有必要,说法是别把坟茔上的晦气带到家中。

六、祭祀

老人去世之后,后代儿孙的祭祀活动要持续数年,且三年内过年不贴红对联。

"抚三":葬后第三天凌晨,孝子要到坟地"抚三",抚三的时候,才把丧杖插到坟茔前面,整理坟头,平整坟院并设界限。抚三的时候所有人只干活不出声,据说出声会惊动阴间的亡人。

"烧七期纸":从去世之日起,每隔七天焚纸祭奠一次,共七次,七七四十九天,最后一次叫断七。

"烧百日纸":亡故后一百天,孝子备献饭果品奠茶奠酒纸钱到坟上祭奠,这天也将亡人灵位一同送走焚烧。至亲好友也会备礼前来。孝子从此一般不再穿孝服,所以百日也是换孝之日,百日已过,孝子们也就不再睡地铺不穿孝服,长长的胡须也剃掉,一切生活正常。

"周年烧纸":按照老人去世之后算起,单数年份烧纸,这就是以后的三、五、七、九年举行比较隆重的纪念祭祀活动。其他年份,孝子也就到坟地随便烧点纸钱。有些地方则是逢一、三、六、九年,举行大规模祭祀悼念。还有些地方是逢三、五、七、十年举行祭祀悼念活动。

"告孝":老人去世之后第一个春节孝子要到所有姑舅家去"告孝",到了姑舅家门口,穿上孝衫,跪在门口,姑舅家的表兄弟出门搀扶起来,脱去孝衫进入姑舅家大门,登堂入室之后,为姑舅家的长辈敬酒看盅叩头礼拜。

"迁葬":迁葬原因较单纯,第一次安葬时候墓地风水方位不宜安葬,等"空位"时迁葬;墓地进水亡人灵魂会不安,要迁葬;家庭不吉利无名疾病子嗣不兴等都要迁葬。迁葬仪式与安葬相似。

附:

祭父文(例文)

维

公元二〇一六年×月×日,岁次××。不孝男×××等备清茶玉液,刚烈柔毛,时馐佳肴,致祭于先父大人之灵前,吊之于文曰:先父生于一九××年×月×日吉时,不幸于二〇一六年×月×日因病谢世,儿等捶胸顿足,悲痛万分。

今日灵前,深知先父,毕生艰辛。至生我辈,视若珍宝。哺育之恩,车书难载。有一碗饭,吹凉温热总让儿女们先尝;做各类活,独自包揽,生怕挣坏我们。作为人子,父恩未报,愧对天地,侍奉不周,枉为人子,馐哉!愧哉!

先父为人,品德高尚,一生光明磊落,心直口快,处世正派,克己恭人。先父自新中国成立后至七十年代数十年间,心为集体,勤耕苦种,吃苦在先,享受在后,退迹闻名,改革开放至谢世前,虽年增力减,但勤俭二字,从未离身,邻居赞叹,村民称颂,更令我们刻骨铭心。

先父教子严格认真,安分守己,奉公守法,热爱国家,乐于助人,是他老人家对我们兄弟三人一贯坚持的家训格律。受先父之教诲,承社会之昌运,我们兄弟三人或农耕传家或忠诚任教或光荣入伍,先父之长孙亦热血爱国,入伍入党入军校立功受奖。至此,先父理应益寿百年,共度天伦,儿孙敬仰,略报深恩。

可恨苍天不佑,召父仙界,儿等百喊不应,瞻望不及。眼见得一抔黄土将阴阳隔绝,三柱长香判生死离别。兹当祭奠,盘供祭物,聊表孝心。先父九泉有灵,来尝来品。呜呼哀哉。伏维尚飨

不孝男×××等

祭母文

维

公元二〇一六年××月××日,哀子××谨具陈酿佳肴,致祭于慈母之灵前,临

风涕泣,而悼之以文曰:

呜呼吾母!和睦友好,团结乡邻;情怀悌恤,助弱怜贫;孝顺长辈,姑嫂相亲;尊贤重礼,诚恳待人。忆昔慈母年少,外公早逝,外婆孤寡,舅姨无依,女负大男之责,姐撑顶梁之任,凄风惨雨,几度春秋,乃至弟妹成人,生活安稳。及至结婚成室,上无片瓦,下无立椎,家徒四壁,生活迫困。茹苦含辛,道来心酸!

呜呼慈母!平凡村妇,非常见识。辛勤劳作,节俭持家。训诲儿孙:不求飞黄腾达,但要健康成人;勉励事业:不可投机取巧,应该扎实勤恳;任劳任怨:家庭事务,巨细操持维系;无私无偏:儿孙后辈,大小牵挂萦怀。如今儿孙绕膝,该是乐享天伦。讵料积劳成疾,一病沉疴,儿孙不惜重金,遍求救世华佗,终是回天乏力,无可奈何。临终眷顾,牵挂情怀难受;走前弥留,依恋眼神疾首!夜半撒手西去,儿孙痛苦良多!痛乎暖春飞雪,元宵含悲!宁信阿娘熟睡,不信慈母升仙!忍看灵前孝众,恸声动地惊天!呜呼!后福未享,常令儿孙生憾;深恩未报,总教后辈伤怀!

呜呼慈母!母在儿缺照料,母病儿欠守候,儿不孝矣!自今以往,儿当勤勉:孝悌怜悯,启育后昆;父兄和睦、姐弟相亲;勤兢为业、恭虔为人;使之老如松柏、少似芝兰、释母心肠、告慰娘亲。呜呼!儿曾受命挥毫,笑成即兴之作;儿今为己执笔,哭写悼母之文!言难穷而情难却,悔难尽而悲难禁!临书涕泪,断肠伤肝!诗曰:十载奔波苦求名,千金难买唤儿声。相见惟梦情切切,承欢膝下待来生!人天相隔,慈母不言。母其知之耶?母其不知也耶?呜呼哀哉!尚飨。

不孝男×××等

第二十章　会宁的传统节日风俗

一、话说过年

要过年,首先要备年货,会宁人年备年货最主要的是猪、鸡,猪和鸡要献给神灵让其领受,领猪是把过年猪吆到厨房门口放一把麦麸,猪把麦麸用嘴唇拱一拱就算被灶火爷领受了,领鸡则是把大公鸡绑到灶台上,然后对着灶火爷上香化表,那鸡若是能够打个哈欠,或者打个鸣,或是拉一泡鸡屎都可认作是这鸡被灶火爷领受了。然后送灶君,送灶君一般是不出厨房的门,直接在灶膛里点燃了灶君牌位或者画像烧掉就完事。直到除夕夜才又一次的把灶火爷、灶君奶奶重行请回来。以前的灶君是书写的牌位,在绿色的纸上中间书写:东厨太阳司命灶君之神位;两旁书对联:"上天言好事,回宫降吉祥"。现在的灶君则大多是街市上买来的印刷好的花红绿紫的灶君爷和灶君奶奶并排端坐的画像。

蒸年馍馍也是备年货必不可少的,许多人家过年前的三四天就要蒸年馍馍,白白的馒头,大大的花卷,每个馍馍上还要特意点上红花,表示喜庆。俗语说"年三十日借蒸笼呢,你蒸着让我煮去",言外之意蒸笼这时候特紧张,不可外借。平日里都是节俭度日,只有过年了才放开肚皮海吃。

农历腊月三十日或者小月的二十九日即是除夕。许多家庭都要签三代祖宗的神牌,傍晚的时候,一个家族全家大小男丁都要到路口去接神,有些到祖坟去,意思是把故去的祖先请来和后辈儿孙一起过年。如果有亲人故去三年之内,称为"家有新纸",那么就把装饰一新的亲人照片和祖宗牌位一起供奉在厅堂之上,在祖宗牌位前,供上熟食、鲜果、糖茶等献祭物品,然后上香奠酒、奠茶,焚表叩拜。初一到初三就有亲戚朋友邻居专门拿着香表陆陆续续来,一则给亡人祭奠,二则给亲朋好友拜年。

拜年仪式是多种多样的,一般是一个家族的所有男人们齐聚在厅堂里,上香、献祭、焚香、化表之后，全体叩拜祖先及故去的先人，然后是家族中的长辈坐上座，晚辈开始给长辈敬酒拜年。最为正规的跪拜，晚辈要跪在地上，双膝着地，双手着地，头部着地的叩头，真正的五体投地。给长辈叩头与给神灵叩头的最大区别就是给人叩头一次，给神灵三叩头。不过现在这些传统习俗已经淡化了。

大年初一要"出新"，正月初一一大早，孩子们早早地起来，穿好新衣服，燃放了鞭炮，就听见敲锣打鼓的开始出新了。出新要选定这一年的吉时吉方，一村的男女老少全都出动，连饲养的牲畜都要披红挂彩的去出新。甚至开着刚刚买来的新三轮车、拖拉机、汽车到出新的地方，村民们都下跪向天地神灵上香叩拜，迎接这新的一年的喜神和福神。大姑娘、小媳妇们互相比看新衣服，毛头小孩子们争相燃放鞭炮。出新的过程之中，谁家这一年新添了人口，谁家的小伙子娶了媳妇，谁家的媳妇子又生了胖小子，谁家的学生考了名牌大学，谁家今年做了什么大生意，挣了大钱必定成为所有村民的热门话题，好像公司盘点一样。出完新才吃年饭，喝拜年酒。吃完年饭，就开始走亲戚。特别是刚结婚的姑娘要在年节期间带着新女婿回门，要把女方亲族一家家的都走到。

初三下午要送纸，厅堂上的神牌、祖先相片一直要供奉到过完三天年，有的地方初三到祖坟去送纸，一般是除夕祖坟接纸则初三随便送纸，接纸简单则送纸亲去。个别的一直要供奉到正月十五闹完花灯之后。

"人七地八天九"：正月初七俗称"人七日"，此日天气好则本年人口吉庆，初八日为"地日"，初九为"天日"，这两天是祭祀天地，求福驱灾，预祝丰收。

闹社火：年节最热闹的，农民们能够尽情释放激情的是闹社火。农村社火以娱神为主要目的，"社火头儿"过去是本村德高望重者，现在大多是能够带领大家发家致富的能人，正月里初一初二初三是过大年，有些村庄初四日就在村子里出社火开始跑马；有些村庄则一直到初六、七才开始出社火。出社火要到村庙里去敲锣打鼓唱歌迎神。这时候的重头戏是唱祝庙歌，这种歌词叫"蜡花调"，或叫"唱秧歌"。蜡花秧歌，为社火之先导；进庙敬神，无非祈求个风调雨顺；走乡串户，总能够联络邻里感情。小曲小调传承传统民俗文化，唱戏唱歌展现会宁精神风貌：

"高山有庙门不开,会长带着钥匙来。钥匙锁子一起开,我们给娘娘上香来,我们给娘娘上香来。"

"打得旗来喝得道,行步儿来到娘娘庙,娘娘坐的是宝刹台。弟子们烧香点蜡来。娘娘庙来修得好,四面八方连砖包。早男早女得几个,我给娘娘耶挂红袍,我给娘娘耶挂红袍。"

"香在炉来花在瓶,蜡在架上放光明。初一十五烧一分,保佑合会人都安宁。一炷心香本百世呀,黄金炉内起香烟。接近浮云空中转呀,瘟蝗染疾带上天,瘟蝗染疾带上天呀。"

"手托船来宝安马,娘娘耶面前去玩耍。非是我们修作怪呀,年年许下灯鼓会,年年许下灯鼓会。"

唱秧歌的过程锣鼓就敲打起来,一村的老老少少就这样踏着舞步,和着鼓点唱歌跳舞,即娱神,又自乐。随后老人又领着众人开始唱船歌,唱道:

"南海岸上么者一只蛾,口咬灵芝呀么念弥陀,编毛者到有修行意,人不修行者等什么。一修者天高者十万丈,二修地狱者十八层,三修我佛莲台上坐,四修童儿拜观音,五修五百者真罗汉,六修张老念凡经,七修鹦哥者巧说话,八修猛虎下凡尘,九修实黄者(菊花)头上戴,十修莲花者海里生。"

"有得一日船开了,珍珠玛瑙锁莲台。头船要渡凡思(缠丝)女,二船要渡李翠莲,三船我把凡人渡呀,叮叮当当者送上西天,消灾延寿佛呦——菩萨。"

闹社火的风俗,会宁县地域较大南北迥异。上面说的大多是北部习俗,南部一带的社火有高跷队,耍社火常常要唱蜡花调。高跷队里有化妆后戴面具的各种角色,到了表演的时候边舞边唱,滑稽可笑娱人逗乐,这有点傩戏(nuó,傩是黄河流域唯一的古傩戏,被称为"戏剧活化石"。它是上古时代图腾崇拜时期的一种仪式,目的是祈求神灵逐鬼除疫,保佑百姓过上安宁生活,傩文化是巫文化发展到后期而应运而生的,当时的人类已进入农耕时代,而此时鸟类是农耕的重要帮手,所以,傩也就是人们进行的一种祭祀活动,而祭祀的对象就是鸟。)的味道。

正月十五闹元宵:过去把正月十五叫上元节,是村里这最后的狂欢节。有社火的村庄大都要赶到乡政府或者大一点的村镇上去聚会,要特地显示一下自己村庄社火气势不凡,有时候甚至县城里去。但是正月十五这天晚上家家户户的灯笼是一定要悬挂的。

送瘟神:俗话说,"亮十五,烧十六,黑十七"。正月十五是烟花齐放,灯火通明的夜晚,所以就亮;而十六日是送瘟神的日子,过年耍社火的所有彩纸花灯及其他无用物要烧掉;十七日标志着年节的彻底结束,家家户户不再挂红灯,一片漆黑。

二、二月二龙抬头

农历二月初二,传说是龙抬头的日子,它是我国农村的一个传统节日,名曰"龙头节"或者"春龙节"。俗话说:"二月二,龙抬头,大家小户使耕牛。"传说这个节日起源于三皇之首伏羲氏时期。伏羲氏"重农桑,务耕田",每年二月二这天,"皇娘送饭,御驾亲耕",自理一亩三分地。到周武王,不仅沿袭了这一传统作法,而且还当作一项重要的国策来实行。后世历代帝王也大多效法,于二月初二,举行重大仪式。这一天皇帝要套上牛拉耕犁,在皇宫里亲自扶犁耕种那一亩三分地。也让文武百官都亲耕一亩三分地,这便是龙头节的历史传说。

会宁人过二月二,主要是炒豆子吃,还有吃搅团,吃散饭,剃头发。

二月二这天炒豆豆吃,一种说法是把那豌豆、扁豆、麦颗子当做危害人类的百种虫子的替身,给炒熟吃掉,那这一年就免得娃娃们被那些臭虫、跳蚤、苍蝇、蚊子、黄蜂、土鳖等叮咬,少受皮肉之苦。有谚语云:"二月二,灰簸箕,撒上一圈,灭蛆虫。"就是围绕农家院落撒草灰。认为草木灰、炕灰对那些毒虫有杀灭作用,所以就产生了二月二这天绕着庄子撒上一圈灰线的风俗。有了这条草木灰线,那些毒虫也就不能靠近人们住宿的房屋去侵犯人权。

关于二月二炒豆豆流传最广的说法是:武则天当了皇帝,玉帝便下令三年内不许向人间降雨。但司掌天河的玉龙不忍百姓受灾挨饿,偷偷降了一场大雨,玉帝得知后,将司掌天河的玉龙打下天宫,压在一座大山下面。山下还立了一块碑,上写道:"龙王降雨犯天规,当受人间千秋罪。要想重登灵霄阁,除非金豆开花时。"人们为了拯救龙王,到处寻找开花的金豆。到了第二年二月初二这一天,人们正在翻晒金黄的玉米种子,猛然想起,这玉米就像金豆,炒开了花,不就是金豆开花吗?于是家家户户爆玉米花,并在院里设案焚香,供上"开花的金豆",专让龙王和玉帝看见。龙王知道这是百姓在救它,就大声向玉帝喊道:"金豆开花了,放我出去!"玉帝一看人间家家户户院里金豆花开放,只好传谕,诏龙王回到天庭,继续给人间兴云布雨。从此以后,民间形成了习惯,每到二月二这一天,人们就爆玉米花,也有炒豆的。大人小孩还念着:"二月二,龙抬头,大仓满,小仓流。"(其实传说有误,武则天是唐朝时期人物,玉米是明朝才传入中国的,那时哪里来玉米种子?)

至于吃搅团馓饭,就是说二月二龙抬头,庄农人在饭碗里要刮龙鳞。做成的馓饭舀在碗里就像潜伏的卧龙,吃的时候用竹筷子一层层的刮下来,就像揭龙鳞。原因据说是因为一个漫长的冬天,行云布雨的龙王睡着了,到了二月二还不愿意醒来行使它的职权,为人间的春天大地行云布雨,于是就要揭龙鳞把它弄醒来。这其实就是在平常生活中渗透了祈祷的意思,体现了农民期盼春天早早下雨,好让这一年的庄稼有个好收成。

剃头发:这一天,人人都要理发,意味着"龙抬头"走好运,给小孩理发叫"剃龙头"。

三、三月寒食节与清明节

农历三月的节日主要是三月三、寒食节与清明节。

农历三月三,还是传说中王母娘娘开蟠桃会的日子。晚清《都门杂咏》里有一首七言诗是这样描写当年庙会之盛况的:"三月初三春正长,蟠桃宫里看烧香;沿河一带风微起,十丈红尘匝地扬。"传说西王母原是我国西部一个原始部落的保护神。她有两个法宝:一是吃了可以长生不老的仙丹,二是吃了能延年益寿的仙桃——蟠桃。神话传说中的嫦娥,就是偷吃了丈夫后羿弄来的西王母仙丹后飞上月宫的。此后,在一些志怪小说中,又把西王母说成是福寿之神。

农历三月还有寒食节,关于这个节日的来历据说与春秋战国时代晋国的介子推有关。春秋时代,晋国公子重耳逃亡在外,生活艰苦,跟随他的介子推不惜从自己的腿上割下一块肉让他充饥。后来,重耳回到晋国,做了国君(即晋文公),封赏有功之臣。唯独介子推拒绝接受封赏。他带母亲隐居绵山,不肯出来。晋文公无计可施,只好放火烧山,逼其下山。谁知介子推母子宁愿被烧死也不肯出来。后来为了纪念介子推,晋文公下令将绵山改名为介山,并修庙立碑。同时，还下令在介子推遇难的这一天"寒食禁火"，举国上下不许烧火煮食，只能吃干粮和冷食。古代的人们都非常崇敬介子推的气节，"寒食禁火"的习俗，被后人流传下来，形成了寒食节这个特殊的纪念节日。此后历朝历代寒食节就成了民间一个重要的节日，也成了文人墨客作诗赋词、歌吟唱和的一个重要文化题材。

寒食节是在清明节的前一天，古人常把寒食节的活动延续到清明，久而久之，人们便将寒食与清明合而为一。现在清明节的前几日，在乡村、城市都流行为祖先及已经亡故的亲人上坟。会宁民俗亦如此。上坟之前要备上纸钱和专门裁剪的彩色纸条之类的东西。上坟除了烧纸钱，祭奠常规性祭祀外，主要是在坟堆上培土，而且取土位置要择当日喜神所在地，培土之上压上剪好的彩色纸条，或者覆盖一个花圈，寓意将祖先的房子重新修缮一次。

清明节在我国更是一个重要的节日，现在已经是法定的全国性休假日。据说韩国好像还抢注这个节日是他们的文化遗产。其实翻翻中国古典文学就知道：清明节是中华民族一个很重要的文化符号，承载了厚重的历史文化积淀。历史上写清明的诗文，大概以杜牧的《清明》最为著名。"清明时节雨纷纷，路上行人欲断魂。借问酒家何处有？牧童遥指杏花村。"

四、四月八，"念山"求雨

会宁十年九旱，有时候从过完年到四月还不降雨，到村庙里去向泥神磕头上香求雨，据说四月八这一天是佛祖诞辰日，凡供奉了佛爷菩萨的寺庙，这时候大都要开道场，念佛经，称为"念山"。也许真的是那些道行深厚的阴阳先生们施行法力有了效果，也许也是那些虔诚的老人们连续多日跪香感动了上苍，恰好四月八前后一场酣畅淋漓的春雨就浇淋在会宁大地上。乡里农民好不痛快，都叫这是老佛爷的洗山雨，就是普度众生，化育生灵万物的。为了感谢及时雨，村民们都要为山场佛殿献上盘馍馍。有些乡村还特意请来县上或者外地的秦剧团，搭起戏台唱他几天大戏。乡民们说这戏就是给佛爷还愿的，地方部门只说是为了发展文化事业，不多明言。

民间也有过四月八的风俗。这时候早晨草木上已经开始有露水了，特别是雨水多的一年。会宁南部地区就有四月八早起捋露水珠子洗脸的说法。据说这天早上的清露特别有奇效,捋上些洗洗脸,把眼睛也洗一下,这一年就心清目明,干什么心里亮堂,不会被人蒙骗,也不生眼疾。

五、五月五,插杨柳

五月的节日最主要的就是端午节。俗话说:"五月五,插杨柳,麦穗子乱打鼓。"这是对一年夏田作物充满信心的一句话。

端午节到了,会宁人没有糯米做粽子、做米饭团,就用莜麦子,或者小米煮制甜醅子,就用荞麦榛子搓凉粉。端午节已经是夏天,这些食品正好用得上。

插杨柳,民谚说:"清明插柳,端午插艾"。会宁没有菖蒲草,于是北方的农村大都在端阳节形成了插杨柳的习俗。也许是用杨柳树刀剑形状的叶片代替菖蒲草那宽大的剑形叶片,用来驱除魔鬼、污秽、邪佞的吧。

会宁的孩子,没有香草香囊佩戴,端午节最普遍的是戴花花绳、带荷包。过节前家里的奶奶、妈妈就用多种颜色的彩线,拧制成五颜六色的花花绳。过节的前一天晚上,就给家里的所有大人娃娃都每个手腕上缠上花花绳。第二天一大早孩子们的脖子上都挂上一串用五色彩线拴着的荷包。额头上被大人用雄黄酒点上一个圆圈。据说这样一来,这孩子这一年就百毒不侵,夏天的蚊虫也不叮咬。荷包也就是香囊,做荷包是妇女们的专利,有些荷包做工非常精巧。用小布头,彩丝线,裁裁剪剪,缝缝合合也就做好了。有的像蝴蝶,有的像兔子,有的像蚂蚱,有的像青蛙,有的像鸟雀,有些甚至是各种昆虫——跳蚤、瓢虫的样子。有些心灵手巧的村妇这时候就十分吃香,被请来请去的作指导或者受委托要连日连夜的做荷包。

六、六月六,晒寒衣

会宁风俗和全国大多数地方相同,但因为地域原因,又恰逢大忙时节,过这个六月六就要打打折扣。一般情况下, 这个节日被正当年的庄农人都忘记了,但许多家里的老人是不会忘记的。这一天倘若天气晴朗,他们总会把家里过冬时候穿的棉衣、棉裤、毛衣、毛裤,皮袄、毛毡、棉被等冬天用的衣物通通拿到院子里摊开来晒。这样一些蛐蛐虫虫在太阳暴晒下,不是逃亡就是死去,也把那些潮湿霉变的细菌杀死。民谚有云:"六月六,人晒衣裳龙晒袍","六月六,家家晒红绿","红绿"就是指五颜六色的各样衣服。

每年六月六,正是炎夏时节,庄农人饮食上当然就要准备上一些防暑降温的食品。做好甜醅子,凉粉,拿到地头吃,坐在家里吃,都解渴、爽快。特别是艳阳高照,从地里回来舀一碗苦苣浆水下肚,整个一个透心凉,用时髦的年轻人的话语去说就是"爽"。

六月六的另一种说法是:"晾经节"。每当六月六,如果恰逢晴天,皇宫内的全部銮驾都要陈列出来曝晒,皇史、宫内的档案、实录、御制文集等,也要摆在庭院中通风晾晒。当年这一天也有"晾经节"之称,各地的大大小小的寺庙道观要在这一天举行"晾经会",把所存的经书统统摆出来晾晒,以防经书潮湿、虫蛀鼠咬。据说"晾经节"起源于唐僧取经,《西游记》里有小说笔法记载。

七、七月七,农家女学七巧

关于七月七、七巧节的来源基本是唯一的,那就是起源于牛郎织女的故事。所以有文化的人把它当做中国的"情人节",现在有些地方纯粹就把七夕也叫女儿节。

七月七这天,据说到处找不到喜鹊这种飞鸟。民间流传说这天是牛郎织女相会的日子,但他们之间隔着宽广的天河,所以上帝就命世间所有的喜鹊,这天都要上天堂,在天河上为牛郎织女去搭桥。民间有人说七夕之后,见到喜鹊,就会发现,几乎所有喜鹊的脖颈上都开始掉羽毛,据说这就是给牛郎织女踩踏所致。

"改交交",有的地方叫"改巧巧"。这个活动必须是两个人拿个线绳子,一个把一根绳子挽成一个大圈,然后用指头相互挑过形成一个双线圈,第二个人开始用手指挑着改交交,等线圈到他手中已经变换成另一种样子,两个人一直交换着改下去。直到其中有一个不能将对方手中的线圈不能变换形式的改开,那就算手持线圈的一个取胜。改交交的时候常常念叨着一种顺口溜式的歌谣:"改交交,吃蒿蒿,吃了蒿蒿挨刀刀。"大概意思就是改交交失败的人,手拙干活都不顺。这种游戏靠的就是心灵手巧,也是测验女孩子长大后是不是会做女工。还有些地方过七夕节时,要女孩子独自做特色面食,比如擀长面、做花卷、捏包子、包饺子、捞油馓(sǎn)等。女孩儿的母亲们,常常借此检验自己的女孩儿是不是掌握了做农家饭食的基本技能。

八、八月十五月儿圆

每年农历八月十五中秋节,会宁地区的中秋风俗没有什么独特之处,只有具体过程的细微差别。每当中秋,正是瓜果飘香,谷禾即将成熟之际。民间流行拜月祭月习俗。中秋之前,庄农人早早发好面团,蒸好月饼。到了晚上,一家人围坐在桌子周围,一边仰头看一轮明月冉冉升起,一边吃着月饼,听老人讲述嫦娥奔月、吴刚伐树、玉兔捣药、癞蛤蟆吃月亮等故事。

九、九九重阳,尊老登高

农历九月初九,为传统的重阳节。因为古老的《易经》中把"六"定为阴数,把"九"定为阳数,九月九日,日月并阳,两九相重,故而叫重阳,也叫重九。古人认为这是个值得庆贺的吉利日子。

十、十月一,送寒衣

"十月一送寒衣"。有人把这个节日叫做中国的鬼节,也有人说每年的正月十五上元节,七月十五是中元节,十月一日是下元节,这三节并称三大鬼节。总之这一天做了鬼的祖先们要来到人间领受后辈儿孙敬献的御寒衣物, 那么必定到处有鬼,阴气森森。

送寒衣的习俗据说是从秦朝孟姜女哭长城开始的。相传,秦始皇统一中国之后,为了抵御北方少数民族的入侵,面向全国征召民夫,修筑万里长城。内地女子孟姜女的老公范杞梁年轻力壮,不幸也被抽中壮丁。当时,两人才成婚不久,正是如胶似漆的好光景,闻此噩耗,如五雷轰顶,无奈王命难违,夫妻俩只得抱头痛哭一场,依依分别。范杞梁被征调走后,孟姜女的公婆思儿心切,积郁成疾,双双亡故,撇下孟姜女一人,孤苦伶仃,举目无亲,于是决定去找丈夫。她不知道范杞梁具体在何处,只知道他在北方修长城,便抱上为他缝制的一套棉衣,一路向北走。这样连走了几个月,干粮吃完了,盘缠也花完了,孟姜女沿街乞讨,终于在农历十月初一来到了长城脚下,可是眼前除了新修的长城,就是荒草中堆积的累累白骨,哪有半个人影。此情此景,令孟姜女心灰意冷。她明白,自己的丈夫十有八九已经死了,于是瘫坐在地,对着长城大哭起来。那哭声感天动地,竟把长城震塌了一大段,塌下来的城墙中,赫然有成堆的白骨,孟姜女认定,丈夫的尸首肯定就在这些白骨之中,便把给丈夫做的那套棉衣摆在地上,想焚烧了祭奠亡夫。正待点火,忽又想起地下那么多的冤魂,若要把丈夫的棉衣抢走就麻烦了,于是,她抓了一把灰土,在棉衣周围撒了个圆圈,以警告那些孤魂野鬼:这是俺老公的领地,你们且莫来抢。圈好领地,孟姜女点着棉衣,边哭边祷告:"老公呀,你死得好惨!天冷了,你把这身儿衣裳换上吧!"她的泪已经流干了,眼里流出的是血。这血滴在别的白骨上一滑而过,落到离她最近、最完整的一具白骨上,却像是不愿意走了,径直渗入骨中。孟姜女心想,这肯定是俺夫君的遗骨,于是就将它与灰烬一起掩埋,之后抚坟痛哭,晕厥在地,最终与其夫死在了一起。

孟姜女千里寻夫的故事传到民间,百姓深受感动。此后每到十月初一这天,众人便焚化寒衣,代孟姜女祭奠亡夫。此风日盛,逐渐形成了追悼亡灵的寒衣节。

会宁地方许多居民祖上也是中原地区的居民,所以把送寒衣的习俗也就流传下来。但是北方汉民族有些人家祖上并非是汉族,也就没有送寒衣的习俗。比如会宁北部各个乡镇居住的柴、武、常、卢、赵等姓氏的后代就没有送寒衣的习俗。也有一说是凡长城以内区域的汉族后裔就有送寒衣的习俗,长城之外的汉族后裔就没有送寒衣的习俗。

十月初一这一天,等到晚上夜幕降临,就出门在路边焚烧寒衣。这时候冷风嗖嗖,阴云沉沉,各路鬼魂似乎都降临凡间,都在寻找他们后代奉献的寒衣。那些有亲人新丧的送寒衣者,有时还抑制不住大放悲声,这样悲沉气氛就更加浓重了。

十月一除了送寒衣,饮食方面最具会宁特色的就是吃麻腐包子和麻腐馍馍(或者麻腐格子),过去会宁大量种植麻子,麻子这种植物的种子颗粒大,炒熟或者不加工都可以当小吃,除了榨油外还可以做麻腐吃,麻腐的做方法比较复杂。首先要把麻子炒熟囵囵在石头磨子上磨下来,然后投入水中用细密的笊(zhào)篱滤去麻子皮,这样容器里就是麻子面浆。再把面浆加热,有泡沫状的东西就浮在上面,这就是麻腐。在麻腐中加入洋芋菜、肉臊子、葱姜调和作为包包子和麻腐格子的菜馅,用面皮包上,做成圆形,放在蒸笼里蒸出来就是麻腐包子;面皮一般做成半圆形,放在烙锅中烙出来就是麻腐格儿(有的地方叫菜角子),这都是很有特色的地方小吃。

十一、腊月八,吃米粥

会宁人的"年"实际上从"腊月八"就开始了,俗语说"上正下腊月",意思是从腊月的下半月开始一直到正月的上半月,都应该属于过年的时间。腊月初八日,俗称"腊月八",腊月八,吃米粥,这是全国性的节日习惯。在会宁从前老百姓没有大米做粥,所以大多数地方就用黄米熬米饭代替米粥。

陇上人家的黄米来源主要有两种:一种叫黄米,其实是用糜子经过石碾子的加工去掉皮壳就叫黄米;另一种叫小米,是把谷子经过石碾子加工去皮而成,也叫良谷米。用它可以熬米饭,也可以磨成米面做黄米甜馍馍。妇女坐月子的时候熬良谷米粥喝,具有很高的营养价值。良谷米粥除供人吃外,还要给家里各个房门上涂一些,大概是犒劳门神的意思吧。

十二、腊月二十三,过年还有整七天

腊月二十三是小年,腊月三十日是大年。也就是说一年年终过年的准备从腊月二十三日开始,不光拉开了序幕,而且加快了节奏。

在灶房里供了将近一年的灶火爷,也要在腊月二十三晚上送走。据说这是叫灶火爷去"上天言好事",等到腊月三十日除夕夜再迎请回来,供在原来的地方,这就叫"回宫降吉祥"。其实就是腊月二十三这天把旧的灶火爷画像才从墙上取下来烧掉。等到腊月三十晚上再把新的灶火爷画像挂上去,焚香祭奠,叩头礼拜。灶火奶奶也是腊月二十三日就开始转娘家去,他的娘家当然就是天堂。只有七天的假期,除夕夜他的假期就到了,必须回来给这一家人做主。

腊月二十三这一天吃搅团。同时也给灶君供奉搅团,意思是糊住灶君的嘴,让他上天别说坏话。老人们要互相帮着剃个头,有句俗话说:"有钱没钱,剃个光头过年"。现在的年轻人当然是在镇子上找个理发馆把问题解决了。腊月二十三一过,所有的村庄就都正式拉开过年的架势。

参考文献

[1]杨天宇.周礼译注.上海:古籍出版社,2004.

[2]杨天宇.仪礼译注.上海:古籍出版社,2004.

[3]杨天宇.礼记译注.上海:古籍出版社,2004.

[4]徐启庭.周礼开讲.上海:华东师范大学出版社,2013.

[5]林志强,杨志贤.仪礼开讲.上海:华东师范大学出版社,2013.

[6]刘松来,唐永芬.礼记开讲.上海:华东师范大学出版社,2013.

[7]林春.礼仪文化与大学生礼仪修养.北京:中国社会科学出版社,2011.

[8]彭林.中国古代礼仪文明.北京:中华书局,2013.

[9]彭林.儒家礼乐文明讲演录.南宁:广西师范大学出版社,2008.

[10]顾佳希.礼仪与中国文化.北京:人民出版社,2001.

[11]朱筱新.中国古代的礼仪制度.北京:商务印书馆,1997.

[12]易中天.先秦诸子百家争鸣.上海:上海文艺出版社,2009.

[13]易中天.帝国的终结.杭州:浙江文艺出版社,2014.

[14]李零.丧家狗——我读《论语》.太原:山西出版集团·山西人民出版社,2007.

[15]傅佩荣.《论语》新解.北京:译林出版社,2012.

[16]丁鼎,郭善兵,薛立芳等.和谐共存之道——儒家礼乐文化。

[17]单铭磊.礼仪文化.北京:中国经济出版社,2014.

[18]元震.周孔之道 礼乐文明——华夏文化传统人之初。

[19]张自慧.礼文化的价值与反思.北京:学林出版社,2008.

[20]杨金波.政务礼仪.北京:中华工商联合出版社,2012.

[21]王兆屹,姚猛刚等.政务礼仪与交往艺术.北京:红旗出版社,2013.

[22]金正昆.政务礼仪.北京:北京大学出版社,2005.

[23]金正昆.社交礼仪教程.北京:中国人民大学出版社,1998.

[24]郑凤贤.会宁民风民俗.兰州:兰州大学出版社,2014.

[25]顾振邦.白银民间民俗.北京:九州出版社,2010.

[26]百度文库 http://wenku.baidu.com

[27]中国知网 http://www.cnki.net/

后 记

经过近两年的精心准备，翻阅大量的资料，《传统礼文化与公务礼仪》一书终于定稿。手捧书稿，我们既如释重负又忐忑不安。如释重负是因为多日的思索和耕耘终于有一个结果，忐忑不安是因为不知道这本书有没有读者愿意浏览几眼。

从上小学开始，老师，父母亲就教导我们，见了大人要问候，人多的时候不能从众人面前走过，要绕到后面过去，尤其上炕的时候更不能从众人面前过去，还有大人教导的好多做事说话的禁忌，我们也是按照大人的教导身体力行，久而久之，我们便成为大人心目中有修养的好孩子，赢得了大人的一致好评。工作之后，身边人认为我的好多行为显得过于拘谨，没有大气感，甚至有些迂腐，得到好多冷嘲热讽，我便陷入深深的迷茫，为什么学生时代的有修养，被他们认为是呆板，拘谨，我百思不得其解。

2014 年年初，葛明雄参加白银市委党校组织的优质课竞赛，经过认真的准备，最后选择了《公务员礼仪常识》这一论题参加，由于第一次参加这种活动，才疏学浅，经验不足，成绩平平，最后请教白银市委党校侯彦青老师，她做了衷心的点评：这节课内容缺少深度，只讲出了"怎么办"、"是什么"，没有研究"为什么"，侯老师一语中的，我便认真研读了中国传统礼仪文化有关的典籍。

2015 年 7 月，葛明雄参加甘肃省委党校哲学专业在职研究生毕业论文答辩，选题是《中国传统礼仪文化及其现代价值》，该论文得到所有评委教授的一致好评，也给了葛明雄创作著作的信心，本科学历的韦宏海同志，其古典文献的基础本来就很扎实，在他的指导和精心创作下，我们白加黑，五加二，书稿经过五次修改，终于与读者见面了。

　　在书稿撰写过程中，我们两个人做了明确的分工，韦宏海同志撰写第一章至第四章，第十八章至第二十章。葛明雄同志撰写第五章至第十七章。

　　由于我们学识浅薄、能力有限，拙作肯定存在诸多问题和不足，期盼着广大干部读者和同事、朋友的批评和指正。

韦宏海　葛明雄
2016 年 11 月于会宁县委党校